KB054138

어반 정글

URBAN JUNGLE

어반 정글

매일경제신문사

차 례

들어가며

굵직한 뿌리가 매혹적인 자태로 한데 뒤엉켜서 석조 부분을 휘감고 있는 모습은 아름다운 동시에 무시무시한 느낌을 줬다. 그 뿌리는 도로를 부수고 콘크리트를 뚫는다. 장대한 반얀나무는 도시의 살육자다. 바람에 실려 날아오거나 새가 떨어뜨린 나무 씨앗이 인간이 만든 구조물의 작은 틈새에 자리를 잡는다. 나무뿌리는 영양분을 찾아 바깥쪽과 아래쪽으로 파고들며, 양분을 구할 수 있는 틈을 발견할 때까지 돌과 콘크리트, 아스팔트를 그물 같은 조직으로 감싼다. 반얀나무는 건조하고 단단한 도시 환경에 완벽하게 적합한 수종이다. 그들이 극복하지 못하는 장벽은 없다. 신화에 나오는 바다 괴물의 촉수처럼 돌돌 감긴 뿌리로 무방비 상태의 벽과 건물을 단단히 움켜쥐고 꼼짝달싹할 수 없는 죽음의 포옹으로 먹이의 목을 조른다.

도시가 그런 엄청난 힘에 대항할 수 있을까? 반얀나무의 발톱에 무력화된 사원들이 즐비한 캄보디아의 앙코르와트 유적지는 대자연이 미친 듯이 날뛸 때 어떤 일이 일어나는지 보여준다.

그러나 도시를 갈가리 찢을 수 있는 잠재력을 지녔음에도 불구하고 반얀나무는 동남아시아의 여러 도시에서 흔하게 접할 수 있는 나무다. 광저우에는 놀랍게도 이 나무가 27만 6,200그루나 있다. 홍콩의 포브스 거리를 걷다 보면 스물두 그루의 반얀나무가 벽의 한 면을 장악하고 도로 위에 지붕처럼 그늘을 드리우고 있는 장엄한 모습을 볼 수 있다. 일부러 심은 게 아니지만 그곳에서 아주 잘 자란다. 그 나무는 진정한 도시민처럼 힘든 환경에도 적응할 수 있다. 홍콩의 '나무 교수'인 짐 치영은 이 도시의 인공 구조물 505개에서 착생식물* 총 1,275개가 온갖 난관을 무릅쓰며 자라고 있는 것으로 집계했다. 가장 흔한 건 대만고무나무Ficus microcarpa**인데 이 종은 최대 20미터까지 자란다. 치영은 "그 나무는 지면 공간을 많이 차지하지 않는다"고 설명한다.

> *"그리고 사람이 개입해서 보살피지 않아도 자연적으로 자라나…… 나무가 없는 도로변에 식물군이 풍부한 특별한 서식지와 식생을 제공한다."*[1]

홍콩은 마천루와 높은 인구밀도로 유명하지만, 다른 관점에서 바라보면 이곳은 중력을 거스르는 반얀나무와 자연의 마천루, 인간이 이룬 문명과 야생의 자연이 융합된 공중 숲의 도시이기도 하다. 포브스 거리의 반얀나무는 고대 아시아의 도시 생활 형태를 짐작할 수 있게 해준다. 그 엄청난 크기와 파괴력에도 불구하고 반얀나무가 도시 경관 안에 자리를 잡은 이유는 사람들이 이 나무를 신성시하기 때문

---

* 거의 어떤 표면에서든 생명을 움틔울 수 있는 열대 나무
** 중국 반얀나무

최고의 도시 나무: 홍콩에서 제멋대로 자라고 있는 반얀나무.

이다. 또 시원한 그늘을 만들어서 환경 서비스도 제공한다. 15세기 후반부터 시작된 포르투갈의 식민지 확장 정책으로 인도양, 말라카 해협, 남중국해까지 오게 된 유럽인들은 인구가 조밀하고 나무는 거의 없는 유럽의 대도시와 전혀 다른 도시를 접하게 되었다. 한 프랑스 예수회 수사는 17세기에 수마트라의 거대 항구도시 아체Aceh를 다음과 같이 묘사했다.

"코코넛나무, 대나무, 파인애플, 바나나로 이루어진 숲을 상상해 보라. …… 그 숲에 믿을 수 없을 정도로 많은 집이 들어서 있고…… 초원과 수풀이 구역을 몇 개로 나눈다. 그리고 인구가 많은 유럽 도시에 사는 것과 비슷한 수의 사람들이 이 숲 전체에 퍼져 있다고 상상하면 아체에 대한 꽤 정확한 그림이 완성될 것이다. …… 모든 게 방치되어 자연스럽고 소박하면서 약간 야생적이기까지 하다. 항구에 정박한 배 위에서는 이 도시의 모습이나 윤곽이 전혀 보이지 않는다. 해안가의 거대한 나무들이 도시의 모든 집을 감추고 있기 때문이다."[2]

자연 상태 그대로 소박하면서 야생적인 이곳에는 도시와 자연이 한데 뒤엉켜 있는데 우리는 그런 모습을 계속 간과하거나 무시해 왔다. 이런 시골 도시는 열대 지방이나 메소아메리카*의 특징적인 장소였을 수도 있지만, 대부분의 도시에서 문명의 껍데기는 종잇장처럼 얇다. 그 껍질을 살짝 긁어내면 야생동식물로 가득한 세상을 발견할 수 있다.

《어반 정글》을 쓰면서 도시 생활의 일부이지만 오랫동안 역사학자의 시야에서 벗어나 있던 도시의 야생적인 부분을 탐험해 보기로 했다. 두엄과 쓰레기 더미, 버려진 부지와 텅 빈 옥상, 굵은 철사로 엮은 울타리 뒤쪽이나 철로 옆의 길고 가는 땅 같은 곳 말이다. 오래전부터 다양한 동식물군이 서식해 온 도시의 야생 지역은 냄비에 담을 음식, 불을 피울 연료, 약을 만들 재료, 놀이와 기분전환을 위한 장소를 제공해왔다. 도시와 시골의 경계선은 모호했다. 인간이 그런 전통에서 벗어난 건 비교적 최근의 일이다.

도시의 지저분한 부분, 즉 포장도로의 갈라진 틈, 건축 부지, 잊힌 늪, 형편없는 불모지 등 우리 눈에 잘 띄지 않는 곳에서는 자연이 무

---

* 멕시코와 중앙아메리카 북서부

제한적인 자유를 누리면서 제멋대로 번성한다.《어반 정글》을 쓰려고 조사 작업을 하면서 도시 속에 존재하는 자연의 풍부함에도 놀랐지만, 가장 놀란 건 도시 생태계의 순수한 역동성이었다. 도시 속의 자연은 좀처럼 가만있지 못하고 빠르게 움직이며 인간처럼 전 세계를 내 집으로 여긴다. 도시에서는 놀라운 일들이 벌어진다. 그건 누구나 알고 있다. 하지만 종종 그런 놀라운 일이 콘크리트의 갈라진 틈이나 소박한 교외의 뒷마당에서도 일어난다. 난 이런 모습을 관찰하기 위해 역사적이고 포괄적인 접근 방법을 택했다. 더없이 매혹적인 이 생태계의 풍부한 잠재력을 이해하려면 과거를 깊이 들여다보고 현재를 조사하면서 미래를 내다봐야 하기 때문이다.

기후 비상사태가 발생하고 생물 다양성이 붕괴되는 요즘 같은 시대에는 다들 도시의 자연에 관심이 많다. 하지만 이 책에서는 그런 단순한 관심을 넘어 도시 거주자들과 대도시 내부 그리고 주변 환경 사이에 존재하는 길고도 복잡한 관계를 고찰하려고 한다. 도시화와 자연 사이에는 깊고 본질적인 연관성이 있다. 도시는 하나의 생태계다. 우리는 그 사실을 발견하거나 재발견하기만 하면 된다. 무엇보다 중요한 건 이 책이 회색 도시 속에서 녹색을 갈망해 온 사람들의 이야기이자 그들이 개발자, 기획자, 투자자들과 맞서 싸워온 지난 날들에 관한 이야기라는 것이다. 그래서 무엇보다 그런 관계가 끊어지면 어떤 일이 벌어지는지 경고하고 싶다.

뉴욕에는 요세미티 국립공원보다 더 많은 생물종이 살고 있다. 영국 에식스주 캔비아일랜드에 있는 버려진 정유 공장은 '영국의 열대 우림'이라는 별명이 붙을 정도로 희귀한 식물과 곤충이 풍부하다. 면적으로 따졌을 때, 호주의 도시들은 비도시 지역보다 더 많은 멸종위기종을 보호하고 있다. 도시와 그 주변 지역은 메마르거나 죽어가는 곳이 아니라 놀라울 정도로 다양한 생물이 서식하는 장소인데, 때로는 인근 시골 지역보다 훨씬 다양한 경우도 많다. 우리는 오랜 시간이 지난 뒤에야 겨우 이런 사실을 깨달았다.

'인류가 대도시 특유의 생활 조건에서 살아가게 되면서 유기적인 자연과는 가장 멀리 떨어지게 됐다.' 미국의 사회학자 루이스 워스Louis Wirth는 1930년대에 이렇게 썼다. 지금은 상황을 다르게 보거나 다른 시각을 가지기 시작했을 수도 있지만, 워스는 우리의 공통된 생각을 정확하게 표현했다. 우리는 도시와 시골을 서로 양립할 수 없는 두 개의 분리된 영역이라고 가정해 왔다. 목가적인 풍경과 야생을 원한다면 도시를 떠나야 한다. 찰스 디킨스Charles Dickens는 《리틀 도릿Little Dorrit》(1857)이라는 책에서 생기 없는 19세기 도시의 모습을 그려 냈다. '그을음이 묻은 회색빛 우울한 거리가 지독한 실의에 빠진 채로 창밖을 내다보는 이들의 영혼을 적셨다……. 풍경도 없고, 낯선 동물도 없고, 희귀한 식물이나 꽃도 없고, 고대 세계의 자연적이거나 인공적인 경이로움도 없다……. 거리, 거리, 거리 외에는 볼 것이 없다. 거리, 거리, 거리 외에는 숨 쉴 곳도 없다. 우울한 마음을 전환하거나 달랠 수 있는 건 아무것도 없다……. 다닥다닥 붙은 우물과 비좁은 집들이 사방으로 몇 마일이나 이어져 있고 그 속에서 거주자들은 거친 숨을 몰아쉬고 있다. 깨끗하고 맑은 강 대신 더럽고 냄새나는 하수구가 도시 중심부를 관통하며 구불구불 흐르고 있다.'

마지막 문장은 자연에 대한 도시의 태도가 왜 그렇게 비관적으로 바뀌었는지를 웅변적으로 보여준다. 한때 강, 개울, 연못이 살아 숨 쉬던 곳이 19세기에 진행된 산업화 때문에 산업 폐수와 썩은 찌꺼기,

미처리 하수로 오염된 악취 나는 죽음의 저수지가 되었다. 마찬가지로 도시의 동물, 즉 도시를 움직이던 수천 마리의 말, 매일 도살되던 양과 소, 닭과 오리, 돼지, 쓰레기 더미를 뒤지던 개떼들은 치명적인 인수공통전염병을 옮기는 매개체가 되었다.

하수구에 악어가 산다는 널리 퍼진 도시 괴담은 흥미로운 사실을 드러낸다. 도시의 야생동물은 숨은 위협, 즉 인간이 쏟아낸 쓰레기와 폐수 속에서 삶을 부지하면서 변형되고 뒤틀리고 부자연스러운 위험이 되었다. 도시 생태계는 오염되고 유독해서 인간의 건강을 위협한다고 여겼다. 생태학자들도 부화뇌동하여 진정한 자연은 병에 걸린 동물이나 더러운 쥐, 해로운 침입 식물이 사는 대도시, 매연이 자욱하고 독성 강한 대도시에서 멀리 떨어진 곳에 존재한다고 말했다. 20세기까지만 해도 도시는 자존심 강한 식물학자가 연구하기에 적합한 대상이 아니었다.

도시의 불결함은 죽음과 관련된 문제가 되었다. 오염을 해결하고 위생적으로 만들려는 노력은 자연 환경을 더 공격하는 방향으로 전개됐다. 강과 개울은 지하화되어 하수도와 통합되었다. 습지는 돌로 포장되었다. 현대 도시에서 벌어진 자연의 죽음을 디킨스가 《리틀 도릿》에서 우울하게 묘사한 뒤 몇 페이지를 더 넘기면 '뒤죽박죽 엉킨 뿌리'와 '무성한 잡초'로 뒤덮인 오래된 집이 나온다. 아하, 그러니까 결국 단조로운 도시에도 녹색은 남아 있구나 하고 생각할 것이다. 하지만 안타깝게도 그건 잘못된 종류의 녹색이다.

산업 도시들도 한때는 초목으로 장식되어 있었다. 그러나 19세기가 되자 저절로 자라난 식물에 대한 관용이 사라졌다. 그 식물들 대부분이 과거에는 식량 공급원이었는데도 불구하고 말이다. 특히 유럽과 미국 도시에서는 한때 번성하도록 내버려뒀던 드넓은 잡초밭이 사회적 불안을 야기할 정도였다. 지구 종말 후의 세상을 다룬 조지 R. 스튜어트George R. Stewart의 고전 소설 《지구 체류자들Earth Abides》을 보면 그 이유에 대한 단서를 찾을 수 있다. 전 세계에 퍼진 전염병 때문에 인류 대부분이 전멸한 직후에도 '콘크리트의 작은 틈새마다 풀과 잡초가 녹색빛을 띠고 있었다.' 인류가 차지한 환경을 자연이 되찾으려고 하는 징후는 사회적 붕괴를 암시하는 상징이 되었다. 퍼시 비쉬 셸리Percy Bysshe Shelley는 19세기 초의 로마 콜로세움은 야생 올리브와 머틀, 무화과가 무성하게 자란 지중해 연안의 바위투성이 언덕과 거의 구별할 수 없다고 말했다. '당신이 잡목림이 만든 미로 속을 헤맬 때면 머리 위의 잔나무가 그늘을 드리우고 발 아래에서는 이 계절에 어울리는 야생화가 꽃을 피운다.'

콜로세움은 수 세기 동안 다양한 생물의 안식처 역할을 했고 19세기 중반에는 420종이나 되는 식물이 서식했는데 대부분 이국적인 식물이었다. 하지만 로마의 고대 건물이 기념물과 관광 명소로 복원됨에 따라 그곳의 식생은 신속하게 제거됐다. 당시 로마라는 도시환경 속에서 자연이 거둔 눈에 띄는 승리는 문명의 패배를 나타내는 끔찍한 증거로 간주되었다. 19세기 후반, 열대 우림이 삼켜버린 마야의 잃어버린 도시 티칼Tikal과 앙코르와트 유적이 사람들의 상상력을 사로잡았다. 모든 도시가 궁극적으로 맞이하게 될 운명이 여기에 생생하게 설명되어 있다. 정글 속의 잃어버린 도시와 콜로세움 같은 쇠락한 기념물은 자연을 야생 상태로 내버려뒀을 때 생기는 위험을 강력하게 경고했다. 초목을 통제하지 않아 건물과 자연이 하나로 뒤얽힌 모습은 인간의 방치로 인한 문명의 몰락을 상징한다.

셸리는 미래의 런던은 '사람이 살지 않는 습지 한가운데 형태도, 이름도 없는 폐허'가 되고 알락해오라기의 커다란 울음소리만이 '갈대와 버드나무가 무성한 작은 섬'에서 정적을 깨뜨릴 것이라고 상상했다. 셸리가 상상한 물에 잠긴 미래의 런던 모습은 과거의 런던이기도 하다. 이곳은 인간이 와서 물을 빼내기 전까지는 늪지대였다. 이는 베를린이나 라고스, 뉴욕, 상하이, 파리, 방콕 등 물이 스며 나오는 습지 위에 건설된 전 세계 수백 개의 도시도 마찬가지다. 결국 언젠가는 진흙이 다시 문명을 덮치고 모든 걸 삼켜버릴 것이다. 이런 비유는 소설과 영화에서도 흔히 볼 수 있다. 재난이 닥치면 도시는 서서히 자연 상태로 돌아간다. 나무와 잡초가 우거지면서 석조 건물을 부수고 철골로 된 고층 건물을 쪼개고 그곳에 야생동물이 자리를 잡게 된다. 이런 상상은 우리 인간의 불안정한 상태와 무시무시하면서도 피하기 힘든 자연의 힘을 상기시킨다.

도시의 식물들은 지방정부의 엄격한 제초 조례와 어마어마한 양의 화학 제초제 그리고 잔디 깎는 기계로 무장한 대규모 노동자들로부터 공격받고 있다. 3장에서 자세히 설명할 도시 식생은 오염과 더불어 사회적 불안을 야기하는 원인으로 지목되었다. 이 식물들은 많은 도시 거주자처럼 다루기 힘들고 집요하며 회복력이 뛰어나기 때문에 잡초처럼 미움을 받게 되었다. 이 식물들이 식량과 의약품으로서의 효용성을 잃게 되자 사람들의 사랑을 받지 못하고 달갑지 않은 취급을 받게 되었다. 도시에 수도관이 연결된 뒤에는 강도 그런 취급을 받게 되었고, 주요 연료 공급원이 나무에서 석탄과 가스로 대체된 뒤에는 도시의 숲도 마찬가지다. 또 이제 먼 곳에서 저렴하게 식료품을 가져올 수 있게 되자 한때 도시 곳곳에서 작물을 생산하던 도시의 농

지에도 똑같은 일이 벌어졌다. 도시와 시골 사이에 심리적인 거리감
이 점점 커진 건 당연한 일이다. 도시가 인접한 배후지의 생태계에서
독립하자 환경과 도시 건강 사이의 연관성을 알아차리기가 더 어려
워졌다. 하드 엔지니어링과 기술이 자연 공정을 대체했다. 자연과 도
시 사이의 균형이 깨졌다. 우리는 이제서야 그걸 받아들이려고 노력
하고 있다.

　그렇다고 도시에 자연이 존재하지 않는다는 얘기는 아니다. 반대
로 산업화 때문에 현대적인 도시공원이 탄생했다. 하지만 그 공원
은 자연에 대한 새로운 개념과 관련이 있다. 나는 이걸 도시의 자연
이 아니라 도회적인 자연이라고 부른다. 도시공원은 자연이 정리되
고 단순화된 곳이다. 야생 생물의 자발성과 지저분함이 억제되는 곳,
인간의 지배 충동이 가장 명백하게 드러나는 곳이다. 대도시에 자연
이 존재하려면 엄격하게 인간의 관점에 따라 존재해야 한다. 그 과정
의 대표적인 예가 잔디밭이다. 깔끔하게 손질해서 비료를 주고 살충
제를 흠뻑 뿌려서 종종 어떤 생명체도 살지 못하는 풀밭이 광활하게
뻗어있다. 아름다움과 수용 가능성에 대한 우리의 기준은 큰 변화를
겪었다. 적어도 권력을 가진 자들의 경우에는 그랬고, 그들은 자신의
기준을 가난한 시민과 식민지 사람들에게 강요할 수 있다. 잡초와 자
연스러운 성장, 냄새나는 농장과 얽히고설킨 목초지, 야생 동물과 통
제되지 않은 강이 도시 영역 안에 존재한다는 것은 태만의 증거다.

　하지만 도시를 아름답게 꾸미기 위해서 들인 모든 시간과 돈에도
불구하고 사람들이 원치 않고 경멸하는 자연 형태는 계속 살아남았
다. 그 씨앗은 마치 숨어있는 도망자처럼 남아있다. 그들은 우리가
판자로 가로막고 못 본 척한 곳에서 서식지를 발견했다. 야생 생물

은 조용히 미로 속으로 잠입해서 개체수를 늘리고 인간과 함께 살아가는 방법을 배웠다. 사람들이 별로 관심을 기울이지 않는 동안 도시 생태계는 놀라운 방식으로 계속 진화했다. 우리는 아주 최근에 와서야 이 생태계와 야생의 지저분한 아름다움 속에 담긴 헤아릴 수 없는 가치를 알아차리기 시작했다.

기후 비상사태에 직면한 도시들은 위태로운 처지에 놓였다. 도시를 이룬 공학적인 경이로움에도 불구하고 현대 도시는 더 높아진 온도, 예측할 수 없는 폭풍, 해수면 상승에 대처하도록 설계되지 않았다. 공학 기술은 도시 거주자를 구하기에 충분하지 않다. 그래서 녹색 인프라에 대한 관심이 커지게 되었다.

도시가 기후 위기를 견디려면 자연 상태로 복원된 강과 습지, 갯벌 그리고 지붕처럼 드리워진 숲의 그늘 등이 절실히 필요하다. 미래 도시를 상상할 때는 스마트 기술, 하늘을 나는 자동차, 고층 빌딩을 생각하지 말고 계단식으로 펼쳐진 나뭇잎, 평평한 지붕 위의 농장, 골프장을 개조한 도시의 목초지, 울창한 숲 등을 떠올리자. 도시는 항상 그래왔듯이 지금도 빠르게 변화하고 있다. 21세기 도시는 자기 방어의 한 형태로 더 친환경적으로 변하는 경향을 보이고 있다. 도시와 야생의 경계도 갈수록 모호해지고 있다.

도시에는 지금도 녹지가 많지만 우리가 원한다면 구석구석까지 녹지를 확장할 수 있는 기회가 많다. 도시 지역에는 사용하지 않거나 활용도가 낮은 공간이 여기저기에 있다. 아무것도 자라지 않는 평평한 지붕, 건물과 도로 사이의 유휴 공간, 자동차 운전과 주차 전용으로 사용되는 광대한 면적을 생각해 보라. 그리고 도시 면적의 약 4분의 1을 차지하는 교외의 뒤뜰도 있다. 공원은 잊어버리자. 우리가 성장을 허용하기만 하면 자연은 건조한 환경의 거의 모든 부분에서 자신의 모습을 드러낼 수 있다. 우리가 자연을 위해 만들 수 있는 공간은 방대하다. 21세기의 과제는 역사상 처음으로 생태계 기능을 적극적으로 장려하고 극대화해서 생명 친화적인 도시를 만드는 것이다.

왜 도시를 이렇게 변화시켜야 하는 걸까? 도시의 야생성은 도시에 서식하는 생물 수를 늘리고 기후 변화의 영향을 완화하므로 솔직히 말해 인간이 생존하는 데 도움이 된다. 또 도시를 우리가 살고 싶은 환경으로 만들어 준다. 초목이 억제되지 않은 상태로 자랄 수 있게 하고 그런 장소를 최대한 늘리면 도시가 아름다워진다. 결국 도시 환경은 우리의 주요 생활공간이고 우리는 본능적으로 자연에 이끌린다. 무엇보다 중요한 건 녹색 공간에 쉽게 접근할 수 있으면 정신적, 신체적 건강이 크게 향상된다는 연구 결과도 있다는 것이다. 그러면 이익에 대한 스트레스가 줄어들고 아이들의 인지 발달도 향상된다. 그렇다고 어떤 종류의 '자연'이든 다 효과가 있는 건 아니다. 도시 녹지 공간의 심리적, 신체적 이점은 종의 풍부함과 밀접한 관련이 있다. 반*야생적인 도시 지역에서 만나게 되는 생물 다양성은 공원처럼 단순화된 풍경보다 훨씬 이롭다. 벌과 나비, 매와 여우에게 이로운 것들이 인간도 더 건강하고 행복하게 만들어준다. 현대의 대도시들을 자연 상태로 방치해서 소박하고 야생적인 근대 초기의 아체와 비슷하게 만들어야 한다. 생물 다양성은 모든 게 뒤엉킨 혼란 속에서 확대되고 우리도 그와 함께 번성하기 때문이다. 도시를 제대로 관리하면 집약적 농업과 기후 변화로 서식지가 파괴되고 있는 식물, 동물, 곤충에게 안식처를 제공할 수 있다는 사실이 점점 더 분명해지고 있다. 도시 표면적 중 최대 5분의 1이 빈 건물 부지로 방치되어 있고,

4분의 1은 사유 정원이며, 10분의 1은 도로와 로터리 주변의 풀밭으로 구성되어 있으므로 도시 지역에는 생물학적 복잡성을 관리할 수 있는 녹지 공간이 많다. 여기에 공원, 묘지, 골프 코스, 강, 시민 농장, 평평한 지붕, 방치된 변두리 땅 등을 더하면 다양한 서식지의 복잡한 모자이크를 찾아낼 수 있다. 인간의 활동과 자연적인 과정은 서로 밀접하게 엮여 있다. 그 관계를 어떻게 활용할 것인지는 우리 손에 달려 있다.[3]

인류는 도시에서 살아온 기간 내내 다양한 방법으로 도시를 더 푸르게 가꾸고 더 살기 좋은 도시로 만들려고 노력해왔다. 사람들은 종종 전통적인 도시를 거부하면서 다른 것을 찾았고, 도시와 시골 사이에 적합한 장소를 만들기 위해 정원 도시를 개발하거나 거대한 규모의 교외화를 추진했다.

내가 풀어내는 역사는 자연과 함께 살고자 하는 충동의 힘을 증명한다. 오늘날 전 세계 많은 도시들이 이전보다 훨씬 푸르게 변하고 있다. 그러나 대부분의 경우(전부는 아니지만) 이런 움직임은 탈공업화된 부유한 대도시에서 가장 두드러지게 나타난다. 대다수의 도시인, 특히 빈민가나 판자촌, 기타 비공식적인 정착지에 사는 수십억 명의 사람들은 자연과 접하는 일이 드물다. 언제나 그랬다. 도시에서 가장 푸르고 쾌적한 지역은 언제나 부유한 사람들의 몫이었다. 도시 자연의 혜택을 대도시의 모든 부분으로 확대하는 것은 사회 정의와 관련된 문제다.

우리가 도시 자체를 흥미롭고 가치있는 생태계로 여기게 된다면 지구의 생태계 안에서 도시의 위치를 재검토할 수 있게 될 것이다. 도시에 잠재되거나 숨겨져 있는 생물 다양성 그리고 우리가 추진 중인 모든 변화에도 불구하고 도시는 여전히 지독하게 파괴적인 힘을 발휘하며 탄소 배출, 오염, 자원 추출 폐기물 나아가 종 멸종의 가장 큰 원인이 되고 있다. 예를 들어, 뉴욕은 사하라 이남 아프리카 전체보다 더 많은 에너지를 소비하고 더 많은 오염물질을 배출한다. 현재 시급한 과제 중 하나는 생태 발자국을 대폭 줄여 지속 가능한 도시를 만드는 것이다. 그리고 그런 노력은 우리의 문계단 아래 또는 발밑에 있는데도 그동안 잘 관찰하지 못했던 독특한 생태계를 이해하고 그 가치를 인정하는 데서 출발해야 한다.

1장

도시의 경계

데사코타

도시의 경계the edge. 둘레the fringe. 도시와 야생의 접점urban-wilderness interface. 데사코타desakota*, 경계 불분명 지역twilight zone. 인터존interzone**, 전원도시rurban. 근교 도시peri-urban. 교외 주택지suburbia. 준교외 주택지exurbia. 테란바그terrain vague***, 배후지the hinterland. 도시가 자연과 충돌하는 지점인 대도시의 으스스한 변두리를 지칭하는 단어는 이처럼 다양하다. 빅토르 위고Victor Hugo는 이를 가리켜 '가짜 시골'이라고 불렀다.

"도시의 경계지역을 관찰하는 것은 양서류를 관찰하는 것과 비슷하다. 나무숲이 끝나면 지붕의 행렬이 시작되고, 풀밭이 끝나면 포장된 돌길이 시작되고, 쟁기질한 들판이 끝나는 부분에서 상점

---

* 　도시 경계가 확장되면서 도시와 농촌사이의 구분이 불분명해진 지역
** 　두 개의 구역 사이
*** 모호지역·공터

들이 보이기 시작하고……"

그렇게 명확히 구별된다면 오히려 괜찮을 것이다. 하지만 도시의 경계지역은 전이 구역인 경우가 많다. '데사코타'라는 용어는 인도네시아어 'desa(촌락)'와 'kota(도시)'가 합쳐진 말로, 집약 농업과 농촌 마을의 생활이 산업 단지, 교외, 무단 거주지, 나선형 도로 시스템과 뒤섞여 있는 경계지역을 가리킨다. 동남아시아, 인도, 아프리카 등의 개발도상국에서 농촌과 도시가 중첩된 지역이 끝없이 무질서하게 뻗어나가면서 농장과 쇼핑몰, 복합 상업 지구와 오래된 삼림 지대, 골프장과 이동주택 주차장, 저수지와 쓰레기장, 교외 사무실과 버려진 황무지가 뒤섞이는 현상을 말한다. 이런 '데사코타'는 전 세계 현대 도시의 변두리 지역에서 볼 수 있는 어수선하고 모호한 혼합상태를 의미한다. 우리는 이런 도시 경계지역의 땅에 대해 알고 있다.[1]

일찍이 없었던 이런 으스스한 네버존은 19세기에서 20세기로 넘어갈 무렵 뉴욕에 살던 예술가 어니스트 로슨Ernest Lawson에게 영감을 줬다. 대도시 변두리를 그린 그의 그림에는 아파트 단지에 포위당한 채 잠식당해 가는 맨해튼 전원 지역의 안타까운 상태가 표현돼 있다. 바위를 폭파하고 땅을 평평하게 고르고 나무를 베어내면 전원적이고 야생적인 것들은 모두 사라지고 그 자리에 바둑판형 도로가 생길 것이다. 그동안 이곳은 잡초가 무성한 버려진 들판이었다. '지저분한 오두막, 황량한 나무, 쓰레기장, 그리고 교외 황무지에서 볼 수 있는 온갖 불편한 것들로 가득한 곳에서 이런 아름다움을 끌어낼 사람이 로슨 외에 누가 있겠는가?' 그의 후원자 중 한 명이 한 말이다.

로슨은 자연이 콘크리트로 뒤덮이기 직전의 순간을 포착했다. 도시의 경계선은 한자리에 오랫동안 머무르는 일이 없었다. 비슷한 시기에 글을 쓴 박물학자 제임스 류엘 스미스James Reuel Smith는 1880년대까지만 해도 뉴욕 72번가 너머의 땅이 '원시 상태의 숲'이었다고 말했다. 그런데 겨우 20년 사이에 숲이 전부 사라지고 '아스팔트 도로와 바싹 다듬은 잔디밭'으로 대체되었다. 1900년대만 해도 훗날 171번가로 바뀌게 될 장소와 가까운 워싱턴 하이츠에 가면 '거의 미개간된 숲, 오르막과 내리막 골짜기, 깊은 협곡, 시끄러운 소리를 내며 흐르는 수많은 개울, 바위, 쓰러진 나무, 멀리까지 뻗어 있는 황무지'를 볼 수 있었다. 하지만 그 경치는 오래가지 않았다. 이 모든 것이 날마다 사라지더니, '단 몇 달 만에 맨해튼섬에 아무것도 남지 않을 만큼 빠른 속도로 시야에서 사라졌다.'[2]

도시 확장의 서막

풍경의 전면적인 재정렬은 유럽인들이 미국 땅에 정착하면서부터 시작되었고 1790년에 3만 3,000명이던 뉴욕 인구가 1850년에 51만 5,000명, 1900년에 348만 명으로 가파르게 증가함에 따라 19세기부터 속도가 급속하게 빨라졌다. 인구가 증가하자 허드슨만 하구를 지구상에서 가장 다양한 생물 서식지 중 하나로 만들어 주던 습지와 목초지로 이 도시는 마구 확장돼 갔다. 테드 스타인버그Ted Steinberg가 쓴 오싹하면서도 훌륭한 《고담 언바운드Gotham Unbound: the ecological history of Greater New York》에 자세히 설명되어 있는 것처럼 언덕은 평평하게 깎여나가고 늪은 온갖 잔해와 쓰레기 더미로 가득 찼다. 언론, 정치인, 도시 계획 설계자, 부동산 중개업자 등은 '보기 흉하고' '가치 없는' 습지의 물을 빼낸 뒤 흙을 채워 도시화한 것이 비생산적인 텅 빈 땅을 돈벌이로 전환한 '공공 개선 사업'이라며 환영했다. 1930년대와 40년대에는 맹렬한 개발 열기 속에 맨해튼 크기에 맞먹는 습지가 사라졌다. 그리고 그건 이후 수십 년간 지속된 맹공격의 서막일 뿐이었다.[3]

　라과디아LaGuardia, JFK, 뉴어크Newark 국제 공항은 주요 선박 터미널과 마찬가지로 습지를 메운 매립지 위에 건설되었다. 엠파이어 스테이트 빌딩에서 불과 8킬로미터 떨어진 뉴저지주 해켄색 메도우Hackensack Meadows에 있는 3만 2,000에이커 규모의 서양측백나무 늪은 '전 세계에서 가장 잠재 가치가 큰 미개발 지역'으로 탐욕스러운 자들의 주목을 받았다. 영국에 갔다가 돌아오는 배에 바닥짐으로 실어온 런던 대공습의 잔해를 이 습지에 버렸고 다른 쓰레기나 화학 폐기물도 마구 투기했다. 1976년에는 습지 크기가 6,600에이커로 줄어들어 있었다. 뉴욕의 도시 마스터플랜 담당자였던 로버트 모지스Robert Moses는 1940년대에 이 대도시 지역에 마지막으로 남은 손상되지 않은 주요 습지 중 하나인 스태튼 섬 프레시 킬스Fresh Kills에 있는 2,600에이커 크기의 습지를 살펴보고는 "현재로서는 아무 가치도 없는…… 엄청난 면적의 목초지"에 입맛을 다셨다. 생태학적 보물창고를 가치 있는 부동산으로 바꾸기 위한 첫 번째 단계는 여느 때처럼 그곳을 쓰레기로 채우는 것이었다. 1955년이 되자 프레시 킬스는 세계에서 가장 큰 쓰레기 매립장이 되었다. 몇 년 동안 매일 도시에서 발생하는 쓰레기 2만 9,000톤을 이곳에 폐기했다. 평평한 염수 습지가 몇 년 사이에 인간들의 쓰레기로 산맥을 이뤘고 그 봉우리 높이는 70미터에 달했다. 맨해튼의 고층 건물이 보이는 위치에 있는 프레시 킬스는 도시가 생태계에 어떤 영향을 미치는지 보여주는 악몽 같은 유적이 되었다. 도시는 맹렬한 식욕으로 자연을 삼키고 오염과 폐기물을 배설해서 강과 습지를 오염시키고 자연 서식지를 독성 매립지로 바꾼다.[4]

프레시 킬스에서 이런 파괴의 향연이 벌어지던 1970년에 당시 뉴욕시 위생국장이던 새뮤얼 J. 키어링Samuel J. Kearing은 빠르게 가속화되는 습지의 생태계 파괴를 지켜보면서 무차별적인 도시 개발이 중요한지 아니면 '야생 조류를 비롯한 생물학적 공동체 보존'이 더 중요한지 물었다. 그리고 '나는 새들 쪽에 투표하겠다'고 선언했다.

> "다른 사람들도 내가 프레시 킬스의 쓰레기 매립지를 처음으로 위생검사 나갔을 때 동행했다면 나와 똑같이 투표할 것이라 생각한다. 그곳의 상태는 그야말로 악몽 같은 수준이었다. 지금도 그곳의 관리탑에서 작업하는 모습을 내려다보면서 했던 이런 생각이 떠오른다. 프레시 킬스는…… 수천 년 동안 웅장하고 비옥한, 말 그대로 생명이 살아 숨 쉬는, 조수 간만의 영향을 받는 습지였다. 그런데 불과 25년 만에 뉴욕시에서 버린 수백만 톤의 쓰레기 더미에 묻혀 버렸다."[5]

진행되는 도시화

그의 목소리는 쓸쓸했다.

> "우리는 바다를 뒤로 밀어내고 공원과 공항을 짓기 위해 늪을 메웠다."

1946년에 〈뉴욕타임스New York Times〉는 자연 상태의 제약을 극복한 대도시의 승리를 축하하며 이렇게 칭찬했다. '진보의 길'은 늪을 마른 땅으로 만들기 위해 '쓰레기와 다른 폐기물을 현명하게 활용한' 결과라고도 했다. 성장을 가로막는 자연의 한계는 제거됐다. 도시 경계 지역의 생태와 풍경은 마음대로 변형시켜서 완전히 새로 만들어야 하는 자원이며 타협은 없었다. 20세기 말이 되자 조수 습지와 담수 습지의 90퍼센트가 영원히 사라졌다.[6]

자연을 도시로 바꾸고, 쓸모없어 보이는 땅을 수익성 있는 것으로 개간하고, 뉴욕 지역의 풍경을 완전히 바꾸는 것은 20세기 후반에 전 세계적으로 진행된 개발의 전조였다. 뉴욕의 경우처럼 무역 중심지로서의 지리적 이점을 강화하기 위해 신통치 않은 땅을 재설계한 싱가포르를 예로 들어보자. 싱가포르는 식민지 지배를 받는 동안 맹그로브 늪을 메우고 습지의 물을 빼고 해안선을 바깥으로 밀어내 740에이커의 대지를 추가 확보했다. 1965년에 완전 독립을 이룬 이 도시국가는 그 후 30년 동안 바다를 매립해 3만 4,100에이커를 또다시 확장했다. 경제적 영향력을 키우기 위한 발판을 마련한 것이다. 결과적으로 현재 싱가포르의 해안선은 대부분 인공 조성된 것이고, 이 지역의 풍부한 생물 다양성에는 치명적인 결과를 초래했다. 1819년에는 78제곱킬로미터 규모의 맹그로브 숲이 존재했지만 지금은 그중 겨우 5퍼센트만 남아있다. 모래 해변은 대부분 사라졌고 104제곱킬로미터 크기의 산호초 중 60퍼센트가 사라졌다.

전 세계 도시에서 똑같은 일들이 진행되고 있다. 경제적 도약을 위한 길을 닦기 위해 생태계 전체를 재구성하는 것이다. 도시 주변에서 파괴된 수생 경계지역*은 도시와 자연의 대립, 더 나아가 인류로 인

---

* 보기 싫은 습지, 울창한 맹그로브 숲, 보이지 않는 산호초 등

한 생태계 파괴를 상징한다.

로슨의 그림에 등장했던 뉴욕 변두리의 자갈투성이 지역이 급속히 사라진 것은 20세기 후반과 그 이후에 미국의 급속한 도시화를 모방한 전 세계 다른 도시들에서도 그런 모습은 흔하게 볼 수 있다. 현대 방글라데시의 '이상한 시골' 모습을 목격한 어떤 사람은 "사방 어디를 둘러봐도 거주지가 없는 곳은 거의 없지만, 그것이 어디에서 시작해 어디에서 끝나는지를 구분하기는 불가능하다"라고 썼다. 1982년부터 2012년 사이에 미국에서 4,300만 에이커의 농지와 숲, 야생지역이 교외화되었는데 이는 워싱턴주 크기에 해당하는 면적이다. 1분마다 2에이커의 노지가 교외화된 셈이다.[7]

사람들은 도시 변두리와 칙칙한 교외를 좋아하지 않는다. 다들 서둘러서 그곳을 지나친다. 하지만 우리는 외면당하고 사랑받지 못해 온 지역에 주목할 필요가 있다. 변두리 땅은 지구상에서 가장 빠르게 변화하는 서식지라 할 수 있다. 그곳은 멸종 위기에 처한 동식물의 묘지이자 생태계 대참사의 현장이다. 도시와 시골의 가장자리는 또 호모사피엔스 종의 주요 거주지가 되고 있다.

매일 맨해튼섬 크기의 땅이 도시화된다. 이것은 도시로 인한 대량 멸종 사건이다. 2010년에는 전체 인구의 50퍼센트가 도시에 살고 있었다. 21세기 중반이 되면 그 수치가 75퍼센트에 이를 것이다. 그리고 인간은 갈수록 넓은 공간을 차지하고 있다. 콘크리트와 아스팔트로 뒤덮인 땅의 비율이 인구보다 훨씬 빠르게 증가하고 있다. 2030년이 되면, 2000년 이후에 건설된 도시의 면적이 전체 도시 면적의 3분의 2에 이르게 될 것이다. 우리를 놀라게 하는 것은 그 규모보다 토지 수탈이 이루어지는 장소다. 우리는 인간의 생존에 필수적인 생태계가 포함된 지구상에서 가장 중요한 생물 다양성 핫스팟인 삼각주, 열대 우림, 삼림지, 초원, 습지대 등에 도시를 배치하기로 결정했다. 생태계에 미치는 지역적인 영향도 심각하지만, 이것이 누적되면서 지구 생태계 전체가 입는 피해는 재앙적이며 돌이킬 수 없다.[8]

전 세계적으로 약 423개의 빠르게 확장 중인 도시가 이미 심각한 멸종 위기에 처한 3,000종 이상의 동물종 서식지를 집어삼키고 있다. 아마존, 인도네시아, 콩고 분지의 열대 우림이 침식되고 있다. 인도-버마 지역, 서아프리카, 중국의 풍부한 열대 습지도 도시화로 인해 급격히 감소하고 있다. 아디스아바바는 불과 5년 만에 도시 근교 농지의 24퍼센트가 사라졌다. 자카르타 수도권은 지난 30년 사이에 그 주변에 있던 1,800제곱킬로미터 규모의 초목 지대를 삼켰다. 도시화의 충격파 때문에 더 먼 곳으로 밀려난 농업은 예전에는 외진 곳에 있어서 사람들의 손길이 닿지 않던 숲까지 파괴했다. 주변 황무지를 집어삼킨 도시는 그 결과 홍수와 해수면 상승 때문에 위험해졌고, 현재 자바섬은 생존 자체가 위험에 처해 있다. 뉴욕과 뉴올리언스 모두 한때 허리케인, 홍수, 해수면 상승으로부터 자신들을 보호해주던 광대한 습지를 파괴했다. 델리와 베이징은 먼지와 모래로부터 도시를 보호하던 숲의 녹색 덮개를 파괴한 이후 사막화 위험에 직면해 있다. 도시 가장자리 지역은 현재 간과되고 있지만, 인류와 지구의 미래를 생각할 때 이보다 더 중요한 장소는 별로 없을 것이다. 이건 국지적 규모로 수백만 곳에서 진행되고 있는 지구 기후 변화에 대한 이야기이기도 하다.

도시의 변두리 땅은 생명 유지 시스템이다. 숲, 초원, 습지, 조석 습지가 원활하게 기능하는 생태계는 기후 변화의 다양한 영향에 맞설 필수적인 완충 장치다. 하지만 우리의 개발 욕심에 가장 취약한 지역이기도 하다. 우리 앞의 위험은 명확한 모습으로 존재한다. 지금까지 손대지 않은 생태계에 침입할 경우 더 많은 인간 정착지가 야생동물과 밀접하게 조우하게 된다. 도시 외곽의 황폐화된 서식지에 사는 동물군은 치명적인 새로운 병원체를 옮기는 인수공통 전염병의 근원이 될 가능성이 높다. 사람들로 가득한 도시는 팬데믹이 놀라운 속도로 지구의 도시 네트워크 전체에 확산되도록 하는 완벽한 온상이다. 지구상에서 우리의 미래가 걱정된다면, 도시와 자연 사이의 최전방에 집중해야 한다. 그곳은 전쟁터다.

문명과 야생성의 균형

따뜻한 봄날 저녁이 되면 폐쇄 공포증에 시달리고 규칙에 얽매인 도시에서 떼 지어 몰려나온 사람들이 도시의 문을 벗어나 시골의 야생적인 자유 속으로 들어간다. 다채로운 사람들의 무리가 밖으로 나와 북적댄다. 이들은 도시의 방식을 벗어던지고, 신참들도 그 고장 유지들과 어깨를 나란히 하며, 남자와 여자가 어울리고, 신선한 공기와 들판 속에서 계급이나 성별 관련 규칙을 일시적으로 잊어버린다.

이건 괴테의 《파우스트Faust》에 나오는 유명한 두 번째 장면이다. 사람들은 자유로운 저녁 시간을 보내기 위해 작고 요새화된 라이프치히를 벗어나 교외로 나간다. 도시와 시골, 질서와 자유의 경계는 냉엄하다. 하지만 도시의 경계에서 탈출하는 건 결코 어렵지 않다. 독일 문학에 등장하는 도시들은 그림 형제의 '늑대, 요정, 난쟁이, 마법

동물들의 은신처인 원시림과 황야로 둘러싸여 있다. 숲은 도시에서 가장 필요한 것 중 하나인 연료를 제공했기 때문에 경작지보다 더 중요했다. 뉘른베르크 같은 중세 도시의 경우 식량은 최대 160킬로미터 떨어진 곳에서 가져왔지만, 운송 비용이 많이 드는 목재는 성벽과 인접한 숲에서 가져와야 했다. 이것이 도시 생활의 음과 양이다. 도시의 문명과 안전은 시골과 숲의 야생성이나 음산함과 나란히 존재한다. 혼잡하고 비위생적인 도시의 단점이 손쉽게 접근 가능한 숲과 들판 덕분에 균형을 이룬다.[9]

길들여지지 않은 진짜 자연이 걸어서 갈 수 있는 거리에 있는데 누가 공원 같은 걸 생각하겠는가?

독일의 도시적 상상력이 도시를 둘러싸고 있는 숲에서 영감을 얻은 것이라면, 영국인에게는 마음을 즐겁게 하는 또 다른 종류의 야생성이 있었다. 런던 변두리에 있는 무어필드라는 수익성 없는 습지는 로마 성벽에서 북쪽의 이즐링턴까지 뻗어나가 핀즈베리 필즈의 녹지와 연결되는데, 이곳은 18세기까지 오랫동안 도시 생활의 중심이었다. 사초, 골풀, 물범부채가 무성하게 피어 있는 이 배수되지 않은 소택지는 도시 사람들, 특히 젊은 런던 시민들이 스포츠, 시끄러운 게임, 섹스, 축제, 시위, 싸움, 양궁 연습, 그리고 신체단련을 하러 가는 장소였다. 《런던 설명서A Description of London》의 저자인 수도사 윌리엄 피츠스테픈William Fitzstephen은 12세기 후반에 얼어붙은 늪에서 스케이트를 타는 런던 사람들에 대해 기록했다. 그와 거의 비슷한 시기에 무어필드에서는 기록에 남아있는 최초의 축구 경기가 열렸는데, 수백 명의 젊은이들이 소란스럽고 무질서하게 진행되는 경기에 참가했다고 한다.

19세기까지 런던의 북쪽과 서쪽은 4만 5,000에이커의 공유지와 황무지로 둘러싸여 있었고 남쪽에도 거의 비슷한 구역이 있었다. 숲과 마찬가지로 초원과 습지도 마차를 끌고 짐을 운반하고 사람을 실어 나르는 수만 마리의 말들에게 필수불가결한 에너지원인 건초를 제공했다. 런던을 둘러싼 시골 지역 대부분이 초원으로 바뀌었다. 매우 유명한 지역 중 하나인 하운슬로 히스는 런던 서쪽에서 히스로 마을 너머까지 8킬로미터 이상 뻗어나가면서 풀과 가시금작화, 금작화, 헤더, 나무 등이 자라는 6,000에이커 넘는 땅을 에워쌌다.

"당시에는 황야가 북쪽과 남쪽으로 끝없이 뻗어나가…… 저 멀리 지평선까지 닿을 것만 같았다."[10]

런던 변두리 땅의 원시적인 토착 생태계는 마지막 빙하기가 끝난 뒤부터 자라난 숲이었다. 야생 상태처럼 보이는 황야는 삼림 벌채와 방목의 결과다. 하지만 이런 상황에도 불구하고, 가벼운 방목이 이루어지는 이 거대한 산성 초원은 풀, 지의류, 이끼, 균류, 초본식물, 작은 야생화, 관목, 땅 속의 곤충, 작은 포유류, 나비 등에게 매우 생산적인 서식지를 제공했다. 황야에는 저렴하게 혹은 무료로 얻을 수 있는 땔감인 가시금작화가 풍부했고 지붕을 이을 때나 동물 깔개용으로 사용하는 고사리와 헤더도 많았다. 런던에서 남쪽으로 향하는 도로는 '야생의 황야'로 계속 이어졌는데 이곳은 도시에서 쉽게 접근할 수 있는 '아름다운 공유지'다. 런던을 둘러싼 반∗야생 환경은 또 '방종한 자'들을 위한 은신처도 제공해서, 노상강도들이 가시금작화 덤불 뒤에 숨어 있다가 외로이 도로를 달리는 역마차를 습격하곤 했다.[11]

16세기 런던의 존 스토John Stow는 이렇게 썼다.

"5월에는…… 몸이 불편하지만 않다면 모든 사람들이 달콤한 초
원과 푸른 숲으로 걸어간다.

그곳에서 달콤한 꽃의 아름다움과 향기, 새들의 노랫소리로 영혼
을 기쁘게 하면서 신을 찬양할 것이다."

유럽 전역의 도시 변두리는 여가뿐 아니라 기회를 상징하기도 했
다. 도시 빈민들은 건축 자재와 땔감을 구할 때뿐만 아니라 동물을
방목하고 식량을 찾을 때도 변두리의 공유지와 숲에 의존했다. 이는
단순한 즐거움이 아니라 거부할 수 없는 생존의 문제이기도 했다. 도
시의 덫 사냥꾼들은 17세기부터 20세기 중반까지 퀸스의 플러싱 메
도우, 롱아일랜드의 자메이카만, 스태튼섬의 프레시 킬스 같은 뉴욕
근교에 있는 습지에서 사향쥐를 잡아 그 모피를 팔아서 보잘것없는
수입이나마 올릴 수 있었다. 그 습지에서는 식량으로 쓸 사냥감과 물
고기, 열매, 버섯, 장작도 얻을 수 있었다. 19세기 후반에 베를린의
황량한 경계 지역에서 직접 판잣집을 지어 살던 가난한 사람들은 도
시와 시골 사이에서 삶의 균형을 찾았기 때문에 살아남을 수 있었다.
도시가 성장하면서 생겨난 변두리의 황무지는 사실상 채집과 게릴라
식 가드닝을 위한 공유지가 되었다.[12]

벽돌과 모르타르의 행진

수필가 리 헌트Leigh Hunt의 말에 따르면 런던이 '눈부시게 아름다워
진' 이유는 바로 가까이에 있는 '녹색 목초지' 때문이라고 한다.

"그곳에 가면 정말 괜찮은 풀밭 위를 걸을 수 있다……. 그리고

울타리, 층계형 출입구, 들길, 양과 소 그리고 다른 목가적인 편의시설이 있다."

19세기 초까지 런던 사람들도 라이프치히나 뉴욕에 사는 사람들처럼 주말이면 대도시를 벗어나 교외 지역에 있는 찻집, 술집, 극장으로 향했다. 도시와 시골 사이의 경계에는 여기저기 구멍이 많았다. 토머스 드 퀸시Thomas De Quincey는 밤에 옥스포드 거리를 걸으며 '메릴본의 심장부를 북쪽으로 관통해 들판과 숲으로 이어지는' 샛길을 흘낏 바라보는 즐거움에 관한 글을 쓰면서 자연 속으로 나들이하는 것이 도시의 폐쇄공포증에 대한 해독제 역할을 한다는 사실을 포착했다.[13]

평생 런던에 살았던 풍자가 겸 저널리스트인 윌리엄 혼William Hone은 1820년대에 글에 이렇게 썼다.

"어린 시절에는 부모님의 허락만 받으면 들판을 마음껏 거닐 수 있었는데 이제는 더 이상 가능하지 않다. 그때의 풍경은 '개발하려는 의지' 때문에 완전히 변형되거나 사라져 버렸다. 35년의 세월이 모든 걸 바꿔놓았다."

혼의 친한 친구인 조지 크루이크섕크George Cruikshank는 1829년에 '벽돌과 모르타르의 행진'이라는 만화를 통해 이 장면을 묘사했다. 그건 곡괭이, 삽, 자재 운반통을 든 로봇 보병 대대가 빽빽하게 대열을 이룬 연립주택과 공장들을 이끌고 연기를 내뿜으면서 런던의 목가적인 변두리 지역을 벽돌 대포로 폭격하는 악몽 같은 장면이다. 나무들이 공포에 질려 움츠러들고 소와 양은 침략자를 피해 도망친다. 이것이 파괴적인 힘을 지닌 도시, 노골적인 폭력과도 같은 확장, 생태계를 파괴하며 제멋대로 폭주하는 교외화의 모습이다.[14]

지금은 이런 이미지가 진부해 보일 수 있다. 하지만 발표 당시에는

공격받고 있는 도시 변두리: '벽돌과 모르타르의 행진', 조지 크루이크생크, 1829.

폐부를 찌르는 듯한 충격을 안겨줬다. 그 무렵 런던 북쪽의 소중한 변두리 지역에서 오늘날 우리가 너무나 잘 아는 교외화라는 빠르고 막을 수 없는 불가항력적인 힘이 처음으로 무엇이든 집어삼키기 시작했기 때문이다. 그 시대의 한 비평가는 이렇게 썼다.

"건설 붐이 일면서 쾌적한 산책로가 동서남북 어느 쪽으로 가든 벽돌과 모르타르, 쓰레기 그리고 끝없이 이어지는 건축용 지지대들로 가득 채워졌다."[15]

'황무지'와 '광야'로 알려진 이런 비생산적인 도시 근교 공유지를 농촌 개량 전문가들은 "수치스럽고…… 대도시의 주민들에게 모욕감을 준다"고 생각했다. 1819년에 런던을 벗어나 큐Kew라는 교외 마을로 걸어가던 리처드 필립스Richard Phillips 경은 광대한 규모의 유휴지를 맹렬히 비난하면서 "인간의 훌륭한 기술들이 자연의 부적절함과 원시적 야만성을 극복하고…… 완전한 승리"를 거두는 날을 고대했다. 더 과격한 사례로는, 나폴레옹 전쟁 기간에 농업 위원회 의장을 맡은 존 싱클레어John Sinclair 경이 '황무지'에 전쟁을 선포한 일도 있었다.

> "이집트 해방이나 몰타 정복에 만족하지 말고, 핀칠리 공유지를
> 진압하고 하운슬로 황야를 정복하고 에핑 숲을 거대한 개발의 물
> 결로 굴복시키자."[16]

핀칠리 공유지가 매물로 나온 1816년에는 이미 토지 잠식으로 인해 1,240에이커를 웃돌던 면적이 900에이커로 줄어 있었다. 그 후 거의 모든 녹지 공간이 교외 개발에 넘겨졌다. 루이섬은 1810년에 850에이커의 공유지를 잃었고, 워싱턴 어빙Washington Irving에게 미국의 미개척지를 연상시켰던 500에이커 규모의 시드남 공유지는 완전히 사라졌다. 18세기에 존재했던 6만 에이커의 공유지와 황무지는 1890년대가 되자 1만 3,000에이커로 줄어들었다. 오늘날 이 귀중한 생태계는 겨우 3,889에이커만 남아있다. 한때 장대하던 하운슬로 황야는 교외화와 공항 개발로 인해 6,000에이커에서 200에이커로 줄었다.[17]

그건 도시 역사에서 가장 중요한 순간이었다. 물론 런던은 항상 성장해 왔다. 그러나 이렇게 빠른 속도로 성장한 적은 없으며 주말에 런던 시민들이 도시의 매연과 악취, 혼잡을 피해 몰려들던 이슬링턴

이나 햄스테드 주변의 사랑스러운 시골 지역까지 밀고 들어간 적도 없다. 대량 생산된 주택 시대가 도래했다. 도시의 답답한 건물에서 벗어나 반*야생 상태의 교외로 향하던, 세월이 흘러도 변치 않던 경험은 이제 사라졌다. 이로 인해 도시 거주자들은 자연과 멀어지게 되었다. 어떤 유명한 희가극 노래 가사를 보면, 런던의 한 노동자는 자기가 행복한 시골 마을에 산다고 믿으려고 상상의 나래를 펼친다. 그는 도심지에 있는 자신의 볼품없는 집의 뒷마당을 화분에서 재배한 채소로 채웠고 '그 사이에 가로막고 있는 집들만 아니라면' 멀리 떨어진 칭포드, 헨든, 웸블리까지 탁 트인 전망을 즐길 수 있을 거라고 자랑한다. 사람들은 끝없이 이어진 주택단지 때문에 자연과 멀리 떨어지게 된 도시에 봉인되었다.

적어도 가난한 사람들은 그랬다. 조지 크루이크섕크는 도시의 확장에 소름이 끼쳤을 수도 있지만, 본인도 그 일에 깊이 연루되어 있었다. 그는 1823년에 펜턴빌에 있는 새로운 교외 개발지로 이사했는데, 이곳은 도시와 가까운 곳에서 반농촌 생활을 즐기고 싶어 하는 중산층 가족을 위해 조성된 곳이다. 들판과 개울이 내려다보이는 곳에 살던 크루이크섕크가 다른 가족들이 자신의 목가적 이상향으로 몰려와서 시야를 가로막고 들판을 엉망으로 만드는 걸 막으려 한 건 그리 놀랄만한 일이 아니다. 그가 생각하기에 런던은 이미 충분히 확장되었다.[18]

당시의 크루이크섕크는 현대적인 교외 지역에 살던 선구자 중 한 명이었고 님비NIMBY라는 말이 유행하기 전부터 님비였다. 1820년대에 저렴한 자금 조달이 가능해지자 교외 발전은 가속화됐다. 트램과 기차에 이어 버스까지 등장하면서 처음으로 교외 통근이 가능해졌다. 그 뒤 산업 혁명으로 인해 도시가 갑갑해지고 오염되었으며 콜레라와 범죄에 시달리게 되었다. 사람들은 원래 살던 땅을 떠나 도시로 몰려들었다. 1851년에는 영국의 도시 거주 인구가 과반수를 넘었다. 19세기 후반 동안 런던의 교외 지역은 10년마다 50퍼센트씩 성장했고, 이 지역은 영국에서 가장 빠른 인구 증가를 경험했다. 이런 엄청난 성장과 빠르고 혼란스러운 변화의 시기가 닥치자 도시에 대한 신뢰가 무너졌다. 돈이 있는 사람은 시골 변두리로 서둘러 떠났다. 그리고 조지 크루이크생크처럼 다른 사람들이 와서 파티를 망칠까 봐 두려워하던 이들은 다시 그곳을 떠났다. 시골스러운 매력을 지닌 지역의 황무지, 벌판, 상품용 채소 농원, 개인 정원까지 새로운 주택으로 채워지면서 이곳도 빠르게 밀집되었다. 쾌적함은 일시적인 특성이 됐고 새로운 변두리 땅으로 넘어가야 할 필요성도 자꾸 커졌다. '그 사이에 있는 집들'은 우후죽순처럼 계속 늘어만 갔다.[19]

변두리 땅에는 마법 같은 힘이 있다. 가장 좋은 지점이다. 도시가 처음 발달할 때부터 사람들이 교외에 살고 싶어 한 건 당연한 일이며 19세기 초부터는 그런 사람이 매우 많아졌다. 하지만 도시는 계속 외부로 확장되기 때문에 교외 지역의 범위는 언제나 유동적이다. 현대 도시의 생태에 깊은 영향을 미친 스코틀랜드의 뛰어난 박식가이자 조경 전문가인 존 클라우디우스 루던John Claudius Loudon은 교외 지역을 옹호한다. 런던의 변화 속도가 걱정되었던 그는 크루이크생크가 만화를 그린 것과 같은 해인 1829년에 매우 환상적인 제안을 했다. 이들 두 사람이 행동에 나서게 된 동기는 런던 시민들에게 가장 인기있고 소중한 야생 황무지인 바위투성이의 햄스테드 황야를 곧 개발업자들에게 매각할 예정이었기 때문이다. 루던은 런던 세인트 폴 대성당에서 반경 1.6킬로미터(1마일) 떨어진 변두리의 농촌 토지와 공유지를 정부가 매입해야 한다고 주장했다. 도심으로부터 1.6킬로미터 떨어진 지역에 전원 지대를 조성하는 것이다. 그런 다음 1.6킬로미터 구간에 도시 개발을 허용한뒤 다시 전원 지대를 조성하는 식이다. 루던은 이런 식으로 개발하면 "전원 지대에서 800미터 이상 떨어진 곳에 거주하게 될 사람은 없게 되므로 누구나 자유롭게 걷거나 말을 타고 전원 지대로 갈 수 있다"고 썼다. 전원 지대에는 강과 호수가 있는 반*야생적인 풍경에 나무와 관목이 심어져 있고 "바위, 채석장, 돌, 황야와 동굴을 모방한 야생적인 장소, 작은 동굴, 작은 골짜기, 깊고 좁은 골짜기, 협곡, 언덕, 계곡, 기타 자연적으로 보이는 장소"가 존재할 것이다. 그게 무엇이든 간에, 이건 농지를 보존하거나 공원을 만들어 달라는 요구가 아니라 점점 확장되는 도시 매트릭스에 자연을 보존해 달라는 간청이었다.[20]

1806년에 루던은 이렇게 썼다.

"난 지금 스물세 살이다."

"아마 내 인생의 3분의 1이 지나갔을 텐데 난 사람들을 위해 무엇을 했는가?"

루던이 류마티스성 열 발작으로 불구가 된 해에 일기에 털어놓은 그 고통스러운 말은 그에 대해 많은 걸 알려준다. 공익 사업에 헌신한 그는 조경사, 발명가, 식물학 저술가라는 직업과 급진적인 정치 활동을 결합시켰다. 특히 가난한 사람들을 위해 현대 도시를 더 살기 좋은 곳으로 만드는 것이 그의 개혁주의 비전의 중심이었다. 그는 산업 대도시의 제약과 질병에 대한 해독제로 광장, 공원, 묘지를 비롯한 모든 종류의 녹지 공간에 접근할 수 있어야 한다고 주창했다. 그는 자연과의 접촉이 현대 도시의 특징이 되어야 하고 도시가 정원처럼 조경되는 것도 중요하다고 생각했다.

루던은 프랑스와 독일을 여행하고 돌아온 직후에 소논문을 썼다. 18세기 후반부터 19세기까지 라이프치히를 비롯해 독일과 오스트리아의 여러 도시들은 낡은 성벽을 철거하고 그 자리에 보리수 나무가 늘어선 공공 산책로를 조성해 유서 깊은 도심지역을 거닐 수 있도록 했다. 이런 공원, 특히 가장 유명한 예가 비엔나의 링 슈트라세 공원과 같은 곳들은 성벽을 철거한 뒤에도 도시 중심부의 독특한 분위기를 보존했다. 루던의 그린벨트 제안은 호주 남부의 애들레이드 설계에 확실히 영향을 미쳤다. 1837년부터 윌리엄 라이트William Light가 설계한 애들레이드는 2,332에이커의 공원 부지로 둘러싸인 토렌스강 양쪽에 건설된 두 개의 클러스터로 구성되어 있는데, 이 부지가 끊어지지 않는 8자형 그린벨트를 이룬다.

존 루던이 나서기 훨씬 전에도 런던의 성장을 저지하려는 시도가 있었다. 엘리자베스 1세와 올리버 크롬웰Oliver Cromwell은 둘 다 대도시 외곽에 고밀도 건물을 짓는 걸 금지했다. 존 이블린John Evelyn은 런던을 "세상에서 가장 달콤하고 맛있는 거주지 중 하나"로 만들기 위해 정원과 과수원으로 도시에 녹색 띠를 두르자고 했다. 루던은 이런 단순하고 제한적인 생각들을 뛰어넘었다. 우선 그는 도시 확장의 불가피성과 필요성을 인정하고 받아들였다. 본래 도시 계획 전문가였던 그는 도시의 에너지를 사랑했다. 하지만 정신없이 바쁘게 돌아가는 도시 생활은 간혹 자연과 접하면서 균형을 이뤄야 한다는 걸 알고 있었다. 그가 요구한 것은 건축가와 투기꾼이 접근하기 전에 생명으로 가득 찬 거대한 황야를 보존하라는 것이었다. 도시는 야생성이 두드러지는 이 지역을 중심으로 성장해야지, 이들과 충돌해서는 안 된다.

　도시 속에 시골을 품으려는 이상은 최초의 도시 때부터 우리와 함께 했다. 19세기에 등장한 대규모 도시공원은 부와 권력의 원천뿐만 아니라 자연과도 더불어 살고 싶다는 욕구를 부분적으로만 충족시켰다. 도시 성장이 가속화되는 시대가 도래하자 도시 생활과 전원 지대 사이의 연결고리가 영영 사라질 위기에 처했다. 어떻게 해야 그 연결고리를 보존할 수 있을까? 선견지명이 있는 사람들은 언제나 많다.

정원 도시의 등장

　루던의 에세이가 발표되고 69년 뒤인 1898년, 에버니저 하워드 Ebenezer Howard 경은 교외의 완충지대로 둘러싸인 아담한 정착지인 '정원 도시'의 개념을 제시했다. 하워드는 루던과 완전히 다르게 반도시적인 사람이었다. 그의 이상적인 정착지는 모든 주거지가 정원으로 둘러싸인 시골과 도시의 하이브리드라고 할 만한 거대한 마을이었다. 1895년부터 1910년 사이에 아르투로 소리아 이 마타 Arturo Soria y Mata는 시우다드 리네알 Ciudad Lineal, 즉 '직선 도시'라는 매우 영향력 있는 계획을 내놓았다. 그는 마드리드가 양쪽에 집이 한 줄로 늘어선 가느다란 도로를 따라 외곽지대로 확장되길 바랐다. 그러면 집 뒷문을 통해 도시 주변부에 쉽게 접근할 수 있기 때문에 누구나 자연과 가깝고 친밀한 관계를 맺게 될 것이다. 하워드와 마찬가지로 소리아의 야망도 "도시를 전원화하고 전원 지대를 도시화하는 것"이었다.[21]

　에버니저 하워드는 자신의 정원 도시 개념을 새로운 문명의 시작이라고 칭했다. 그와 똑같이 유토피아적인 맥락을 따른 미국 건축가 프랭크 로이드 라이트Frank Lloyd Wright는 1932년에 모든 곳에 존재하면서 동시에 어디에도 존재하지 않는 새로운 대도시 '브로드에이커 시티'를 구상했다. 그건 전원 지대로 퍼져 나가는 분산형 도시다. 브로드에이커 시티는 정원 도시와 마찬가지로 수천 년 동안 존재해 온 대도시의 구조를 완전히 재편성한 반反도시가 될 것이다.

그는 열정적으로 선언했다.

"현대의 교통수단은 도시를 분산시킬 수 있다."

"그 안에 숨 쉴 수 있는 공간을 마련하고, 도시를 녹색으로 가꾸고 아름답게 꾸며서 인간의 보다 수준 높은 요구에 부합하도록 만들어야 한다."[22]

19세기 말 유럽에서 가장 빠르게 성장한 도시인 베를린에서 급진적인 아이디어가 나왔다. 이 도시의 천연기념물 관리 책임자인 막스 힐츠하이머Max Hilzheimer는 '돌의 사막'에 갇힌 베를린 사람들은 빙하기 이후 브란덴부르크 지역을 특징짓는 훼손되지 않은 숲, 늪, 모래 언덕, 호수, 개울 등 "우리의 도시 베를린 주변에 있는 비밀스러운 아름다움"을 경험할 권리가 있다고 주장했다. 힐츠하이머는 도시 사람들이 베를린 변두리에 있는 그곳에서 "마음대로 즐길 수 있고 나무와 덤불이 사람 손을 타지 않은 채로 자라며 수원, 개울, 강이 자신들의 법칙에 따라 길을 찾아가는 자유로운 자연의 이미지"를 발견할 수 있다고 말했다. 도시 외곽의 야생 생태계는 인공적인 도시와 자연에 굶주린 대중들에게 매우 가까운 곳에 있기 때문에 가치가 정말 크다. 자기 집 문 앞에 황야가 있다면 굳이 멀리 있는 황야를 찾아 여행을 떠날 필요가 없다.[23]

베를린이 성장하는 동안 변두리 생태계를 보전하기 위한 전략도 계속 이어졌고 1929년의 대담한 '종합 녹지 공간 계획'으로 절정에 달했다. 이 계획은 도심에서부터 변두리에 있는 야생의 대규모 자연 보호 구역까지 이어지는 26개의 쐐기형 녹지를 설치하자는 것이었다. 현대 도시를 재창조하는 문제와 관련해 먼 미래까지 내다본 이 계획은 일차적으로 대공황의 재정적 제약 때문에 가로막혔고 마지막에는 나치의 희생양이 되었다. 제2차 세계대전 중에 도시들이 파괴되자, 영국의 도시 계획가인 패트릭 애버크롬비Patrick Abercrombie는 이 계획을 되살려서 대공습 이전의 런던 녹지 밀도를 이 호화로운 쐐기형 녹지로 대체하자고 주장했다. 그는 모든 런던 시민이 "정원에서 공원으로, 공원에서 공원 도로로, 공원 도로에서 쐐기형 녹지로, 쐐기형 녹지에서 그린벨트로" 걸어가는 모습을 상상했다. 이건 도심에서 건물과 차들이 없는 주변 전원 지대로 가는 길이다.[24]

쐐기형 녹지, 정원 도시, 선형 도시, 브로드에이커 시티 등은 모두 로이드 라이트의 표현처럼 "도시와 전원생활 사이에 설정된 인위적인 분할"을 없애려는 시도였지만 다 실패로 돌아갔다. 그 계획들은 특히 가난한 사람의 경우 도시를 벗어나 자연경관 속으로 들어가는 게 거의 불가능해진 시기에 등장했다. 전원 풍경을 보려면 버스나 기차를 타야 했다. 런던은 전쟁이 끝난 뒤 한동안만 주변 지역에 그린벨트를 설정했는데, 그때쯤에는 거친 황야를 비롯해 인접한 전원 지대 대부분이 이미 교외화된 상태였다. 전 세계 국가들은 무질서한 도시 확장을 방지하고 전원 지대를 개발로부터 보호하기 위해 런던의 그린벨트를 널리 모방했다. 하지만 그린벨트는 애초에 제한을 위한 것이기 때문에 도시 변두리 지역을 생물 다양성을 위한 장소로 재구상하거나 도시 내의 생태계에 근본적인 영향을 미치는 데는 거의 도움이 되지 않았다.

현대의 그린벨트는 1829년에 존 클라우디우스 루던이 야생 구역과 인공 구역을 번갈아 가며 배치하는 혼합식 도시 조경을 제안한 것과는 거리가 멀다. 그러나 루던과 그의 후계자들은 거시적인 규모에서 도시를 변화시키는 데는 성공하지 못했지만 미시적인 규모에서는 해냈다. 도시가 확장됨에 따라 변두리 땅은 하나의 생태계에서 다른 생태계로 전환되었다. 유럽과 미국의 전통적인 도시가 조밀하게 밀집되어 있었다면, 19세기에 등장한 도시는 녹지로 둘러싸이거나 얽혀 있었다. 그건 도시 계획가들이 원했던 쐐기형 녹지로 구성된 공공 소유의 야생 공간은 아닐지도 모르지만 그래도 그곳은 초목으로 가득하다.

오늘날 런던 표면적의 거의 4분의 1은 교외 정원으로 이뤄져 있다. 건물이 빽빽하게 밀집된 도심을 이들 정원이 둘러싸고 있다. 브리즈번의 경우에는 그런 면적이 전체의 3분의 1 정도 되고, 도시들이 더 밀집된 유럽 대륙에서는 약 5분의 1이다. 1945년 이후 대부분 교외에 만들어진 미국의 주택 뒷마당 면적을 모두 합치면 조지아주 크기 정도 된다. 니카라과 레온에서는 전체 녹지의 86퍼센트가 사유 파티오로 이루어져 있다. 사람들의 생각과 달리, 도시에서 우세한 생태계 유형은 공원이나 유원지, 묘지가 아니라 개인 정원이다. 가정의 뒷마당과 현대 도시의 생태계에 생명을 불어넣기 위해 존 클라우디우스 루던만큼 많은 노력을 기울인 사람도 드물다.[25]

교외의 전원주택

포체스터 테라스 3-5는 런던에서 가장 화려한 지역 중 하나다. 중동 왕족이나 비밀에 쌓인 독재자, 잘 차려입은 대사들의 안방이라고 생각되는 곳이다. 하지만 그곳에 있는 집은 뜻밖의 역사적 내력을 가지고 있다. 그건 바로 출세 지향적인 삶의 방식을 주입하고 수백만 개의 모방작을 만들어내는데 영향을 미친 교외 주택의 원조라는 점이다.

1825년에 루던이 지은 이 건물은 도시에서 새로운 삶의 방식을 선보였다. 유리로 된 온실과 베란다가 딸린 집은 중산층 가정의 전형이다. 그러면서도 그 집은 웅장하다는 환상과 함께 감당하기 어려울 것이란 느낌을 준다. 루던이 쓴 것처럼, 두 개의 작은 집을 하나의 크고 웅장한 건물처럼 보이게 해서 '위엄과 자존심'이 돋보이는 외관을 갖추도록 했기 때문이다.

루던은 교외를 사랑했고 1820년대에 새롭게 등장한 삶의 방식을 즐겼다. 그가 본 교외는 도시와 전원 지대의 장점을 동시에 지니면서도 위험은 피할 수 있는 곳이었다. 루던은 정원 가꾸기를 여가 활동으로 대중화하는 데 앞장섰다. 그는 최대한 많은 독자들을 위한 글을 썼고, 처음으로 원예와 정원 가꾸기에 대한 지식을 사회 각계각층의 남녀에게 전파하는 걸 목표로 삼았다. 《원예 백과사전An Encyclopaedia of Gardening》(1822년)의 저자인 그는 최초의 원예 전문 정기 간행물인 〈가드너스 매거진Gardener's Magazine〉과 〈매거진 오브 내추럴 히스토리Magazine of Natural History〉의 창간자 겸 편집자이기도 했다. 그의 놀라운 성과물 대부분은 원예에 관한 책과 기사를 쓰고 삽화를 그린 아내 제인과의 공동 작품이다. 루던 부부는 19세기 초에 가장 많은 독자가 읽는 정원 작가가 되었고 그들의 영향력은 세대를 넘어 이어지고 있다.[26]

1838년에 존 루던은 확장되는 도시 변두리 지역의 새로 지은 집에서 완벽하게 정원을 만드는 방법을 안내하는 《교외 원예가와 별장 친구The Suburban Gardener, and Villa Companion》라는 책을 출간했다. 사실 그 책은 단순한 DIY 정원 가꾸기 책이 아니라 교외화에 대한 방대한 매뉴얼이었다. 루던과 그의 아내는 올바른 종류의 식물을 고르도록 도와줄 뿐만 아니라, 집 안팎을 아름답고 고상하게 꾸미는 방법, 책장을 장식하고 가구를 배치하는 방법 등도 조언해줄 수 있다. 한 마디로 루던 부부는 빅토리아 시대의 생활양식 전문가였다.

포체스터 테라스 3-5는 한쪽 벽면이 옆집과 붙어 있는 반단독형 저택으로 건축된 최초의 사례는 아닐지 모르지만, 교외 생활 방식의 본보기가 됐다. 영국의 초기 빅토리아 시대에 살았던 야심 찬 중산층을 위한 살아있는 쇼케이스였던 것이다. 가장 중요한 것은 루던 부부의 정원이었다. 그들 집의 베란다 기둥에는 월계화, 등나무, 재스민, 자포니카 등이 휘감겨 있었다. 베란다 주변에는 꽃이 피는 계절 식물로 가득 찬 화분들이 늘어서 있었다. 테니스 코트 두 개를 합친 것보다 좀 작은 정원에는 2,000종의 이국적인 식물이 가득했는데, "1823년과 1824년에 런던 묘목장에서 구할 수 있었던 거의 모든 종류의 나무와 관목 표본", 그리고 다양한 종류의 사과, 배, 자두, 체리, 복숭아, 승도복숭아, 살구, 무화과, 덩굴 식물이 있었다. 그들의 목표는 대도시 내에 관리 가능한 작은 경작 공간을 조성해서 전문직종과 상업에 종사하는 가족들이 새로운 삶의 방식을 돕는 것이었다.[27]

루던은 새로운 교외 거주자들의 라이프스타일 방식으로 원예를 제시했다. 원예는 운동과 지적 호기심, 다른 사람들의 이목을 끄는 소비와 관련이 있었다. 또 시골도 아니고 도시도 아니지만 그 사이에서 아슬아슬하게 균형을 이루고 있는 환경에서 남녀가 자신의 소박한 본능과 다시 연결될 수 있게 해준다. 루던이 생각하기에 원예는 땅에 대한 지배력을 획득하고 땅이 자기 의지에 따르도록 하는 것이었다. 세계 최고의 정원 작가인 루던은 영국뿐 아니라 호주, 뉴질랜드, 미국, 유럽에서도 빅토리아식 정원을 만들 수 있게 도와줬다. 깔끔한 잔디밭, 관상용 관목, 화단, 조심스럽게 배치된 나무가 있는 '가드네스크gardenesque로 알려진 그의 디자인은 개인 정원, 대로변, 개방된 녹지를 중심으로 조성된 저밀도 '전원주택지'의 소박한 스타일과 함께 세계로 뻗어나갔다.

　포체스터 테라스에 구체화되어 있는 루던의 정원 디자인은 표현과 장식을 강조했다. 그리고 이전 세대 사람들이라면 기괴하고 어울리지 않는다고 여겼을 전 세계의 다양한 나무와 관목을 절충해서 배치했다. 루던은 〈가드너스 매거진〉에 쓴 칼럼에서 새로 수입한 식물 판매를 열정적으로 홍보했다. 런던 교외 중산층의 성장을 주시한 한 관찰자는 이렇게 말했다.

　　"요즘에는 [예전의 장원 저택] 대신 거대한 기존 목재 대신 남반구 기후대에서 자란 이국적인 목재를 쓴 말쑥하지만 규모가 작은 공원이나 정원, 온실 등을 갖춘 현대적인 저택을 볼 수 있다."

　루던의 영향을 받아 외래 식물과 토착 식물을 세련되게 혼합시킨 이 새로운 생태계는 교외 지역에서 식물 세계주의를 놀랍도록 확산시켰다.[28]

　영국 도시에서 볼 수 있는 다양한 식물은 제국주의 시대의 전리품이기도 하고 세계 무역 네트워크 중심에 있는 런던의 위상을 보여주는 것이기도 하다. 결국 교외화는 도시가 마을과 농장을 집어삼키고 그 지역의 생태계를 벽돌과 부겐빌레아로 변화시킨 내부 식민지화의 한 형태다. 교외 지역 자체도 제국에 의해 만들어진 결과물이다. 건설 붐을 부채질한 투자 자본도 대개 인도를 비롯한 제국의 여러 지역에서 얻은 이익으로부터 나온 것이다.

사실 현대식 교외의 정원 특성은 영국의 발명품이기보다 외국에서 수입한 것이다. 영국 관리, 상인, 군 장교들은 인도의 상업, 무역, 종교 중심지에서 현지인들과 볼을 맞대고 살아가기보다는 18세기부터 마드라스나 캘커타 같은 도시 외곽의 '정원 주택'에서 따로 사는 쪽을 택했다. 남아시아 도시들은 유럽 도시보다 훨씬 푸르고 더 넓었다. 마드라스는 "도시라기보다 집들이 우연히 들어서게 된 광대한 정원 같았다"고 한다. 방갈로르의 건물은 나무숲에 '완전히 숨겨져' 있었다. 엠마 로버츠Emma Roberts는 1836년에 마드라스를 다음과 같이 묘사했다.

> "도로 양쪽에 나무를 심어놓았고 저택은…… 정원 안에 자리잡고 있는데, 고맙게도 시원한 그늘을 드리워주는 무성한 수풀 아래에 풍성하게 피어난 꽃들은 더 이상 바랄 게 없을 정도로 눈을 즐겁게 해주고 상상력에 불을 붙인다."

유럽에서와 다르게 이곳의 영국인들은 "정원 저택이라는 적절한 이름을 붙인 집에서 내내 살아간다. 식물이 빽빽하게 자라는 정원에 완전히 둘러싸여 있어서 이웃집이 거의 보이지 않기 때문이다."[29]

식민지 탐험가들이 은퇴해서 세인트 존스 우드, 켄싱턴, 베이즈워터 같은 새로운 교외 지역의 반단독형 저택에 살게 되자 런던의 일부

지역도 이런 아시아적 색채를 띠기 시작했다. 그리고 영국-인도의 뚜렷한 특성 때문에 '소아시아'로 알려지게 되었다. 이런 새로운 저택의 많은 부분에 캘커타와 마드라스 정원 구역의 건축 양식, 즉 베란다, 발코니, 페르골라*, 로지아**, 정자, 내닫이창, 그리고 중요한 장식 정원 등이 반영되었다. 존 루던의 유명한 반단독형 저택도 베이즈워터에 있었다.

다채롭고 이국적인 식물과 나무에 대한 수요를 충족시키기 위해 묘목장과 종자 카탈로그 같은 다양한 산업이 등장했다. 런던에서 거래되는 꽃 품종은 슬로운 광장 근처에 있던 제임스 콜빌James Colvill의 엑조틱 너저리Exotic Nursery 같은 회사를 통해 한층 더 늘어났다. 이 회사는 멕시코산 달리아, 히말라야산 진달래, 미국산 유카와 캘리포니아 양귀비, 칼미아, 중국산 목련, 모란, 장미, 그리고 가장 잘 팔리는 상품 중 하나인 일본산 식나무 등을 공급했다. 조지 크루이크섕크는 전원 지대가 벽돌로 폭격당하는 모습을 묘사했지만, 한편으로는 도시 변두리에 외래종 씨앗을 대포로 융단 폭격해 대는 장면을 표현할 수도 있었을 것이다. 존 루던과 제인 루던 같은 사람들이 홍보한 이국적인 식물이 유행한 덕분에 교외 환경은 전원 지대를 능가하는 풍부한 종을 얻기 시작했다.

이국적인 취향은 도심지나 베스날 그린처럼 급속하게 도시화된 교외 지역의 정원도 없는 비좁은 집에 사는 가난한 노동자들에게도 번져나갔다. 언론인이자 사회 운동가인 헨리 메이휴Henry Mayhew는 1851

---

* 덩굴 식물이 타고 올라가도록 만들어놓은 아치형 구조물-옮긴이
** 주택 거실 등의 한쪽 면이 정원과 연결되도록 트여 있는 형태-옮긴이

년에 쓴 런던 노동 계급의 초상인 《런던 노동자와 런던의 빈민London Labour and the London Poor》이라는 책에서 이스트 엔드에 사는 사람들이 밝은색의 이국적인 꽃을 매우 좋아한다고 썼다. 노동자들의 정원에 주택이 채워져가자 씨앗 거래도 서서히 줄어들었다. 하지만 19세기 중반에 수익성 있는 사업으로 되살아났다. 5월 말이 가까워지면 꽃 파는 사람들의 노점과 손수레가 "놀라울 정도로 아름다웠고 특히, 손수레는 종종 움직이는 정원을 닮았다"고 했다. 그들은 제라늄, 목서초, 달리아, 푸크시아, 폴리안서스 등 화분에 뿌리째 심은 식물을 팔았는데, 그걸 집에 가져가면 창가의 화단이나 화분에서 키울 수 있다. 1859년에 타워 햄릿 국화 협회가 설립된 것은 노동자들 사이에서 그 식물이 엄청난 인기를 끌었음을 증명한다. 1860년에는 노동 계급 참가자들을 위한 최초의 연례 윈도우 가든 쇼가 열렸다. 4년 뒤에는 찰스 디킨스도 그곳에 가서 넘쳐나는 장미와 푸크시아, 제라늄, 봉선화, 삼색메꽃, 목서초, 달리아에 감탄한 수천 명의 사람들 중 한 명이 되었다. 그로부터 한참 뒤인 1939년에 〈픽처 포스트Picture Post〉는 이렇게 논평했다.

> "런던 사람들은 누구나 정원을 갈망한다. 큰 정원을 구입할 여유가 있는 사람은 거의 없다. 하지만 수천 명의 사람들이 뒷마당, 창가의 화단, 심지어 지붕 꼭대기에 화려한 꽃을 키운다."[30]

에버니저 하워드는 더 푸른 도시에 대한 바람과 국화, 달리아, 채소 등을 개인 정원에서 키우고 싶어하는 열망에 동기를 얻어 정원 도시를 설계하게 되었다. 이건 땅이 없는 사람들에게 땅을 분배하고 뭔가를 키우고 가꾸려는 인간의 본능적인 욕구를 충족시키기 위한 하나의 방법이었다. 하워드는 도시화의 혁명을 이루지는 못했지만, 그의 아이디어는 전 세계의 기존 도시들을 근본적으로 재구성했다. 녹지로 둘러싸인 저밀도 가족 주택으로 구성된 전원주택지는 도시가 급팽창하던 20세기의 지배적인 모델이 되었다. 1차 세계대전이 끝난 뒤, 영국에는 약 400만 채의 새로운 주택이 건설되었다. 런던은 인구가 10퍼센트 증가하는 동안 크기가 두 배로 늘었다. 이런 분산 정책은 런던 주변 환경에 갑작스럽고 폭력적인 영향을 미쳤다. 런던 시의회는 노동자 계급을 위해 수도 외곽의 농업 지역에 거대한 '코티지 단지' 8개를 건설했다. 가장 유명한 베컨트리 이스테이트에는 주로 반단독 형태의 주택 2만 5,769채를 지어서 11만 6,000명이 살 수 있게 했는데, 이건 세계에서 가장 규모가 큰 주택 단지 개발 사례였다.

1991년에 출간된 《저스트 라이크 더 컨트리Just Like the Country: memories of London families who settled the new cottage estates》(1919-1939)라는 책에는 도심의 비좁은 빈민가를 떠나 전원주택으로 이사한 경험이 담겨 있다. 메이 밀뱅크May Millbank는 어릴 때 킹스 크로스의 서머스 타운에 있는 아파트를 떠나 번트 오크에 있는 워틀링 코티지 단지로 이사했던 일을 기억했다.

> "우리는 창밖을 내다보았고 나보다 두 살 어린 남동생은 '저기 저게 뭐야?'라고 물었다. 동생은 그 녹색이 무슨 나무고 정원에 핀 꽃이 무슨 꽃인지 몰랐다. 나도 그 꽃을 풀이라고 불러도 되는지 확신할 수 없었기 때문에 동생이 먼저 물어봐줘서 기뻤다."[31]

워틀링 단지는 두차례 세계대전 사이에 조성된 전형적인 전원주택지다. 19세기의 가혹한 빈민가에 대한 반작용이자 영국이 잃어버렸거나 혹은 상상 속 과거의 마을과 시골의 소박함으로 돌아가고자 하는 열망을 표현한다. 이런 분위기 덕분에 최근까지 밭을 다시 구획

하고 새로운 시골길을 조성했는데도 오래된 생울타리에서 수많은 가로수들이 살아남았다. 그런 단지는 시골과 같은 개방적인 느낌을 주기 위해 공원이나 유원지를 만들고 넉넉한 녹지를 조성하고 거리 모퉁이와 교통 로터리까지 녹색으로 조경을 했다. 그리고 도로에서 약간 물러난 곳에 지어진 집들이나 '코티지'에는 생울타리와 개인 정원이 딸려 있다.

조이스 밀란Joyce Milan은 자기 가족이 엘섬의 페이지 단지로 이사했을 때를 회상했다.

"우리 부모님은 정원을 가꾸기 시작했다."

"본인들은 몰랐지만 그런 걸 갈망하고 있었던 것이다. 전체적인 작업은 주로 엄마가 담당했는데 몇 년 사이에 놀라운 성과를 거뒀다……. 정원을 구석구석 활용해서 온갖 종류의 꽃을 키웠다……. 문 바깥쪽에서는 감자, 당근, 양배추, 방울다다기양배추 같은 다양한 채소를 재배했다. 심지어 셀러리와 오이도 시도해봤다. 엄마는 맛있는 과일이 열리는 작은 사과 나무도 심었다."

그런 사람은 조이스 밀란의 어머니뿐만이 아니었다. 반단독주택 단지가 중산층뿐만 아니라 노동자 계급의 주요 거주지가 된 1930년대는 원예의 전성기였다. 많은 사람들이 도심에서 평생을 살다가 녹색 땅을 소유하게 된 것에 대한 순수한 흥분 때문에 정원을 가꾸기 시작했다. 1938년에는 런던정원협회가 그해에 가장 잘 가꾼 정원을 선정하기 위해 개최하는 대회에 무려 6만 5,000명이 참가했다. 상을 받고 싶지 않더라도 괭이와 흙손을 들고 정원으로 나갈 동기는 충분했다. 정원을 깔끔하게 잘 가꾸는 것이 전원주택 단지를 임대하는 조건이었기 때문이다.[32]

오랫동안 도시화는 자연을 파괴하는 힘이라고 여겼다. 인간의 손길이 닿지 않은 자생적이고 경작되지 않은 진짜 자연은 다른 곳, 즉 전원지대나 보호구역, 산, 숲 등에 존재했다. 1966년에 한 저명한 생태학자는 가정집의 정원을 '생물학적 사막'으로 치부했다. 하지만 사실 교외 지역의 생태계는 제대로 연구된 적이 없었다.[33]

새로운 생태계

동물학자 제니퍼 오웬Jennifer Owen 박사가 상황을 바꾸었다. 오웬은 1958년에 옥스포드 대학을 졸업하고 미시간 대학에서 박사 학위를 취득한 뒤 우간다와 시에라리온에서 교수직을 역임했다. 그녀는 시에라리온에 살 때 근처 숲보다 자기 집 정원에 야생 생물이 더 많다는 걸 알아차렸다. 1971년에 영국 레스터 대학으로 돌아온 오웬은 고작 741제곱미터 크기의 교외 정원에 대한 30년간의 연구를 시작했다. 오웬은 그 기간 동안 474종의 식물, 1,997종의 곤충, 138종의 무척추동물, 64종의 척추동물 등 총 2,673종의 생물을 관찰해서 기록했다. 아주 작은 날파리와 토양 생물은 연구가 불가능했기 때문에, 오웬은 곤충 종의 실제 숫자를 8,450종으로 추정했다. 또 교외 지역의 식물 다양성은 헥타르 당 3,563종으로 계산했다*. 오웬의 정원은 다양한 생물이 사는 서식지로 의도적으로 관리한 게 아니라 그냥 평범한 뒷마당이었다. 하지만 영국에 서식하는 모든 종 가운데 약 9퍼센트가

---

* 아프리카 열대 우림의 경우 헥타르 당 최대 135종의 식물이 있다

거기에서 발견되었다.[34]

다른 도시의 정원을 조사한 추가적인 과학적 연구의 결과도 제니퍼 오웬이 발견한 것과 같았다. 도시의 정원에는 반*야생 상태인 시골 서식지보다 같은 면적에서 더 많은 생물종이 산다는 사실이 밝혀졌다. 그건 '생물학적 사막'과 반대되는 모습이며, 그런 명칭은 오히려 시골에서 단일한 식물종을 재배하는 수많은 농경지에 더 어울린다. 그에 비하면 도시 교외 지역은 생기가 도는 땅이라고 할 만하다.[35]

이런 풍요로움의 원인 중 하나는 사람들이 자기 정원을 자연계에서 볼 수 없는 다양한 식물로 가득 채웠기 때문이다. 이는 극도로 복잡한 환경이며 루던 같은 정원사들이 남긴 장기적인 글로벌 유산이다. 자갈길은 해안선 서식지를 모방한다. 퇴비 더미는 숲의 부식토층과 같다. 관목과 울타리는 낙엽수림 서식지를 닮았다. 잔디밭은 풀을 다 뜯어 먹은 목초지를 대신해서 159종의 작은 식물을 보호한다. 소박한 정원은 축축한 곳, 건조한 곳, 그늘진 곳 등 다양한 서식지의 모자이크다. 런던의 경우 사유지 정원에 250만 그루의 다 자란 나무들이 있는데 이것이 도시 숲의 상당 부분을 차지한다. 완전히 똑같은 종류의 식물이 자라는 정원은 없다. 교외에 복도처럼 길게 이어진 집들의 정원은 먹이를 찾는 생물들을 위해 매우 다양한 식량 자원을 제공한다. 흥미롭게도 생물 다양성은 인구 규모와 직접적인 관련이 있다. 작은 마을에는 평균 530~560종의 식물이 서식한다. 인구가 최대 40만 명 정도인 도시에는 약 1,000종의 식물이 산다. 그리고 도시 인구가 100만 명을 넘으면 식물종 수가 1,300개 이상으로 급증한다.[36]

따라서 도시 정원은 수천 개의 독특한 소규모 서식지로 이뤄진 집합적인 도시 서식지라 할 수 있다. 이건 끊임없이 변화하는 생태계다. 영국 제도에는 1,625종의 토착 식물이 있지만 영국 정원사들이 판매할 수 있는 분류군(유형 또는 아종)은 5만 5,000종*이나 되며 유행은 계속 변한다. 일반적인 정원에 있는 식물 중 30퍼센트는 자생종이고 70퍼센트는 외래종이다. 오웬은 자기 정원에 유럽, 남북아메리카, 아프리카, 아시아 각지에서 들어온 214개의 비영국종이 있는 것을 확인했는데, 이런 식물은 초식동물에게 풍부한 먹이를 제공한다. 전 세계의 식물군이 레스터로 여행을 와서 그곳을 집으로 삼았다.[37]

비교적 최근까지만 해도 교외 정글의 출현은 생태학자들의 관심을 끌지 못했다. 이 책 곳곳에서 얘기하겠지만, 전 세계 도시의 변두리 녹지는 그곳 생태계가 성숙하면서 갈수록 다양하고 인상적인 동물과 새, 곤충의 매력적인 서식지가 되고 있는데 그 생물 중에는 집약적 농업과 기후 변화 때문에 멸종 위기에 처한 것들이 많다. 그러나 불도저와 건축업자들이 맹공세를 퍼붓는 동안에는 이런 사실이 명확하게 드러나지 않았다. 생태학자들 눈에는 파괴만 보였다.

자연을 집어삼킨 교외화의 세계적인 상징인 로스앤젤레스는 특히 강력한 사례다. 산업 도시화에 대한 참신한 수정모델이라고 홍보했던 로스엔젤레스의 경우, 초기에는 도시와 자연이 완벽한 조화를 이루었다. 회중파 교회 목사이자 로스엔젤레스의 정치적 후원자인 다나 바틀렛Dana Bartlett 목사의 말에 따르면, 태양이 키스하는 남부 캘리포니아는 채소를 키우고 닭을 기를 수 있는 정원뿐만 아니라 해변, 산, 숲, 전원 지대에도 쉽게 접근할 수 있는 축복받은 땅이다. 때문에 그는 "극빈자도 왕처럼 살 수 있다"고 했다.

---

* 대부분은 거의 구별이 불가능하다. 이 목록에는 6,413종의 수선화가 포함되어 있다

하지만 지나치게 매력적인 곳이라는 사실이 드러났다. 1958년에 로스엔젤레스에서 샌버너디노로 향하는 비행기에서 창밖을 내다본 윌리엄 H. 화이트William H. Whyte는 "환경을 엉망으로 만드는 인간의 무한한 능력에 대한 불안한 교훈"을 얻고 간담이 서늘해졌다.

> "여행자들은 두 도시 사이에 남아 있는 마지막 녹지를 갉아먹는 불도저 군단을 볼 수 있다. 그리고 샌버너디노에서 시작해 서쪽으로 가면서 녹지를 갉아먹는 또 다른 불도저 군단이 있다."

아이러니컬한 일이지만, 자연 속에서 살고 싶다는 뿌리 깊은 열망을 좇는 수백만 명의 사람들 때문에 꿈의 녹색 도시였던 로스엔젤레스가 생태학적 악몽으로 변했다. 이 지역에 널리 퍼져 있던 식생 유형*이 거의 다 제거되었다. 몇 군데에 흩어져서 남아있는 잔해를 제외하면 로스앤젤레스의 생태계 전체가 거의 파괴된 사실은 20세기 도시화의 힘이 얼마나 무지막지 했는지 보여줬다.[38]

전쟁이 끝난 뒤 도시 주변 경관을 없애고 조성한 구획 사진을 보면, 대량 생산되어 똑같이 생긴 단층집이 나무와 식물도 없는 황량한 풍경 속에 줄지어 늘어선 모습이 보인다. 이는 생태학살을 정의하는 모습처럼 보이지만, 한편으로는 재생의 문턱에 서 있는 풍경이기도 했다. 몇 년 안에 이 풍경 속에서 이국적인 식물들이 자라나 땅을 뒤덮게 된다.

인간이 만든 로스앤젤레스의 생물군계는 이제 그것이 대체한 원래의 생태계보다 더 짙은 숲으로 뒤덮여 있고 색채가 다양하며 그늘도 많고 푸르다. 그 이유 중 하나는 그곳이 예전보다 더 습해졌기 때문

---

* 채퍼렐과 가뭄면 잎이 떨어지는 관목이 많은 연안의 세이지 관목숲

이다. 처음에는 오웬스강, 나중에는 콜로라도강과 연결된 수백 킬로미터 길이의 송수관을 통해 엄청난 양의 물이 유입되고 제2차 세계대전 이후로는 스프링클러도 상업적으로 이용할 수 있게 되었다. 이렇듯 관개 시설이 풍부한 이 지역은 이제 지구상의 모든 대륙에서 수집한 강력한 식물 군집을 지원하며, 식물들은 남부 캘리포니아의 온화한 지중해성 기후에서 번성한다. 연안의 세이지 관목 지대에는 나무나 풀이 많지 않다. 1960년대 로스앤젤레스에는 맨해튼섬 4개 크기인 246제곱킬로미터의 잔디밭이 있었다. 2019년에 발표된 조사 내용에 따르면, 자연 지역에서는 4종의 나무를 발견한 데 비해 주택가에서는 564종의 나무가 발견되었다고 한다. 토착 서식지에서 살아남은 식물과 비교해보면, 개간된 지역에서는 제곱미터당 식물종 수가 7배나 증가했다.[39]

물만 충분히 주면 로스앤젤레스 토양에서는 무엇이든 자랄 수 있다고 한다. 로스앤젤레스의 새로운 거주자들은 도전을 받아들였다. 1960년대에 로스앤젤레스는 관상용 식물 판매 부문에서 전국 1위였다. 동부 해안과 중서부에서 온 정착민들은 존 루던 시대로 거슬러 올라가는 영국식 미적 감각*을 선호했다. 그들은 일 년 내내 갈색을 띠는 연안 세이지 관목 지대의 토착 식물에는 별로 감탄하지 않았다. 미국에서 처음으로 대규모로 조성된 블루칼라 교외 지역 중 하나인 레이크우드에서는 아마존의 자카란다 나무, 페루의 후추나무, 인도의 고무나무가 유행했다. 오렌지와 아보카도 나무가 교외 주택의

---

* 잔디밭, 다양하고 이국적인 관상식물, 위풍당당하게 그늘을 드리우는 나무로 구성된 질서정연한 가드네스크 조경

뜰에 자리를 잡았다. 1960년대에 아프리카 버뮤다 잔디와 일 년 내내 푸르름을 유지하는 다른 아프리카 변종을 잡종 교배한 덕분에 파릇파릇한 잔디에 대한 만족할 줄 모르는 열망도 채울 수 있게 되었다. 우리는 지금 한 세기 동안 이루어진 거의 완전한 종 전환, 여러 세대의 거주자들이 만들어낸 토착 생태계와 완전히 다른 도시 생물군계에 대해 얘기하고 있다.[40]

우리는 자연에 대한 도시의 공격을 아스팔트와 콘크리트, 벽돌과 모르타르의 공격이라고 생각하는 경향이 있다. 하지만 도시화는 보다 근본적인 방식으로 도시 변두리를 재구성한다. 광대한 면적의 정원 때문에 토착종이 외래종으로 대체된다. 유럽의 온대 국가에서는 이것이 별로 큰 문제가 되지 않을 것이다. 우선 그런 나라에서는 대부분의 식물이 자상한 인간의 보살핌을 필요로 하고 혼자 힘으로는 오래 살지 못하기 때문에 자연에 침투하는 종은 소수에 불과하다. 또 다른 면에서 보면 정원이 유행한 덕분에 곤충에게 먹이를 제공하는 풍부한 자원을 지닌 식물들이 다양한 지역에서 대거 도입되었는데 곤충은 인간을 비롯한 모든 생명체가 궁극적으로 의존하는 생명체다.

그러나 지중해성 기후와 열대 기후 도시에서는 외래 식물이 정원을 탈출해서 주변 환경에 침입할 경우 지역 생태계에 영향을 미칠 수 있다. 남아메리카와 중앙아메리카에서 인도 정원으로 도입된 란타나(버베나과)는 생물 다양성에 파괴적인 영향을 미쳤는데 특히 숲의 하층 식생에 피해가 컸다. 모양이 예쁜 아마존 부레옥잠은 전 세계 강과 습지 생태계에서 엄청난 대학살을 일으킨다. 뉴질랜드에서는 정착민들에게 친숙한 식물로 도시 경관을 영국처럼 꾸미려던 식민지 주민의 열망이 지역 생태계에 치명적인 영향을 미쳤다. 크라이스트

처치의 경우 도시에서 발견된 317종의 유관속 식물 중 48종만이 토착종이다. 살아남은 많은 토착 초본식물은 잡초로 간주된다. 영국 식민지 개척자들이 도착한 이후로 2만 종 이상의 외래종이 도입되었고 그중 상당수가 토착 식물군과의 경쟁에서 이겼다. 중앙아메리카와 남아메리카, 아프리카, 아시아에서 빠르게 성장하는 도시, 다시 말해 대부분 생물 다양성 핫스팟에 위치한 도시들에서는 탈출한 식물들이 자신의 취향에 딱 맞는 기후와 토양을 발견했다. 멕시코 엔세나다에서 진행된 한 연구에서는 공원과 정원을 벗어나 도시에서 야생으로 자라는 식물종의 61퍼센트가 토착종이 아니라는 사실이 밝혀졌다. 칠레 콘셉시온에서 진행된 비슷한 조사에서는 거리와 불모지에서 113종의 외래종 식물을 발견했는데 토착종은 거의 없었다. 다음 챕터에서 자세히 설명하겠지만, 전 세계 도시의 상당 부분이 잘 손질된 잔디밭으로 뒤덮여 있다. 유럽 이외 지역에서도 많은 잔디 종자를 외국에서 수입하는데, 그런 잔디는 토착종이 아니기 때문에 토착 식물군의 성장을 막고 자랑스러운 녹색을 보존하려면 엄청난 양의 물과 살충제, 비료가 필요하다. 교외 지역을 장식한 잔디밭은 그들이 정복한 생태계와 전혀 닮지 않았고 결과적으로 생명체가 살지 않는 경우가 많다. 잔디는 지구를 공격하는 가장 파괴적인 침입종 중 하나다.[41]

북반구의 온대 지역에서는 이렇게 극적인 사태까지 발생하지는 않지만 걱정하는 원인은 동일하다. 뉴욕시에서 가장 큰 자연 지역인 펠햄 베이 공원에서는 지난 50년 동안 해마다 평균 2.8종의 토착 식물종을 잃고 4.9종의 외래종을 얻었다. 19세기 후반과 20세기 초반에 센트럴 파크를 조사한 결과 356종의 식물을 발견했는데 그중 74퍼센트는 토착종이고 26퍼센트는 토착종이 아니었다. 2007년 조사에서는 362종을 발견했는데 그중 40퍼센트가 토착종이고 60퍼센트가 외래종이었다. 이런 패턴은 전 세계적으로 매우 비슷하다. 도시화는 존재하는 종의 전체 숫자는 증가시키지만 동시에 지역적 멸종을 초래한다. 우리는 비슷한 고층 건물, 식당, 브랜드, 카페가 늘어선 단조로운 글로벌 도시에 대해 이야기하는 것이다. 하지만 세계화는 거의 눈에 보이지도 않고 잘 논의되지도 않는 다른 방식으로 힘을 발휘한다. 도시 자연의 세계화는 '생물적 균질화'로 알려져 있다.[42]

우리는 지난 세기 동안 도시 변두리 땅을 야생이나 반⁎야생 또는 농업 상태에서 다른 것으로 변화시켰다. 교외의 넓은 영역 중 상당 부분은 열린 공간을 매우 다양한 형태로 변형시킨 복잡한 모자이크가 됐다. 여러 세대에 걸쳐 생태학자들은 이걸 나쁜 것으로 여겼다. 풍경을 변경시키고 토착 식물을 외래종으로 대체하면서 그곳을 황폐하고 비자연적이고 엉망진창인 땅으로 만들었다고 봤다. 도시의 변두리 교외 지역은 인간과 자연의 상호작용으로 온갖 부작용을 표출하는 곳이고 진정한 자연은 "원래의 상태" 또는 인간의 손길이 닿지 않은 지역에만 존재한다고 생각했다.

하지만 그걸 바라보는 또 다른 방법이 있다. 전 세계에서 진행된 변두리 땅의 교외화는 인공과 자연이 혼합된 하이브리드 서식지인 "새로운 생태계"를 만들었다. 도시화는 토착 야생 생물에게 충격적이고 파괴적인 사건이다. 하지만 그 과정에서 새로운 삶의 방식이 만들어진다. 좋든 싫든 이런 서식지는 현실이고 돌이킬 수 없다. 그게 사라지기를 바라는 것보다는 받아들이는 편이 낫다. 우리 앞에는 그 가치를 인정받고 번성해 나가야 할 풍요롭고 중요한 생태계가 있다. 이제 우리는 도심을 둘러싸고 있는 광활하면서도 자주 무시되는 도시 변두리 땅을 최대한 잘 활용해야 하는 과제를 안고있는 것이다. 지구 상의 다른 서식지처럼 그곳도 멸종 위기에 처해 있기 때문이다.

런던시 당국이 하이드 파크, 리젠츠 파크, 빅토리아 파크, 햄스테드 히스, 에핑 포레스트를 개발업자들에게 매각할 경우 어떤 항의가 빗발칠지 상상해 보라. 그건 3,000헥타르의 휴양 공간과 야생 생물 서식지를 희생시키는 대도시 생태에 대한 중대한 위협이자 지독한 비극이 될 것이다. 하지만 1998년부터 2006년 사이에 런던에서 정원을 도로로 만들거나 데크길로 바꾸거나 건물을 지으면서 그 정도 넓이의 녹지 공간이 사라졌다. 그리고 이런 정원은 공원만큼 생태학적인 가치가 있을 수 있다.[43]

비록 런던 표면적의 4분의 1이 정원 공간으로 지정되어 있긴 하지만 그중 초목이 있는 공간은 58퍼센트뿐이다. 나머지 42퍼센트*는 그냥 회색 정글의 일부다. 32제곱킬로미터에 달하는 대도시의 거대한 면적이 주차를 위해 포장된 앞뜰로 이루어져 있다. 한편 캘리포니아에서는 주택 위기 완화를 위해 교외 주택의 뒷마당에 별도의 건물을 지을 수 있도록 법이 바뀌면서 2018년부터 2020년 사이에 3만 3,881개의 '부속 주택'(ADU) 허가서가 발행되었다. 이와 대조적으로, 독일에서는 정원을 포장할 경우 녹지 공간을 줄인 데 대한 벌칙으로 더 높은 수도 요금이 부과된다. 2021년 네덜란드에서는 '타일 깨기'라는 캠페인이 벌어졌고 도시들마다 주택, 아파트, 사무실 앞의 아스팔트 포장을 뜯어내고 이를 식물과 덤불로 대체하기 위한 경쟁을 벌였다. 가장 많은 타일을 제거하기 위한 전투에서 로테르담과 암스테르담이

* 런던 면적의 10퍼센트

정면으로 맞붙었다. 최종 점수는 로테르담이 4만 7,942점, 암스테르담이 4만 6,484점이었다.[44]

하지만 세계적인 추세는 이와 반대방향으로 가고 있다. 정원은 줄어들고 아스팔트는 늘어나고 있다. 정원이 사라지거나 용도가 바뀌기 시작하면서 도시 내부의 서식지는 크게 줄어들었다. 그럼에도 정원들은 여전히 존재하고 그중에 어떤 것은 다른 것들보다 도시 건강에 훨씬 많은 기여를 한다.

30대의 젊은 부부 브래드 헨더슨과 에이미 헨더슨은 2003년에 로스앤젤레스 론데일에서 불법 행위를 저지른 혐의로 소환되었다. 그들은 무슨 범죄를 저지른 걸까? "〔자기 집〕 앞마당에 초목이 과도하게 자라도록" 방치해서 도시에 '불결한' 환경을 조성하고 '병충해'가 증식하도록 내버려둔 죄다. 프레스턴 러너Preston Lerner가 쓴 〈로스앤젤레스 타임스Los Angeles Times〉 기사에 따르면 브래드와 에이미는 잘 손질된 잔디밭, 깔끔한 관목, 화단이 가지런히 줄을 맞춘 말쑥하고 이상적인 교외 정원의 모습을 거부했다.

> "보라색 세이지, 회갈색 메밀, 코요테 부시, 나래새, 기타 가뭄에
> 강한 수십 가지 토착 식물들이 자연 상태에서 럭비 스크럼을 짜
> 듯이 혼란스럽게 뒤틀리고 헝클어져 있는 뒤죽박죽 상태의 정원
> 을 선호했다."[45]

브래드와 에이미는 론데일Lawndale*이라는 목가적인 이름의 동네에 살지만 그런 동네 이름을 갖게 만든 잔디밭 숭배에는 반발했다. 교외 잔디밭이 생태학적 파괴를 초래한다고 믿었기 때문이다. 미국에는

---

* 잔디 계곡이라는 뜻-옮긴이

잔디가 깔린 땅이 4,000만 에이커에 달한다. 시 당국자들에게 이 부부의 정원은 사회적 골칫거리로 보였겠지만 그들에게는 토착 식물을 위한 야생 정원이었다. 브래드의 표현처럼 "완전히 도시화된 환경 한가운데에 있는 섬" 같은 이곳에는 물과 살충제를 파괴적으로 쏟아부을 필요가 없다.[46]

결국 헨더슨 부부는 지역 사회의 지지를 얻어 승리했고, 그들 정원의 야생 식물이 인도를 침범할 경우 다듬겠다고 동의했다. 그것은 관상용이 아닌 생태적인 목적으로 키우는 도시 정원의 승리였다. 키 큰 초본식물, 자주 깎지 않는 잔디밭, 자발적인 성장 등으로 약간 거칠고 지저분한 그 정원은 예전부터 확립된 교외 미관과 지역의 잡초 조례에 위배되긴 하지만 중요한 꽃가루 매개자와 무척추동물을 비롯한 야생 생물을 위한 자원으로 넘쳐난다.

도시와 교외에는 헨더슨 부부 같은 사람들이 더 필요하다. 그래서 도시 생태계의 핵심인 정원의 잠재적인 생물 다양성의 힘을 이해하고 널리 알리는 게 매우 중요하다. 우리가 적절히 돌본다면 정원은 자연에 도움이 될 수 있는 능력을 갖추고 있다. 정원은 단순히 장식용이나 오락용 공간이 아니다. 전원 지대나 도시공원보다 생물 다양성을 높일 수 있는 핵심적인 미세 서식지다. 도시 환경의 녹화는 한 번에 하나의 정원, 하나의 화분에서만 일어날 수 있다. 그리고 정원사가 자신의 땅이 생물 다양성에 얼마나 중요한 기여를 할 수 있는지 충분히 이해할 때만 가능한 일이다.

에코톤

생물학자들은 두 개의 생물군계가 만나 생태계가 충돌하고 뒤섞이는 전이 영역을 설명할 때 '에코톤ecotone'이라는 용어를 사용한다. 숲과 초원이 만나는 곳일 수도 있고 강이 습지와 만나는 곳일 수도 있다. 이 단어는 그리스어 oikos(집)와 tonus(긴장)에서 파생된 것이다. 끊임없이 재창조되는 역동적인 환경이고 투쟁과 상호의존의 영역이다. 에코톤은 놀라운 생물 다양성과 풍부한 종이 존재하고 그 결과 뛰어난 적응력을 발휘하게 되는 장소다.

생물 다양성이 번성할 수 있는 인간 서식지와 자연 서식지 사이의 반半야생적인 경계면인 도시 변두리를 에코톤으로 여기기 시작해야 한다. 1978년에 W. G. '버니' 티글W. G. 'Bunny' Teagle이 '끝없는 마을The Endless Village'라는 짧지만 매우 영향력 있는 소논문을 발표했다. 이 논문은 영국 웨스트 미들랜즈에 있는 버밍엄과 블랙 컨트리 광역 도시권의 탈공업화된 변두리 지역을 버스와 도보로 2,100킬로미터가량 여행한 뒤 나온 결과물이다. 전 세계를 집어삼킨 산업혁명의 토대가 된 이 상처투성이 지역에는 채석장, 광산, 광재 더미, 공장, 용광로, 철도선, 운하, 발전소, 주택단지, 고속도로 등 인간이 변화시킨 풍경으로 가득하다. 티글이 "난잡한 모자이크"라고 부른 이곳은 인간 활동과 자연이 서로 얽혀있는 모습을 보여준다. 티글은 이 남용되고 버려진 땅에 생명이 가득한 것을 보고 놀랐다. 인간이 방치한 덕에 자연이 번성할 수 있었다. 자연은 이 버려진 변두리 땅의 관목과 황야, 늪지, 습지, 숲에서 재생을 위한 틈새를 발견했다. 이건 새로운 야생이다. 혹은 오래된 야생, 그러니까 한때 도시를 에워싸고 도시 거주자들에게 도피처를 제공했던 거칠고 험준한 변두리 땅으로 돌아간 것일지도 모른다.

티글이 발견한 것은 블랙 컨트리에만 해당되는 모습이지만, 거의 모든 도시에 그와 비슷한 수준의 남은 땅이 있다. 그것이 인공과 자연이 깊게 어우러진 야생의 풍경, 즉 에코톤이다. 버니 티글이 블랙 컨트리의 변두리 땅을 획기적인 방법으로 조사한 지 불과 20년 만에 영국에서 또 다른 발견이 이루어졌는데 이번에는 에식스의 산업 지대에서다. 그곳에는 240에이커 크기의 원유 하역장이 울타리로 둘러싸인 채 정유소, 신규 주택, 원형 교차로, 캔비섬의 대형 슈퍼 사이에 30년 동안 버려져 방치되어 있었다. 여기는 모닥불, 트레일 자전거, 불법 쓰레기 투기 등에 사용된 전형적인 야생 변두리 땅이다. 하지만 이런 거친 모습 속에 마법이 잠재되어 있었다. "캔비의 열대 우림"이라는 별명답게 제곱미터당 서식하는 생물종 수가 자연 보호 구역보다 많았고 희귀하고 멸종 위기에 처한 종도 여럿 있었다.

환경보호단체 버그라이프Buglife의 매트 샤들로Matt Shardlow는 〈가디언Guardian〉지와의 인터뷰에서 이렇게 말했다.

> "영국 어디에도 이렇게 풍부한 자연이 존재하는 곳은 없다."
> "놀라울 정도로 양질의 땅이다. 이 정도 크기에 이렇게 다양한 생물이 서식하는 땅은 이곳 외에는 달리 생각나지 않는다."[47]

지난 세기 내내 생물 다양성 보존 전략은 깨끗한 자연 환경에만 초점을 맞추고, 도시 서식지나 지저분한 변두리 땅은 무시했다. 또 그린벨트를 유지한 것은 농업을 보호하고 무질서한 도시 확장을 제한하기 위해서일 뿐 그것이 생물 다양성과 야생 생물에 어떤 가치가 있는지는 무시했다. 하지만 이제 도시-전원 지대의 에코톤이 자연 보호의 우선순위가 될 때가 왔다. 그곳은 놀랍도록 생산적인 서식지가 될 수 있기 때문이다.

그린벨트는 잘못된 조치다. 지구에 필요한 건 도시 가장자리에 설치된 야생 벨트 또는 생태 완충 지대다. 이런 야생 생물 보호 구역은 자연 생태계를 보존하는 동시에 심각한 홍수, 공기 오염, 물 부족, 사막화에 대한 방어벽 역할도 할 수 있다. 이런 반¥야생 상태의 외벽은 단순히 보기좋은 장식지대 정도가 아니라 경제적이고 실존적인 필수품이다. 앞으로 보게 되겠지만, 뉴욕의 조수 습지와 델리를 둘러싸고 있던 숲을 완전히 잃어버린 것은 후회해야 마땅한 일이다. 식량, 연료, 건축 자재, 물 같은 필수품을 먼 곳에서 조달할 수 있게 되면 도시가 배후지와 어떤 식으로 연관돼 있는지 잊을 수도 있지만, 기후 변화 때문에 도시의 인접 환경 내에서 도시의 위치를 재검토해야 하는 상황에 처하게 된다.

역사학자 토머스 잔비어Thomas Janvier는 1894년에 쓴 글에서, 뉴욕을 "아름다운 도시로 만들" 기회가 완전히 "오용되어 버려지고" 있다며 격렬하게 비난했다. 이 도시의 도로 계획이 격자 형태가 아니라 맨해튼의 자연 지형을 중심으로 형성되었다면, 언덕 주변의 등고선을 따라 구부러진 도로, 삼림 지대, 그리고 "오로지 아름다움만을 위해 [보존된] 보호 구역" 등으로 인해 뉴욕이 지금과는 매우 다른 모습을 띠게 되었을 것이다. 하지만 지금까지 도시 계획자들은 직사각형 거리 계획을 융통성없이 그대로 지키기 위해 "숲을 베어내고, 언덕을 평평하게 다지고, 움푹 팬 곳을 메우고, 개울을 묻으라고" 명령해 왔다.[48]

잔비어가 상상한 대안적인 뉴욕은 자연 지형을 억누르기보다 상당한 규모의 야생 지역을 보존하고 그 주변에서 성장하는 도시다. 이

를 오늘날에는 '랜드스케이프 어바니즘landscape urbanism'이라고 부르는
데, 도시가 주변의 자연 환경과 조화를 이루도록 설계하는 방법이다.
이건 도시가 거대한 정원이 될 수 있는 잠재력이 있다고 여겼던 루던
까지 거슬러 올라가는 도시 계획 개념이다. 생태 보존에 민감한 도시
성장은 이른바 '조각-통로patch corridor' 모델을 중심으로 이루어진다.
이 모델에 따르면 도시는 성장할 수 있고 성장할 것이며 성장해야 하
지만 특히 열대 우림, 삼림, 습지, 초원, 사바나, 강 지역처럼 상당한
양의 자생 초목이 남아 있는 지역의 경우, 새로운 개발을 적당한 크
기의 중간 허브 지역에 밀집시킨다면 환경에 미치는 영향을 최소화
할 수 있다. 토착종의 생존을 보장하고 도시화 때문에 동물들이 흩어
지거나 갇히거나 고립되는 일 없이 자유롭게 돌아다닐 수 있는 공간
을 제공하려면 이런 조각 땅을 녹지 통로로 연결해야 한다. 이건 거의
2세기 전에 루던이 상상했던 야생 공간이나 도시들이 초고속으로 성
장하기 시작하면서 생긴 그린벨트와 쐐기형 녹지에 대한 요구와 비
슷하다. 다만 오늘날에는 긴급한 환경 우선순위와 생태학 발전에 따
라 그런 개입 요구를 판단한다. 다시 말해, 미적인 부분에 초점을 맞
추던 것에서 자기 보존으로 옮겨갔다.[49]

　이제 우리는 도시의 그늘진 곳이 전형적인 황무지처럼 보이지 않
더라도 자연계에는 매우 좋을 수 있다는 사실을 안다. 야생 생물은
이곳에서 인간과 가까운 거리에 사는 방법에 적응한다. 그러므로 인
간의 탐욕과 폐기물이 모든 생태계를 위해서는 인류세에 꼭 필요한
지역을 만들 수 있다. 도시 변두리 지역은 미래의 야생 생물 보호구
역이 될 수 있다. 이곳을 보존하면 밀집된 도시와 산업화된 농업 지
대로부터 수많은 종을 보호하는 피난처가 될 것이다. 과거 독일 도시

를 둘러쌌던 숲, 뉴욕을 에워싼 습지, 런던 주변의 황야는 도시 정글에 사는 주민들에게 거칠고 반＊야생적인 피난처였다. 지금도 그런 상황이라면 어떨지 상상해 보자. 도보나 자전거 또는 기차로 도시를 벗어났을 때 넓게 펼쳐진 들판이 아니라 야생적인 경관과 자연 보호 구역으로 곧장 향할 수 있다면 어떨까? 이 책 뒷부분에서도 계속 얘기하겠지만, 변두리 땅은 기후 변화의 끔찍한 영향으로부터 도시를 보호하는 데 필수적인 기능을 할 것이다. 그리고 그곳은 즐거움과 도피를 위한 장소이기도 하다. 스태튼섬의 프레시 킬스는 20세기 후반에 도시가 지역 생태계에 미치는 해로운 영향의 대명사 같은 곳이었다. 하지만 이렇게 파괴가 만연했던 현장도 새로운 도시 야생의 터전이 되고 있다.

2장

공원과 레크리에이션

도시 복구와 재야생화

　지하 깊은 곳에서는 미생물들이 도시에서 반세기 동안 쏟아낸 쓰레기를 메탄으로 바꾼다. 지하에 광범위하게 뻗어 있는 파이프 라인을 통해 가스와 침출수를 추출한 뒤 인근의 2만 2,000가구에 전력을 공급하는 데 사용한다. 1억 5,000만 톤의 쓰레기가 지표면 아래의 눈에 보이지 않는 곳에서 서서히 분해되는 동안, 과거의 쓰레기 매립지는 초원, 삼림 지대, 해수 습지로 되돌아가 야생 생물을 위한 안식처와 뉴욕 시민을 위한 거대한 휴식 공간을 제공한다.

　이것이 2020년대의 프레시 킬스다. 이 악명 높은 매립지에 2001년 마지막으로 묻은 슬픈 위탁품은 세계 무역 센터에서 새까맣게 탄 잔해였다. 그 이후 그곳은 2,315에이커의 공원으로 변신했다. 센트럴 파크보다 3배 크고 야생 생물 서식지, 자전거 도로, 운동장, 미술 전시관, 놀이터가 혼합되어 있다. 이 공원은 최근 100년 사이 뉴욕 안에 조성된 가장 넓은 공간이자 새로운 녹지 공간이다. 이곳은 오염된 땅이다. 50년 동안의 쓰레기 매립 때문에 도시에서 가장 비옥한 습지 생태계 중 하나가 영원히 사라졌다. 복원은 불가능하다. 대신 유독성 쓰레기 더미 위에 새로운 생태계가 등장하고 있다.

이런 일이 가능해진 것은 인간이 개발한 공학 기술 덕분이다. 불침투성 비닐 덮개, 토목섬유, 얇은 토양층을 이용해서 폐기물을 주변 환경과 분리시키고 유독성 액체와 가스는 펌프로 제거한다. 쓰레기가 쌓인 경사지는 등고선에 따라 띠모양으로 작물을 심는 대상 재배라는 과정을 통해 복원한다. 언덕에서 빠르게 자라는 식물을 심은 뒤 토양에 유기물을 첨가하기 위해 반복해서 흙을 갈아 주는 방식이다. 토양이 비옥해지면 그 다음 단계에는 '일꾼' 종을 심는다. 강인한 토종 왕포아풀과 인디언 갈풀, 리틀 블루스템, 가마그래스, 과꽃, 미역취 같은 야생화가 여기 해당된다.

거친 풀밭은 식물, 미생물, 곤충, 작은 포유동물, 새 등 이곳에 가장 먼저 찾아오는 초기 식민지 개척자들에게 서식지를 제공한다. 이는 오염된 땅을 복구해서 자연으로 되돌리는 세계 최대 규모의 실험이다. 벌써 풀로 뒤덮인 토대는 생명을 위한 조건을 만들었다. 지난 10년 동안 수많은 식물과 나무종이 자라났고 사향쥐, 페인티드 거북, 대머리독수리, 물수리, 왜가리, 멸종 위기에 처한 메뚜기참새 등도 나타났다. 그 다음에 일어나는 일은 대개 인간의 통제 범위를 벗어난다. 앞으로 수십 년 동안 프레시 킬스 공원(이름이 바뀌었다)의 광대한 구역은 땅을 뒤덮은 초목에 이끌려 찾아오는 모든 동식물에 의해 복구될 것이다. 그 작업은 대부분 인간이 아니라 자연이 할 것이다. 바람과 새가 이곳에 씨앗을 가져오면 생물 다양성이 꾸준히 증가할 것이다. 이렇게 자발적이고 연속적인 성장 과정은 산불, 지진, 화산 활동, 기후 격변과 같은 재해를 겪은 자연이 어떻게 회복되는지 보여 준다. 다만 이번의 재앙은 인간이 자초한 것이다.[1]

한 학자는 전형적인 도시공원을 '포템킨 정원'이라고 불렀는데 이는 1787년에 예카테리나 2세가 크림반도를 방문했을 때, 황제에게 좋은 인상을 주려고 마치 그곳이 번영하고 있는 듯 보이기 위해 만들었다고 추정되는 가짜 '포템킨 마을'의 이름을 따서 붙인 것이다. 그 마을과 마찬가지로 도시공원도 표면적으로는 자연의 모습을 보여주지만 실제로는 제한된 생태적 가치만 지닌다. 대부분의 공원은 그림 같은 모습을 보여주면서 레크리에이션 기능을 제공하도록 설계되어 있다. 공원은 원래 도시 생태계를 보강하려는 목적으로 만든 게 아니다. 하지만 프레시 킬스는 그런 일반적인 공원과 다르다.[2]

이곳은 '랜드스케이프(풍경)'가 아니라 '라이프스케이프lifescape'라고 불린다. 즉, 이 지역은 마스터플랜에 따라 건설되는 것이 아니라 예측할 수 없는 자연적 과정에 의해 계속 형성되어 가는 곳이다. 이건 수년간의 파괴 이후에 이루어진 속죄와 벌충의 행위다. 또 밀집된 도시 풍경 속에서 공원을 조성해야 할 필요성에 대응하는 차원에서 공터를 복구하는 방안이기도 하다. 전 세계 도시에서 매립지, 사용하지 않는 공장 부지, 공항, 군사 기지, 수처리 시설, 채석장, 감옥 등을 공원으로 전환하는 작업이 진행되고 있다. 심하게 오염된 란드샤프트 파크 뒤스부르크-노르트에 있는 티센-마이더리히 용광로의 부식된 잔해를 에워싼 초목과 숲은 멸종 위기에 처한 다양한 종들에게 서식지가 되고 있다. 런던 동부의 레인햄 습지는 오랫동안 육군 사격장으로 사용됐고 하구 토사지역은 쓰레기 투기장으로 이용됐는데, 이 습지는 방대한 규모의 창고와 폐기물 처리장, 매립지, 산업단지 사이에 놓여 있다. A13 고속도로와 채널 터널 철도가 이곳을 뚫고 지나간다. 그러나 2000년 이후부터 자연 보호 습지구역으로 복원되어 이제 집중적으로 도시화된 지역 속에서 "국제도시를 위한 야생 경관"으로 자리잡고 있다.

프레시 킬스로 대표되는 이런 도시 재야생화 프로젝트는 21세기의 새로운 공원 개념을 제시한다. 수십 년 혹은 수 세기에 걸쳐 학대받아온 토착 생태계를 보호하고 생물 다양성을 회복하는데 초점을 맞추고 있는 것이다. 그 무엇보다 자연은 고무적인 메시지를 전하고 있다. 인간이 아무리 자연을 파괴해도 야생 생명력은 스스로 회복할 힘이 있다는 것을 보여주고 있는 것이다. 이는 확실히 환경 문제에 있어 새로운 메시지다. 하지만 도시 안에 아름다운 자연 공간을 만들려고 수천 년 동안 시도해온 노력을 감안한다면 그 연장선에 있다고 할 수 있다. 어떤 것이 아름다운 자연이냐에 대한 개념은 항상 바뀐다. 오늘날에는 기후 변화 시대를 맞아 야생과 토착 생태계를 복원한다는 생각이 그 중심을 이루고 있다. 그러나 도시의 오랜 역사 중 대부분의 시기에 도시 녹지는 자연계의 야생성, 위험, 불안정에 대한 인간의 절대적인 통제력을 보여주기 위한 의도로 만들어졌다. 고대 바빌론부터 뉴욕의 센트럴 파크에 이르기까지 회색 도시에 녹지 공간을 만들려는 야망은 대도시에 자연을 받아들이려는 것이 아니라 인간이 통제하는 더 나은 자연을 창조하려는 것이었다.

도시의 녹지

고대 바빌론에 존재했던 나무, 관목, 덩굴이 가득한 계단식 정원으로 이루어진 거대한 인공 녹색 산은 당시 지구상에서 가장 진보한 공학의 산물이었다. 바빌론 공중정원의 존재에 대한 증거는 불확실하다. 역사학자 스테파니 댈리Stephanie Dalley는 니네베에 그런 정원이 존재했다고 주장했다. 아시리아의 왕 센나케립Sennacherib(기원전 704~681년)이 자동 수문, 수로, 물 펌프를 이용해 80킬로미터 이상 떨어진 곳에서 물을 끌어와 니네베에 엄청나게 호화로운 정원을 만들었다는 것이다. 이렇게 끌어온 물 덕분에 도시 높은 곳의 테라스에서도 식물을 재배할 수 있었다. 건조한 기후에도 불구하고 센나케립의 벽돌 산 위에 울창하게 자란 올리브, 무화과, 대추야자, 참나무, 삼나무, 덩굴식물, 노간주나무는 건조한 자연 환경이나 빽빽이 늘어선 흙벽돌 건물과 놀라운 대조를 이루었다. 니네베와 바빌론에서 그런 정원은 놀라운 효과를 발휘했다. 세상에 대한 인간의 지배력과 만물에 대한 왕의 권위를 과시한 것이다.

네로 황제는 로마 중심부에 자연 상태의 녹지를 조성하면서 자신의 무제한적인 권력과 병적인 정신상태를 명확히 보여줬다. 서기 64년에 로마 제국의 수도를 파괴한 화재로 빈민층 거주지가 초토화됐다. 그 200에이커의 땅에 네로는 도무스 아우레아라는 궁전같은 사유지를 조성했는데, 나중에는 이곳에 콜로세움이 들어서게 된다. 팔라티노 언덕, 오피안 언덕, 카에리우스 언덕의 완만한 경사에 둘러싸인 도무스 아우레아의 풍경은 격식에 맞게 가꾼 정원이라기보다 개간되지 않은 야생 같다는 착각이 들게 했다. 수풀, 목초지, 포도밭, 커다란 인공 호수가 있는 그 정원은 도시 속의 시골을 만들려는 그때까지의 역사에서 가장 대담한 시도였다. 네로는 이렇게 말한 것으로 전해진다.

"진정한 사치는 이 시대에 흔한 금이나 보석이 아니라 도시 한복판에 시골의 초원과 공원을 두는 것이다. 더없이 호젓한 그곳에 들어가면 먼저 그늘진 덤불이 있고 이어서 탁 트인 잔디밭과 포도원, 목초지 또는 사냥터가 기다리고 있다."

수에토니우스Suetonius는 이것을 "엄청나게 방탕한" 프로젝트라고 규정했다. 제국의 대도시 일부를 꿈속에서나 그려볼 만한 전원 지대로 바꿔놓는 행위는 오만과 과대망상을 극단적으로 표현한 사례라고 말했다. 네로는 이 프로젝트를 통해 인간과 자연이 조화를 이루던 잃어버린 세계에 대한 로마인들의 향수에 부응하고 나아가 그런 동경심을 뛰어넘으려 했다. 예술과 시로도 표현된 전원생활에 대한 로마인들의 이런 갈망은 로마 인구가 100만 명에 육박하던 극심한 도시화 시기에 나타났다. 로마에는 이미 최초의 공원이 있었다. 네로가 그의 놀이터를 만들기 한참전부터 폼페이우스, 카이사르, 아그리파 같은 강력한 정치인들이 시민들에게 극장, 신전, 목욕탕을 만들어주면서 그 단지 안에 장식용 정원을 조성했던 것이다. 아우구스투스 황제 치하 때는 캄푸스 마르티우스(마르스의 평야)가 일종의 공원으로 바뀌었는데 이 개방된 공간에는 사원, 무덤, 능원 등이 있었다. 거대한 저택을 물려받은 아우구스투스는 그걸 허물고 아름다운 포르티코 오브 리비아로 바꾸었는데 거기에는 산책로 위로 포도 덩굴이 뻗어 나가는 공원도 딸려 있었다. 대플리니우스에 말에 따르면 여기서 키운 포도를 가지고 1년에 포도주 열두 단지를 만들 수 있었다고 한다. 자비로운 부호들이 자연에 굶주린 대중에게 선물한 도시의 녹지 공간은 권력과 부를 과시하는 수단이었다. 무엇보다 그건 생명에 꼭 필요한 요소인 물에 대한 인간의 권력관계를 보여주었다. 엄청나게 부유한 사람들만이 이런 식으로 환경을 조작하면서 정교하고 값비싼 기술을 이용해 메마른 기후속에서도 일 년 내내 녹지를 유지할 수 있었다.[3]

도시의 정원

가장 초기의 도시들도 녹지를 구축했다. 네로의 터무니없는 도시 사유지가 사라진 목가적 이상향의 미덕을 재현하려고 했던 것처럼, 아즈텍의 왕실 정원도 신화와 신성한 존재의 연결고리를 확립하기 위해 설계되었다. 예를 들어, 테노치티틀란의 중심부에는 북부 멕시코의 험준한 사막 지형을 재현한 정원이 있었는데 이곳의 인공 절벽에서 선인장, 아가베, 유카 같은 식물이 자랐다.

사막 정원은 아즈텍 사람들을 오랜 과거 속으로, 테노치티틀란이 생기기 몇 세기 전에 조상들이 이주해 온 척박했던 풍경 속으로 데려갔다. 그건 그들의 신화적인 과거, 메마른 황야에서 세계의 중심에 있는 대도시까지 이어지는 기나긴 여정을 회상하는 의식의 출발점이었다. 다른 곳에 있는 식물원과 동물원에는 아주 먼 곳에서 가져온 동식물을 모아놓고 있었는데, 이것은 테노치티틀란의 광대한 제국 통치권을 생생하고 상징적으로 재현했다. 나중에 유럽에 생긴 식민지 식물원도 그것과 마찬가지로 정복의 전리품이었다. 아즈텍인들에게 도시 정원은 머나먼 지역과 감각적인 연결을 이뤄 시간과 공간

정원에 있는 황제: 1528년 무굴 황제 바부르가 대사들을 접견하고 있다.

을 잊게 하는 신성한 공간이었다.[4]

진짜 자연처럼 보이는 목가적 이상향을 만들려던 네로의 시도를 제쳐두면, 녹색 도시를 만들기 위한 대부분의 프로젝트는 자연을 기하학적 패턴 속에 집어넣으려고 애썼다. 야생의 자연이 거칠고 텁수룩하다면 도시에서는 자연이 질서정연하고 깔끔하고 조화롭게 변했다. 우즈베키스탄의 통치자이자 무굴 제국 창시자인 바부르만큼 자연을 엄격하게 규제한 사례를 찾기는 힘들다. 그가 통치하던 16세기 초에는 카불부터 아그라에 이르는 모든 도시가 멋진 정원 도시로 개조되었다.

아즈텍과 마찬가지로 도시 정원은 통치자의 왕조 기원을 떠올리게 만드는 연결고리를 제공했다. 바부르의 궁중 생활은 도시 한복판의 야외 정원에서 이루어졌다. 그곳에 설치한 정자와 천막은 몽골의 위대한 정복자 칭기즈 칸과 투르크 제국을 건설한 티무르(타메를란) 등 대초원 지대에 살던 그의 조상들의 유목 생활을 생각하게 만든다. 아프가니스탄과 인도의 도시에 정원을 조성한 바부르는 티무르와 밀접한 공통점을 갖는다. 티무르도 14세기 정복 전쟁 이후 정원을 중앙아시아 문명의 걸출한 상징으로 만들었기 때문이다. 티무르의 정원은 기원전 6세기 키루스 대왕 시대까지 거슬러 올라가는 고대 페르시아의 차하르바그 양식을 이용했는데, 직사각형 벽으로 둘러싸인 정원을 직선 수로가 4등분 하는 형태다. 4등분 된 정원은 우주를 사계절과 흙, 바람, 물, 불의 네 가지 요소로 나누는 것을 나타낸다. 그 대칭적인 모습은 우주의 근본적인 조화를 반영했다. 영어 단어 'paradise(낙원)'는 그리스어 paradeisos를 차용한 라틴어 paradisus에서 나온 것인데, 이 그리스어는 벽으로 둘러싸인 정원을 뜻하는 고대 페르시아어 pairidaêza에서 왔다. 낙원은 잘 가꾸어진 목가적인 정원이었다.

이슬람교도들은 잔디밭, 흐르는 개울, 팔각형 웅덩이, 그늘을 드리운 과일나무가 있는 고대의 아름답고 기하학적인 형태의 정원을 코란에 묘사된 낙원이 지상에 표현된 것으로 받아들였다. 차하르바그의 경계를 나타내는 네 개의 수로는 낙원에서 발견한 꿀, 우유, 포도주, 물이 흐르는 네 개의 강이다. 이란과 중앙아시아의 정원은 잘 관리된 크고 작은 폭포를 통해 물이 흐르도록 하는 테라스 위에 지어졌다. 자연의 원리와 인간의 원리를 융합해서 신성한 것을 만들려는 노력의 일환으로 자연을 질서정연하고 기하학적으로 만들었다. 사마르칸트에 있는 티무르의 웅장하게 조성된 정원은 세계의 통치자인 그의 지위를 강조하고 그의 정복을 정당화했다.

바부르의 자서전을 보면 그가 정복한 땅에 이슬람 사원이나 학교를 건설했다는 이야기는 나오지 않는다. 대신 그는 자기가 만든 수많은 정원에 정성을 쏟았다. 정원 디자인에는 확실히 그의 정치적 경륜이 구체적으로 반영되어 있다. 아니 사실은 그 이상으로, 정원은 그의 세계관의 중심이었다. 바부르가 정원에 집착했다고 말하는 건 부드러운 표현일 것이다. 그는 어릴 때 사마르칸트에 있는 조상들의 정원을 방문했고 그것이 평생 지워지지 않는 인상을 남겼다.

> "아름다움과 공기, 전망 면에서 다르웨시 무하마드 타르칸스의 차하르바그에 필적하는 [정원]은 거의 없을 것이다……. 여러 층으로 이루어진 테라스가 대칭적으로 배치되어 있고 멋진 나르완과 사이프러스, 사시나무를 심어놓았다."

페르가나 계곡에 있는 조상의 땅에서 쫓겨난 바부르는 어린 시절

대부분을 계속 도망쳐 다니면서 보내느라 그 멋진 정원들과 멀어졌다. 돈을 벌려고 떠돌던 그는 1504년에 마침내 카불을 점령했다. 그리고 조상들의 유서 깊은 방식을 이용해 정원을 만들기 시작했다. 그는 카불을 차하르바그 정원이 여러 개 있는 푸른 도시로 변모시켰다. 오렌지와 석류나무, 꽃, 개울과 웅덩이가 가득한 이 정원은 바부르의 개인 낙원이 되었고 그를 조상 티무르와 동등한 위치에 올려놓았다. 힌두스탄을 정복하자마자 가장 먼저 정원부터 만든 이유는 정원을 통해 무굴 통치가 의미하는 바를 널리 알릴 수 있었기 때문이다. 상록수의 무성함은 신적인 존재인 황제의 무한한 은혜를 상징하고 그 균형미는 질서정연한 정부를 나타낸다.

정원은 자연보다 나았다. 낙원이 선하고 아름다운 것들로 가득 찬 기하학적 벽으로 둘러싸인 정원이라면, 세상은 우거진 잡초와 불규칙한 풍경과 야수들로 가득한 혼란스럽고 죄 많은 곳이다. 바부르는 완벽한 정원을 가꿈으로써 보기 흉하고 불규칙한 자연을 정화하고 혼돈에 질서를 부여했다. 한 번은 바부르가 정원에서 "지그재그로 불규칙하게" 흐르는 개울을 발견한 적이 있다. "나는 그 개울이 일직선으로 곧게 흐르도록 했고 덕분에 그곳이 매우 아름다워졌다." 이런 식의 지상 낙원을 만드는 것은 경건함을 표하기 위해서가 아니라 왕권 강화를 위해서였다. 현생에서도 내세에서 약속된 아름다움으로 자신을 에워쌀 수 있는 권력을 가진 건 황제뿐이고, 오직 그만이 강의 물줄기를 바로잡고 자연을 지배할 수 있다. 벽으로 둘러싸인 도시 정원은 얽히고설킨 혼란도, 독소도 없는 완벽한 세상의 축소판이 되었다. 정원을 만드는 사람들은 도시에서 완전한 백지상태를 제공받는다. 여기에 아름답고 보기 좋은 것들은 모두 통합시키고, 추하거나 지저분하고 위험한 것들은 모두 추방하게 된다.

정원은 다른 용도로도 사용된다. 그중 하나는 지워지지 않는 정복과 복속의 도장이다. 풍경 전체를 재배치하는 것보다 더 큰 권력을 보여줄 수 있는 게 뭐가 있겠는가? 정원은 또 도시를 더 쾌적하게 만든다. 무굴의 엘리트 집단은 아그라의 먼지와 뜨거운 기후를 별로 좋아하지 않아서 전리품을 가지고 떠나고 싶어 했다. 바부르는 이런 아그라를 카불을 연상시키는 정원 도시로 탈바꿈시켰다. 자신의 중앙아시아 출신 지휘관들에게 친숙한 풍경과 기후조건을 만들어주기 위해서다. 바부르의 정원에서는 멜론과 포도 등 고향에서 인도로 들여온 과일도 자랐다. 바부르의 표현에 따르면 힌두스탄의 지형은 '엉망'이고 도시들은 '불쾌'했다. 흐르는 물도 부족해서 "정착하려는 곳이라면 어디든지 장치를 만들어서 물이 흐르게 해야 하고, 땅도 질서정연하게 대칭적으로 설계해야겠다는 생각이 계속 들었다." 결국 그 정원은 페르가나 계곡의 물줄기를 재현해내는 첨단 기술의 전시장이 되었다.

바부르와 그의 후계자들, 귀족, 부유한 상인들이 보여준 정원에 대한 열정이 도시를 변화시켰다. 그들의 정원은 우리가 아는 공원과 달랐다. 그곳은 법률가와 관리들의 삶, 엘리트 집단의 업무와 즐거움을 위한 장소였다. 가끔은 대중에게 공개하기도 했고 무굴 제국이 쇠퇴하면서 그중 일부는 공원이 되었다. 하지만 그 정원은 인도의 도시 공간에 근본적인 영향을 미쳤으며, 푸르고 시원한 이 넓은 원천을 중심으로 도시가 발전했다. 인도와 중앙아시아에서 모아온 나무, 꽃, 허브, 과일이 도시 경관에 새로운 생물 다양성을 만들었다. 무굴 정원은 무성한 잎으로 뒤덮이고 꽃과 과일나무가 가득했는데 그중 상당수가 이 지역에 존재하지 않는 것들이었다. 한 방문객은 아마다바드를 이렇게 묘사했다.

> "(샤히 바그 문에서) 하지푸르로 가는 길 양쪽에는 높고 푸른 나무들이 그늘을 드리우고 있고 그 너머에는 나짐족과 귀족들의 아름다운 정원이 있다. 그 모든 장면이 에메랄드빛의 꿈처럼 보였다."[5]

그들이 '정원 도시'라고 부른 아마다바드에는 녹지가 풍부했다. 샤 자한 황제가 무굴 제국에서 가장 훌륭한 정원 가운데 하나를 건설한 라호르에도 똑같은 이름이 붙었다. 1641년부터 1643년 사이에 건설된 샬리마르 정원은 무굴 정원 디자인의 정점을 보여주며 "가장 고귀한 낙원의 전형"이라고 불린다. 샬리마르 정원의 위쪽 테라스는 하렘을 위한 것이고, 가운데 테라스에는 황제를 위한 정교한 상수도 시설이 있었으며, 아래쪽은 귀족 그리고 가끔 대중에게 공개되는 장소였다.

샤 자한의 낙원이 완성되자 라호르의 모습이 바뀌었고, 귀족들은 자기만의 낙원 같은 정원을 만들려고 서로 경쟁을 벌였다. 라호르에서는 도시와 시골, 인간과 자연을 하나의 통일된 전체로 융합하기 위해 의식적으로 조경을 사용했다. 인공적인 것과 자연적인 것을 조화시키려는 열망 때문에 페르시아에서부터 벵골만까지 정원 도시들이 연달아서 생겨났는데, 이는 스페인 정복 이전에 메소아메리카에 존재했던 광활한 도시 국가들과 많은 면에서 비슷하다. 무굴 제국이 멸망하고 한참 뒤인 1885년 말, 영국령 인도 총독의 아내인 뒤페린 Dufferin 후작 부인이 라호르의 신록을 극찬했다. 심지어 도시 한복판에서도 집들이 "울창한 나뭇잎과 꽃" 그리고 "나무에 둘러싸여" 있어서 도시의 흔적을 별로 찾아볼 수 없을 정도였다. 레이디 뒤페린이 어딜 가든 보이는 건 빽빽한 장미 울타리뿐이었다. 그녀는 라호르의 주민들이 집에서 나와 골목길로 들어설 때마다 "질경이와 장미, 야자, 망고, 인도보리수나무, 그리고 사랑스럽게 꽃을 피운 석류나무 사이를 지나게 된다"고 잔뜩 흥분해서 말했다.[6]

무굴 인도에 있는 바부르의 정원은 도시의 자연에 대해 많은 것을 알려준다. 우리는 항상 질서정연한 풍경을 만들고 싶어 한다. 일본과 중국 도시에 있는 사원의 정원이나 르네상스 시대 이탈리아의 격식을 차린 정원도 마찬가지라고 말할 수 있다. 이런 장소는 통제되고 개선된 세계의 모델과 지상 낙원을 만들려고 애쓰는 곳이다. 우리는 자연의 야생성을 길들이려고 노력해 왔는데 도시가 이 일을 할 수 있게 해준다. 도시는 자연계와 상대적으로 분리되어 있고 우리가 실험할 수 있는 통제된 환경이다. 도시 자체가 인간 중심적 환경을 구축한 인류의 업적을 증명하는 것처럼, 도시의 정원은 자연에 대한 인류의 지배를 의미한다. 도시 영역 안으로 들어온 공원은 이런 정치적, 제국적, 미적, 도덕적 충동을 바탕으로 만들어진 것이다.

도시의 공원

뉴욕의 센트럴 파크를 방문하는 사람들은 그것이 무자비한 인간의 도시 풍경 속에 보존된 맨해튼의 원시적인 풍경의 잔해, 현대 사회의 철의 논리 안에 남겨진 자연의 존재라고 생각할지 모른다. 하지만 실은 샤 자한의 샬리마르 정원이나 오늘날의 프레시 킬스 공원처럼 공학적이고 인공적인 주변 환경이 그대로 반영된 것이다. 1857년 전까지 그곳은 키가 작은 관목으로 뒤덮인 늪지대와 바위투성이 땅이었다. 그리고 오랫동안 군대 야영지, 채석장, 쓰레기 더미, 돼지 사육장, 농장, 육수 공장 등 다양한 용도로 사용되었다. 1850년대에는 이곳에 대규모 불법 거주자 캠프가 있었다. 여기는 자연 그대로의 지역이 아니다.

> *"이 섬에서 공원이 갖춰야 할 바람직한 특성이 여기보다 부족하거나, 공원을 조성할 때 시간과 노동력, 비용이 여기보다 더 많이 들어가는 600에이커의 부지를 찾기도 힘들 것이다."*[7]

센트럴 파크의 공동 설계자인 프레드릭 로 옴스테드Frederick Law Olmsted가 한 말이다. 시간, 노동력, 비용은 자연을 뉴욕의 의지에 맞게 굴복시키기 위한 핵심 요소였다. 옴스테드와 그의 사업 파트너인 칼베르보Calvert Vaux는 1858년에 공원 디자인 대회에서 우승을 차지했다. 이후 몇 년 동안 이 부지를 말끔히 고르기 위해 게티즈버그 전투에서 사용한 것보다 더 많은 화약을 사용했다. 약 14만 세제곱미터의 토양과 암석을 제거하고 뉴저지주와 롱아일랜드주에서 실어온 더 적합한 표토로 교체했다. 언덕과 경사면 모양을 바꾸고 인공 절벽을 설치했다. 개울은 지하에 설치된 거대한 격자 모양 파이프 속으로 사라졌다. 이 파이프는 가장 경치 좋은 연못과 폭포 쪽으로 초원 습지의 물이 흘러가도록 방향을 바꾸었다. 영국, 스코틀랜드, 프랑스의 종묘장에서 수십만 종의 식물과 관목을 수입했다. 옴스테드와 보는 그 지역 전체를 재정렬했다. 그리고 건설 공사 기간동안 토착 동식물들은 현장이 완성된 이후의 시기와 마찬가지로 파괴적인 영향을 받았다.

옴스테드의 공원은 녹색의 시처럼 설계되었다. 산책자들이 계속 바뀌는 풍경 속을 걸으면서 다양한 감각적 경험을 할 수 있는 곡선형 길이 특징인 목가적인 풍경이다. 그는 자기가 만든 공원에 "즐거운 불확실성과 섬세하고 신비로운 분위기"가 생기기를 원했다. 센트럴 파크에 간 사람들은 다양한 경치를 제공하는 완만하게 경사진 풍경에 감싸이게 된다. 옴스테드는 근처 도시풍경을 나무로 가려서 자기 공원이 "전원 지대처럼 널찍하다"고 착각하게 만들었다. 딱딱한 경계 없이 나무, 관목, 잔디, 계곡, 연못이 서로 어우러진 자연적인 공원의 느낌이 제작자의 손길 흔적을 가려줘야 한다. 옴스테드는 시카고 사우스 파크를 설계할 때 화단을 어디에 배치할 거냐는 질문을 받았다. 그는 공원 밖에 아무 데나 두라고 성의 없이 대답했다. 목가적인 풍경의 전체적인 효과는 영혼을 위로하는 것인데 이를 위해서는 까다로운 세부 사항이나 정신을 산란하게 하는 꽃이 필요없다. 옴스테드는 말했다.

> "도시인들은 제한 없이 이동할 수 있는 넓은 녹지 공간에서, 평소 일 때문에 늘 갇혀 사는 벽으로 둘러싸인 바닥이나 포장도로와 가장 짜릿하게 대조되는 느낌을 찾는 것 같다."

'낙원'이라는 말이 원래 정원을 의미한다면, 센트럴 파크는 세속적이고 도시화된 시대의 낙원이 되고자 했다.[8]

우리가 도시의 휴양용 녹지 공간을 가리키기 위해 사용하는 '공원'이라는 말은 방목장을 뜻하는 독일어 parrock에서 유래되었다. 라틴어로 parcus, 중세 프랑스어 parc에서 영어로 'park'가 된 이 단어는 주로 사냥용 동물을 기르는 데 사용된 폐쇄된 삼림 지대와 거대한 목초지를 가리키는 말이었다. 이 어원은 센트럴 파크와 전 세계 많은 공원들이 왜 그렇게 생겼는지에 대한 단서를 제공한다. 도시 속 자연의 모습에 대한 옴스테드의 개념은 분명히 중세 유럽에서 기원한 것이다.

사냥용 공원이 경치 좋은 삼림으로 둘러싸인 넓은 잔디밭에 나무가 서 있는 풍경이라는 특정한 모습을 갖추게 된 이유는 동물들이 공원에서 풀을 뜯었기 때문이다. 이 경치는 17세기 후반과 18세기 초에 영국 귀족들이 시골 영지로 선호하는 완벽한 풍경이 되었다. 완만하게 굽이치는 언덕, 삼림 사이에 흩어져 있는 넓고 푸르른 목초지, 매력적인 연못은 완벽한 목가적 이상향 그 자체다. 클로드 푸생Claude Poussin이나 살바토르 로사Salvator Rosa의 그림에 아름답게 묘사된 이 예술적인 시골의 앙상블을 위해 실제로 사람들이 일하는 농장의 흔적은 지워졌다. 이는 "여전히 자연이지만, 잘 정리된 자연", 즉 18세기 영국 농업에 혁명을 일으킨 진보와 생산성의 전형을 보여주는 개선된 풍경이다.

이 공원들도 바부르의 정원처럼 의도적인 정치적 선언을 위해 조성되었다. 한때 아카드, 로마, 이슬람 전통에서 파생된 이탈리아와 프랑스식 정원을 모방하면서 유행했던 지나치게 장식적이고 기하학적인 설계는 사라졌다. 대신 자연이 자발적으로 창조한 것처럼 보이는 풍경이 들어섰다. 영국 공원은 격식에 맞게 꾸민 정원보다 거칠고 자연스러운 느낌이었는데, 이는 영국 헌법의 유기적인 성격과 유럽 대륙의 포학한 전제주의 군주제에 대한 자유의 승리를 의식적으로 상징하는 것이다.[9]

영국 귀족들은 자신의 취향을 도시로 가져왔다. 런던이 세계 도시화에 제공한 선물 중 하나는 주거지의 정원 광장인데, 이는 원래 런던 서쪽 가장자리에 있는 엘리트 거주 지역의 독특한 특징이었다가 교외 지역으로 퍼져 나갔다. 이 광장의 배치는 시골 사유지의 변화

궤적을 따른다. 17세기에 자갈길을 따라 짧게 자른 생울타리, 낙엽 관목, 가지치기한 나무를 심었던 광장은 나중에 플라타너스나 시카 모어 같은 크고 위풍당당한 나무에게 자리를 내주었다. 자갈이나 포 장용 돌을 깔았던 곳은 잔디밭으로 대체되었다. 18세기 유럽에서 가 장 크고 빠르게 성장하는 대도시의 녹화는 엘리트 프로젝트였다. 라 호르의 경우와 마찬가지로 녹지와 정원은 부유한 지역의 특징이었 다. 그리고 정치적이기도 했다. 도시 주택단지에 시골 사유지를 복제 함으로써 상업적 부가 아닌 토지 권력이 수도의 운명을 좌우한다는 메시지를 전달했다. 도시 속의 시골은 이중적인 의미를 가지고 있다.

런던의 조경은 넓은 의미에서 많은 토지를 소유한 귀족들의 취 향을 따랐다. 세계 최초의 대형 도시공원 중 하나인 하이드 파크는 1536년부터 헨리 8세가 소유했던 사슴 공원이며, 그로부터 101년이 지난 뒤에야 비로소 대중들의 제한적인 접근이 허락되었다. 이곳은 1720년대에 시골 사유지 같은 느낌으로 광범위하게 재조경되었는데, 이때 천연 호수처럼 만든 최초의 인공 호수 중 하나인 서펜타인 호수 가 이 공원의 중심이 되었다. 예전에 형식적인 바로크 양식 정원이었 던 그리니치 공원도 자연을 모방한 느낌으로 리모델링되었다. 이곳 은 왕실 공원이었고 귀족과 상류층의 휴양지였다. 그러니 원래는 대 부분 사냥감 보호 구역으로 쓰였던 도시 녹지 공간이 도시 구조와 얽 히게 된 시기인 18세기에 귀족적이면서도 편안한 스타일이 일반적인 공원 디자인으로 자리 잡은 것도 당연한 일이다. 이런 디자인은 수출 가능한 상품이 되었다. 센트럴 파크는 말할 것도 없고 뮌헨의 엥글 리셔 가르텐(영국 정원)(1789), 스톡홀름의 하가 공원(1780~97), 파 리의 불로뉴 숲과 뱅센 숲(둘 다 1850년대), 베를린의 티에르 가르텐

(1833~40) 등이 모두 영국식 조경 정원이 세계 각지의 도시에서 매력을 발산한 초기 사례다.

이런 유형의 공원이 도시 경관을 지배하게 될 것이다. 정원 디자인과 도시 계획 분야의 원로인 존 클라우디우스 루던이 이를 더 세련되게 다듬었다. 그의 가드네스크 스타일은 형식에 얽매이지 않는 그림 같은 공원 풍경의 필수적인 요소에 곡선 화단이나 원형 화단에 모여 핀 이국적인 일년생 및 다년생 꽃식물을 추가한 것이다. 존 내시John Nash가 설계한 리젠츠 파크는 도시 개발의 급진적인 출발점이었다. 이곳의 공원 토지는 예전과 달리 사냥터가 아니라 농지를 깎아내 귀족 주택 단지의 일부로 도시 경관에 통합시켰다. 리젠트 파크는 위풍당당한 장식용 나무와 자연을 모방한 듯한 풍성한 화단이 있는 가드네스크 스타일을 보여주었다. 하지만 루던은 도시공원을 실제 자연으로 착각해서는 안 된다고 분명히 말했다.

"어떤 창작물이 예술 작품으로 인정받으려면 결코 자연의 작품으로 오인되어선 안 된다."[10]

루던은 녹지와 회색 공간이 통합될 수 있도록 하이드 파크를 에워싼 벽을 난간으로 교체하기 위한 캠페인을 벌여서 성공했다. 그는 1840년에 방직 공장 주인이자 자선가인 조셉 스트럿Joseph Strutt에게서 "[더비] 시에 사는 사람들이 가족과 함께 야외에서 신선한 공기를 마시며 운동과 레크리에이션을 즐길 기회가 생기도록, 그런 목적에 맞는 산책로와 부지가 있는" 레크리에이션 공간을 만들어 달라는 의뢰를 받았다.[11]

노동자 계급에게 도시 속의 자연을 제공하는 것을 열렬히 옹호하는 루던은 더비에서 기회를 얻었다. 그 작업은 공중 보건을 위해 도시를 녹화해야 한다는 압력이 거세지는 시기에 이루어졌다. 뉴욕 시장의 말에 따르면, 공원은 도시가 격변하고 콜레라 같은 치명적인 도시 유행병이 발생하는 시기에 "공공 보건에 필수적이며…… 힘들게 일하는 대중들이 숨 쉴 수 있는 멋진 장소"다. 공원은 불쾌한 공기와 유독한 연기를 몰아내는 도시의 허파다.[12]

루던이 설계한 더비 수목원은 영국 최초의 공공 휴양 공원이었다. 루던은 이곳에 800종의 나무(대부분 외국 수입종)를 심었는데 그 나무들은 시골 사유지의 모습을 재현한 인공 언덕에 따로 떨어져 심었다. 공원 너머의 도시는 풀이 무성한 둑에 가려져 보이지 않았다. 방문객들은 완만한 기복이 있는 풍경을 가로지르는 1.8킬로미터의 구불구불한 길을 따라 걸었다. 더비 수목원은 루던의 마지막 작품이었다. 그는 수목원이 완공되고 얼마 뒤인 1843년에 60세의 나이로 세상을 떠났다. 하지만 그의 영향력은 공원이 조성되는 여명기 내내 이어졌다.

루던의 헌신적인 조수인 존 로버트슨John Robertson은 머지사이드주에 있는 버켄헤드 공원 건설 계획을 세웠다. 버켄헤드는 공공 비용으로 건설된 세계 최초의 공용 녹지 공간이자 역사상 가장 영향력 있는 공원 중 하나다. 총괄 설계자인 조셉 팩스톤Joseph Paxton은 습지를 배수해서 호수를 만들고 땅을 고르면서 파낸 돌과 흙은 테라스, 언덕, 바위투성이 노두露頭를 만드는 데 사용했다. "시민의 정원"이라는 별명을 가진 버켄헤드 공원은 귀족적이고 고풍스러운 풍경과 가드네스크 양식이 시민 영역에서 거둔 승리를 상징하며 전 세계 도시공원의 본보기가 되었다. 가장 직접적인 영향을 꼽으라면, 이곳은 센트럴 파크에 영감을 주었다. 옴스테드는 1850년에 버켄헤드를 방문한 뒤 이런 글을 썼다.

> "이곳에 눈에 띄게 사용된 수많은 취향과 기술이 발휘하는 효과
> 를 말로는 도저히 설명할 수 없다. 그냥 이렇게만 말하겠다. 우
> 리는 몇 에이커에 걸쳐서 이어진 구불구불한 길을 지났는데 지표
> 면의 감촉이 계속 달라졌고 사방에는 다양한 관목과 꽃이 자라고
> 있어서 자연적인 우아함 이상을 느낄 수 있었다. 그 주변은 더없
> 이 짙푸른 바싹 깎은 잔디로 덮여서 완벽할 만큼 깔끔한 상태가
> 유지되고 있다."[13]

옴스테드는 영국 공원과 정원의 목가적인 풍경에 즉시 마음이 끌
렸다. 그는 공중 보건을 위해 공원이 필요하다고 믿었다. 하지만 공
원은 그 이상의 역할을 해서 심리적인 면에도 영향을 미친다. 그는
"공원은 예술 작품이고 사람들의 마음에 어떤 영향을 미치도록 고안
되었다"고 말했다. 옴스테드의 사고의 핵심은 사회 정의와 민주주의
에 대한 열정이었다. 그의 조경 디자인은 도시 지역에서 그런 신념을
표명했다. 옴스테드가 센트럴 파크에 조성한 분위기는 "이 도시에서
가장 불행하고 가장 법을 지키지 않는 계층을 조화시키고 개선시킬
수 있는 영향, 즉 예의와 자제력, 절제심에 좋은 영향을 미쳤다"고 그
는 믿었다.[14]

음주와 나쁜 행동을 멈추게 하는 공원이 되기 위해서는 사람들의
정신을 고양시키기 위해 의도적인 설계를 해야 했다. 옴스테드는 영
국식 목가적인 조경에 담긴 "아름답고 고요한 풍경"이 이렇게 조화를
이루는 효과를 발휘한다고 생각했다. 잡초와 덤불(이곳에 자생한 초
목의 산물)은 불온한 쾌락을 위한 장소다. 런던 변두리에 있는 무성한
무어필드는 오랫동안 사회 통념에 어긋나는 성적 접촉을 하는 장소

로 이용되었는데 주로 동성애자들이 많이 찾았다. 그와 대조되는 덤불 없는 공원은 식물학적으로나 인간적으로나 통제의 장소였다. 노동자 계급이 많이 사는 런던 동부의 베스날 그린에 있는 빅토리아 공원은 상류층이 많이 찾는 리젠츠 공원과 거의 똑같이 지었다.

지저분한 공유지나 황무지와 다르게 많은 노동력을 쏟아서 만든 화단, 구불구불한 길, 위풍당당한 나무, 드넓은 풍경이 있는 세심하게 조성된 조경 공원은 잘 정돈되고 규율을 지키는 사회를 상징한다. 루던이 선언한 것처럼 공원은 자연의 산물이 아니라 인간의 예술 작품이라는 사실을 널리 알려야 한다. 꽃과 관목은 마치 이곳이 야외 박물관처럼 연구할 수 있는 전시물이어야 한다. 인공물은 '개선' 사례로 칭송받아야 하고, 자연적인 것보다 인공적인 것을 우선시해야 한다. 19세기 중반에는 공원에서 밝은색의 아열대 화초가 인기를 끌었고 그 다음에는 정교한 '양탄자 화단'이 인기를 끌었다. 양탄자 화단은 일년생 화초를 잘 배열해서 기하학적인 무늬나 가문의 문장, 깃발, 나비 모양 등을 만드는 것이다. 새로운 것에 중독된 공원들은 바위 정원, 일본 정원, 장미 정원, 식물원 등을 도입했다. 화려한 아열대 식물을 도입한 이유 중 하나는 산업 오염 때문에 나무와 관목이 검은 그을음으로 뒤덮였기 때문이다. 형형색색의 꽃들은 눈에 잘 띄었다. 그리고 오염된 도시 공기 때문에 꽃이 말라 죽기 전에 매년 새로 심었다. 동기가 무엇이든 간에, 공원에 화려하게 전시된 꽃은 분명히 비용이 많이 들고 노동 집약적이며 사람이 직접 손질한 것임을 의식적으로 보여주었다.

자연의 힘만으로는 사람들을 개선할 수 없다면, 빅토리아 공원은 울타리와 조례, 경찰들을 동원해서 예의범절을 지키도록 강요했다.

몇몇 예외가 있긴 하지만 가난한 사람들을 위한 휴양지로 방치되어 온 거칠고 정돈되지 않은 도시 공유지(잘 관리되지 않는 자연 환경 속에 이런 곳이 많았다)는 주위에 울타리를 두르고 집중적인 보살핌을 받는 새로운 종류의 깔끔하고 도시적이며 부르주아적인 장소로 전환되었다. 빅토리아 공원은 과거 노동자 계급이 거친 스포츠 경기나 정치 모임을 열곤 했던 일종의 야생 황무지인 보너스 필즈 위에 건설되었다. 〈타임스The Times〉 기사에 따르면 장미 덤불과 화단이 있는 새롭게 조성된 야외 공간은 사람들의 행동을 개선한다.

> "씻지도 않고 면도도 하지 않은 채 셔츠 차림으로 문 앞에서 담배를 피우면서 일요일을 완전히 게으르게 보내는 데 익숙했던 많은 남자들이 이제 최대한 깔끔하게 옷을 차려입고 일요일 저녁에 아내나 아이들과 함께 공원을 산책하는 모습을 볼 수 있다."

엄청난 비용을 들여 배터시 필드를 조경해서 배터시 공원을 만들자, 중산층 언론은 공원의 아름다움과 방문객들의 행동 면에서 이 지역의 "존경할 만한 부분"을 새롭게 찾은 것을 축하했다. 공원은 인간과 자연의 바람직하지 않은 부분을 차단했다. 도시 녹지는 "적절한" 꽃과 관목, 나무, 풀은 포함시키고 잡초로 간주되는 것들은 체계적으로 제거하라고 요구했다.[15]

공원 조경

상하이, 싱가포르, 런던, 두바이, 뉴욕에 있는 야외 공공장소도 매우 유사하다. 그건 루던이나 옴스테드 같은 사람들에 의해 변형된 뒤 계속 전해지고 있는 중세 사슴 울타리의 진화형이다. 그런 공원은 자연이라는 매체를 통해 질서 있는 사회를 창조하려는 개혁주의적 의도에서 빠르게 벗어나 놀이와 일광욕, 피크닉, 개 산책, 운동을 위한 장소가 되었다. 축구장, 크리켓 경기장, 야구장, 테니스 코트, 수영장, 운동장 등도 추가되었고 최근에는 달리기 대회, 마라톤, 대규모 콘서트, 축제 등을 위한 장이 되었다. 그러나 19세기 조경 양식의 본질은 그대로 남아있다. 먼 옛날 공원을 처음 만든 이들의 도덕적, 미적 동기는 오늘날 허공을 날아다니는 프리스비와 조깅하는 사람들 속에서도 여전히 찾아볼 수 있다.

형식에 얽매이지 않고 넓게 펼쳐진 지형을 갖춘 이 이상적인 조경은 격식에 맞게 꾸민 정원이나 숲보다 다양한 레크리에이션 기능을 잘 지원하기 때문에 여전히 인기가 있다. 넓은 시야 때문에 안전하다는 기분이 든다. 무엇보다도 영국의 목가적 미학은 우리가 상상하는 산업화 이전의 자연을 연상시킨다. 르 코르뷔지에Le Corbusier로 대표되는 20세기 초의 모더니스트들은 미래의 사회 민주주의 도시를 구상하면서 영국의 자유분방한 그림 같은 경치를 기민하게 받아들였다. 조경 건축 전문가의 말에 따르면, 그들은 "사람들은 본질적으로 그림 같은 경치를 좋아하고 선택권을 주면 18세기 공원과 비슷한 환경에서 살겠다고 할 것"이라는 확신을 품고 넓은 잔디밭 한가운데에 주거용 고층 건물을 세우려고 했다. 이를 달리 표현하자면 사람들은 단순화된 형태의 자연, 그러니까 깔끔하게 정돈된 경치와 달갑지 않은 침입자는 없애고 소수의 선호하는 종들로만 구성된 공장 생산형 도시 사바나를 원한다는 것이다.[16]

우리는 태어날 때부터 이런 풍경을 선택하도록 되어 있을지도 모른다. 초기 인류가 유인원 조상이 선호하는 숲과 정글을 떠났을 때, 사바나의 탁 트인 풍경은 그들의 직립 자세에 적합했다. 넓은 시야는 포식자의 존재를 미리 경고해주고 나무는 몸을 보호할 장소를 제공한다. 사바나 가설로 알려진 이 논지가 옳다면 공원 디자인 중에서 우리의 본능적인 진화적 선호와 일치하는 초원, 숲, 물이 뒤섞인 영국식 조경 정원이 전 세계에서 인기를 끄는 이유를 설명하는 데 많은 도움이 될 것이다.

이런 유형의 공원이 어디에나 있는 주된 이유는 대영제국의 광대한 지리적 범위 때문이다. 해외에 사는 영국인들은 익숙한 걸 갈망했다. 그리고 앞서 무굴제국의 사례에서 본 것처럼 풍경을 재설계하는 것은 제국주의의 반사작용이다. 호주와 중국, 싱가포르, 남아프리카, 뉴질랜드, 캐나다, 홍콩 등의 개항장에서는 영국식 조경 공원이 우세한 위치를 차지했다. 상하이 최초의 공원인 황푸와 루쉰은 영국식 스타일로 그림 같이 설계되었다.[17]

영국인들은 라호르의 정원 도시에서 멋진 샬리마르 정원을 복원하려고 했지만, 복원된 공원은 무굴식이라기보다 영국식에 가까웠다. 망고나무와 사이프러스는 화단에 자리를 내주었다. 영국인들은 라호르에 로렌스 가든(현재는 바게-진나)이라는 공원을 지었는데 이 공원은 영국식 정원의 모든 특징을 지니고 있었다. 몰타 오렌지나무, 이탈리아 포멜로, 유럽 사과나무와 배나무, 동아시아 국화와 영국 팬지를 비롯해 약 8만 그루의 나무와 600여 종의 식물을 넓은 잔디밭 옆에 심었다. 1913년 콘스탄스 빌리어스-스튜어트Constance Villiers-Stuart는 영국인들의 취향에 맞게 복원된 무굴제국의 훌륭한 정원을 회상하면서 "어떤 변화가 생겼는지 쉽게 상상할 수 있다"고 썼다.

"공원에는 우울해 보이는 넓은 풀밭, 못생긴 야외 음악당, 흉측한 철제 난간, 황량한 유럽식 조각상, 목적지 없는 넓은 도로, 여기저기 흩어져 있는 화단과 외딴 나무 등이 있는데 그중에서도 최악인 건 이렇게 더운 나라에 분수와 흐르는 물이 부족하다는 것이다."[18]

영국은 전 세계에 잔디밭을 선물했다. 빌리어스-스튜어트는 "잔디의 보편적 미덕에 대한 고정된 믿음"을 지닌 영국 정원사들 때문에 인도 전역에서 꽃과 과일나무, 물이 풍부한 전통적인 정원이 사라졌다고 논평했다. 영국인들은 어디를 가든 푸른 잔디밭을 원했다. 영국 관리의 아내인 빌리어스-스튜어트는 잔디 깎는 기계가 작동하는 소리를 들으면 "우리가 지금 영국에 있다고 상상할 수 있었다"고 했다. 식민지 시대의 호주, 뉴질랜드, 인도에서 넓은 잔디밭을 조성하는 건 숲의 야생성에 대한 문명(잔디처럼 잘 정리되고 깔끔한)의 승리를 상징했다. 영국인들은 캘커타에서 호랑이가 우글거리는 1,300에이커의 정글을 개간해 잔디 광장을 만들었다. 당시 인도 총독이었던 커즌 경은 이것이 "세계 각국의 수도에 있는 도시공원 중 가장 훌륭한 공원"을 캘커타에 안겨줬다고 말했다.

"도시 외곽에 위치해 있지만 도시에서 가장 붐비는 구역과 매우 가까운 광대한 공간이다. …… 넓게 펼쳐진 녹색 잔디밭이 보이고…… 도로와 나무들이 여기저기 흩어져 있으며…… 조경 원예와 건축 효과에 모두 적합하다."[19]

잔디밭은 영국의 시골 사유지를 벗어나 세계를 정복했다. 기후, 역사, 지역 생태에 상관없이 전 세계 대부분 도시에서 공공녹지 공간의 50~70퍼센트는 잔디밭이다. 그리고 그건 공원만 따졌을 때이고 가

정의 잔디밭, 기업 본사, 골프 코스, 대학 캠퍼스, 도로변, 운동장, 묘지까지 포함하면 잔디밭의 총면적은 어마어마하다. 호주의 경우 도시 전체 면적의 11퍼센트를 차지하고, 미국에서는 도시 면적의 거의 4분의 1을 차지해 총면적이 16만 3,000제곱킬로미터에 달한다. 짧게 깎은 잔디밭은 공공 건축물의 웅장함을 돋보이게 하거나 높이는 데 특히 효과적이다. 이처럼 도시 환경은 녹색으로 가득 차 있다. 따라서 잔디밭은 도시 생태계의 지배적인 소생활권을 형성한다. 많은 도시 거주자에게 잔디가 카펫처럼 깔린 광활한 녹지는 가장 실재적이고 만족스러운 자연을 나타낸다. 하지만 자세히 들여다보면, 잔디밭은 인간이 전 세계 생태를 어떻게 재구성했는지 보여주는 눈에 띄는 예시다.[20]

영국인과 미국인은 잔디밭에 대한 애정만 수출한 게 아니라 잔디 씨앗도 수출했다. 잉글리쉬 라이그래스, 켄터키 블루그래스, 커먼 벤트, 레드 페스큐가 전 세계 공원 경관을 지배한다. 이런 종류의 풀이 자생하는 곳(주로 북부 온대 기후 지대)에서는 풍부한 생태계를 뒷받침할 수 있다. 1980년대에 런던 하이드 파크를 조사한 결과, 수 세기 동안 다양한 용도로 쓰이면서 수백만 개의 발에 짓밟혔음에도 불구하고 중세 시대에 들판이었던 이곳 잔디밭에 21종의 들풀(29종의 다른 작은 야생화와 초본 식물을 숨기고 있는)이 살아남아 있는 걸 발견했다. 공원에 있는 풀밭의 생물 다양성은 중요하다. 풀밭은 더 넓은 도시 생태계의 궁극적인 건강을 결정하는 미생물, 곰팡이, 지렁이, 곤충, 나비, 나방, 벌들의 서식지이기 때문이다.[21]

남반구는 상황이 완전히 다르다. 휴양과 신속한 도시 환경 녹화를 위해 잔디밭이 유행하자 수입 종자를 단일 재배하는 경우가 많아졌고 그 결과 주변에 생명이 사라지고 지속적인 유지가 불가능한 '녹색 사막'이 생겨났다. 이는 눈에 보이지 않는 재앙, 또는 겉으로 보이는 무성함으로 위장된 재앙이다. 유럽과 북미가 원산지인 관상용 잔디를 토양과 기후가 적합하지 않은 곳에 심은 것이다. 1970년대 이후 중국에서도 매년 수만 헥타르의 땅이 잔디밭으로 개조되었다. 기후가 더운 나라에서 잔디를 싱싱하게 키우려면 수입 토양을 쓰고 물을 많이 주고 비료와 살충제를 자주 뿌리고 매주 잔디를 깎아줘야 한다. 중국도 잔디밭에 대한 집착과 그에 따른 환경적 재앙 면에서 미국을 따라가고 있다. 매년 미국인들은 벌레와 잡초가 없는 푸르른 잔디밭을 유지하기 위해 400억 달러의 비용을 들여 4만 5,000톤의 비료와 3만 9,000톤의 살충제를 살포한다. 플로리다에서는 전체 공공 용수의 절반을 잔디밭에 아낌없이 사용하고, 서부 지역 주들의 경우 공공 용수의 70퍼센트를 쓰기도 한다. 폭염 때문에 잔디밭이 누렇게 타들어가 갈색 들판으로 변하는 곳에서는 인조 잔디를 대신 설치하는 경우가 많다. 어떤 공원에서는 잔디에 윤기가 흐르는 듯한 느낌을 보여주려고 염색을 하기도 한다. 획일적인 녹색 잔디밭은 회색 건물만큼 인공적이다.[22]

도시를 지배하는 이상화된 공원 미학은 생태계에 엄청난 결과를 가져온다. 이상한 당구대처럼 생긴 매끈한 잔디밭을 유지하려면 어떻게든 소중한 땅을 되찾으려고 애쓰는 토착 식물들과 끝없는 전쟁을 벌여야 한다. 토착종이 아닌 풀이 우위를 차지한 곳에서는 종의 풍부도가 감소했다. 호주 남부의 경우 잔디밭에서 찾을 수 있는 토착종은 전체의 11퍼센트뿐이다. 사람이 관리하는 잔디밭의 90퍼센트는 톨 페스큐, 켄터키 블루그래스, 버뮤다 그래스가 차지하고 있으며,

이들이 유럽산 초원 잔디와 공존하기에 적합하지 않은 지역 식물군을 몰아내면서 사실상 녹색 사막을 만들고 있다.[23]

생물 다양성

인도의 훌륭한 도시 생태학자인 하리니 나젠드라Harini Nagendra는 방갈로르에는 18세기와 19세기에 도입되어 그늘과 음식, 의약품을 제공한 유난히 다양한 종들이 많다고 주장한다. 1760년부터 마이소르 술탄인 하이데르 알리와 그의 아들 티푸 술탄이 만든 랄바 정원은 인도 북부 무굴 정원의 영향을 받았다. 그 공원에는 마이소르의 통치자들이 전 세계에서 수입한 엄청나게 다양한 식물과 나무가 있었다. 여기에 영국인들은 절충적인 양식까지 더해져서 1891년에는 이 도시 식물원에 총 3,222종의 식물이 살았다.

오늘날 랄바의 종 목록은 1,854종으로 감소했다. 공원의 생물 다양성 감소는 방갈로르에서 더 폭넓게 진행 중인 추세를 나타낸다. 영국 출신 행정가들과 그들의 뒤를 이은 인도인 후계자들은 방갈로르의 공원에 울창하게 숲을 이루고 있던 토착 과일나무를 이국적인 수입 품종으로 대체하고 "농약과 비료를 집중적으로 투입해야 하는 조경 잔디"를 도입했다. 학자인 시탈 파틸Sheetal Patil의 말에 따르면, "화학 물질은 귀뚜라미, 개미, 새, 나비, 벌을 침묵시킨다"고 한다. 사무 지역, 병원, 학교, 캠퍼스, 새로운 고급 주택 단지, 공원 주변을 장식하는 잔디밭 열풍은 도시뿐만 아니라 지역 생태계에도 심각한 영향을 미친다. 한 학술 보고서에 따르면, 수익성 좋은 멕시코 잔디 시장이 시골 지역을 변화시켰다고 한다. 조사 대상인 단 세 개의 마을에서 350에이커의 땅에 난 초목을 완전히 제거하고 평평하게 만든 뒤 화학약품을 잔뜩 뿌리고 물을 흠뻑 줘서 개발업자들에게 팔 잡초 없는 잔디밭을 만들었다고 한다. 한 농부가 연구진에게 말한 것처럼, "우리는 이미 땅을 손상시켰다. 이런 식으로 계속한다면 앞으로 10년 안에 이 농지가 사막이 될 것"이다.[24]

뒤죽박죽 늘어섰던 과일나무와 숲은 인도 도시 경관의 특징이자 도시 지역의 생물 다양성을 높여줬지만 이제 깔끔하고 규칙적인 잔디밭과 열매가 달리지 않는 인기 있는 나무와 관목에 자리를 내줬다. 나젠드라는 "한때 다양한 종들이 서식했던 도시의 초목 다양성이 대폭 감소해서 단순해졌다. 이는 인간과 다양한 생물의 상호작용도 그만큼 단순해졌다는 뜻이다"라고 말했다. 그녀의 말에 따르면, 방갈로르 사람들은 도시의 식생을 음식과 의약품으로 사용했고 최근까지도 영적인 이유 때문에 식물을 소중히 여겼다. 그들은 공원과 랄바 식물원을 비롯해 도시 전역에서 필요한 재료를 모았다. 지금은 그런 관행이 금지되어 있다. 이제 공원과 공공녹지 공간은 다차원적인 생태 도구가 아니라 오직 레크리에이션과 운동을 위해서만 엄격하게 통제되고 장식되고 조경되어 유지, 사용된다. "이건 미끄러운 비탈길의 시작점"이라고 나젠드라는 썼다. "이런 상황에서는 공원을 지하철역이나 관공서 같은 다른 공공시설로 얼마든지 바꿀 수 있다."[25]

요컨대 그게 시립 공원의 역사다. 자연은 중요하고 유용하고 살아 있는 것이 아니라 전시물이나 배경, 형식적인 것에 불과하다.

도시의 오랜 역사와 도시를 더 푸르게 만들고자 하는 뿌리 깊은 열망을 감안하면 이는 놀라운 일이 아니다. 자연을 통제하고 단순화해서 이상적인 경관을 만드는 것이 어떤 생태학적 결과를 낳을지 제대로 아는 사람이 없었다. 실제로 그 결과는 기만적인 녹색 잔디밭과 매혹적인 밝은 꽃 뒤에 감춰졌다. 이것이 풍요의 환상 뒤에 불모의 모습을 숨긴 공원 '포템킨 정원'이 의미하는 바다. 그러나 프레시 킬스 공원 개발이 생생하게 증명한 것처럼 도시 녹지 공간에 대한 우리의 태도도 변하고 있다. 전 세계의 많은 녹지가 생물 다양성에 대한 잠재력을 발휘할 수 있는 방향으로 바뀌고 있다. 이것 역시 조경의 지배적인 내러티브에 역행하는 오랜 역사를 지니고 있다. 또 언제나 그렇듯이 정치적인 문제에 좌우되곤 한다.

런던 동부에서는 도시의 소용돌이에서 벗어나 잃어버린 중세 변두리 풍경의 영광스러운 부분으로 발을 들여놓을 수 있다. 2020년 9월에 생물 다양성을 회복하기 위한 방법으로, 100여 년 만에 처음으로 롱혼종 소들을 334에이커 규모의 공원인 원스테드 플라츠에 방목하기로 했다. 원래 런던 변두리 땅은 손대지 않은 자연 목장 지대였다. 수 세기 동안 사람들은 원스테드 플라츠 같은 공유지를 사용했다. 그들이 방목하는 동물은 공유지에서 풀을 뜯으면서 관목의 침입을 막고 토양에서 질소를 제거했으며 황야 지대와 산성 목초지를 만들어서 가시금작화와 금작화, 들꽃과 목초, 곤충과 새가 공존하는 특징적인 생태계가 발달했다. 놀라울 정도로 생물 다양성이 풍부한 원스테드 플라츠는 식물 780종(희귀하거나 멸종 위기에 처한 토종 꽃 포함), 새 150종, 나비 28종, 나방 225종이 사는 대도시 내의 과학적 특별 관심지역이다. 이곳의 생물학적 다양성과 생태학적 가치는 일반적인 공원을 훨씬 능가한다.

야생 상태의 보전

런던의 노동자 계급이 아니었다면 오늘날 이 변두리 생태계는 존재하지 않았을 것이다. 1871년 7월 8일, 런던 시민 3만 명이 윈스테드 플라츠 소유주인 코울리 경에 항의하기 위해 웨스트 햄 홀에 모여 '규탄 대회'를 열었다. 코울리가 그곳에 부동산을 지으려고 공유지 일부에 울타리를 쳤던 것이다. 몇 년 전까지만 해도 9,000에이커의 땅이 대중들에게 개방되어 있었는데 인클로저 운동 때문에 개방된 공간이 3,000에이커로 줄었다. 그리고 코울리가 최근 진행 중인 인클로저 작업이 끝나면 윈스테드 플라츠의 크기가 겨우 600에이커로 줄어들 것이다. 사람들은 화가 났다. 문제가 벌어질 것을 예상한 에식스 자원봉사단은 기마경찰과 일반 경찰로 구성된 대규모 분견대가 지켜보는 가운데 플라츠에 대한 검토 작업을 실시했다.

한편 웨스트 햄 홀에서는 여러 지역 유지와 하원의원들이 연설을 하는 동안 군중들이 점점 격앙되어 갔다.

"플라츠로 가자!"

사람들이 소리치기 시작했다.

"그곳은 우리 것이다."

다른 사람들도 맞장구쳤다.

"왜 그곳에서 모이면 안 된단 말인가? 두려워할 게 뭐가 있는가."

군중 속의 남자들은 자기 손으로 문제를 해결하기 위해, 모임 주최자들이 올라탄 마차를 "일정한 속도로" 끌면서 플라츠로 향했다. 분노한 군중과 마차가 공유지를 덮쳤는데 군중의 수가 군대와 경찰보다 훨씬 많았다. 모든 게 평화로워 보였고, 결국 자원봉사자들이 행진을 시작하자 경찰은 철수했다. 그러다가 밤이 깊어지자 분위기가 달라졌다. 한 무리의 남자들이 울타리를 잡아당기기 시작했다. 1분 만에 50명이 달려들어 울타리를 부쉈고 곧이어 100명, 그리고 수백 명의 사람들이 샛길과 술집에서 몰려나와 이들과 합류했다. 파괴의 소리가 보병대의 일제 사격 소리처럼 크게 울렸다. 5분 만에 울타리가 성냥개비처럼 산산조각이 났다.

기마경찰이 부서진 울타리를 뛰어넘어 시위자들을 향해 돌진했다. 한 남자가 체포되었다. 시위자들은 "그를 데려가지 마!"라고 소리쳤다. 사람들이 경찰을 향해 전진했고 경찰들은 일렬로 서서 폭도들을 향해 돌격했다. 그렇게 난투극이 벌어진 동안 죄수와 소년 한 명이 수갑을 찬 채 경찰서로 급히 이송되었다.[26]

원스테드 플라츠는 1870년대에 런던을 둘러싸고 있던 반*야생 상태의 공유지와 황야의 마지막 남은 잔재 중 하나다. 대부분은 도시의 빠른 성장 때문에 희생되었다. 원스테드는 혼잡하고 고도로 도시화된 이스트 엔드 내에 있었기 때문에 사람들이 특히 소중히 여겼다. 한 기자는 1870년대에 이 공유지에 들어갔던 일에 대해 이렇게 설명했다.

"공기 중에는 수천 마리의 이상하고 놀라운 곤충들이 가득했고, 우리가 밟은 풀 사이사이에는 아름다움과 소박한 우아함이 넘치는 들꽃이 섞여 있었다……. 데이지와 미나리아재비 바로 옆에는 실잔대도 피어 있었다."

런던의 한 고위 관리는 1869년에 "노동 계급과 상인 계급 사람들의 마음속에는 대도시를 벗어나 공원이나 빅토리아 공원이 아니라 자연의 흔적이 그대로 남아서 자연이 주는 즐거움을 누릴 수 있는 열

린 공간으로 나가고 싶다는 매우 큰 열망이 존재했다"고 말했다.[27]

원스테드의 노동자 계급 폭도들이 이겼다. 플라츠를 공공 토지로 유지하기 위해 1875년에 런던시가 플라츠를 매입했다. 그곳은 규모가 훨씬 큰 에핑 숲의 일부가 되었다. 오늘날에는 마너 공원에서 에핑 지하철역까지 32킬로미터를 걷는 동안 도로를 거의 만나지 않으면서 중세의 풍경이 남아있는 길을 걸을 수 있다. 런던의 노동자 계급은 원스테드 플라츠에서 멈추지 않았다. 1875년에는 5만 명의 노동자들이 개발로 인해 위험에 처한 또 다른 대규모 공유지인 해크니 다운즈에 모여서 울타리가 무너지고 불타는 모습을 지켜보며 축하했다. 그리고 이듬해(1876년)에는 수천 명이 플럼스테드 공유지로 행진해서 그곳에 울타리를 치는 걸 무력으로 막고 빈터를 손상시킨 자갈 구덩이를 자기들 손으로 메웠다.

이 런던 노동자들은 도시 공유지에 대한 권리를 주장하는 수 세기 동안의 전통에 동참한 것이다. 19세기 중반에 그들은 중산층 활동가들의 도움을 받았다. 그 이유 중 하나는 런던 교외 지역이 확장되자 부유한 주택 소유자들이 부동산 가격을 높게 유지하고 자기 동네의 전원적인 특성을 유지하기 위해 햄스테드 히스나 윔블던 커먼 같은 녹지가 보존되길 원했기 때문이다. 1860년대에 햄스테드와 윔블던을 지키기 위한 투쟁이 전개되자 1865년에 공유지보전협회(CPS)가 설립되고 녹지 상태를 조사하기 위한 의회특별위원회가 구성되었다.

변두리 땅을 보호하려는 열망은 단지 부동산 가격하고만 관련된 것이 아니었다. 그건 공공의 이익, 특히 공격적으로 진행되는 산업 도시화 시대에 가난한 사람들의 건강과 복지를 지키자는 호소에 의해 동기가 부여되고 정당화되었다. 보다 근본적으로는, CPS 구성원과 지지자들은 도시의 개념 자체를 다시 생각해보기를 원했다. 자유당 의원인 프레드릭 덜튼Frederick Doulton은 의회에서 런던이 과거에는 '자연 공원'이라는 '벨트'를 두르고 있었다고 말했는데, 이는 위험에 처한 황야와 공유지를 말하는 것이다. 덜튼은 이 변두리 땅이 "깔끔하게 손질되고 정돈된 정원과 공원으로 바뀌는" 걸 바라지 않았다. 그의 목표는 그 땅을 야생적인 미개간 상태로 보존하는 것이었다. "잘 정돈된 정원에서라면 자연스럽고 적절하게 느껴질 제한이 존재하지 않는 곳에서 노동자들이 떠들썩하게 즐기는 모습을 보면 기분이 좋을 것이다."[28]

이렇게 야생성에 대한 탄원, 도시 한가운데에서도 규제받지 않는 자연의 자발성을 보존하자는 탄원이 있었다. 그건 자연적인 과정과 인간의 즐거움을 똑같이 제한하는 공원에 대한 명백한 비판이었다. 이런 태도는 과거의 전원 지대에 대한 향수와 낭만주의에서 파생된 길들여지지 않은 자연의 아름다움에 대한 각성된 인식을 반영한다. 무엇보다 이것은 19세기의 산업화된 도시와 이국적인 화단이나 잘 다듬은 잔디로 장식해서 사람이 조경하고 관리하는 시립 공원의 인공적인 모습에 대한 광범위한 거부감을 보여준다. CPS는 "녹색 풀과 금색 가시금작화, 5월의 꽃과 야생 장미 덤불"이 있는 거친 땅을 원했다. 이는 수십 년 전만 해도 "황무지"는 현대화를 통해서만 개선 가능한 장소라는 모욕적인 선고를 내렸던 자연에 대한 태도가 급진적으로 바뀌었음을 나타낸다. 이들의 관심사는 생태가 아니라 미개척지가 힘겹게 살아가는 도시 거주자들에게 주는 혜택이었다. 1871년에 메트로폴리탄 공공사업 위원회가 햄스테드 히스를 매입하면서 첫 번째 중요한 승리를 거뒀다. 이 위원회는 법에 따라 "황야의 자연적인 모습과 상태"를 보존해야 할 뿐만 아니라 과거의 "아름답고 야생적인 상태"로 복원해야 했다.

그 후 몇 년 동안 3,889에이커의 공유지 손실을 막고 가급적 잘 손질된 공원 형태가 아닌 야생 상태로 보존하게 되었다. 이는 도시 정원이 아니라 토착 식물로 구성된 고대의 토지 이용 방식으로 되돌아가는 다른 유형의 도시 속의 시골이었다. 1950년대에 정부 위원회가 발표한 내용에 따르면, "이런 땅에는 공원을 비롯해 주변 지역에서 대부분 사라진 동식물 군집이 불균형적으로 풍부"하다.[29]

이건 진짜 '야생' 지역은 아니다. 런던의 중세 변두리 지형에서 살아남은 곳이자 오랜 세월에 걸쳐 다양한 용도로 사용하면서 관리해 온 천연자원이다. 집약적 농업이나 과방목이 아닌 채집과 일반 방목을 주로 하던 곳이라서 잡목림이 생기는 건 막으면서 키 큰 풀, 꽃 피는 식물(대부분 희귀종이거나 멸종위기종), 지의류, 이끼, 균류가 독특하게 풍부한 황야 지대와 산성 초원의 출현은 허용했다. 도시 공유지 외에도 리치먼드, 부시, 그리니치 같은 런던의 옛 사냥 공원에서는 500년간 사슴을 방목했고 덕분에 야생 생물이 풍부한 초원이 되었다. 리치먼드 공원에 있는 50여 종의 풀, 골풀, 사초는 다양한 무척추동물, 쥐, 들쥐, 뾰족뒤쥐 같은 작은 포유동물, 그리고 그것을 먹고 사는 황조롱이, 여우, 오소리, 담비, 황갈색 올빼미 같은 포식종들에게 훌륭한 서식지를 제공한다.[30]

덴마크 건축가 스틴 에일러 라스무센Steen Eiler Rasmussen이 1920년대에 쓴 글을 보면, 런던 거주자들은 자연과 더 강렬하고 원시적인 관계를 맺었다는 점에서 다른 주요 대도시들과 구별되었다고 한다. 라스무센은 이렇게 썼다.

"런던 사람에게 햄스테드 히스가 정말 훌륭한 공원이라고 말하면 그는 깜짝 놀란 얼굴로 '햄스테드 히스를 공원이라고 생각하나요?'라고 물을 것이다. …… 그에게 그곳은 도시의 발전에도 불구하고 어떤 설명할 수 없는 이유 때문에 여전히 사람의 손길이 닿지 않은 미개척지다."

황야는 시립 공원들과 다르게 미술관 같은 느낌을 주지 않았다.

"런던 사람들은 도시의 거리를 탈출하면 높게 자란 풀밭을 즐겁게 걷는다. 그들은 경치를 눈으로 보기만 하는 게 아니라 힘들게 언덕을 오르면서 땅의 형태까지 느낀다."

라스무센에게는 그런 잔여 공유지가 매우 중요했다. 통제되지 않는 거친 느낌을 주면서 사람과 야생 생물이 친밀한 관계를 맺을 수 있는 그곳은 올바른 종류의 자연, 즉 인간의 본성을 위해 보존된 것이다.[31]

런던에서 황야와 공유지를 보존하기로 결정한 때는 전 세계적으로 야생 생물을 의식적으로 보존하기보다 공원 안에서 자연을 단순화하고 길들이는 데 중점을 두던 시기였다. 하지만 예외적인 상황도 있었다. 1896년 2월의 어느 날 오후, 동물학자 윌리엄 템플 호나데이William Temple Hornaday는 뉴욕 변두리로 산책을 나갔다. 그는 자신이 "망가지지 않은 황야"라고 표현한 것을 발견했다.

"겉보기에 애디론댁 중심부만큼이나 거칠고 깔끔하지 않은 상태였다……. 그런 원시림이…… 1896년까지 뉴욕에 남아 있다니 믿을 수 없었다!"

호나데이는 그곳에 브롱크스 동물원을 만들 때 "최대한 자연스러운 상태로" 그 지역을 보존하려고 했다. 마찬가지로 19세기 후반과

20세기 초반에 생긴 인우드 힐, 펠험 베이, 반 코트랜드 공원은 상당한 양의 자생림과 목초지, 염수 습지가 그대로 남아 있는 상태로 건립되었다.[32]

런던의 공유지와 뉴욕의 자연 보호 구역은 도시 자연에 대한 현대적 태도의 초기 선구자였다. 그들은 생물 다양성이 구속받지 않는 프레시 킬스 공원 같은 곳의 증조부 격이다. 사람들은 자연적인 과정을 뒷받침하는 도시공원의 잠재력이 휴면 상태라는 걸 깨닫고 태도가 서서히 바뀌었다. 도시 생태학자 마리아 이그나티에바Maria Ignatieva는 이를 가리켜 도시공원의 조경에 대한 우리의 생각이 "그림 같은 풍경"에서 "정원 같은 느낌"으로, 그리고 다시 "생물 다양성"으로 진화한 것이라고 설명했다. 마지막 단계는 공원이 단순히 휴양과 경치 감상을 위한 장소에서 벗어나 생태학적 잠재력을 높일 수 있도록 관리한다는 뜻이다. 프레시 킬스는 바빌론 시대 이후로 우리가 도시에서 만들려고 노력해온 목가적 풍경의 또 다른 반복이다. 인간이 만든 환경 파괴의 시대에 사는 우리는 야생과 자발성에서 아름다움을 찾고 있는데, 이는 우리보다 조금 앞선 시대를 살았던 이들로서는 상상도 할 수 없는 일이다. 우리는 조금 망설이면서도 이런 어수선한 상태를 삶의 원천으로 인식하기 시작했다.[33]

도시 생물 다양성의 근본적인 격전지인 잔디밭부터 시작해 보자. 기온 상승과 물 절약의 필요성 때문에 미래에는 잘 손질된 잔디밭을 유지할 수 없을 것이다. 현지의 기후 조건에서 잘 견디는 토착 식물종은 이런 조건에서 더 알맞은 지피 식물을 만들어낸다. 미국 중서부의 공원은 긴 건조기에 적응한 대초원 식물로 눈을 돌리고 있다. 베이징의 공원 관리자 중 일부는 수입 잔디를 토종 잔디와 야생 허브로 대체하기 시작했다. 유럽에서는 1980년대부터 생물 다양성을 극대화하기 위해 풀 깎는 빈도를 제한하고 공원 내에 야생화 목초지를 장려하는 경향이 생겼다. 이건 잔디밭을 다시 야생화하기 위한 방법으로, 꽃가루 매개자를 지원하고 잡초 방제, 물주기, 잔디 깎기 같은 개입이 별로 필요 없는 토종 초본 야생화와 풀이 섞여서 자라도록 한다. 그렇게 해서 얻은 최종 결과는 윔블던 테니스 코트가 자랑하는 녹색 바닥보다는 관목이 우거진 고대의 황야와 더 비슷해 보인다.

녹색 환경에 대한 중독을 극복하기는 어려울 것이다. 우리는 잘 손질된 잔디밭을 완벽하게 다듬기 위해 수십억 달러를 쓴다. 덥고 건조한 환경에서는 그런 깊게 뿌리 내린 미적 기호를 떨쳐내는 게 중요하며 곧 불가피한 일이 될 것이다. 초라해 보이는 공원에 대한 내성을 길러야 한다. 땅을 뒤덮은 초목과 풀이 없는 곳에는 인간들이 제거하기 위해 대대손손 많은 시간을 투자한 잡초가 자라고 있다. 하지만 그런 조잡한 상태를 사랑하는 법을 배워야 한다. 그 지저분한 땅이 생명을 지탱하기 때문이다. 또 공원 잔디밭이 그냥 앉아서 놀기 위한 곳이 아니라는 것도 배워야 한다. 우리 발과 피크닉 담요 아래에는 도시 건강에 필수적인 복잡한 생태계가 존재한다.

단순히 공원 문을 잠그고, 잔디 깎는 기계와 제초제를 치우고, 자연이 필요한 일을 하도록 내버려두는 게 해결책이 될 수는 없다. 생물 다양성을 지원하려면 도시공원을 바부르 황제의 낙원 정원처럼 집중적으로 관리해야 한다. 런던 공유지가 좋은 예다. 수 세기에 걸친 인간의 활동, 방목, 사냥, 채집 등에 의해 이곳의 생물 다양성이 극대화되었다. 하지만 그곳이 공공 휴양지가 되자 소들의 먹이 활동이 멈췄다. 20세기 말이 되자 숲이 공유지를 잠식해서 전체 면적의

47퍼센트를 차지했고, 42퍼센트는 말끔하게 깎은 잔디밭이 되었다. 이 두 가지 과정 때문에 장초형 풀밭과 야생화 목초지의 총면적이 줄었다. 원스테드 플라츠에 소를 다시 풀어놓은 것은 애초에 이곳의 생물 다양성을 높였던 고대의 관리 기술을 되살리기 위한 시도이자, 인간의 개입 없이는 도시에서 자연이 번성할 수 없다는 사실을 인정한 것이다. 햄스테드 히스의 '야생성'도 인간이 만들어낸 것이었다.

방치는 그 의도가 온건하더라도 생태학적 문제뿐 아니라 사회적 악몽까지 야기할 수 있다. 필라델피아에 있는 콥스 크릭이라는 도시 공원은 주변 모든 것을 숨 막힐 듯 휘감으며 기어오르는 칡과 노르웨이 단풍 등 통제가 불가능한 비토착 식물들에 잠식당했다. 별 생각 없이 보는 사람에게는 자연이 도시의 땅을 활기차게 되찾는 모습처럼 보일 수 있다. 그러나 자발적인 성장에 통제권을 양도하자 '공포의 생태'라는 상황이 발생했는데 이는 압도적으로 한쪽 성별에 국한된 위협이다. 이 지역은 살인(피해자가 주로 여성)과 강간으로 몸살을 앓고 있다. 울창하게 퍼진 식생은 폭력 범죄에 적합할 뿐만 아니라 질서 붕괴와 지역 사회의 방치를 더욱 폭넓게 상징하는 위협적인 환경을 조성한다.

콥스 크릭 주민은 대부분 아프리카계 미국인이다. 학자 알렉 브라운로Alec Brownlow의 말에 따르면, 결과적으로 필라델피아에서는 "통제되지 않은 생태를 지역의 인종차별적 생태로 해석"한다. '야생'은 사회적 붕괴나 버려진 공동체와 관련이 있기 때문에 지역 주민들은 당연히 과거의 잘 정리되고 단순화된 공원 경관을 선호한다. 생물 다양성에 바람직한 것이 도시 환경에 사는 인간에게도 항상 바람직한 것은 아니다. 따라서 공원을 생태학적으로 생산성 높은 곳으로 만드는 것은 논란의 여지가 있는 정치적 문제다. 야생 그대로의 공원은 모든 면에서 방치와 관련이 있기 때문이다.[34]

취리히에 있는 플라츠스피츠 공원은 1940년대 이후 관리 부족 때문에 덤불이 울창한 야생 지역으로 변했다. 공식적인 공원에서는 식물들의 성생활을 엄격하게 통제한다. 하지만 통제되지 않은 공원에서는 동식물의 생식 충동이 제멋대로 뻗어나간다. 플라츠스피츠(햄스테드 히스, 윔블던 커먼, 센트럴 파크의 램블처럼)의 방치된 상태 때문에 이곳은 인기 있는 게이 크루징 장소가 되었다. 예술가 톰 버Tom Burr는 이렇게 말했다.

> "거대한 너도밤나무가 모든 것 위에 우뚝 솟아 있고, 지붕 모양으로 우거진 가지 아래쪽과 공원 가장자리 곳곳에 너도밤나무 묘목이 자라나 울창한 덤불을 이루었다……. 이것은 길을 따라 떠도는 이들에게는 일종의 은신처를 제공했고, 정해진 길에서 벗어나 나무가 심어진 곳으로 들어가는 사람들에게는 사실상의 위장을 제공한다."

도시 풍경에 에로틱한 매력을 더하는 잡초는 어떤 이에게는 매력적이지만 어떤 이에게는 두려움을 안겨준다. 그곳은 또 헤로인 사용자들을 끌어들이는 '니들 파크'로도 악명이 높아졌다. 1980년대에 시 당국이 플라츠스피츠 공원에 대한 통제권을 되찾고 이곳을 안전한 지역으로 만들기 위해 저절로 자라난 초목을 관리한 덕분에 몸을 숨길 수 있는 덤불이 사라졌다. 자연이 지배권을 갖게 내버려두면 생물학적 복잡성이 증가하기 때문에 많은 사람이 보기에 매력적이다. 하지만 공원은 공공장소다. 사회와 생태계, 야생과 안전의 상충하는 요구 사이에서 균형을 맞추려면 비용을 많이 들여서 신중하게 관리해

야 한다.[35]

　많은 사람에게 공원은 도시에서 공개적으로 접근할 수 있는 자연을 제공하는 유일한 장소다. 프레드릭 로 옴스테드 같은 기획자들은 공원에 울타리를 쳐서 한쪽에는 자연, 다른 한쪽에는 메마른 인간 도시가 존재하게 만들었다. 그런 식의 분리 개념은 수천 년 전부터 존재해 왔다. 하지만 공원은 도시 내에 존재하는 자연계의 일부다. 콘크리트 정글에 고립되어 있는 생물 다양성의 조각이 아니라 도시 내에서 무성하게 자라난 자연 태피스트리의 일부다. 야생과 공원이 완전히 양립할 수는 없다. 자발적이고 활기찬 자연은 인간의 통제권 바깥에 존재한다. 그런 자연은 목가적인 풍경에 대한 정치화되고 변화 가능한 개념에 잘 들어맞지 않는다. 그런 자연은 철도와 도로의 가장자리, 버려진 부지, 운하 제방, 모르타르를 바른 벽, 사용하지 않는 공간, 콘크리트 균열 사이에 존재한다. 그런 곳에서 경이로움을 발견할 수 있다.

3장

콘크리트 균열

녹색 베일

1945년, 공포스러운 전쟁이 끝난 뒤 폭격 때문에 폐허가 된 고향 뮌스터로 돌아온 한 독일 식물학자는 달라진 도시의 모습을 이렇게 묘사했다.

"유명한 식당의 잔해 위에 갯버들이 무성하게 자라고 있고……
그 앞의 호스테베르크로 향하는 오르막길에는 갯버들과 단풍나
무 관목이 거대한 잔해 더미의 경사면을 차지하고 있었다. 그 꼭
대기에서는 딸기가 익어가고 있었다."

폐허가 된 대성당의 모습은 무리 지어 피어 있는 예쁘고 노란 버바
스컴 꽃에 가려지고 도시 중심가에는 버드나무, 자작나무, 딱총나무
가 무성하게 우거져 있었다.[1]

풀과 나무는 기적적으로 빠르게 자라나 유럽 전역과 아시아 일부
도시의 잔해더미와 폐허가 된 건물 위에 '녹색 베일'을 덮었다. 가루

처럼 부서지고 버려진 도시 풍경이 전에 없이 푸르게 변했다. 식물학자 코넬 슈미트Cornel Schmidt는 이렇게 말했다.

"자연은 허가를 기다리지 않은 채 도시로 진입했고 그 과정에서 몇몇 시의회가 이루지 못한 일을 해냈다. 잔해더미가 적어도 눈에 띄지는 않게 된 것이다."

히로시마 상공에서 폭발한 원자폭탄 때문에 그곳에서는 최소 75년 동안 식물의 흔적을 찾지 못하게 될 것이라고들 생각했다. 하지만 '싱싱하고 선명하고 무성한 희망적인 녹색 담요'가 매우 빠르게 잔해를 뒤덮었다. 현지의 목격자들은 "사방에 삼백초, 검상잎유카, 명아주, 나팔꽃, 왕원추리, 털북숭이 콩, 쇠비름, 우엉, 참깨, 피, 피버퓨가 피어 있었다"고 말했다. 심지어 폭발 중심지에서도 결명자가 벽돌과 아스팔트의 갈라진 틈을 뚫고 올라왔다. 몇 달 뒤, 방사선을 쬔 땅에서 협죽도가 꽃을 피웠다. 불에 탄 숯덩이처럼 보였던 오래된 녹나무들은 분명 죽은 것 같은 모양새에도 불구하고 싹을 틔우기 시작했다.[2]

사람들은 대학살 속에서 재생된 자연에게서 마음을 위로받았다. 그건 단순한 상징 이상이었다. 도시가 광범위하게 파괴되자 식물학자들은 도시 환경 속에서 자연이 어떻게 작용하는지 조사할 수 있었다. 특히 눈에 보기 좋은 관상용 식물에 밀려 공원이나 도시의 양식이 갖춰진 부분에서 항상 제거되었던 자생 식물이 어떻게 성장하는지 조사할 수 있는 귀한 기회를 얻었다. 결국 전쟁 피해로 인해 도시 생태계가 출현하는 것으로 이어졌고 우리가 도시를 이해하는 방법을 근본적으로 변화시켰다.

1666년에 런던 대화재가 발생해 도시가 잿더미가 되었을 때도 얼

생태학적 보물 창고가 된 폭격 지역: 1943년 7월 런던 그레셤 거리의 폐허에서 들꽃을 조사 중인 남녀.

마 지나지 않아 향신료 허브인 시심브리움 이리오가 재투성이 폐허를 뒤덮었다. 어찌나 풍성하게 자랐던지 결국 '런던 로켓'이라는 이름이 붙을 정도가 되었다. 반면 1940~41년의 공습 기간에는 런던 로켓 표본이 하나도 발견되지 않았다. 대신 그 자리에 분홍바늘꽃이 빽빽한 분홍색 띠를 이루어 땅을 뒤덮었는데, 런던 중심부에서라면 어디서나 보일 만큼 널리 퍼진 탓에 '폭탄초'라는 별명이 붙었다. 분홍바늘꽃은 1869년까지 스코틀랜드 고원지대 밖에서는 희귀한 종으로 여겨졌다. 폭격 지역에서 흔히 볼 수 있는 다른 외래종으로는 1794년에 시칠리아에서 들어온 노란색 꽃이 피는 옥스퍼드 래그워트, 1680년대 앵무새 박제에 속을 채우기 위해 유럽에 수입된 흰색 꽃이 만발하는 망초, 19세기에 큐 왕립식물원에서 외부로 퍼져 나온 열매를 많이 맺는 페루산 허브 별꽃아재비 등이 있었다.[3]

따라서 전쟁에 지친 사람들이 희망을 품고 바라보게 했던 자연의 아름다움이나 기적은 런던에서 사라졌던 자연이 다시 찾아온 게 아니라 완전히 새로운 현상이었다. 그들은 도시의 복잡한 역사뿐만 아니라 인간이 도시 생태를 영원히 바꾸어버린 방식도 들려주었다. 1942년에 식물학자 잡 에드워드 루슬리Job Edward Lousley는 런던에서 특히 피해가 심각한 지역을 둘러보았다. 대공습 이전에는 건물이 빽빽하게 들어서서 완전히 '불모' 상태였던 대도시 일부에 식생이 대량 서식하게 되는 과정을 조사했다. 루슬리는 자갈 비탈을 샅샅이 훑었다. 케닝턴에 있는 세인트 메리 교회의 검게 그을린 문틈을 통해 안을 들여다보자, 부분적으로만 피해를 입은 교회의 버려진 상점에도 식물이 자라는 것을 보았다.

> "돌이 깔린 통로에서 초목이 무성하게 자라고 있는 모습이 보였는데 에필로비움 앵거스티폴리움[분홍바늘꽃]이 우세종이었다."
> "폐허가 된 카운터 뒤쪽에 투실라고 파르파라[관동화]와 세네시오 불가리스[개쑥갓] 등 여러 풀포기가, 그런 식물이 생장할 수 있다고 생각했던 조건보다 어둡고 건조한 곳에서 자라고 있었다."

그는 대공습 뒤 여름에 총 27종을 발견했다. 독일이 항복한 며칠 뒤인 1945년 5월의 어느 날, 큐 왕립식물원 책임자인 에드워드 솔즈베리Edward Salisbury가 런던에 폭탄이 터져서 움푹 팬 곳에서 자란 다양한 식물에 대해 강연했다. 지난 3년 동안 이런 식물종의 목록이 157종으로 급증했다. 생태계가 형성되고 있었다.[4]

그리고 이 생태계는 놀라울 정도로 생산성이 높았다. 생태계의 교란은 생물 다양성에 도움이 된다. 자연 재해나 인재가 발생한 뒤 몇 년이 지나면 식물과 곤충들이 척박한 땅과 돌무더기를 차지하기 위해 서로 경쟁하면서 종 수가 빠르게 증가한다. 그리고 그 후 수십 년에 걸쳐 생태 천이遷移가 발생한다. 키가 크고 가지가 우거진 몇몇 종이 그 지역을 지배하면서 작은 식물들을 몰아내면 생물 다양성이 감소한다. 폭격을 받은 지역이나 건설 중인 부지에 야생 생물이 놀랍도록 풍부한 것도 그런 이유 때문이다. 변화가 진행 중인 도시 경관, 일시적으로 파헤쳐서 구멍이 생긴 황무지, 오염되고 버려진 산업 부지(브라운필드) 등에도 유달리 다양한 생물이 서식한다.

대부분의 씨앗은 바람에 날려오거나 새의 배설물을 통해 폭격 지역에 도달했지만, 유럽의 폐허 속에 출현한 생태계는 인간 활동의 직접적인 결과물이기도 했다. 별꽃, 냉이, 명아주, 질경이 등은 폐허의 잔해를 치우기 위해 도착한 물건, 부츠 밑창, 트럭 타이어 자국, 바지의 접힌 부분에 묻어서 이곳으로 왔다. 일을 돕기 위해 데려온 말들에게서 나온 밀, 귀리, 호밀풀, 클로버 등이 포함된 거름을 통해 식물군 구성에 기여했다. 군인과 난민의 옷과 짐에는 긴 여행 기간 동안 씨앗들이 달라붙어 있었다. 1945년 5월, 베를린에 도착한 우크라이나 제2군의 말들은 러시아 남부와 중앙아시아가 원산지인 아마란스과의 솔장다리(살솔라 콜리나) 씨앗을 퍼뜨렸는데, 이 씨앗은 그들 수레에 보관된 건초에 묻어서 여기까지 실려온 것이다. 악명 높은 회전

초인 이 식물은 나중에 서베를린의 주요 기차역이 된 반호프 동물원 주변에서 싹을 틔웠다.[5]

　분홍바늘꽃은 불에 탄 땅을 좋아하기 때문에 '파이어위드fireweed'라고도 불리며 산불이 난 뒤에 급증한다. 제임스 솔즈베리는 스코틀랜드 고원지대에 서식하던 분홍바늘꽃이 20세기 초에 철로와 도로를 따라 런던 중심부로 옮겨 간 이유에 대해 분석했다. 그는 기관차와 차창 밖으로 던져진 담배꽁초가 화재를 발생시켜 분홍바늘꽃이 이동할 수 있는 그을린 길이 생긴 덕분에 그 꽃이 런던 중심부로 옮겨 갔다고 생각했다. 눈에 잘 띄는 선명한 분홍색 꽃이 빽빽하게 피어 있어서 금세 알아볼 수 있는 분홍바늘꽃은 재앙의 상징이자 동시에 희망의 상징이 되었다. 비슷한 예로, 1890년대에 정원 관목으로 중국에서 유럽으로 도입된 붓들레아는 1922년까지 야생에서 발견할 수 있었다. 이 기회주의자 식물은 자기가 어느 정도 우위를 점할 수 있는 황량한 장소를 이용하고 싶어 한다. 그래서 이 식물은 철로 주변의 건조한 땅을 좋아한다. 선로 사이나 개착로를 따라 자라고 무너져가는 석조 부분에 달라붙거나 전국 철도망을 죽 따라가며 핀다. 1940년대에는 폭격을 받은 지역에서 꽃망울을 터뜨릴 준비가 되어 있었다. 그 이후로 이 꽃은 도시의 퇴락頹落을 나타내는 특징적인 연보라색 상징이 되었다. 반면 사물을 어떤 식으로 바라보느냐에 따라, 예기치 못한 도시의 생태적 풍부함을 상징할 수도 있다.

　폭격을 받은 지역으로 이주한 선구적인 종을 '루더럴ruderal'이라고 하는데, 이건 '돌무더기'를 뜻하는 라틴어 루두스rudus에서 유래된 말이다. 이들은 매우 험난한 땅과 폐허를 활용하는 식물이다. 공중 폭격으로 그 지역이 파괴되면서 다량의 탄소와 질소가 토양으로 배출되었고 건설에 사용된 석회 모르타르에는 칼슘이 들어 있었다. 즉, 거칠고 건조한 석회질 돌무더기와 먼지투성이의 황무지는 분홍바늘꽃, 개쑥갓, 옥스퍼드 래그위트* 같은 선구적인 외래종에게 완벽한 환경이었다. 베를린에서는 아까시나무**가 도시가 황폐해진 때를 자신의 호황기로 삼았고, 폐허가 된 대도시에 향기로운 하얀 꽃송이를 늘어뜨리며 제멋대로 퍼져나갔다. 이 잔해와 베를린의 열섬 효과가 합쳐져 모래와 돌이 많은 지중해성 토양과 비슷해지자 예루살렘 오크 구스풋(디스파니아 보트리스)도 기세를 떨쳤다. 이 한해살이 허브는 알프스 북쪽에서는 베를린에서만 발견된다. 이곳 조경이 인위적으로 변하면서 이상적인 서식지를 제공했기 때문이다. 제임스 솔즈베리는 구급차 운전사로 자원한 여성 청중들을 대상으로 런던의 전시 생태에 대한 중요한 강연을 했다. 이는 적절한 조치였다. 그 초목은 강의실에 모인 청중처럼 다른 이들이 발들이기 두려워하는 곳으로 들어가 재난에 가장 먼저 대응하는 무리들이었다.[6]

휜머리딱새 같은 새들은 대공습 이후 런던에 자신들의 번식지인 바위투성이 풍경이 재현되었기 때문에 좋아했다. 절벽에 사는 검은머리딱새는 폭격 지역의 독특한 식물군과 바글거리는 곤충, 둥지를 틀 수 있는 잔해에 이끌려 처음으로 지중해에서 런던으로 이주했다. 베를린에서는 웅장한 티에르 가르텐이 폭탄과 전투 때문에 파괴되었고, 전쟁이 끝나가던 1945년의 절망적인 시기에는 땔감으로 쓰려고 나무가 다 베어졌다. 달 표면처럼 생긴 이 황무지는 전에는 베를린에

---

* 이탈리아 에트나산의 재투성이 경사면에서 진화한 식물
** 17세기에 관상용으로 북아메리카에서 건너온 수종

서 볼 수 없었던 스텝 지대 새들의 집이 되었다. 독일의 한 식물학자 말에 따르면, 유럽 전역에 흩어져 있던 잔해의 바다가 의도치 않게 "화산 활동을 통해 만들어진 새로운 서식지에서의 대량 서식과 비교될 정도로 규모가 큰 엄청난 자연 실험"을 만들어냈다.[7]

폭격으로 인해 도시에 자연을 위한 공간이 만들어졌다. 예전에는 그런 공간이 거의 존재하지 않았거나, 있었더라도 그렇게 큰 규모는 아니었다. 엘리엇 호지킨Eliot Hodgkin은 파괴된 모습의 섬뜩한 아름다움을 그림으로 표현하면서 특히 무성하게 자란 잡초의 영향에 주의를 기울였다. 세인트 폴 대성당 주변 지역을 야생화 초원으로 묘사한 로즈 매컬레이Rose Macaulay의 소설 《세상이라는 황야The World My Wilderness》(1950)에 폭격으로 파괴된 런던의 황량함이 잘 드러나 있다. 현대 도시의 중심부에 나타난 예기치 못한 생물 다양성 덕분에 사람들은 지금까지 도시권에서 볼 수 없었던 기묘하고 경이로운 자연에 눈뜨게 되었다. 어쩌면 도심은 그렇게 불모의 땅이 아닐지도 모른다. 1945년에 R. S. R. 피터R.S.R. Fitter의 획기적인 저서인 《런던의 자연사London's Natural History》가 출간되었다.

이 책이 급진적인 이유는 피터가 인간과 자연사를 하나로 엮는 방식 때문이다. 피터는 매스 옵저베이션이라는 조사 기관에서 전쟁에 대한 민간인의 태도를 분석하는 조사관으로 경력을 쌓기 시작했고, 나중에는 런던에 있는 RAF 연안방위대 작전 연구 부서에서 일했다. 그는 수도에서 복무하면서 전쟁으로 피해를 입은 도시를 탐험할 수 있었다. 콜린스 출판사가 '뉴 내추럴리스트' 시리즈를 발간하면서 템즈 밸리의 자연사에 대해 글을 써달라고 요청하자, 피터는 대신 런던의 자연사를 제안했다. 그는 평생 런던에 살면서 숨겨진 곳을 탐험하

였으므로 런던을 다른 어떤 곳보다 잘 안다고 느꼈다. 출판사 편집자들은 놀랐다. 지금까지는 도시를 생태학적 조사 대상으로 삼은 사람이 아무도 없었다. 하지만 피터는 급진적인 사상가였고 생태학자를 비롯해 다른 사람들 눈에는 보이지 않는 과정과 활동에 대한 예리한 관찰자였다. 결국 그의 생각대로 하게 되었다.

그는 재능 있는 자연주의자이자 박식한 작가였고 그의 연구는 단순한 생물학적 분류가 아니었다. 그는 인간과 비인간의 역사가 어떻게 얽혀있는지 분석했다. 그는 동식물이 인간이 만든 환경에 적응하는 방식을 보여주거나, 대기 오염이나 해외 무역 때문에 동식물이 반복적인 교란에 노출되었을 때 생기는 영향 등을 보여주었다. 무엇보다 그는 도시 환경이 어떻게 새로운 종류의 하이브리드 생태계를 만드는지 밝혀냈다. 도시의 자연적인 부분은 역동적이고, 폭력적인 변화에 영향을 받으며, 인간만큼이나 국제적이다. 그는 도시 속에 자연이 '공식적으로' 존재하는 장소인 공원, 묘지, 정원, 공유지에서 벗어나 하수 처리 시설, 저수지, 사용하지 않는 모래밭, 쓰레기 더미, 칠이 벗겨진 벽, 폭탄이 터져 움푹 팬 곳 등 다른 사람들이 간과하는 '비공식적인' 부분에서 즐거움을 찾았다. 결정적으로, 인간이라는 동물도 다른 동물이나 식물만큼 이 생태계에서 많은 부분을 차지했다.

피터의 책은 전쟁의 산물이었다. 제2차 세계대전은 도시의 자연을 놀라울 정도로 생생하게 살려놓았기 때문에 그의 연구 주제는 상승 기류를 탔고 현실 세계의 생생한 시각 자료를 대량으로 제공했다. 피터의 책은 지금까지 박물학자들이 기피했던 연구 대상인 도시의 자연사에 대한 최초의 체계적인 연구였다. 그는 수 세기에 걸쳐 만들어진 새로운 서식지를 살펴보면서 대도시를 다양한 생태계로 나누었다. 그는 열정적인 아마추어의 예리한 시각을 발휘해서 교외화, 건축 자재 찾기, 수도 공급의 영향, 쓰레기 처리 및 오염의 영향을 챕터별로 다루었다. 또 스포츠, 음식, 원예, 교통, 무역이 도시 생태계를 변화시키는 방식도 고려했다. 예를 들어, 피터는 산업 시설에 연료를 공급하는 데 필요한 전기와 가스 공장이 도시에 무심코 비밀스러운 자연의 오아시스를 만들어낸 것을 보여주었다. 그는 "산업 시설이 많은 이스트 엔드 중심부"에 있는 브롬리 바이 보우에 우연히 생겨난 "가스 공장 보호구역"에 대해서 썼다. 기반 시설들 사이의 사용하지 않는 황무지에 고슴도치, 토끼, 황조롱이, 종달새, 나비, 사슴벌레가 함께 살고 있다는 것이다. 다른 어디에서도 찾아볼 수 없는 혼란스러운 집합체인 이 서식지에는 다양한 과일나무와 플라타너스, 거친 땅에서 자라는 식물, 반해양성인 템스 강변의 식물군이 모여 살았다. 온갖 건물이 가득 들어찬 산업 지구의 가스 공장 옆에 이렇게 독특한 반⁕야생 생태계가 존재한다는 사실을 환영하는 건 고사하고 인정한 사람조차 거의 없었다.

새로운 도시 생태계의 탄생

도시가 자연에 대해 보이는 관심은 다른 곳에서 고조되었다. 1954년에 폴 조벳Paul Jovet은 파리의 자생 식물에 대해 썼다. 1959년에는 존 키어런John Kieran의 고전 《뉴욕 자연사Natural History of New York City》가 출간되었다. 키어런은 피터와 마찬가지로 20세기 도시에 대한 희망적이고 매우 현대적인 관점을 제시했다. 그는 널리 퍼진 "인류와 강철, 콘크리트, 아스팔트 부속물의 침입"도 뉴욕의 토착 야생 생물을 박멸하는 데는 실패했다고 지적했다. 그는 자연의 양은 감소했지만 남아 있는 초원과 숲 덕분에 대부분의 토착 동식물이 살아남을 수 있었다고 선언했다.

> "그 지역 인구가 늘어나고 번성하게 하라, 사람들이 마음껏 건물을 짓고 길을 포장하게 하라, 그래도 대도시에는 언제나 엄청나게 많은 종류의 야생 생물이 존재할 것이다."[8]

원하는 만큼 건설하고 파괴하라는 건 요즘 같은 세상에서 안일하게 얘기처럼 들린다. 키어런이 쓴 것과 같은 책들은 20세기 후반에 도시 자연에 대한 대중의 태도가 변했음을 보여준다. 적어도 요즘 시민들은 온갖 종류의 야생 생물에 대해 알려주는 책을 마음껏 접할 수 있다. 인간이 사는 도시에 자연이 존재한다는 사실을 알게 되자 사람들은 충격을 받았다. 그러나 어떤 한 도시에서는 시민들의 태도에 중요하고 지속적인 변화가 생겼다. 바로 서베를린이다.

성벽으로 둘러싸인 도시. 시골과 단절된 도시. 전쟁으로 파괴된 도시. 냉전이 종식되길 기다리는 텅 빈 거리들이 교차하는 도시. 전쟁의 유산과 지정학적인 현실 때문에 서베를린은 섬과 같은 도시가 되었고, 덕분에 도시 생태학이라는 새로운 과학 분야를 개척할 수 있는 완벽한 실험실이 되었다.

전쟁으로 폐허가 된 대부분 도시에서는 몇 년 안에 잔해를 치우고 다시 새 건물을 지었다. 하지만 베를린은 달랐다. 도심 한가운데를 비롯해 수많은 대형 부지들이 몇십 년 동안 방치되었다. 폐허의 잔해를 도시 바깥으로 버릴 수 없었기 때문에 그 결과 베를린의 공공녹지 전체에 거대한 바위 산이 생겼다. 그중 가장 유명한 토이펠스베르크

('악마의 산')는 텔토우 고원 위로 80미터에나 솟아올랐는데 여기에는 1,200만 세제곱미터의 잔해가 포함되어 있었다. 무엇보다 중요한 건 베를린 사람들은 전원 지대에 접근하는 게 제한되어 있었다는 점이다. 이런 갇혀 있는 기분 때문에 식물학자와 일반 베를린 시민들은 어디서든 자연을 발견하기만 하면 누구에게도 뒤지지 않을 만큼 소중하게 여겼다.

버려진 땅과 잔해로 뒤덮인 황무지*는 아이들을 위한 놀이터나 어른들이 불법적인 활동을 하는 장소가 되었다. 또 전후 베를린에서 공부하던 젊은 학생 두 명이 자주 찾는 장소가 되었다. 힐데마르 숄츠 Hildemar Scholz와 헤르베르트 수코프 Herbert Sukopp는 폐허가 된 도시를 샅샅이 뒤져서 발견한 희귀하고 예상치 못한 식물군에 대해 자세히 설명했다. 오랜 역사를 지닌 브란덴부르크 지방 식물 협회라는 단체에서 모인 아마추어 애호가들도 숄츠와 수코프 같은 식물학자들의 작업에 합류했다. 이는 도시 속의 자연을 방치했을 때 어떤 일이 일어나는지 연구할 수 있는 특별한 기회였다. 베를린에서는 장기간에 걸쳐 자연 천이가 진행되는 과정과 강인한 외래종이 관목과 나무를 위해 길을 닦아주는 방식을 확인할 수 있었다. 숄츠가 일찌감치 깨달은 것처럼, 그들의 연구는 단순히 자연적인 과정을 관찰하는 것 이상이었다. 전쟁은 베를린의 생태에 너무나도 충격적인 사건이었기 때문에 그 도시에서 이전에 진행된 식물학 연구는 거의 쓸모가 없어질 정도였다. 잔해 수집가와 황무지 식물학자들은 새로운 도시 생태계의 탄생을 목도하게 되었다.[9]

* 브라헨 또는 휴한지라고 한다

베를린의 브라헨(버려진 땅)은 도시 생태학 연구에 혁명을 일으켰고 도시에 예상치 못한 사회적 장소를 제공했다.

1950년대에는 이런 새로운 환경이 어떤 형태를 취할지 아무도 몰랐다. 하지만 한 가지 확실한 것은 베를린은 인간이 만든 도시고, 새롭게 등장하는 도시의 자연은 도시가 존재하기 이전의 생태계와는 근본적으로 다를 것이라는 사실이다. 이건 생태 복원이라기보다 새로운 생태계 창조에 가까웠다. 숄츠와 수코프는 1957년에 베를린에서 발견한 야생 식물종의 목록을 발표했는데, 이는 전문가와 아마추어들이 수년에 걸쳐 작성한 것이다. 현장 조사 과정에서 계속 새로운 걸 발견하고 생물 계통이 성숙함에 따라 목록은 매년 갱신되었다. 상당한 기간 동안 브라헨을 반복적으로 연구한 결과, 수코프 같은 연구원들은 적대적인 인공 도시 환경과 기후에 가장 잘 적응한 식물은 강인한 비토착종이라는 사실을 깨달았다. 전쟁 중에 목격된 재난 현장을 좋아하는 식물은 단순히 인간 갈등의 부산물이 아니었다. 그들은 도시 환경에서 반복되는 충격에서 살아남을 수 있는 강인한 도심 거주자가 되었다. 수코프와 다른 사람들은 도시 생태계는 외래종의 빈번한 침략을 받기 때문에 예측이 불가능하다고 판단했다. 전쟁처럼 혼란스러운 시기에는 분명히 토착종보다 침입종이 살아남는 데 유리했고, 도시는 전쟁부터 경기 침체, 호황, 기술 변화에 이르기까지 온갖 소동이 발생하는 장소다.[10]

도시의 브라헨에 대한 광범위하고 집중적인 연구를 통해 도시 변두리에 놀라운 수준의 생물 다양성이 존재한다는 게 밝혀졌다. 그곳에서는 원래의 소생활권이 사라진 희귀한 식물이 자랐고, 아무도 예측하지 못한 고유한 특성을 띠고 있다. 아까시나무, 네군도단풍나무, 체리 로렐, 나도싸리, 가죽나무는 모두 베를린에 적어도 한 세기 이상 존재했지만, 뛰어난 생식력이 있음에 불구하고 20세기 후반이 되어서야 도시 전체에 씨앗을 흩뿌렸다. 그들에게 달라진 것은 미기후였다. 1960년대에 베를린 중심부는 주변 지역보다 평균 2℃ 정도 더 따뜻했고, 따뜻한 계절에는 12도까지 차이가 나기도 했다. 그리고 주변 지역은 서리가 내리는 날이 1년에 102일 이상에 비해 베를린 중심부는 64일 미만이었다. 이는 태양 복사열을 흡수하는 표면, 바람을 차단하는 건물, 오염물질 농도 증가로 인해 생기는 시골과 도시의 온도 차이 때문인데 이를 열섬 효과라고 한다. 베를린의 브라헨이 그 비밀을 폭로했다.[11]

과학자들이 이런 장소들을 매년 연구한 결과 대도시 환경과 생태계 발달 사이의 정교한 상호작용을 이해하게 되었다. 수코프는 오랜 기간에 걸쳐 자연 천이가 이루어진 베를린 중심부의 도심 황무지에 140종의 종자식물과 200종의 곤충이 산다고 말했다. 반면, "근처에 있는 티에르 가르텐 공원의 세심하게 관리된 잔디와 덤불을 살펴보면, 동일한 면적에 사는 곤충 종의 수가 최대 4분의 1밖에 안 된다."[12]

또 하나 중요한 사실은 수코프와 다른 연구진이 도시 생태계는 단일하지 않다는 사실을 알아낸 것이다. 베를린 곳곳의 부지마다 그곳의 역사, 미기후, 도시 변두리와의 근접성, 우점종에 따라 다른 생태를 가지고 있다. 복잡성 면에서 볼 때 베를린은 "여러 개의 다양하고 작은 장소로 구성된 모자이크 같은 생활 공간"이다. 그리고 도시와 자연이 이분법적으로 대립되는 장소가 아니라는 걸 확실하게 인정한다. 모든 도시는 초목이 자발적으로 자유롭게 자랄 수 있는 틈새 지역에서 자기만의 고유한 '자연'을 발전시킨다. 베를린은 도시화 과정을 거치는 동안 202종이 멸종했음에도 불구하고, 도시에서 자연 발생한 종의 수가 18세기 822종에서 20세기 말에는 1,392종으로 증가했다. 공원과는 다르게 비공식적으로 나타난 이런 자연이 도시 전체에 중요한 녹색 네트워크를 만들었다.[13]

피터도 런던을 연구하면서 그런 예상 밖의 장소들을 찬양했다. 헤르베르트 수코프는 자신의 열정을 하나의 과학 분야로 만들었다. 도시의 자연에 매우 중요한 시기였던 1970년대에 그는 자신의 베를린 연구를 설명하기 위해 '도시 생태학'이라는 용어를 사용했다. 베를린 공과대학교는 1973년에 생태 연구소를 설립했고 수코프는 생태계 연구 및 식물학 부서의 책임자로 임명되었다. 이런 자리를 맡게 된 수코프 교수는 이제 도시를 연구하는 데서 그치지 않고 그걸 형성해가기 시작했다. 어수선하고 지저분한 황무지가 많은 생물 다양성을 더했다. 그들은 또 과거에 거의 연구되지 않은 독특한 생태계이므로 고대의 숲이나 시골 호수만큼 보존이 필요했다. 사실 그 땅은 한때 추악하면서도 중요한 부동산이었기 때문에 매우 취약한 상태였다.[14]

자연을 위해 철거 현장을 보존한다는 건 지금껏 어느 회의의 안건으로도 오른 적이 없는 일이다. 하지만 수코프와 그의 동료들은 수십년 동안 진행된 과학적 발견과 수많은 데이터를 처음으로 회의 석상에 가져올 수 있었다. 그들의 참여 덕분에 1979년 베를린 자연 보호법이 제정되었고 이를 바탕으로 서베를린 도시 지역을 위한 종 보호 프로그램이 생겼다. 수코프가 이끄는 실무 그룹에 속한 전문가들은 멸종 위기에 처한 종들의 적색 목록을 작성했고, 무엇보다도 색상으로 구분된 서베를린 생물군계 지도를 제작해서 다양한 생태계가 복잡한 모자이크를 이루고 있는 모습을 보여줬다.

베를린의 비공식적인 녹지를 보호하기 위한 전투를 치를 무대가 마련되었다. 수코프는 베를린을 "자연의 낙원"으로 바꾸고 싶지는 않다고 말했다. 그가 증명하고 싶었던 건 "도시와 자연은 반대가 아니다. 많은 동식물이 도시 거주자들 바로 근처에서 살아갈 수 있다"는 것이다. 도시의 자연 보호는 연구를 위해서만이 아니라 자연과의 접촉을 박탈당한 베를린 사람들의 이익을 위해서 이 유기체를 보존하는 걸 의미했다. 무엇보다 중요한 건 도심의 황무지가 공식적으로 조성한 공원이나 정원보다 생물이 다양하고 흥미롭다는 것이다. 그런 땅은 도시 생태계를 건강하게 유지하는 데 필수적이다. 그러니 브라헨이 미래의 자연 보호 구역이 되어야 했다.[15]

1979년에 수코프가 확인한 것처럼, 위기에 처한 도시와 산업 지구의 황무지에 서식하는 종이 도시 환경에 적응하면서 진화가 일어나고 있었다. 인간이 만든 이 혼란스러운 환경에서 종들(그중 상당수가 최근에 도입된 것들이다)이 서로 교잡하면서 새로운 유전자 유형을 만들었다. 수코프는 "이런 진화 과정이 지속적으로 진행되고 있다"고 썼다.

"미래에는 확실히 인간이 만든 장소에 가장 잘 적응하는 식물이 우세종이 될 것이다."[16]

여기서 우리는 감정이 변화하기 시작한 걸 볼 수 있다. 오랫동안 눈에 거슬렸던 장소, 잡초가 뒤엉킨 채 버려져 있던 장소에서 경외와 경이로움을 느끼게 되었다. 그곳의 식물은 도시가 안겨주는 모든 시련을 굳세게 견딜 수 있는 강인한 도심형 식물이다. 잡초가 무성한 도시의 풍경은 기후 변화의 현실에 눈뜬 탈공업화 도시에서 정치적인 문제가 되려 하고 있다. 그렇게 그 풍경은 우리의 가장 깊은 편견 중 일부에 영향을 미쳤다.

1430년에 학자 포기오 브라치올리니Poggio Braccioolini는 "세계의 장관이 몰락했다"고 한탄했다. "이렇게 변하다니! 외관이 이렇게 훼손되다니! 덩굴에 덮여서 승리의 길도 다 사라졌다." 한때 도시의 웅장함과 공학적 탁월함의 상징이었던 로마의 콜로세움이 중세 시대에는 잡초로 뒤덮였다.

1643년에 식물학자 도메니코 파나롤리Domenico Panaroli는 《플란타룸 암피테아트랄리움 카달로구스Plantarum Amphytheatralium Catalogus》에 6에이커의 콜로세움 부지에서 자라는 337개의 식물을 기록했다. 콜로세움에 서식하는 식물은 생식력이 매우 뛰어나서 농부들은 돈을 내고 이곳에서 건초와 야생 허브를 모았다. 이 폐허는 남쪽은 건조하면서 따뜻하고 북쪽은 시원하고 습기가 많은 독특한 미기후를 가지고 있어서 다양한 서식지와 식물 군락이 생겼다. 한때 관중들이 검투 경기를 보며 환호하던 경기장의 아래쪽 관람석에는 이제 분홍색 패랭이가 무리지어 피어 있었다. 숲바람꽃은 높은 층을 선호했다. 1855년에 영국 의사 리처드 디킨Richard Deakin은 콜로세움에 420종의 초목이 폭발적으로 증가하고 있다고 기록했다. 이중 상당수는 동부 지중해, 아프리카, 그리고 더 먼 곳에서 온 이국적인 식물들이었는데 디킨은 그걸보고 2,000년 전에 이곳에서 도살된 야생동물의 털에 씨앗이 묻어서 온 것일 거라고 추측했다.

잡초는 쇠퇴를 의미했다. 그건 문명 붕괴의 징후이자 원인이다. 결국 문명이란 혼돈을 인간의 질서로 대체하는 것 아니겠는가? 도시 생활은 자연의 파괴적인 힘과의 전쟁을 상징했다. 도시는 무자비한 야생의 변덕을 모면할 피난처였다. 잡초는 자연이 항상 주변에 잠복해서 인류의 가장 위대한 창조물을 삼킬 준비가 되어 있다는 걸 상기시켜준다. 18세기 로마를 묘사한 조반니 바티스타 피라네시Giovanni Battista Piranesi의 판화에서 가장 눈에 띄는 점은 웅장한 고대 건물과 그곳에 침입해서 걷잡을 수 없을 정도로 무성하게 자란 관엽 식물*이 이루는 대조다. 방치된 콜로세움의 상태는 모든 사람에게 잡초를 경계해야 한다는 걸 가르쳐줬다.

생물학적으로 말하면 잡초 같은 건 없다. 잡초를 객관적으로 정의하는 건 불가능하며 서양의 주요 문헌에서는 잡초를 도덕과 관련된

---

* 아르크티움 라파(큰 우엉)나 프라그미테스 오스트랄리스(갈대)

용어로 그럭저럭 정의한다. 성경에 '야생'이라는 단어가 나올 때는 항상 부정적으로 언급되고 '잡초'는 우리가 싸워야 하는 성가신 것이다. 구약성서에 나오는 아름다운 에덴동산은 인간이 타락한 뒤 일을 해서 완벽하게 만들어야 하는 땅으로 대체되고 과일과 꽃에는 가시나 가시덤불이 생겼다. 이제 오직 노동을 통해서만 선과 악을 분리할 수 있다. 셰익스피어의 희곡《헨리 5세Henry V》에서는 정치적 무질서를 황야나 잡초와 동일시한다. 풍요로운 초원이 "독보리, 독미나리, 둥근빗살현호색…… 지긋지긋한 소리쟁이, 거친 엉경퀴, 켁시〔카우 파슬리〕, 버 등으로 뒤덮이면 아름다움과 실용성을 모두 잃게" 된다.《햄릿Hamlet》에 나오는 왕자는 부왕이 서거한 뒤 덴마크가 처한 비참한 상태를 "잡초를 뽑지 않은 정원, 천성이 고약하고 저열한 것들만 자라 씨앗을 맺으면서 이 정원을 차지하고 있다고 했다."[17]

도시에 관한 이야기를 하던 중에 거친 땅에서 자라는 식물 얘기가 나오는 경우는 거의 없고, 그림에서는 항상 인간이 만든 기하학적 구조를 강조한다. 하지만 이런 침묵에도 불구하고 도시는 항상 허가 없이 저절로 생긴 녹지로 가득하다. 고고학적 기록은 서면으로 작성된 역사가 침묵하는 부분에 대해 알려준다. 기록에 따르면 중세 도시에는 잡초가 유용하고 풍부했다고 한다. 발굴된 화장실에서 나온 분변 증거를 보면 중세 유럽의 도시인들은 야생 자두, 서양 자두, 양귀비, 체리, 블랙베리, 라즈베리, 야생 딸기, 들장미, 헤이즐넛 같은 야생 씨앗을 많이 먹었다는 걸 알 수 있다. 씨앗은 끊임없이 도시로 유입되었다. 지붕을 이거나 마루를 만들 때 사용한 사초와 골풀에서 떨어진 씨앗이 도시에서 싹을 틔웠고, 건초에서 나온 풀 씨앗과 말을 통해서 유입된 별꽃도 마찬가지였다. 양조장 주변에는 특히 이국적인 외래종이 많아서, 예를 들어 독일의 양조장 주변에서는 692개의 곡물과 건초 식물, 814개의 감귤류 잡초가 발견되었다. 부두에 쌓인 포장용 상자에서 떨어져 나온 이국적인 씨앗 때문에 창고 주변 지역에는 외래종 꽃식물이 풍부했다. 1905년에 스위스 식물학자들이 말한 것처럼, 도시의 야생 식물군은 "기본적으로 무역 및 산업의 규모나 강도와 평행을 이룬다. 그것은 기술 문화의 직접적인 기준이다." 상업적으로 번성한 다른 수변 장소들과 마찬가지로, 근대 이전의 파리 부둣가에도 이 도시의 다른 어느 지역보다 야생화와 목초가 많았다.[18]

훗날 잡초라고 불리게 된 것이 중세 시대에는 흔한 자원이었다. 초서Chaucer가 쓴 '학자의 이야기'에 나오는 그리젤다는 이렇다.

> "집으로 돌아가는 길에 그녀는 양배추나
> 다른 풀이파리를 종종 가져오곤 했는데
> 그걸 자르고 끓여서 먹을 것을 만들었다."

런던에 살던 약초학자 윌리엄 제라드William Gerard는 1597년에 쓴 글에서 사람들은 "천박한 자들이 잡초라고 부르는 다양한 식물을 마음껏 먹는" 버릇이 있다고 했다. 쐐기풀은 수프에 넣고 어린 방가지똥과 야생 클라리는 샐러드로 먹었다. 거리 곳곳에 쌓여 있는 퇴비와 두엄 더미에서 명아주가 싹을 틔웠고 사람들은 철분과 단백질이 풍부한 이 채소를 요리해서 먹었다. 중세 양조업자들은 황무지와 건물 옆에서 자라는 습지 머틀, 쑥, 서양톱풀, 병꽃풀, 터리풀, 금작화 같은 약초를 섞어서 에일 맥주에 맛을 냈다. 가난한 여성들은 박하의 일종인 페니로얄을 수확해서 팔았는데 이 풀은 낙태나 치통 완화, 치질, 가려움증 등에 쓰였다. 또 진정 효과가 있는 사리풀이나 기침 시럽을 만들 때 쓰는 머위도 따서 팔았다. 포장도로에서 자라는 지구상에서 가장 독특한 잡초 중 하나인 쇠비름에는 고농도의 오메가-3 오일이 함유되어 있으며 중세 식단의 핵심적인 부분이었다. 제2차 세계대전 당시 의료기기및용품국에서는 예전에는 흔히 찾아볼 수 있었지만 최근에는 수입에 의존하게 된 야생 허브를 런던에서 기르자고 제안했다. 약제를 만드는 데 필요한 식물로는 디기탈리스, 관중, 쐐기풀, 민들레, 우엉, 머위, 사리풀 등이 있다. 전시의 필요성 때문에 잃어버렸던 도시 채집이 다시 시작되었다.[19]

20세기에 수코프가 관찰한 베를린의 경우처럼, 중세 도시에서 가장 번성했던 식물도 쐐기풀, 명아주, 엉겅퀴, 민들레처럼 혼란이 발생한 장소와 황무지에 미리 적응한 식물이었다. 그리고 현대의 대도시처럼 지속적인 인간 활동과 상품 이동으로 새로운 종들이 계속 도착해 예전에 거주하던 종을 대체했기 때문에 잡초 풍경은 매우 역동적으로 변했다. 1823년에 덴마크 식물학자 요아킴 슈우Joakim Schouw는 전원 지대보다 도시에서의 삶을 선호하는 식물* 종류를 설명하기 위해 '플란타에 우르바네Plantae urbanae'라는 새로운 정의를 만들었다.[20]

제라드는 "좁은 구역만 관찰해봐도" 도시의 야생화가 "매우 아름답다는" 걸 알 수 있다고 썼다. 그는 엘리자베스 시대 런던에 있던 벽돌과 돌로 만든 벽이 구주냉이, 바위떡풀, 개물통이 등으로 화려하게 장식되어 있는 모습을 보았다. 18세기 중반에는 런던의 벽에 덩굴해란초라는 새로운 녹색 옷이 싹트고 있었다. 지중해 원산의 이 식물은 이탈리아 저택에서 가져온 대리석 조각상 포장재의 일부로 옥스퍼드에 도착한 뒤 탈출해서 영국 수도에 도달했다.

---

* 대부분 이국적인 터주식물

1951년 브루클린 연방정부 건물 인근에서 뽑은 야생 대마초. 그해에 뉴욕시 공터에서 20톤의 야생 마리화나를 제거했다. 제2차 세계대전 때 밧줄용 섬유를 만들기 위해 재배했던 이 식물이 도시 전체로 퍼져 나가 걷잡을 수 없이 자랐다.

    1886년에 영국의 과학 전문 작가 그랜트 앨런Grant Allen은 미국을 가리켜, "전 세계의 모든 더럽고 불쾌하고 악취 나는 해충들이 여기에 모여 하나의 거대하고 조화로운 민주주의적 난장판을 벌이는 것 같다"고 콧방귀를 뀌었다. 앨런은 유럽, 아시아, 아프리카, 남북 아메리카, 호주산 식물의 잔재로 손상된 미국 도시의 잡초 풍경이 미국식 세계주의를 잘 보여준다고 여겼다. 경작하지 않는 침입종은 최초의 유럽 정착민들과 함께 미국 땅에 도착했거나 일부러 목초로 들여왔거나 무역을 통해 우연히 도입되었고, 대륙 전체로 퍼져나가면서 토착종을 서서히 몰아냈다.[21]

하지만 다른 사람들은 19세기 미국 도시들의 특징인 소란스러운 아름다움을 높이 평가했다. 보스턴의 식물학자 윌리엄 리치William Rich 는 자기 고향 도시의 "빈터와 쓰레기 하차장"에 출신지가 다양한 야생 식물이 "거의 무궁무진하게 공급되고" 있는 걸 발견했다. 찰스 몽고메리 스키너Charles Montgomery Skinner는 《도시 정원의 자연Nature in a City Yard》 (1897)이라는 놀랍고 선견지명 있는 책에서 브루클린 땅에 사는 수많은 야생 생물에 열중했다. 과꽃, 캐모마일, 데이지, 민들레, 타임, 미역취, 괭이밥, 버들여뀌, 수영, 엉겅퀴, 야생 파스닙, 별꽃, 쇠비름 등 세계 각지에서 온 수많은 식물이 이곳에서 번창하며 눈을 즐겁게 했다. 스키너는 볼품없는 샛길에서 '평범한' 야생 겨자 씨를 수확해 자기 집 마당에 심었다.[22]

미국 도시의 빠르지만 고르지 못한 성장이 야생화 노다지를 키웠다. 서둘러서 도시화가 진행되던 시절에 미국 도시에 지은 건물들 사이에는 엄청나게 큰 간격이 있었다. 해바라기나 노랑데이지 등 대초원에 살던 식물은 공터, 길가, 기타 불안정한 장소에 잘 적응했다. 사람이 살기 힘든 콘크리트, 잔해, 잿더미, 아스팔트 위에서도 잘 자라 몇 에이커씩 펼쳐진 해바라기는 미국 도시의 특징적인 꽃이 되었다. 시카고 가축 시장에서 나온 거름이 엄청나게 쌓여 있는 곳에서는 개박하, 클로버, 산토끼꽃, 까마중이 싹을 틔웠다. 20세기 초에는 이런 '잡초'가 시카고 토지 면적의 거의 40퍼센트를 뒤덮었다. 도꼬마리, 개꽃, 강아지풀, 해바라기, 방가지똥이 골목길과 철로 옆, 산업용 부지, 기타 도시 변두리 공간을 차지했다. 가난한 사람들은 가시상추를 수확했다. 수레국화, 실피움, 금방망이 등 도시가 생기기 전에 대초원에서 자라던 식물들도 굳세게 살아남았다. 워싱턴 D.C.에는 비공식적인 초목이 흩어져 있었고, 그중 일부는 웅장한 연방 정부 건물과 심지어 백악관 근처에서도 자랐다. 1902년에 한 식물학자는 필라델피아의 사용하지 않는 부지에서 대마초로 이루어진 "진정한 열대 정글"을 발견했다.[23]

미움받는 잡초

많은 이들에게 도시는 인간이 자연과 소외된 모습을 상징했다. 도시 안에는 자연이 믿을 수 없을 정도로 풍부하게 번성하고 있었지만 그건 잘못된 것이라로 여겼다. 미움받고 인정받지 못하고 간과된 이 녹지는 공해와 유사한 것으로 간주되었다.

1881년에 파리의 포장도로 식물을 연구한 조셉 발로Joseph Vallot는 대도시가 1800년 이후 급격하게 변했다고 썼다.

> "아스팔트나 쇄석으로 포장되지 않은 도로가 하나도 없다. 호스와 기계식 청소기를 갖춘 노동자들이 날마다 거리를 청소하고, 작은 식물이 포장용 돌 사이를 비집고 나올 위험이 발생하면 거리 청결을 철두철미하게 유지하는 담당자들이 특별한 도구를 사용해서 서둘러 그 식물을 제거한다."

오래된 자갈길과 비포장 도로는 도시 식물과 뒤얽혀 있었지만 현대식 거리는 식물에게 공간을 거의 내주지 않는다. 발로는 19세기 파리가 한때 도시 경관의 특징이었던 야생 초목 제거하는 방식에 한탄했다. 지난 수 세기 동안 어디에나 존재했던 식물은 여전히 모습을 드러냈고, 특히 가로수를 보호하는 철망 사이에서 찾아볼 수 있었지

만, 파리의 거리가 점점 딱딱하게 굳고 불침투성이 되면서 식물들은 점점 더 귀해졌다.[24]

이탈리아가 통일되고 수도를 로마로 이전하고 나자 콜로세움의 유명한 야생성은 품위 없는 것으로 간주되어 식물을 모두 제거하게 되었다. 19세기에는 마구잡이로 자란 식물에 대한 사람들의 관점이 거리와 포장도로에 대한 관점처럼 확실하게 굳어졌다. 개혁가들은 도시를 더 건강하고 깨끗하고 깔끔하게 만들기를 원했다. 도시의 생태는 개혁가의 엄중한 감시를 받게 되었다. 공원과 정원은 자연의 수용 가능한 부분을 나타낸다. 자생 초목은 무정부적이고 안전하지 않으며 현대의 대도시에 적합하지 않다.

스미스 패터슨 골트Smith Patterson Galt는 이에 전혀 동의하지 않았다. 그는 법정에서 자기 정원의 잡초가 "자연 경제"와 "지구상의 인간 보존"에 필수적이라고 말했다. 1900년 7월, 미주리주 세인트루이스의 저명한 변호사인 골트는 정원의 해바라기와 법원이 '잡초'로 정의한 '비경작 식물'을 제거하라고 명하는 시 위생관이 발급한 '잡초 제거 결정서'를 받았다. 골트는 이 명령에 맞서 미주리주 대법원까지 항고하면서 그것이 수정헌법 제5조와 제14조에 따른 자신의 권리를 침해한다고 강력하게 주장했다.

세인트루이스시는 야생의 성장을 좋아하지 않았다. 〈포스트 디스패치Post-Dispatch〉 신문에서는 잡초를 "채소 왕국의 부랑자이자 추방자"라고 혹평했다. 잡초는 떠돌이 일꾼들처럼 기차에 무임 승차해서 황무지에 위협적으로 모여들었다. 신문 기사는 호통을 쳤다.

"잡초는 곧 방치를 의미한다."

"우리는 깔끔한 현대식 도시를 원한다."

골트의 저항은 미국 도시에서 미경작 식물들이 공격을 받던 시기에 일어났다. 그는 부동산 소유자들에게 키가 30센티미터 이상 제한 없이 자란 초목을 제거하라고 명령한 1896년도 도시 조례를 위반했다. 대법원에서 골트는 자기 정원의 해바라기가 잡초라는 중대한 혐의에 맞서서 해바라기를 변호했다. 하지만 검찰의 말에 따르면 해바라기는 유기와 방임으로 생겨난 전형적인 식물이었다. 그 식물은 도시의 사용되지 않는 추한 부분을 메웠다는 이유만으로 잡초로 분류되었고 결코 그 오명에서 벗어날 수 없었다. 판사도 이 의견에 동의했고 결국 골트는 항고에서 패했다.[25]

자생 식물은 떠돌이 일꾼이나 무법자 무리처럼 공백과 빈틈을 이용하는 이주자이자 기회주의자라서 미움을 받았다. 그런 식물은 불모의 땅을 선호했기 때문에 공공질서나 위생 개혁, 미화에 집착하는 시대에는 그들을 더 혐오하게 되었다. 이런 관점에서 바라본 잡초는 예쁘고 섬세한 식물을 집단으로 공격하는 자연의 약탈자였다. 분명 골트 같은 괴짜를 제외하고는 사람들이 일반적으로 원하는 녹지 형태는 아니다.

세인트루이스시 vs. 골트 재판의 선례는 20세기 내내(그리고 오늘날에도 여전히) 잡초 조례를 시행하기 위해 사용되었지만, '잡초'라는 용어는 여전히 정의되지 않은 채로 남아있다. 관상용 또는 요리용으로 일부러 심지 않았거나 깔끔히 정돈되지 않은 식물은 모두 조례에 위배될 수 있다. 사람들은 정원을 깔끔하게 정리하지 않으면 무거운 벌금을 물게 된다는 말을 들었다. 미화주의자들이 생각하기에 해바라기, 우엉, 엉겅퀴 등은 '자연'의 상징물이 아니라 악취, 질병, 범죄, 가난, 불결함과 관련된 적대적인 침략자이자 공공의 골칫거리다.

네브래스카주 링컨 교외 지역에서 제멋대로 자라 서식지가 풍부한 정원과 메마를 정도로 깔끔한 정원이 대조를 이루고 있다.

1902년에 이런 상황에 놀란 한 식물학자는 "이곳에 이주한 외래종은 별로 까다롭지 않아서 잿더미와 쓰레기 속에서도 살아남아 퍼져나갈 것"이라고 말했다. 불쾌한 장소에 이끌리는 식물은 그 자체가 불쾌한 존재임이 틀림없다. 바람직하지 않은 식물과 밑바닥 생활을 하는 인간의 연관성을 보면 서로 얽힌 이 두 가지 힘이 도시의 사회 구조를 치명적으로 훼손하고 있는 게 분명했다. 두 가지 모두 환경 문제이니 둘 다 제거해야 했다.[26]

제초제가 등장하면서 이 싸움은 화학전으로 바뀌었다. 도시의 공공장소는 잡초 없는 환경으로 유지해야만 했다. 교외에서 통제되지 않은 자연의 보고가 싹트고 있는 공터는 깔끔한 정원과 잔디에 위협이 되는 판도라의 상자 같은 곳이다. 항상 도시의 특징 중 하나였던 야생이 이제는 빈곤, 더러움, 사회적 붕괴와 연관을 맺었다. 20세기에는 위생적인 도시를 만들기 위해 도시 식생에 대한 전례 없는 공공과 민간의 공격이 진행되었다.

모든 건물이 콜로세움처럼 수 세기에 걸친 초목의 성장을 버텨낼 수 있는 건 아니다. 도시의 식물을 그냥 방치하면 구조물을 파괴하기 때문에 제거해야만 한다. 20세기에 달라진 점은 잡초를 까다로운 시선으로 바라보게 된 것이다. 잡초는 현실적인 이유뿐만 아니라 도덕적, 심미적 이유로도 제거해야만 했다. 하지만 그런 식물은 궁극적인 생존자다. 그들은 인간 이웃보다 더 열심히 맞서 싸웠다.

도시 야생에 대한 관점 변화

다시 폭탄이 터지고 도시에 초록빛이 돌아왔다. 다만 크리스마스 트리 장식용 방울로 만든 이번 폭탄에는 야생화 씨앗과 약간의 흙이 들어 있었다. 1970년대와 80년대에 그린 게릴라 무리가 뉴욕시의 울타리가 쳐진 빈터에 던진 '그린에이드greenade'는 눈에 거슬리던 공터를 앤 여왕의 레이스 같은 양치식물과 하늘하늘한 흰색 산형화, 선명한 파란색 치커리, 과꽃, 노란색 달맞이꽃, 노랑데이지, 가시가 돋친 해란초, 밝은 오렌지색 물봉선화, 미역취, 버버스컴 블래터리아, 줄지어 핀 딱지꽃, 보라색 야생 페튜니아 등이 가득한 도시의 작은 초원으로 변화시켰다. 그린 게릴라들은 뉴욕 거리 중심부에 해바라기씨를 뿌렸다. 1985년 6월에 〈뉴욕 타임스〉에 이런 기사가 실렸다.

"그들은 토양을 준비하거나 개량하거나 비옥하게 하지 않았고 물
도 주지 않았다. 하지만 4월 중순에 이런 가망 없고 심지어 적대
적인 환경에 뿌려진 야생화 씨앗은 무성하게 자라나 이제 곧 꽃
을 피울 것이다."[27]

그린 게릴라의 주역인 젊은 화가 리즈 크리스티Liz Christy는 1973년
에 알코올 중독자와 노숙자로 악명 높은 바우어리 거리와 휴스턴 거
리 모퉁이의 버려진 땅에 정원을 만들었다. 시 당국은 크리스티와 게
릴라들을 무단 침입 혐의로 고발하고 퇴거시키려고 했다. 크리스티
는 야생 정원 가꾸기가 어떻게 재정 위기와 방화로 황폐해진 도시를
변화시킬 수 있는지 보여주기 위해 미디어를 동원했다. 1년 뒤, 시 당
국이 양보해서 그 부지를 월 1달러에 임대해줬다. 그들의 성공에 고
무된 모방자들이 생겨났다. 1978년부터 뉴욕은 버려진 땅을 자원봉
사자들에게 임대해서 게릴라 캠페인을 합법화하는 그린섬 작전을 시
작했다. 1982년에는 사우스 브롱크스와 브루클린에 있는 150에이커
의 땅에 호밀, 김의털, 클로버, 야생화, 라즈베리, 블랙베리 씨를 뿌
렸다. 〈뉴욕 타임스〉는 10년 전에 리즈 크리스티의 직접적인 행동으
로 시작된 "흉터투성이의 도시 풍경을 치유하는 저렴하고 아름다운
방법"을 환영했다. 크리스티는 1985년에 암으로 세상을 떠났지만 바
우어리 거리에 있는 정원은 그녀의 유산처럼 여전히 꽃을 피우고 있
다. 1990년대 초까지 뉴욕시의 사용하지 않는 부지 850곳이 녹화되
었는데 그중 70개는 로어 이스트 사이드에 있었다.[28]

이 작업은 도시의 야생 공간에 대한 태도가 바뀌었다는 증거를 보
여주었다. 그런 부지는 더 이상 보편적으로 눈에 거슬린다는 비난을

1970년대에 그린 게릴라가 황폐해진 뉴욕의 일부 지역을 야생으로 변화시켰다.

받지 않게 되었다. 사람들은 거기서 아름다움을 보기 시작했다. 또 도시 안의 잊힌 주변부 땅에 생물 다양성의 진정한 보물이 묻혀있다는 깨달음도 생겼다. 불모지, 유기, 방치, 잡초 같은 단어에는 실패의 의미가 내포되어 있다. 하지만 감성이 변하기 시작한 덕에 그런 말을 통해 번성하는 자연의 이미지를 떠올릴 수 있게 되었다.

도시에 관한 글을 쓰는 제인 제이콥스Jane Jacobs라는 훌륭한 작가가 1960년대에 도시의 규제받지 않는 비공식적이고 무계획적인 부분에서 혁신이 일어날 가능성이 가장 높다고 주장했다. 자연에 대해서도 똑같은 말을 할 수 있다. 공원과 정원은 잊어버리자. 진정한 생태학적 풍요는 아무것도 요구하지 않는 예상 밖의 장소, 도시 안의 야생 구역에서 번성한다. 그런 장소에는 잘 정리된 녹지의 질서가 부족하다. 아니, 직설적으로 말해서 지저분하다.

깔끔하게 정돈된 도시에 익숙해져 있다가 베를린을 방문한 이들은 이게 어떤 지저분함인지 느낄 수 있을 것이다. 베를린은 자생 식물을 용인하는 도시다. 전차 궤도, 도로변, 건물 가장자리에는 풍부한 야생 식물이 자라고 있는데 계몽되지 않은 다른 도시에서라면 잡초라고 비난하면서 근절하려고 할 것이다. 이런 느긋하고 까다롭게 굴지 않는 태도는 상당 부분 베를린의 독특한 역사 때문이다. 냉전 때문에 도시에 생긴 황무지인 브라헨은 폐쇄 공포증에 걸릴 것 같은 대도시에 사는 서베를린 사람들에게 이례적으로 많은 야생 녹지 공간을 제공했다. 게다가 헤르베르트 수코프 같은 사람들 덕분에 거친 야생 부지의 생태학적 중요성에 대해 그만큼 상세한 과학적 지식을 보유한 도시도 드물다. 베를린의 '자연 보호 및 경관 관리 자문 위원회' 의장이었던 수코프는 브라헨을 도시 계획의 한 요소로서 보존해야 한다고 옹호할 수 있었다. 그러나 그에 대한 관심이 고조되는 와중에도 도시 재생이 진행되는 바람에 브라헨은 점점 사라지고 있었다.[29]

1984년 1월에 동식물 복장을 한 시위대가 기획실에 침입했다. 그들은 쥐트갤렌데라는 사용하지 않는 철도 조차장을 구하기 위해 그곳에 온 것이다. 동서 베를린 분열 때문에 1952년부터 버려진 이곳을 자연이 차지한 결과, 베를린에서 발견된 모든 식물종의 3분의 1(약 334종의 양치식물과 화초)이 쥐트갤렌데의 선로와 녹슨 기반 시설 사이에 터를 잡고 살 정도가 되었다. 또 매와 여우, 기존에 발견되지 않았던 딱정벌레 종, 그때까지 프랑스 남부의 동굴에만 서식하는 것으로 알려진 거미도 살고 있었다. 이 놀라운 거미류 손님들은 전쟁 중에 화물 열차를 타고 이동한 것으로 생각된다. 이렇듯 생물 다양성이 뛰어난 이 땅이 1980년대에 베를린의 다른 많은 지역처럼 전기톱의 위협을 받았다. 그곳을 철도 차고로 부활시키려고 했기 때문이다.[30]

쥐트겔렌데는 사람들이 버섯을 수확하고 과일을 따고 야생화를 감상하고 "넓은 지평선과 건조한 목초지의 온기를 즐길 수 있는" 도시 한복판의 독특하고 귀중한 장소로 보호되었다. 이곳에 온 아이들은 똑같은 동작만 반복하는 기존 놀이기구에서 벗어나 마음껏 뛰어놀 수 있었다. 도시 한복판에 우연히 생겨난 오아시스인 쥐트겔렌데는 "정원 건축가가 만들어낼 수 없는 특별한 풍경"을 보여준다. 또한 이곳은 도시 자연의 회복력뿐만 아니라 한 세기 동안의 전쟁과 분열, 미래 지향적인 기술의 등장과 노후화 같은 생생한 역사적 교훈을 구현한 장소이기도 하다. 개발 위협을 받고 있는 또 다른 장소인 렌네드라이에크는 공식적으로는 동베를린에 속하지만 베를린 장벽의 서쪽에 위치한 브란덴부르크 문 근처에 있는 삼각형 모양 공터다. 이곳은 베를린 분할에 의해 생긴 전형적인 남는 공간으로, "거칠고 개발되지 않은 대도시의 낙원"으로 묘사되곤 했다. 뤼초플라츠 근처에 있는 또 다른 삼각형 모양의 폭격 구역인 되른베르크드라이에크는 노숙자들을 위한 야영지이자 매춘부와 고객들이 만나는 장소, 아이들의 비공식적인 놀이터이자 세계에서 가장 많은 연구가 이루어진 도시 생태 부지 중 하나다.[31]

이건 인간의 활동에 의해 형성되고 확정되었지만 그 뒤 자연적인 과정에 맡겨놓은 '새로운 생태계'였다. 환경 운동가들은 1980년대 내내 이 귀중한 장소를 구하려고 싸웠다. 거칠고 규제받지 않는 공간은 베를린의 무정부주의 정신에 직접적으로 호소했고, 이 도시에서 녹색 정치의 영향력이 커지는 것과 상황이 일치했다. 쥐트갤렌데는 대대적인 홍보 캠페인의 주제가 되었고 눈에 띄는 사진과 과학 보고서를 이용해 유명세를 얻었다. 헤르베르트 수코프는 되른베르크드라이에크와 다른 잔해 지역을 자연 공원으로 보존해야 한다고 주장했다. 1988년에 시위자들은 몇 달 동안 렌네드라이에크에 쪼그리고 앉아서 베를린의 미래를 위한 격렬한 투쟁을 벌였다.[32]

1999년에 개장한 쥐트갤렌데는 오늘날 45에이커 규모의 도심 자연 공원이다. 생물 다양성을 훼손하지 않고 버려진 부지를 공원으로 만든다는 힘든 문제는 방문객들이 식물을 짓밟거나 땅에 둥지를 틀고 사는 새들을 방해하지 않도록 지상 1미터 높이에 금속 보도를 설치함으로써 해결됐다. 공원의 일부 구역에서는 마치 무기한 버려져 있는 조차장처럼, 인간의 개입 없이 삼림이 독자적으로 발달하도록 한다. 다른 구역에서는 희귀하거나 멸종 위기에 처한 동식물이 서식할 수 있는 풀과 관목을 제공하기 위해 풀을 깎고 양을 방목해서 자연 천이를 억제한다. 한편 요하니스탈에 있는 폐쇄된 공항은 64에이커 규모의 건조한 초원 보호 구역으로 전환되었다. 다른 곳의 경우, 베를린 장벽 양쪽에서 자라나 한때 어디에나 있던 야생 초목 부지를 2004년에 노르드반호프 공원으로 지정하여 보존했다. 베를린과 다른 지역에 있는 그런 장소는 도시 자연에 대한 태도가 얼마나 변했는지 보여주기 때문에 역사적으로 중요하다. 추하고 매력 없는 장소라도 생태계가 독특하기 때문에 싸워서 지킬 가치가 있다.

하지만 야생의 소굴은 대부분 사라졌다. 렌네드라이에크의 활기

넘치는 야생 생물은 독일 통일 후 베를린의 극적인 재건을 상징하는 반짝이는 사무실 건물과 호텔로 대체되었다. 한때 도시 생태 발달에 매우 중요한 역할을 했던 되른베르크드라이에크에는 현재 쉐라톤 그랜드 호텔 에스플라네이드가 들어서 있다. 수십 년 동안 자연이 만개했던 많은 곳들이 1980년대 이후 다시 도시화되었다.

베를린의 역사는 전 세계 도시들에게 매혹적인 교훈을 준다. 정부 정책과 시민 행동주의가 힘을 합쳐 야생 공간 보존을 위해 싸웠던 그 도시에서도 다양한 생물이 사는 브라운필드 부지의 손실은 빠르게 이어졌고 특히 통일 이후에는 더 심했다. 남아있는 부지는 수년간의 로비와 값비싼 투자 덕분에 남을 수 있었다. 그러나 베를린의 이야기는 특정한 유형의 도시 식물이 교란된 환경에서 얼마나 빨리 번성하는지 보여준다. 쥐트갤렌데는 수십 년 동안 그냥 가만히 놔두기만 했는데도 놀랍도록 풍요로운 곳으로 성숙했다. 이런 사례는 지금까지 불가능하거나 받아들일 수 없을 정도로 지저분해 보이는 장소의 생물 다양성을 뒷받침할 수 있는 도시의 잠재력을 깨닫는 데 도움이 되었다. 베를린의 방치된 장소를 자연 공원으로 전환한 것은 과학적 합의와 지속적인 대중의 압력이 결합된 결과이며, 매력적이지 않은 브라운필드가 어떻게 도시에 통합되어 대중에게 다가갈 수 있는지 보여주었다.

베를린에서 얻은 또 다른 교훈은 자생적인 도시 식생이 일시적이라는 것이다. 도시가 끊임없이 변화하는 것처럼 인간 이외의 자연도 마찬가지다. 베를린의 지정학적 요인 때문에 야생 생물이 번성했다가 쇠퇴했다. 경제적인 기복도 생물 다양성에 지대한 영향을 미친다. 대공황 당시 건설 붐이 갑자기 식어버리자 샌프란시스코, 플린트, 솔트레이크시티의 20퍼센트, 시카고, 클리블랜드, 디트로이트, 밀워키의 50퍼센트 등 미국 도시 면적의 상당 부분에서 진행 중이던 건축 공사가 중단되거나 방치되었다. 1960년대부터 미국과 유럽 도시의 탈산업화가 시작되자 도시 매트릭스에 구멍이 뚫려 식물과 동물이 이용할 수 있는 장소가 생겼다. 도시의 비참한 상황이 야생 생물들에게는 하늘이 내려준 양식과도 같았다. 1970년대에 뉴욕에는 공터가 2만 5,000개 있었고 2010년대에는 2만 9,782개로 늘어났는데, 이 공터를 다 합치면 뉴욕에서 가장 유명한 공식 녹지인 센트럴 파크, 프로스펙트, 펠험 베이, 반코틀랜트, 마린, 브롱크스, 포레스트 공원 정도의 면적을 차지했다. 개발도상국에서는 1960년대부터 사용하지 않는 공장과 기타 중복 산업 건물이 눈에 띄게 폐허 같은 풍경을 만들어냈다.[33]

자연은 최선을 다한 저항 끝에 이 땅을 되찾았다. 21세기의 디트로이트는 도시의 40퍼센트 이상이 버려진 공장과 집으로 구성되어 있으며 규모가 줄어들고 있는 이 도시는 야생 식물로 장식되어 있다. 광범위한 방치의 시각적 영향은 특히 지나치게 성장한 뒤 방치된 도심 지역에서 쇠퇴와 사회적 붕괴를 드러냈다. 그러나 이는 또한 쇠퇴의 미학인 '탈공업화 풍경'에 대한 유행을 조장했다. 불황의 생태학적 부산물은 탈산업화로 인한 폐허 풍경을 즐기는 새로운 형태의 자연 글쓰기를 대중화했고 수코프 같은 생물학자들의 연구 결과에 더 많은 관심이 쏠리게 되었다. 리처드 메이비Richard Mabey가 쓴《비공식적 전원 지대The Unofficial Countryside》*에서는 탈산업화 시대 런던의 도심 운

---

* 그린 게릴라가 창설되고 베를린 도시 생태 연구소가 설립된 해인 1973년에 출간

하, 쓰레기 더미, 채석장, 산업 단지, 주차장 등을 조사했다. 메이비의 책에서 전달하는 마법은 식물학 정보가 아니라 자연과 도시를 감상하는 대안적인 방법이다. 잡초는 "우리가 만든 유기물 위를 뒤덮은 녹색"이고 "가장 적대적인 환경인 폭격당한 도시나 벽의 갈라진 틈에서 자라는 잡초의 능력 덕에 원래라면 녹색 식물이 전혀 없었을 장소에 야생의 자연이 스며들게 되었다"고 메이비는 썼다. 변두리 지역을 서정적으로 환기시킨 메이비 같은 작가들은 일상적인 장소나 방치된 도시 지역에서도 자연 그대로의 황무지에서와 같은 경이로움을 많이 발견할 수 있음을 보여주었다.[34]

탈공업화로 유기된 장소나 야생 상태인 변두리 땅에서 느껴지는 설렘은 1970년대부터 작가, 사진가, 화가, 영화 제작자 등을 매료시켰다. 이런 탈공업화 시대의 풍경은 영구적인 형태로 자리를 잡았는데, 베를린의 쉬트갤렌데 자연공원, 뒤스부르크노드 조경 공원, 런던의 레인햄 마쉬, 스태튼 아일랜드의 프레시 킬스 공원, 맨해튼의 하이라인 등이 대표적인 예다. 이 모든 장소에는 쇠퇴하는 기반 시설과 성장하는 자연이 뒤얽혀 있다. 중공업과 야생 생물이 하나로 합쳐진다. 콘크리트 정글에 영구적인 야생 보호 구역을 설치하고 새로운 생태계의 예상치 못한 풍요를 기념한다.

하지만 수코프나 메이비 같은 사람들이 살펴봤던 모호한 지대는 대부분 사라졌다. 그런 지역은 도시 생활의 일부인 성장과 쇠퇴 주기에 영향을 받는다. 쇠퇴하는 산업 부지가 영원히 쇠퇴 일로만 걷는 건 아니다. 그런 장소는 고급스럽게 바뀌거나 재생되거나 말쑥하게 단장하거나 새로 조경된다. 20세기 후반과 21세기 초반의 도시 부흥기 동안, 브라운필드 부지는 중요한 주택 건설 부지가 되었다. 그러나 교란된 부지가 포장되는 동안, 끝없는 건설과 재건축이 진행되는 도시 안에는 새로운 교란 장소가 생겨난다. 경제적인 측면에서 보자면, 경기가 좋을 때에도 유럽 도시 표면적의 10퍼센트나 미국 도시 표면적의 12.5~25퍼센트 정도는 일시적이긴 해도 방치되어 있을 가능성이 높다. 도시가 빠르게 성장하는 시기나 경기 침체기에는 그렇게 방치된 장소가 훨씬 많을 것이다.[35]

제2차 세계대전 때 폭격 작전이 진행되는 동안 초목이 자생한 사실에 주목하긴 했지만, 그건 도시에서 항상 일어나는 일들의 더 크고 매우 극적인 버전일 뿐이다. 지속적인 파괴와 재생산 과정은 끊임없이 서식지를 찾아내서 공격하는 기회주의적인 식물을 위한 공간을 제공한다. 천이 과정이 아직 완전히 성숙하지 않은 젊은 부지는 서로 경쟁하는 개척자 종들이 많아서 다양성이 가장 높다. 따라서 버려진 토지의 지속적인 용도 전환은 생물 다양성에 유익하다.

베를린 장벽 때문에 생긴 무인지대가 서식지가 생길 수 있는 은신처를 제공한 것처럼, 굵은 철사 울타리도 기회주의적인 초목이 사람들의 발길과 차량을 피해 매달릴 수 있는 변두리 땅을 제공한다. 도시는 도로변, 좁은 길, 골목, 철로, 벽, 지붕, 운하, 배수로, 포장용 돌 틈새 등 자연이 번성할 수 있는 가장자리 땅을 많이 제공한다. 이런 장소는 어느 도시에나 있지만 공원, 불모지, 도시림에 비해 상대적으로 연구가 덜 되었다. 한 가지 확실한 건 그런 곳에는 야생 생물이 많다는 것이다. 2019년에 발표된 한 연구에서는 최근 글리포세이트 제초제 사용을 단계적으로 폐지한 블루아라는 프랑스 도시의 포장도로에서 300종 이상의 도시 식물이 싹을 틔운 것을 발견했다. 오래되고 투과성이 있는 포장재를 쓴 도로와 사람이 많이 다니지 않는 산업 지구가 종의 풍부함과 식물 피복 부분에서 가장 뛰어났다. 베를린에서 진행된 유사한 연구에서는 거리에 사는 식물을 375개 발견했는데, 이는 그 대도시에 서식하는 꽃 종류의 25퍼센트에 해당하는 수치다. 우리가 매일 밟고 다니는 포장도로에 이런 도시 생태계가 존재하는데 눈에 잘 보이지 않아서 그동안 과소 평가되었던 것이다.[36]

회색 도시를 녹색 도시 정글로 바꾸기 위해 많은 걸 할 필요는 없다. 블루아의 사례에서 알 수 있듯이 제초제를 제한하고 딱딱한 표면을 어느 정도 부수기만 해도 빠른 식물 성장이 촉진된다. 도시 지역은 사람들이 사용을 잠시 멈춘 사이에 확산된다. 소규모 생태계의 잠재력을 무시하거나 충분히 활용하지 않는 경우가 많은데, 창의력을 약간만 발휘해도 이런 회색의 빈 공간을 변화시킬 수 있다. 베를린과 취리히에서는 도로의 원형 교차로 주변이나 사이, 도로 표지판과 나무 아래의 초목을 자주 베어내지 않고 방치해서 일년생 야생화가 피는 작은 초지를 만든다. 넓고 접근하기 힘든 여백이 있는 철도망은 동물, 곤충, 식물종을 위한 연결 통로를 제공한다. 많은 도시에서 수백 킬로미터 길이의 제방과 철도의 선로변은 자연 상태로 내버려두거나 사실상의 자연 보호 구역으로 적극 보존하고 있다. 잘 관리된 벽은 의외로 건강한 생태계가 될 수 있다. 취리히의 벽에는 약 200종의 초목이 서식한다고 기록되어 있다. 콜체스터에 있는 로마 시대 성벽은 독특하게 특화된 식물군이 사는 것으로 인정받아 1991년에 그 지역의 야생 보호 구역으로 지정되었다. 이끼와 우산이끼 층은 봄철 몇 주 안에 수명주기가 완료되는 희귀하거나 멸종 위기에 처한 몇몇 소형 화초종을 비롯해 160종 이상의 식물에 기반을 제공한다.

하지만 우리 눈에 잘 보이는 주변 공간에는 여전히 화학 물질을 살

포하고 풀을 베고 말끔하게 정리해서 방치된 장소의 모든 유기적 상징물을 제거하고 있다. 도시를 돌아다니면서 주위를 둘러보자. 평소 비어 있거나 잘 사용하지 않는 땅도 그냥 야생 상태로 두거나 1년에 한 번씩만 풀을 베는 게 아니라, 오로지 깔끔하게 보이려는 목적으로 난폭하게 파헤치곤 한다. 도시 생태계는 있는 그대로의 자연 또는 이상적인 자연에 대한 우리 생각과 분명히 충돌한다. 인간과 자연이 얽히는 것은 추악하고 부자연스러운 일로 간주된다. 도시에서 가장 잘 자라는 식물은 재난과 관련된 식물이다. 아마 우리 내면 깊은 곳의 무언가가 실패와 타락의 냄새를 풍기는 이런 식물에게 반발하는 걸지도 모른다. 인간이라는 종은 자기가 통제할 수 있고 또 풍요로워 보이는 탁 트인 전망을 선호하는 듯하다. 하지만 도시의 생물 다양성을 극대화하고 싶다면 잡초를 다시 살펴봐야 한다.

대담한 야생 도시

소금 트럭은 길가에서 자라는 많은 초목을 죽인다. 하지만 미국 해안의 미역취(솔리다가 셈페르비렌스)와 유럽의 덴마크 스커비초의 경우, 소금 트럭이 나트륨이 풍부한 고속도로를 만들어 해마다 그들의 고향인 해안에서 도시로 데려다주고 있다. 추운 겨울철에 얼어붙은 도로를 녹여 계속 이동하기 위해 뿌린 수 톤의 소금이 도로변에 모래 언덕이나 절벽, 염분 습지와 비슷한 서식지를 만들었다. 이를 통해 바다의 모험가들이 도시로 이주하고 있다.

돼지풀의 관점에서 보면 뉴욕은 땅이 바위투성이의 빙하 표석 점토로 뒤덮여 있던 마지막 빙하기 직후의 북미 동부 지역과 꼭 닮았다. 몸집이 큰 다른 종들이 이 땅을 점령하는 바람에 돼지풀은 수천 년간 작은 틈새에 숨어 살다가 19세기부터 뉴욕에서 폭동을 일으켜 가난한 지역 전체에 '정글'을 형성했다. 돼지풀에게 뉴욕은 새로운 빙퇴석류에 불과했다. 급속도로 퍼져서 열매를 많이 맺는 것으로 악명이 높은 가죽나무의 경우, 벽이나 철로는 원산지인 중국의 건조한 석회암 언덕과 비슷하다. 분홍바늘꽃은 도시를 방금 불타버린 숲과 같은 방식으로 대한다. 유럽의 산성 초원을 떠나온 쑥과 소리쟁이는 석재가 흩어져 있고 pH 농도가 높은 전 세계 도시들이 고향의 토양을 완벽하게 복제했다는 걸 알아냈다. 미국에서는 이들이 버려진 목초지의 대표적인 잡초가 된 반면, 벽과 벽돌 표면은 매우 건조한 바위와 산에서 자라도록 진화한 작고 예쁜 꽃다지(드라바 베르나)에게 이상적이다. 식물의 관점에서 도시를 바라보면 식물 그 자체뿐만 아니라 우리 인간에 대해서도 많은 이야기를 발견하게 될 것이다.

염분과 돌이 많고 산성화되었으며 건조하고 불침투성에 단단히 다져지고 오염이 심하며 온도가 높은 곳, 그게 바로 우리가 만들어낸 환경이다. 그러니 콘크리트 사이로 파고든 잡초를 발견하면 그것이 우리와 함께 있다는 사실에 감사해야 한다. 우리 곁에 있는 초목 종류는 우리가 지구에 한 일을 드러낸다. 우리는 도시를 건설하면서 원시 자연을 뿌리 뽑고 길을 포장했다. 토착 식물을 모두 제거하고 흙 위에 돌무더기와 콘크리트, 아스팔트를 층층이 쌓아올렸다. 도시 생태계를 특징짓는 식물들이 마지막 빙하기 말에 빙하가 물러나면서 생긴 진흙과 모래, 자갈, 바위에 대량 서식할 수 있는 강인한 개척자들이라는 건 그리 놀라운 일이 아니다. 도시화는 그들에게 거대한 새

기회를 제공했다.

우리가 도시를 빙하 지형, 사람이 살기 힘든 해안 절벽, 화산, 산사태가 가득한 곳으로 여긴다면 잡초를 완전히 다른 방식으로 대할 수도 있다. 이렇게 거칠고 질긴 식물이야말로 진정한 도시민들이다. 그들은 우리와 함께 살려고 전 세계를 여행했다. 왜냐하면 그들은 인간이 만들어낸 교란된 지형을 매우 좋아하기 때문이다. 생태학적 관점에서 볼 때 도시는 재난 지역이다. 지속적인 스트레스, 가뭄, 오염, 퇴화된 토양을 견딜 수 있고 가장 단호한 절멸 노력 속에서도 살아남을 수 있을 만큼 회복력이 뛰어난 식물만이 이 적대적이고 오염된 환경에서 생존할 수 있다. 이 지독한 장소에서 보금자리를 찾은 식물은 인류의 오랜 동조자였던 식물들이다. 그리고 재난으로 뒤덮인 우리 생활에 적응하고 기후 변화도 견뎌낼 수 있는 그 식물은 미래를 대표한다. 그들은 우리의 삶과 뒤얽혀 있다.

지방 정부에서 안전을 위해서가 아닌 깔끔한 환경 조성을 위해 초목을 다듬고 풀을 베고 제초제를 뿌리는 걸 보게 된다면, 우리에게 필수적인 생태 서비스를 박탈당하고 있다는 것에 분개할 권리가 있다. 결국 도시에서 사용되지 않는 모든 장소는 생물 다양성을 극대화할 수 있는 기회를 제공한다. 잡초와의 전쟁은 납세자들의 돈을 엄청나게 낭비하고 유해한 화학물질로 더 넓은 환경을 오염시킨다. 이는 '비공식적인' 성장을 용인하기에 충분한 이유다. 변두리 땅과 불모지에 몰래 숨어들어서 멸시받는 터주식물은 사실 도시 환경을 위해 열심히 일하는 일꾼이다. 그들은 탄소를 격리하고 과도하게 내린 비를 흡수하며 고축적식물이라고 불리는 몇몇 종은 오염된 토양에서 오염물질을 제거하는 걸 돕는다. 그들은 다른 종에 의한 궁극적인 천이를 위해 토양을 준비하는 개척자들이다. 그리고 그들은 모든 곳에 퍼져 있고, 공원에 사는 연약한 관상용 사촌들처럼 다루기 어렵거나 까다롭지 않다. 가죽나무는 뉴욕 같은 주요 대도시 곳곳에 퍼져 있다. 이 나무는 '잡초'로 간주되기 때문에 도시 숲의 목록에는 포함되지 않았지만 나무로서의 모든 역할을 수행하면서 요청이 없어도 생태 서비스를 제공한다.

한 가지 확실한 건 잡초를 완전히 제거하는 건 불가능하다는 것이다. 잡초는 우리보다 훨씬 강하다. 그들을 얼마나 받아들일지는 우리에게 달려 있다. 급속하게 퍼지는 일부 식물은 주위에 손상을 입힐 경우 제거해야 한다. 하지만 대부분의 잡초는 우리 눈에 거슬리는 것 외에는 아무런 해도 입히지 않는다. 추하게 생긴 경우도 있지만 그들은 언제나 재난이 지나간 이후 회복의 전조였다. 그것이 이 위기의 시대에 그들을 조금 더 사랑하는 법을 배워야 하는 이유일 것이다.

아마 우리는 느리지만 그렇게 하기 시작했을 것이다. 2016년에 데사우, 하노버, 프랑크푸르트 시가 사용하지 않는 도시 토지의 생태를 복원하는 프로젝트를 시작하면서 프로젝트 이름을 '대담한 야생 도시'라고 지었는데, 이건 규제되지 않은 자연이 도시는 깔끔해야 한다는 고정된 관념에 강한 도전이 되리라는 걸 인정한 것이다. 데사우에서는 방치처럼 보이지만 실은 생물 다양성을 극대화하기 위한 의식적인 계획이라고 설명한 간단한 안내판 덕분에, 새로 획득한 도시 토지를 자연이 차지하도록 허용하는 문제에 대한 논란이 부분적으로 완화되었다. 나이든 사람들은 도시가 엉망이 됐다고 생각했지만 관계자들은 새로운 걸 발견했고 아이들은 모험을 할 장소를 찾았다. 2021년에 영국 시의회 열 곳 중 일곱 곳은 봄과 초여름에 일부러 공유지의 풀을 베지 않고 그냥 놔뒀다. 도로 가장자리, 공유지, 예전에는 잘 손질했던 공원 부지가 시골 초지 같은 색과 풍성함을 얻었다. 한때 짧게 깎은 도시 잔디가 깔린 녹색 사막이었던 곳에서 예상치 못한 식물들이 튀어나왔다. 이전에는 지저분하고 방치된 장소로 분류되었을 곳이 수분 식물로 가득한 작은 황야처럼 보이게 되었다. 영국의 도시들이 사람들의 눈앞에서 더 거칠고 황량하고 다채로운 곳으로 변화했다. 우리는 특정한 유형의 성장이 야생 생물들을 뒷받침하는 이유를 이해하면 초라한 풍경을 받아들이는 경향이 있다. 과학, 특히 도시 생태학은 태도를 바꾸기 시작했다.

심지어 스미스 패터슨 골트의 야생적인 정원을 기소했던 도시인 세인트루이스도 나비 수가 급감하자 태도를 바꿨다. 이 도시의 '왕나비를 위한 밀크위드' 계획은 한때 외부 침입종으로 낙인찍혀서 법 집행 기관과 법원이 적대시했던 바로 그 수분 식물인 미역취, 노랑데이지, 튜베로사, 다양한 종류의 밀크위드를 심은 나비 정원 250개를 만들었다. 잡초가 갑자기 바람직한 것이 되었다. 그린 게릴라들이 투척한 그린에이드 안에는 한때 외래 잡초로 여겨졌지만 지금은 도시 계획에서 중요해진 씨앗이 들어 있었다. 잡초에게 기회를 주자. 그들은 미래의 도시 식물이다.

우리의 미적 선호도는 점진적이긴 해도 변하고 있다. 이건 우리가 생물 다양성에 저지른 범죄를 인정하는 것과 많은 관련이 있다. 야생은 갑자기 더 만족스럽고 생명을 안겨주는 것처럼 보이는 반면, 깔끔하게 손질한 정원은 인공성과 그걸 유지하기 위해 우리가 들인 노력을 널리 알린다. 영국의 생태학 교수인 나이젤 더닛Nigel Dunnett과 제임스 히치모프James Hitchmough는 어떤 유형의 자연이 적합한지에 대해 확고한 생각을 품고 있는 도시 거주자들이 받아들일 수 있으면서 생태학적으로 생산적인 식물 경관을 만드는 문제에 몰두했다. 지금까지 대부분의 역사에서, 원예는 선택한 식물의 필요에 맞게 특정 장소를 조정하는 과정이 포함됐다. 더넷과 히치모프는 그 반대로 했다. 그들은 인간의 광범위한 개입 없이도 기존의 도시 환경에서 번성할 수 있는 식물을 선택했다. 대부분 불안정하고 산성이 강하고 영양분이 부족한 환경에서도 잘 자랄 수 있다는 사실이 입증된 강인하고 가뭄에 강한 외래종이었다. 더넷과 히치모프가 자연주의적인 풍경을 만드는 방법은 스코프 같은 전문가들이 지난 수십 년간 개척한 도시 생태학적 방법을 따른다.

셰필드 의회는 4차선이었던 도심 도로를 2차선으로 줄인 뒤, 되찾은 공간을 도시 속의 초지로 바꾸기 위해 나이젤 더넷을 고용했다. 오늘날 그 거리는 도시에서 거의 볼 수 없는 야생적인 성격을 띠고 있다. 더넷은 시각적 효과는 크지만 관리는 거의 필요하지 않은 키가 큰 다년생 초본 식물과 풀을 선택했다. 그 결과 '설계된 생태'가 탄생했다. 즉, 야생처럼 보이지만 실은 자생적이고 생물학적으로 다양성 높은 서식지가 되도록 식물을 조밀하게 심어 공들여 만든 초지다. 영국이 원산지가 아닌 키 큰 대초원과 스텝 식물은 일반적으로 도시 식물 목록에 포함되어 있지 않은 산, 초원, 해안, 삼림지대 출신 종들과 마찬가지로 확실히 도시 지형에서 잘 자란다.

시각적 효과는 자생 식물을 통해 생기는 것이지만 다채로운 식물과 창의적인 조경을 통해 도시 거주자들의 관심을 끌도록 설계되었다. 그러면 도시 생태학에 명확하게 기반을 둔 이런 자연 형태가 유지관리가 많이 필요하고 물을 자주 줘야 하며 비생산적인 화단과 도시의 개성 없는 잔디밭을 대체하게 된다. 그건 도시는 이전에 존재했던 어느 정도 관리가 필요한 생태계를 대체한 인간이 통제하는 새로운 생태계라는 생각을 강화한다. 토착 식물이 대도시에서 잘 버티지 못한다면 세계 각지에서 온 특수한 종들이 그들의 자리를 차지하고 콘크리트 정글의 다양한 미기후에서 자기가 살아갈 틈새를 찾아낼 것이다. 우리는 '침입종' 식물에 대해 너무 예민하게 굴지 말고 인간이 만든 생태계의 현실을 좀 더 솔직하게 받아들이면서 가장 인공적인 환경에 미리 적응한 식물을 환영해야 한다. 미래의 공원과 공유지에서 살아갈 식물은 이런 환경에서 끝까지 버티지 못하거나 자기가 받은 모든 보살핌에 보답하지 못하는 연약한 관상용 식물이나 토착 식물이 아니라, 스스로 살아남아 기후 변화를 견디고 생태계를 풍요롭게 하는 능력 때문에 선택된 국제적인 도시 거주자일 것이다.

더닛은 사람들의 삶에 야생성을 필요하다는 믿음을 통해 동기를 얻는다. 그의 도시 속 초지는 자연적인 과정의 경험을 도시 중심부로 가져와, 활기찬 야생 생물과 전통적인 도시 경관보다 베를린의 브라헨과 더 비슷하게 구축된 환경을 시각적으로 병치시킨다. 더닛의 프로젝트는 야생성도 어느 정도는 육성이 필요하다는 사실을 상기시켜 준다. 쥐트갤렌데와 프레시 킬스 공원은 야생의 강한 풍취를 내뿜을 수도 있지만, 그건 인간 활동의 결과물이며 방목 같은 지속적인 개입을 통해서만 생물 다양성을 극대화할 수 있다. 아마 가장 중요한 건 더닛의 설계를 통해 어떤 종류의 식물이 생태학적으로 가장 큰 이익을 안겨주는지 다시 생각하게 된다는 것이다. 도시 속 초지가 다른 나라에서도 자리를 잡는다면, 깔끔함을 버리고 혼란스러운 상태를 받아들이는 이것은 도시 속의 시골이라는 개념과 관련해 가장 중요한 역사적 발전 중 하나가 될 것이다.

　호주 도시에서도 집과 도로 사이의 길가에 있는 잔디를 자연초나 총생 초본, 야생화로 대체하려는 노력이 계속 이어지고 있다. 이런 '자연 녹지대'는 지자체 소유지만 집주인이 관리해야 한다. 멜버른의 경우 원형 교차로와 교차로를 포함한 이런 자연 녹지대가 전체 공공 녹지의 36퍼센트, 도시 표면적의 7퍼센트를 차지한다. 이걸 부분적으로 야생화하면 포유류와 곤충의 서식지나 통로로 쓰일 수 있는 거대한 규모의 땅이다. 네덜란드에서는 건설 회사들이 일정 기간 동안 사용하지 않는 건물 부지를 방치해서 그 불모지에 자연스럽게 동식물 서식지가 생길 수 있도록 하는 '임시 자연'이라는 선견지명 있는 정책을 만들었다. 과거 개발업자들은 자연 보호법의 규정 때문에 건물을 완공했을 때 서식지가 사라지면 이를 보상하기 위해 현금을 지불해야 했다. 그래서 이를 피하기 위해 자기 부지에 멸종위기종이나 보호종이 들어오지 못하게 막으려고 온갖 방법을 다 썼다. '임시 자연' 정책은 건설업자들을 이렇게 엄격한 법에서 해방시키고 임시 서식지가 번성하도록 한다. 이 정책은 도시가 뛰어난 생물 다양성을 지닌 지역을 지속적으로 생성, 파괴, 재창조하는 곳이라고 인정한다.[37]

　방치된 부지를 점령한 잡초든 길을 따라 발달한 초지든, 도시에서도 야생 상태가 발생한다. 이 과정은 지저분한 장소에서 가장 건강하게 진행된다. 중요한 건 그게 번성하도록 내버려두는 정도와 건물 사이, 도로 주변, 건물 옥상처럼 평소 사용하지 않는 공간을 구석구석 활용하는 창의성이다. 생태학은 도시 자연이 공원에만 존재한다는 개념을 바로잡았다. 야생 상태로 방치된 부지나 거친 초지에도 다양한 종이 존재할 수 있다. 우리가 재난을 상징하는 초목을 사랑하는 법을 배울 수 있는지 여부는 또 다른 문제다.

전 세계 많은 도시에서 방치된 자연은 결국 삼림지대로 되돌아간다. 재야생화가 논리적인 결론에 도달하면, 도시화된 식물과 풀 종류는 몇몇 목본 종이 지배하는 울창한 나무숲에 자리를 내줄 것이다. 하지만 80년간의 도시 생태학 연구가 증명한 것처럼, 도시를 진짜로 재야생시키는 건 불가능하다. 하지만 우리가 마음을 열고 받아들인다면, 도시 생태 복원은 완벽하게 우리 힘이 미치는 범위 안에 있다. 도시 환경을 강화하고 꽃가루 매개자와 다른 생물들에게 자원을 제공하는 식물 모자이크를 만들려면 도시를 적극적으로 관리해야 한다. 그렇지 않으면 '야생'은 단순히 나무만 의미하게 될 것이다. 사실 나무는 지난 2세기 동안 빠른 속도로 마을로 행진해 왔고 이제 도시 생태계와 통합된 상태다. 여기에는 타당한 이유가 있다. 우리는 작은 식물이나 관목과 달리 나무에 대해서는 본능적인 존경심을 느끼는 것 같다.

4장

캐노피

최후의 숲 망가르 바니

　요란한 자동차 경적소리, 4차선 고속도로, 델리에 새로 들어선 화려한 고층 건물에서 불과 20분 거리에 정말 놀랍도록 숲이 우거진 깊은 계곡 속에 들어앉아 있는 세계가 있다. 망가르 바니라고 하는 이 소중한 숲은 장마철이 되면 바싹 마른 갈색에서 선명하게 반짝이는 녹색으로 변한다. 그 숲은 먼지가 심한 끝없는 도시와 관목이 우거진 반사막 지대 한가운데에 있는 푸른 보석이다.

　언덕 위에는 그 지역에 생명을 주는 나무인 다우가 무성하다. 열대의 건조한 숲에 완벽하게 적응한 이 나무는 두껍게 엉킨 카펫처럼 바위가 많은 땅을 뒤덮으면서 사방으로 뻗어나간다. 방목하는 동물들에게 너무 많이 뜯어먹히지만 않는다면 몇 년 안에 10~15미터까지 자랄 것이고 뿌리는 땅을 뚫고 바깥쪽으로 확장되어 척박한 지형에 나무 군락을 형성할 것이다. 껍질은 은색이고 빽빽하게 난 작은 녹색 잎들은 건기에 자줏빛 도는 갈색으로 변한다. 이들은 집단생활을 하면서 서로 협력하는 종이다. 계곡 바닥에 사는 다우는 지하로 뻗은 뿌리 네트워크를 통해 수분이 많은 건조한 절벽으로 물을 전달할 수 있다. 그 대가로, 계곡 높은 쪽 양지바른 경사면에 사는 나무는 어둡고 밀도 높은 아래쪽 숲에 사는 나무들에게 영양분을 보내준다.

이 숲에는 현재 델리 지역에 귀하거나 사라진 나무들, 향기롭고 연한 오렌지색 꽃을 피우는 칼리시리스*와 인도 유향을 만드는 살라이** 등도 살고 있다. 우기가 되면 망가르 바니는 사막 로히다 나무의 노란색과 오렌지색과 빨간색, 인도 나도싸리의 늘어진 금빛, 발라리스의 섬세한 크림색, 인도 느릅나무 과일의 녹색 등 다양한 색과 향기로 가득 찬다. 순수한 활력으로만 따지자면 다크 나무의 밝은 빨간색이나 연지나무를 따를 게 없다. 망가르 바니에는 나무가 60만 그루 있는데 이 나무들은 희귀한 꽃과 새, 표범, 하이에나, 사향고양이, 자칼, 닐가이영양, 그리고 멸종 위기에 처한 나비 90종에게 서식지를 제공한다. 이 숲의 동식물은 델리 사람들에게 중요한 기억을 일깨워준다. 이곳의 모든 생명체는 끝없는 가뭄이 지난 뒤 1년에 한 번 찾아오는 집중호우에 적응해야 한다는 것이다.

'최후의 숲', 이게 망가르 바니의 별명이다. 한때 델리를 보호하던 아라발리 산등성에 있던 대부분의 숲은 무질서한 도시 확장, 벌목, 쓰레기 매립지, 광산 등으로 인해 황폐화되어 흉터가 남았다. 다우처럼 기적적으로 혹독한 지역 기후에 적응한 중요한 토착 수종 대신 맥

---

* 알비지아 오도라티시마
** 보스웰리아 세라타

시코 메스키트*가 등장했다. 영국인이 처음 심은 이 나무는 이후 산림 부서가 벌거벗은 경사면에서 빠르게 성장하는 대체 수종으로 사용했다. 어디서나 볼 수 있는 메스키트는 델리 지역의 토착 생물 다양성에 끔찍한 경험을 안겨줬다. 상징적인 나무인 아라발리스**도 빠르게 사라지고 있다. 하지만 이 나무는 도시를 구할 수 있는 나무다. 신통치 않은 바위투성이의 땅에 대량 서식하면서 장기간의 가뭄을 이길 수 있는 능력이 있어서 21세기 델리의 이상적인 가로수가 되었다.[1]

무엇보다도 우려되는 부분은, 델리에서 녹색 벽이 사라지고 타르 사막에서 뿜어져 나오는 열기와 먼지 돌풍이 불길할 정도로 도시와 가까워지고 있으며, 이에 노출되어 사막화될 위험에 처해 있다는 것이다. 또 도시를 뒤덮는 차량과 산업 배기가스, 삼림 벌채로 인한 그루터기 소각들 때문에 매년 유독한 겨울철 스모그가 발생한다. 그에 더해 인도의 수도를 거의 사람이 살 수 없는 곳으로 만드는 타는 듯한 여름 기온이 숲의 환경을 악화시킨다.

숲이 손실되는 현상은 전 세계에서 빠르게 성장하고 있는 거대 도시들에 대한 종말론적이고 끔찍한 경고다. 숲의 손실 때문에 지하수 수위가 급격하게 떨어지자 델리에 거주하는 3,000만 명의 주민들은 물 부족 상태에 처했다. 담수가 계속해서 다시 충전되는 망가르 바니의 생태계 환경은 20억 달러의 가치가 있다.

델리의 녹색 보석인 최후의 숲을 보존할 이유는 충분하다. 하지만

---

* 프로소피스 줄리플로라
** 회복력이 뛰어난 다우

생각처럼 되지는 않았다. 뉴델리와 구르가온('끝내주는 교외 지역'), 그리고 또 하나의 대도시인 파리다바드 사이에 끼어 있는 망가르 바니는 공유권에서 벗어나 소규모 토지로 분할되면서 최고 인기의 부동산이 되었다. 많은 마을 사람들은 1980년대에 투자 회사들에게 매력적인 금액을 제안받고 자기 땅을 팔았다. 마을 공유지였던 곳에 울타리를 치고 개발지로 배정했다.

개발업체의 전기톱을 가로막는 건 한 가지뿐이었다. 수 세기 전, 망가르 바니는 이 지역의 구자르 목동들이 존경하는 성인 바바의 고향이었다. 어느 날 그 은둔자는 동굴 속으로 사라졌고 다시는 모습을 볼 수 없었다. 구다리야 바바를 존경하는 이 지역 사람들은 대대로 망가르 바니의 수호자가 되어 그의 기억을 기렸고, 성인의 숲에서는 나뭇잎을 비롯해 그 무엇도 채취하지 못하도록 금지시켰다. 이 마을의 90세 노인 파테 싱은 〈워싱턴 포스트Washington Post〉와의 인터뷰에서 이렇게 말했다.

> "우리는 개인적인 필요를 위해 이 숲에서 나뭇가지 하나라도 꺾으면 불행이 닥칠 거라고 믿는다. 그런 두려움 때문에 이 숲이 거의 1,000년 동안 살아남은 것이다."

20세기 후반에 몇몇 마을 사람들이 그런 보호 의무에 반기를 들었다.[2]

이 지역에서는 수십 년간 격렬한 법적 투쟁을 통해 부동산 투기꾼들을 간신히 저지할 수 있었다. 숲에 불법적으로 침입해 울타리를 무너뜨리는 일이 자주 발생하자 한 활동가는 이렇게 말했다.

> "이곳에서 벌어지는 일은 소규모 전투 상황과 비슷하다."

2011년도 개발 계획안에 이 지역의 숲에 대해 아무런 언급조차 나오지 않자 정부에 이곳을 농지로 재지정해 달라는 신청이 쇄도했다. 이는 그 땅을 주택 단지, 상가, 고속도로로 뒤덮기 위한 첫 번째 단계였다.[3]

1990년에 망가르 마을에서 태어난 수닐 하르사나Sunil Harsana는 어릴 때 소아마비에 걸려 장애를 얻었다. 나무 지팡이에 의지해 절뚝거리면서 걷는 그는 숲에서 위안을 얻었고 여러 세대에 걸쳐 이어진 구다리야 바바의 숲을 보호하는 신성한 의무를 떠맡았다. 하르사나의 마을 사람들 중 상당수는 도시의 소용돌이 속으로 빨려 들어가 하찮은 일을 하고 사느라 숲과의 연결이 끊겼다. 하르사나는 마을 아이들이 신성한 조상의 숲과 다시 연결되도록 하는 일에 일생을 바쳤다. 그는 망가르 바니의 대변인이 되어 전국적인 명성을 얻었다. 가장 중요한 건 과학자들과 연결고리가 생겨서 수많은 조사를 할 수 있었고, 델리의 생물 다양성에 숲이 얼마나 중요한 역할을 하는지 보여줄 수 있었다는 것이다. 2016년까지는 망가르 바니의 존재 자체가 위태로웠는데, 주 정부가 마침내 수닐 하르사나와 환경 운동가들이 이끄는 현지인들의 강력한 요구에 응답하여 이곳을 건설 금지 구역으로 선언하고 주변에 1,200에이커의 완충 지대도 설정했다.

그러나 광활한 황야에 대한 소유권 문제가 해결되지 않은 채로 남아 있기 때문에 아직 집행유예 상태라고 할 수 있다. 망가르 마을 지역을 보호하기 위한 노력에도 불구하고 2016년 이후 수년간 반복된 개발업자와 벌목꾼들의 침입을 멈추지 못했다. 〈타임스 오브 인디아Times of India〉는 "망가르 바니를 구하라: 숲을 원래 관리인에게 돌려주는 게 유일한 해결책인 이유"라는 헤드라인을 통해 해결책을 제시했다. 이 기사에서도 지적했듯이, 지역 생태계의 다른 부분을 말살시킨 맹렬한 시장 세력에 맞서 델리에 마지막 남은 자생 낙엽수림을 지킨 것은 고대의 신성한 신앙 체계의 힘이다.

"망가르 바니를 지키지 못한다면 이미 수많은 환경 위협에 직면해 있는 델리와 수도권 지역은 오래되고 귀중한 녹색 허파를 잃게 될 뿐만 아니라, 안타깝게도 이 숲의 관리 전통 또한 다른 모든 지역 관습이 걸은 길을 가게 될 것이다"라고 기사는 결론지었다.[4]

델리의 위성 도시이자 망가르 바니의 어수선한 이웃인 구르가온은 인도의 미래를 상징한다. 1990년대 이전까지 이곳은 아라발리 산맥의 남델리 능선에 위치한 잘 알려지지 않은 후미진 도시였다. 오늘날에는 인도에서 방갈로르 다음가는 두 번째로 큰 IT 허브이자 세 번째로 부유한 금융 중심지로 변모해서 최첨단 고층 빌딩, 고급 아파트, 술집, 레스토랑, 골프장 등이 가득 들어차 있다. 구르가온은 21세기 도시주의의 승리를 상징하지만, 한편으로는 가장 심각한 실패를 상징하기도 한다. 이 젊은 도시는 악화된 환경, 열악한 공기 질, 물 부족으로 고통받고 있다. 구르가온은 세계에서 가장 오염이 심한 도시 중 하나다. 삼림 벌채 때문에 자연 수계가 혼란에 빠졌다. 인도의 '밀레니엄 시티'는 몬순 기간에 치명적인 홍수가 발생해 타격을 받았다.

인근 숲의 마을에 사는 수닐 하르사나는 초현대적인 도시에도 나무가 필요하다는 걸 이해할 수 있는 위치에 있다. "구르가온이 유지될 수 있는 건 이 언덕들 덕분"이라고 그는 말한다.

"도시가 이곳의 중요성을 인식해야만 아라발리스가 살아남을 수 있다. 그리고 아라발리스가 살아남는다면 도시도 살아남을 것이다."

수닐 하르사나의 말이 맞다. 나무처럼 우리에게 다양한 서비스를 제공하는 생명체는 거의 없다. 망가르 바니와 마찬가지로 도시의 많은 나무들도 우리가 머리 위에 지붕처럼 우거진 캐노피와 같은 그들과 영적으로나 본능적으로 연결되어 있는 덕에 존재하고 생존할 수 있는 것이다.

숭배받는 나무

인간이 심은 나무 중 세계에서 가장 오래된 것으로 알려진 나무는 스리랑카의 고대 도시 아누라다푸라에 있다. 기원전 288년, 불교 비구니 상가미타 마하 테리가 인도 부다가야의 네란자나 강둑에 있는 부처가 깨달음을 얻은 신성한 보리수나무에서 꺾은 나뭇가지를 들고 아누라다푸라로 향했다. 그 가지는 아소카 황제가 데바남피야 티사 왕에게 주는 선물이었다. 왕은 그 가지를 땅에 심었고 그것은 자라나 자야 스리 마하 보리수가 되었다. 사람들은 이 나무를 수천 년 동안 돌보고 숭배해 왔으며 오늘날에도 번성하고 있다.

부처가 그늘을 찾아 앉았던 보리수는 세계에서 가장 중요한 도시 수종 중 하나인 무화과나무*의 일종이다. 무화과는 도시에서 자리를 잡는 데 능숙하며 다른 나무들이 시들고 죽어가는 교란된 지역에서도 살아남을 수 있다. 앞서 살펴본 거친 땅에서 자라는 자생 초목처럼 무화과도 씨앗이 돌에서 발아할 수 있기 때문에 좁은 틈이나 척박한 땅을 이용한다. 그리고 대기 오염을 견디는 능력도 뛰어나다. 키

---

* 피쿠스 릴리지오스 또는 피팔

가 크고 줄기가 굵으며 가지가 넓게 펼쳐지는 무화과나무는 많은 양의 미립자를 흡수하고 거리 활동을 위한 그늘도 제공한다. 과일은 비타민과 섬유질이 풍부하고 나무 껍질과 유액, 잎은 약으로 쓰인다. 또 다른 어떤 과일나무보다 훨씬 많은 야생 생물종을 육성한다. 각각의 무화과가 생물 다양성의 미니 핫스팟이라서 생물학자들이 생태계의 '핵심 자원'이라고 부를 정도다.

고대 이집트인들과 인더스 문명권에서는 무화과를 신성시했다. 야생 무화과나무인 피쿠스 루미날리스는 로물루스와 레무스가 누운 요람이 티베르 강둑으로 밀려왔을 때 그들에게 피난처를 제공했다. 로마 건국 전설에 나오는 것으로 추정되는 이 나무는 풍요의 상징이 되어 기원후 1세기 초까지 팔라티노 언덕 기슭의 루페르칼에서 관리했다. 고대 로마에서는 광장이나 중요한 시민 건물 및 종교 건물 주변 등에서 무화과 숲을 키우고 관리했다. 네로의 통치 기간인 서기 58년에 코미티움 구역에서 자라던 신성한 무화과 피쿠스 나비아가 죽어가는 듯 보이자 다들 로마에 나쁜 일이 생길 징조라고 했다. 그러다가 나무가 다시 살아나 새로운 싹을 틔우자 시민들의 자신감도 회복되었다.

인도에서는 불교도뿐만 아니라 힌두교도들도 무화과를 숭배한다. 강인한 반얀 나무인 피쿠스 벵갈렌시스는 가지에서 아래쪽으로 자라는 기근氣根이 땅에 고정되어 수 세기 동안 장수하기 때문에 불멸의 상징이 되었다. 그 뿌리에는 브라마, 줄기에는 비슈누, 끊임없이 흔들리며 춤추는 하트 모양 잎에는 시바가 살고 있다. 비옥함, 생명, 부활 같은 신성한 의미를 부여받은 반얀과 무화과는 베어내는 게 금지되었고 그 나무를 심는 건 경건한 행위였다. 커다란 반얀은 나무 모

피팔나무는 인도 사람들이 좋아하는 나무로, 다양한 형태로 거리에 그늘을 드리운다.

양 자체가 숲을 닮았다. 이 나무의 그늘과 쉼터가 제공하는 넉넉한
사교 공간을 중심으로 마을과 도시가 성장했다. 세계에서 가장 큰 반
얀나무 그늘에는 2만 명이 들어갈 수 있을 정도다. 구자라트에서 세
번째로 큰 도시인 바도다라의 이름은 '반얀의 뱃속'을 뜻한다. 나무
이름 자체에도 도시적인 의미가 내포되어 있다. '반얀'은 상인들의 공
동체인 '바니야스'에서 유래한 말이며 현대까지 살아남은 야외 모임
이나 사고 파는 전통을 기념한다. 1850년대에 한 무리의 증권 중개인

들이 반얀나무 그늘 아래에서 거래를 시작하면서 뭄바이 증권 거래소가 탄생했다.

바가바드 기타Bhagavad Gita에는 "오 아쉬바타[피팔나무], 나는 나뭇잎이 항상 움직이는 당신을 존경합니다"라는 구절이 나온다. 크리슈나는 모든 나무 중에서 자기는 피팔이라고 선언했다. 나무(특히 무화과)와 도시화는 인더스 문명 이후의 인도 역사에서 서로 연결되어 있다. 그 가지 아래에서 비슈누가 태어나고 크리슈나가 죽고 그 안에 신들이 거하는 피팔나무를 힌두교 사원과 야외의 신성한 숲*과 거리에 심었다. 성스러운 무화과는 키가 높이 자라고 넓게 퍼지며 파괴적인 뿌리를 가지고 있기 때문에 사람과 집이 빽빽하게 들어찬 도시에 잘 어울리지 않을 수도 있다. 하지만 많은 인도 동네와 거리는 무화과를 피하는 게 아니라 반대로 커다란 무화과나무를 중심으로 발전한다. 신록이 가득한 사원과 카테스, 그리고 길가의 사당 역할을 하는 나무들이 도시의 딱딱한 느낌을 날려버린다. 이런 나무들은 살아 있을 때는 잘 보호받고 죽은 뒤에 교체된다. 무화과는 종교적 신앙심과 도시의 거리에서 가장 중요한 나무지만 인도멀구슬나무, 파리자타, 타마린드, 코코넛 같은 신성한 의미를 지닌 다른 나무들도 거리에서 함께 자라면서 휴식처와 과일, 의약품을 제공해 도시민들의 생활을 향상시켰다.

피팔나무는 인도 마을 중심지, 길가, 도시 동네 곳곳에 심는 나무라서 '사람들의 나무'라고 부르기도 한다. 역사 속의 많은 기간 동안, 도시에 나무가 있는 건 종교와 관련이 있었다. 그러나 대개의 경우 고

---

* 방갈로르에서는 카테스라고 한다

대 로마의 무화과 숲처럼 미리 정해진 신성한 공간으로 제한되었다.

일본에는 도시 곳곳에 숲이 우거진 신사(진주노 모리)가 흩어져 있는데, 사원 경내에는 늠름하게 솟은 삼나무, 녹나무, 후박나무 등 신성하다고 간주되는 나무가 15종 이상 있다. 그런 거대한 나무를 신목이라고 하며 그 안에 나무의 영이 살고 있다고 생각했다. 소나무는 마츠라고 하는데 '하늘에서 신의 영혼이 내려오기를 기다린다'는 뜻이다. 나무에 대한 헌신은 생태학적 자원이 풍부한 도시의 오아시스가 가벼운 관리를 통해 수백 년간 보존되어 왔다는 뜻이다.

일본에서 세 번째로 인구가 많은 대도시인 나고야 중심부에 있는 아쓰타 진구 신사에는 50에이커에 달하는 고대의 활엽수림이 있다. 이끼로 덮인 수많은 고목들 사이에서도 유독 돋보이는 것이 오오쿠스라는 나무인데 번역하면 '거대한 녹나무'라는 뜻이다. 이 나무는 1,300년 동안 숭배받아 왔다.

도쿄 중심부에 있는 메이지 신사는 그보다 훨씬 최근에 생겼지만 못지않게 인상적인 장소다. 신사 경내를 걷다 보면 170에이커의 원시림을 걷는 듯한 기분이 든다. 하지만 이곳은 1913년부터 12만 2,000종의 강인한 토착종을 심어서 조성한 곳이다. 더 오래된 진주노모리 신사도 그렇지만 숲은 자생력이 있어야 한다. 나무는 추가로 심지 않아도 자연적으로 재생된다. 부엽토, 나뭇가지, 쓰러진 나무는 분해되어 균류가 살 수 있는 양분이 풍부한 토양을 만든다. 이것은 하층 식생을 깔끔히 정리한 대부분의 도시 숲과 상당히 다른 모습이다. 메이지 신사의 숲 생태계는 이와 다르게 신사의 신성한 원칙에 따라 숲을 한 세기 이상 방치함으로써 대도시 중심부에 야생 숲을 만들어냈다.[6]

15세기 후반부터 완전 무장 상태로 인도양과 남중국해에 난입한

포르투갈인들은 인도 캘리컷이나 말레이 반도의 말라카 같은 거대 무역 도시와 마주쳤는데, 이 도시들은 야자수와 과일나무 숲속에 자리잡은 것처럼 보였다. 이들 도시는 나무를 매우 중요시하는 불교, 도교, 힌두교 같은 종교에 의해 형성된 아시아 전역의 대도시 네트워크에 속해 있었다. 베이징, 방콕 그리고 다른 수백 개의 도시들도 나뭇잎으로 뒤덮여 있는데 특히 종교적인 성지들이 그렇다. 당시 전 세계에서 가장 부유한 지역에 속했던 동남아시아 해상 무역 도시들은 분명히 소박한 도시 환경을 선호했는데 이는 유럽인들에게는 상당히 생소한 모습이었다.

이렇게 나무가 많은 대도시는 유럽 도시들과 극명하게 대조되었다. 좁은 거리와 골목길이 있는 성벽에 둘러싸인 조밀한 도시는 나무가 자랄 수 있는 공간이나 빛이 부족했다. 유럽의 도시 풍경에는 캐노피가 없었다.

나무가 도시로 행진해왔다

오늘날에는 나무가 늘어선 거리나 대로변, 골목, 상가, 도로가 없는 유럽 도시는 상상할 수 없을 정도다. 도시의 나무와 동의어인 이네 개의 단어는 유럽 도시에 캐노피가 생긴 시기와 이유를 알려준다.

대로boulevard라는 말은 네덜란드어 bolwerk와 이탈리아어 baluardo에서 유래했는데 둘 다 '방어벽'을 뜻한다. 도시에 나무가 도입된 것은 군사 기술과 관련이 있다. 공성 포술이 발전하자 1570년대부터 앤트워프, 암스테르담, 스트라스부르의 군사 기술자들은 성벽 대신 거대한 토루를 쌓아서 도시를 방어해야 했다. 루카, 그단스크, 비엔나, 함부르크를 비롯한 다른 유럽 도시들도 이 기술을 받아들였고 침식 방지를 위해 토루를 따라 나무를 쭉 심었다. 이 군사 공학의 부산물이 평화로운 시기에는 성벽을 따라 거닐 수 있는 기분 좋은 가로수길을 조성했다. 나무를 이중으로 심은 가로수길 형태는 당시 유행하던 이탈리아 정원 디자인에서 물려받은 것이다.[7]

파리에서 도시를 방어하는 토성의 가장 넓은 부분을 그랑 블루바르라고 하는데 이는 네덜란드어가 변형된 것이다. 1670년에 루이 14세는 파리의 성벽을 허물었는데 이는 프랑스의 군사적 불패를 상징하는 행동이었다. 아니, 허물었다기보다는 규모를 축소해서 양옆에 느릅나무가 두 줄로 서 있는 18미터 너비의 고가차로를 만들었다고 하는 편이 맞을 것이다. 그 옆에는 보행자들이 거닐 수 있는 6미터 너비의 다른 가로수길이 있었다. 이 도로는 레 불라바라는 별명을 얻었고 파리에서 가장 인기 있는 주거 지역이 되었다.

성벽과 나무는 다른 방법으로도 연결되어 있다. 도시의 벽이 녹색으로 변하자 팔라마글리오라는 이탈리아 게임(프랑스에서는 르 주 뒤 메일 또는 팔멜르라고 하고 영국에서는 펠멜이라고 한다)이 인기를 얻었다. 크로켓과 비슷한 이 게임은 상류층들이 도시 주변의 산책로에 둘러싸인 잔디밭에서 하던 게임이다. 이렇게 나무가 늘어선 공간과 구기 경기의 연관성 때문에 우리는 지금도 프랑스어 allée(가로수길)에서 유래된 볼링 레인bowling alley이라는 말을 쓴다. 1590년대에는 파리의 성벽을 따라 근사한 상가가 늘어섰고 곧 네덜란드의 여러 도시에서도 이를 따라했다. 베를린에도 1647년에 운터덴린덴('린데나무 아래')이라는 가로수길이 생겼다. 도시 성벽 바깥의 모래밭을 가로지르는 1킬로미터 길이의 옛 사냥로에 린데나무 1,000그루와 개암나무 1,000그루를 나란히 심은 것이다. 런던 서쪽 외곽에 있는 팰맬 산책길은 왕과 귀족들이 번화한 대도시에서 멀리 떨어진 나무 그늘 아래에서 팰맬 게임을 즐겼던 시기부터 생겼다. 이런 산책길은 볼링장과 양궁장으로도 사용되었다.[8]

피렌체 외곽의 아르노 강둑 산책로에서 마차를 타고 여유롭게 돌아다니는 또 다른 이탈리아 스타일도 인기를 끌었다. 프랑스 왕 앙리 4세의 부인인 이탈리아 출신 마리 드 메디치는 이 산책로를 그리워하다가, 1616년 파리 변두리에 센 강을 따라 느릅나무가 네 줄로 나란히 늘어선 넓은 마찻길인 쿠르 라 렌느를 건설했다. 1650년대에 마드리드에 조설된 파세오 델 프라도는 프랑스의 거리를 모방해서 만든 세련된 도로다. '거리avenue'라는 말은 접근하다라는 뜻의 프랑스어 avenir에서 유래했다. 17세기에는 파리로 진입하는 길목에 이런 거리를 설치해서 잘 조경된 사냥 공원을 연상시키는 수도로 들어가는 웅장한 진입로와 이탈리아풍 시골집으로 이어지는 정식 통행로를 만들었다. 세계에서 가장 유명한 거리인 샹젤리제는 원래 느릅나무, 마로니에, 플라타너스가 늘어서 있고 들판과 농원을 가로지르는 교외 진입로인 튈르리 거리에서 시작되었다.[9]

대로와 거리는 이제 전 세계에서 도시 나무가 서식하는 가장 특징적인 장소다. 이런 장소는 전원 지대에서 얻은 부와 세계관을 가진 귀족 엘리트들이 배타적으로 여가를 즐기기 위해 도시 변두리에 마련한 도시공원과 마찬가지로 17세기 파리에서 탄생했다. 이것이 도시 변두리에 위치했다는 사실에 주목하자. 암스테르담과 다른 네덜란드 도시에서만 나무가 도시 중심부에 통합되었다. 1641년에 존 에블린John Evelyn은 암스테르담이 "숲속의 도시처럼 보인다"고 했다. 그러면서 린데나무로 둘러싸인 운하를 마주하고 있는 획일적인 집들의 모습보다 더 아름다운 건 없다고 덧붙였다. 그건 "기가 막히게 아름다운 광경"이었다. 그런 모습은 매우 새로웠기 때문에 놀라운 효과를 발휘했다. 어떤 프랑스 작가는 암스테르담이 숲속의 도시인지 아니면 도시 안의 숲인지 구분할 수 없다고 말했다. 그런 점에서 이곳은 동남아시아 도시들 특유의 모습을 닮았다.[10]

특히 북미에서는 새로운 도시에 나무를 통합시키는 작업이 더 쉬웠다. 북미 식민지 도시들은 유럽 도시화 과정에서 저지른 실수를 피하기 위해 시골과 도시의 장점이 결합되게끔 다시 구상되었다. 스웨덴 교수 페르 칼름Peter Kalm이 1748년에 쓴 글을 보면, 그는 맨해튼 시내의 가로수를 극찬하면서 플라타너스, 아까시, 린데나무, 느릅나무의 아름다운 모습과 향기, 그늘 덕에 "꼭 정원 같은 느낌이 들어 그 도시를 걷는 게 매우 즐겁다"고 말했다. 뉴욕의 나무는 많은 새들뿐만 아니라 "매우 시끄러운" 개구리에게도 거처를 제공했다. 밤이면 "자주 그런 소리를 내기 때문에 사람들 목소리가 잘 안 들릴 정도"다. 사람들은 나무를 좋아했지만 시의회에서는 미심쩍은 눈초리로 보냈고, 결국 교통에 지장을 준다는 이유로 1791년에 나무를 제거하기로 결정했다.[11]

19세기 중반까지 조지아주 서배너는 식민지 시대와 독립전쟁 이후의 자연주의 성향이 남긴 유산인 떡갈나무와 멀구슬나무가 도시를 풍성하게 에워싸고 있었기 때문에 '숲의 도시'라고 불렸다. 서배너는 1733년에 처음 생길 때부터 가로수가 있었다. 이 도시의 조례에는 다음과 같은 내용이 있다.

"거리와 광장에 심은 나무가 도시 주민들에게 큰 이익이 된다는 것이 경험을 통해 충분히 입증되었다. 나무 그늘 덕에 매우 무더운 기후의 열기가 줄었다……. 의회는 주민들이 거리와 광장에 심은 나무가 제공하는 이점을 모두 누리기를 바라는 마음에서 현재 거리와 도로, 광장에 있는 모든 나무와 향후 관청이나 개인이 심는 모든 나무에 대한 보호 범위를 확대하기로 결정했다."

필라델피아를 찾은 한 방문객은 롬바르디아 포플러와 다른 수종으로 둘러싸인 긴 도로가 제공하는 도시의 "신선함과 순수성"을 만끽했다. 존 퀸시 애덤스John Quincy Adams 대통령은 1820년대에 펜실베이니아 거리에 느릅나무를 심었다.[12]

유럽으로 돌아가서, 암스테르담과 파리는 도시의 아름다움에 대한 새로운 기준을 세웠다. 도시가 확장됨에 따라 교외의 대로, 상점가, 거리까지 도시의 사회적, 문화적 구조에 포함되게 되었다. 도시 주변에 있던 장소가 중심지가 되고, 나무는 그런 장소에 의식적인 장엄함을 물려줬다. 귀족들의 휴양을 위한 편의 시설의 일부였던 나무가 권력을 상징하는 대상으로 바뀌었다. 운터덴린덴은 브란덴부르크 문, 몰은 버킹엄 궁전, 샹젤리제는 개선문이나 콩코드 광장과 연결되어 있다. 대로는 기념물이나 중요한 건물로 시선이 쏠리게 하는 풍경을 만들고 질서정연한 풍경을 형성한다. 루이스 멈포드Lewis Mumford가 썼듯이, 나무는 일정한 양식에 따라 건설한 현대 도시의 거리를 연병장과 비슷한 모습으로 만든다.

나무는 도시의 거친 가장자리를 부드럽게 하고 도시 환경에 시골 사유지의 웅장함을 부여하기 위해 부자들이 원하는 건축 장식이었다. 런던 레스터 광장은 1660년대에 나무가 가지런히 늘어선 '산책로'가 있는 유럽 최초의 도시 광장이 되었다. 18세기 말까지 런던의 세련된 광장에는 주변 집보다 키가 큰 나무들이 가득했다. 도시가 확장된 구역이나 기존 구역에 새로운 거리를 조성할 때, 적어도 파리, 툴루즈, 리옹, 런던처럼 화려한 지역에서는 나무가 설계의 필수적인 요소가 되었다. 나폴레옹이 유럽을 정복한 뒤에는 브뤼셀, 토리노, 뒤셀도르프 같은 도시들도 프랑스의 영향을 받아 대로가 건설되었다.

그러나 도로, 대로, 광장(프랑스어로 플라스)이 도시 계획가들의 창의력을 자극한 건 1850년대에 오스만Haussmann이 파리를 재건하면서부터였다. 오스만은 대도시 중심부에 길고 곧고 넓은 대로를 집어넣어서 나무 60만 그루를 심기에 충분한 공간을 마련했다. 파리가 비좁은 중세 거리가 뒤얽힌 혼잡한 곳이었을 때는 캐노피가 부족했다. 곧게 뻗은 거리를 따라 건물을 배치하자 나무가 즉각적으로 아름다운 풍경을 만들어냈다.

파리는 도시의 모습과 느낌에 대한 현대적인 본보기가 되었다. 오스만 이후로 나무는 도시 경관에 없어서는 안 될 요소가 되었다. 파리의 대로에서 영감을 받은 미국 도시 당국은 격자 형태 도시의 기하학적이고 규칙적인 패턴을 부드럽고 아름답게 꾸미려고 노력하게 되었다. 예를 들어, 보스턴의 커먼웰스 애비뉴 몰은 1880년대에 느릅나무, 느티나무, 단풍나무, 붉은물푸레나무를 네 줄로 심어서 주택가를 파리 스타일의 멋진 대로로 탈바꿈시켰다. 같은 기간에 워싱턴 D.C. 대로에는 대왕참나무, 느릅나무, 린덴나무를 심었다.

나무들이 도시로 행진해 왔다. 중앙 대로와 교외 거리에 나무를 심었고, 19세기 후반에 새로 생긴 시립 공원을 나무로 장식했으며, 도시 내 공동묘지의 명백한 특징이 되었다. 1868년 메이지 유신 이후 일본이 근대화되기 시작했을 때도 위풍당당한 관상목이 도시 도로변의 특징으로 자리 잡았다. 도쿄 긴자에 있는 유럽풍 건물 주변에는 흑송, 벚나무, 단풍나무, 아까시나무 등을 심었다. 제2차 세계 대전 직전까지 도쿄에는 27만 그루 이상의 가로수(주로 단풍잎 버짐나무와 근사한 은행나무)가 있었는데 대부분 1870년대 이후에 심었거나 간토 대지진(1923년) 이후에 다시 심은 것이다. 극심한 도시화 시대에는 나무가 있는 풍경이 근대성뿐만 아니라 세계적인 위신을 나타내는 주요 기표 중 하나가 되었다. 이탈리아가 다시 통일되고 로마가 수도로 복원된 뒤, 녹지가 거의 없던 이 도시 전체에 나무를 심었다. 고대 로마와 강한 연관성이 있는 돌소나무를 선호했다. 과거 불모지였던 고고학적 기념물을 전시할 때는 잃어버린 과거나 상상 속의 과거를 연상시키는 소나무와 편백나무를 사용했다. 이탈리아 전원 지대와 르네상스 시대의 정원을 연상시키는 털가시나무가 광장을 우아하게 장식했다. 1911년에 이탈리아가 리비아를 정복하자 이탈리아 여러 도시에 야자나무를 대량으로 심게 되었다. 이런 가로수는 제국의 업적을 영원히 상기시키는 역할을 한다.[13]

우리가 도시에서 경험할 수 있는 가장 기분 좋은 캐노피 중 하나는 상하이의 프랑스인 거류 지역였던 거리를 시원한 녹색 터널로 바꾼 것이다. 이 나무는 중국 도시에 파리의 거리 같은 느낌을 주기 위해 1887년부터 심은 것들이다. 그건 도시의 수목 녹화가 호주, 아프리카, 아시아, 아메리카 대륙에서 진행된 제국주의 프로젝트였다는 걸 되새기게 해준다. 1912년 영국이 뉴델리 도시 계획을 세울 때 근대성과 제국주의적 통제를 명백하게 보여주는 특징이 바로 캐노피였다.

계획 위원회의 보고서에는 "모든 곳에 나무가 존재할 것"이라고 나와 있다.

> "규모에 상관없이 모든 정원과 모든 도로변에 나무를 심은 임
> 페리얼 델리는 나뭇잎의 바다가 될 것이다. 이곳을 도시라고 부
> 르겠지만 세상 사람들이 아는 어떤 도시와도 상당히 다를 것이
> 다."[14]

나무는 새로운 제국 수도의 중요한 특징이었을 뿐만 아니라, 나무가 우거진 새로운 수도의 완벽함을 강조하는 지형적 특성을 살리기 위해 센트럴 리지의 1,000에이커 넘는 면적에 나무를 다시 심었다. 이 능선에서 바라보면 실제로 설계자들의 의도에 맞게 나뭇잎의 바다에 가려서 뉴델리가 보이지 않았다. 오른쪽 측면에서 보면 인도의 대통령궁인 라슈트라파티 바반(과거 인도 총독 관저)의 돔과 다른 정부 건물들이 끊임없이 이어지는 거대한 에메랄드빛 캐노피 밖으로 비죽 튀어나와 있다. 그늘이 드리워진 거리가 기하학적 패턴을 이루고 있는 이 행정 도시는 20세기 내내 새로운 도시 설계와 교외 개발을 예상했다. 권력과 녹지 사이의 관계는 쉽게 눈에 띈다. 델리의 위성 사진을 보면 거대 도시의 획일적인 회색빛 속에서 뉴델리의 녹색이 상당히 두드러진다. 전 세계의 교외에 존재하는 목가적 이상향이다. 그렇듯이 도시의 숲에서 사는 특권은 부유한 사람들만 누릴 수 있다.

나무와 도시 기후

영국인들이 제국의 힘을 과시하기 위해 나무를 원했던 건 놀랄 일이 아니다. 나무는 도시 미기후를 조절하는 데 있어 가장 중요한 역할을 한다. 1872년에 뉴욕시 보건국장은 과도하게 높이 올라가는 여름 기온으로부터 생명체를 구하려면 가로수가 절실히 필요했다고 말했다. 이는 도시의 열섬 완화를 위해서는 도시 생태 활용이 시급하다는 걸 조기에 인식한 것이다. 열대 도시에서는 나무가 태양 복사를 76.3~92퍼센트 감소시키고 그늘과 증발산을 통해 열기를 대폭 줄인다. 도시의 기후에 따라 다르지만, 가로수는 사람의 '생리적 등가 온도'(PET)*를 10~25°C까지 낮출 수 있다. 또 생지화학적 처리 서비스도 제공한다. 즉, 공기를 여과하고 정화할 수 있다. 시카고의 나무들은 연간 5,575톤의 대기 오염과 31만 5,800톤의 탄소를 격리해서 4만 2,106가구의 배출량을 상쇄하는 것으로 추정된다. 녹지와의 근접성이 부동산 가치를 5~20퍼센트까지 높이는 이유가 다 있다. 녹지는 삶의 질, 정신적 행복, 신체적 건강을 향상시킨다. 싱가포르는 1960년대부터 오염된 식민지 도시에서 탈피해 초현대적인 가든 시티로 변모함으로써 투자를 유치하고 부유한 국외 거주자를 끌어들이는 전략을 펼쳤다. 장기 집권한 리콴유 총리는 500만 그루의 나무와 관목을 심어 도시 국가를 재조림한 프로젝트와 관련해, "그 어떤 프로젝트도 이 지역에 이보다 많은 보상을 안겨주지 않았다"고 2000년에 말했다.

* 열 쾌적성 척도

도시는 점점 더워지고 있다. 쿠알라룸푸르에는 현재 4.2°C에서 9.5°C 사이의 열섬 효과가 나타나고 있다. 미국에서 가장 빠르게 온난화가 진행 중인 도시인 켄터키주 루이빌의 경우 중심가 기온이 교외 지역 기온보다 10°C나 더 높을 수 있다. 도시화가 가속화되면서 대기질도 악화되고 있다. 20세기의 마지막 10년과 21세기의 첫 10년 동안, 기후 변화의 극심한 강도를 완화하기 위해 도시에 더 많은 나무를 심으려고 집중적으로 노력했다. 한때는 도시를 아름답게 꾸미려고 나무를 심었지만 이제는 도시에 사는 우리의 생존을 위해 나무가 필요하다.[15]

뉴욕, 에든버러, 아크라 등 크기와 기후 조건이 다양한 전 세계 여러 도시가 21세기 첫 10년 동안 대량 식목 프로젝트인 '100만 그루의 나무 이니셔티브'에 참가했다. 현재 전 세계 대부분의 나라에서 식목이 급증한 것을 보면 사태의 시급성을 알 수 있다. 이는 임박한 위험뿐만 아니라 기존 위협에도 대응하기 위한 것이다. 2013년에 베이징은 오염 수준이 세계보건기구가 안전하다고 간주하는 것보다 30배나 높은 '공기 대재앙'을 겪었다. 이는 도시의 거리에서 숨 쉬는 것보다 공항 흡연 라운지에서 숨 쉬는 게 더 안전할 정도의 수준이다. 중국 수도와 지구상에서 가장 취약하고 오염된 도시 중 일부에서는 이 상황에 대응하여 '포레스트 시티forest city' 캠페인을 벌였다. 이 캠페인의 목표는 중국 170개 도시의 캐노피 적용 범위를 도시 면적의 40퍼센트까지 늘리는 것이다. "숲이 도시로 들어가고 도시가 숲을 품게 하라"가 이들의 슬로건이었다. '반얀의 도시'라는 별명을 가진 푸저우에서는 반얀나무, 녹나무, 모감주나무가 늘어선 새로운 대로 100개를 만들었다.[16]

2007년부터 2012년까지 충칭시 공산당 서기장을 역임한 보시라이만큼 대담한 계획을 밀고 나간 사람은 없었다. 보시라이는 충칭을 중국의 국유림 도시로 만들겠다는 계획을 세웠는데 이는 역사상 가장 야심찬 가로수 심기 운동 중 하나다. 봄이 되면 중국에서 가장 빠르게 성장하는 이 도시의 거리는 날마다 은행나무를 수북이 실어 나르는 트럭들로 붐볐다. 개중에는 수령이 100년이 넘고 그루당 가격이 4만 5,000달러에 이르는 나무도 있었다. 다른 데서 가져와 옮겨 심은 이 웅장한 나무가 거리마다 늘어서서 도시를 빽빽하게 에워쌌다. 숲 가꾸기가 한창일 무렵, 언론들은 캐노피 덮개가 38.3퍼센트로 증가한 이 도시의 신속한 녹색 변신을 "충칭의 신선한 공기"라며 열광적으로 찬양했다. 은행나무에 대한 보시라이의 열정이 너무 컸던 탓에 그는 이 나무를 위해 1년에 15억 달러를 지출했다. 그 과정에서 반얀나무 수천 그루를 베어냈을 뿐만 아니라 공직에서 불명예스럽게 물러나기 전에 충칭을 파산 직전으로 몰아넣기도 했다.[17]

수목과 관련된 보시라이의 과대망상증은 스모그가 자욱한 중국뿐만 아니라 모든 대륙에서 도시를 숲으로 만드는 일이 시급하다는 걸 극단적인 방식으로 보여준다. 광저우에서는 "시각적으로 탁 트인" 도시를 만들기 위해 2021년에 숲을 이루고 있는 27만 그루의 거대한 반얀나무를 베어내려고 했지만, 고위 공무원 5명이 중앙기율검사위원회에서 심한 처벌을 받으면서 좌절되었다. 사람들은 나무를 좋아하기 때문에 관계자들은 이미 온라인 청원이나 공연 예술 등의 형태로 대중의 반발을 겪고 있었다. 한 주민은 "저 나무들이 이 도시의 첫 번째 주민"이라고 선언했다.[18]

나무와 녹지 공간이 많은 대도시는 기후 변화에 탄력적으로 대처할 수 있을 뿐만 아니라 21세기에는 기업과 투자를 유치하기에 그 어느 때보다 매력적인 장소가 된다. 적절한 수의 나무를 보유하지 못할 경우 어떤 대가를 치러야 하는지가 명백해지고 있다.

루이빌은 도심지에서 나무가 차지하는 면적이 겨우 8퍼센트 정도로 매우 낮기 때문에 기온이 계속 치솟고 있다. 2012년에 개발 때문에 미국의 도시에서 매년 400만 그루의 나무가 사라지고 있다는 사실이 밝혀졌다.

한때 유서 깊은 도시 삼림과 신성한 숲으로 유명했던 인도가 도시에서 나무를 제거한 건 정말 안타까운 일이다. 인도 대도시들이 기후 변화에 가장 취약하고 삶의 질이 급격히 악화되고 있는 건 우연이 아니다. 한때 무성한 나뭇잎과 호수가 만들어내는 시원한 미기후 때문에 이민자, 식민지 개척자, 기업체 등을 끌어모았던 방갈로르는 건설과 도로 확장으로 인해 초목의 88퍼센트가 사라졌다. 도시 온도가 10°C 상승할 것으로 예상되는 이 시기에 오염된 도로에 서서 노점상에게 그늘을 제공하고 아이들이 그 아래서 뛰어놀고 어른들이 담소를 나누던 거대하고 신성한 반얀나무와 피팔나무 등 수천 그루의 나무를 베어냈다. 반얀의 도시라고 불리던 바도다라는 최근 몇 년 사이에 캐노피의 절반을 잃었다. 〈힌두Hindu〉 신문에는 "피팔나무는 다 어디로 갔는가?"라는 헤드라인이 실리기도 했다. 정말 어디로 간 걸까?[19]

엄숙한 장례 행렬이 뭄바이 주의회 건물을 향해 계속 이어졌다. 그리고 '시신'이 드러났다. 그건 바로 새로운 지하철 건설 공사를 위해 길을 만드느라 쓰러뜨린 수천 그루의 반얀나무 중 하나인 살해된 반얀나무 줄기의 일부였다. 2017년 방갈로르 당국이 도시 한복판에

2.5에이커의 그늘을 드리우고 있는 거대한 나무 4그루를 베어내려 했을 때 벌어진 시위는 매우 격정적이었다. 1년 전에는 방갈로르 시민 8,000명이 거대한 인간 사슬을 형성해서 피팔나무, 반얀나무 및 사람들이 좋아하는 다른 나무 수천 그루를 죽여야 하는 철제 고가도로 건설을 저지했다. 시민 운동가인 프리야 체티 라자고팔Priya Chetty Rajagopal 의 말에 따르면 다음과 같다.

> "그 철제 고가도로는 단순한 철제 고가도로가 아니다. 그건 기본적으로 벵갈루루의 심장과 영혼을 손상시킬 수 있는 고질라였다."

두 경우 모두 공동체가 승리해서 걷잡을 수 없는 개발로부터 캐노피를 구했다. 2018년 델리에서 나무 1만 6,000그루를 베어 버리려는 계획을 세우자 격렬한 시위가 일어났다. 이 도시에서는 이미 2005년부터 11만 2,169그루의 나무가 합법적으로 잘려나갔고 불법적으로 자른 건 그 수조차 알 수 없다. 활동가들은 전기톱을 막기 위해 소셜 미디어를 이용해 농성, 촛불 시위, 24시간 순찰팀을 조직했다. 또 그 문제를 고등법원으로 가져갔다. 그해 7월 4일 법원은 "재개발 프로젝트 때문에 델리가 죽어서는 안 된다"라면서 더 이상의 벌목을 금지했다.[20]

인도인들이 고대부터 나무와 맺어 온 영적 연결 덕분에 도시에서 벌어진 자연에 대한 맹공격에 저항하는 시민 단체 활동이 확산되었다. 이 책에서도 무분별한 확장에 직면한 평범한 사람들이 자기가 원하는 더 야생적이고 푸른 도시를 요구하는 모습을 몇 번이나 보았다. 거친 황야를 지키기 위해 싸운 런던 사람들, 뉴욕의 그린 게릴라, 버려진 도시 중심부에 생겨난 숲과 초지를 구하기 위해 투쟁한 베를린

방갈로르 중심부에 나타라자 우파디야가 만든 상록수 가득한 보기 드문 작은 정글.

시위대. '윗사람'들이 심어놓은 자연과 개인이나 공동체가 즐기는 자연 사이에는 항상 갈등이 존재한다. 인도에서는 나무를 존중하는 마음 때문에 전례 없는 풀뿌리 운동이 발생해 2020년대에 더욱 확산되고 있다. 이는 도시의 영혼을 지키기 위한 전투다.

　자연에 대한 맹공격이 너무 심해서 도시의 많은 나무가 이미 목재로 바뀌었고, 인도 도시를 재녹지화하는 작업은 지역사회 활동에 맡겨지게 되었다. 젊은 시절에 방갈로르에 있는 도요타 공장 조립 라인에서 일했던 수벤두 샤르마Shubhendu Sharma는 일본 식물학자 아키라 미야와키Akira Miyawaki를 만났다. 그와 만난 뒤, 샤르마는 자동차 공장 일을 그만두고 도시 정글을 만들기 시작했다. 그는 2011년에 어포레스트Afforestt라는 회사를 설립했다. 그리고 8년 안에 50개 도시에 144개의 작은 야생 숲을 만들고, TED 강연을 통해 자기 이야기를 세상에 전했다.

미야와키 숲

수십 년 전에 울창하게 숲이 우거진 진주노모리 신사를 연구한 아키라 미야와키는 도시 속의 이 작은 땅에 엄청나게 많고 다양한 토착 생물이 살고 있다는 걸 발견했다. 그곳은 마치 타임캡슐처럼 중요한 수종, 아종, 관목, 땅을 뒤덮는 허브 등의 토착종이 누구의 방해도 받지 않은 채 층을 이루고 있었다. 미야와키는 이곳에서 준비된 토양에서 1헥타르 당 2~3만 그루라는 비정상적으로 높은 밀도로 토종 나무 묘목을 심는 방법을 고안했다. 미야와키 조림법에 따라 2년 동안 잡초를 뽑고 물을 준다. 빽빽하게 들어찬 묘목은 빛과 물을 얻기 위해 경쟁하므로 빠른 성장이 촉진된다. 2년 뒤부터는 그 작은 숲을 건드리지 말고 그냥 놔둔다. 미야와키 숲은 빠르게 성장한다. 자연 숲이 생태적인 천이 과정을 통해 성숙하려면 150~200년씩 걸릴 수도 있지만 미야와키 숲은 겨우 15~20년이면 성숙이 끝나고 그때쯤이면 키 큰 나무들은 20미터까지 자란다. 미야와키는 1970년대부터 전 세계에 4,000만 그루의 나무를 심었는데 황폐한 땅에 심은 경우도 많다. 소형 숲은 밀집된 도시에서 시원한 섬 역할을 한다. 또 재래식 조림지보다 최대 30배나 많은 이산화탄소와 미립자를 흡수한다.[21]

방갈로르의 사용하지 않는 디젤 기관차 창고에서는 1,250제곱미터의 땅에 49종 4,100그루의 나무로 이루어진 미야와키 숲이 자라고 있다. 2016년에 조성된 이곳은 나무를 베어낸 방갈로르와 다른 인도 도시들의 작은 부지에 등장하고 있는 많은 숲 가운데 하나다. 숲이 반드시 공유지에 있을 필요는 없다. 정원사들이 자기 손으로 문제를 해결하고 있다. 은퇴한 IT 엔지니어인 나타라자 우파디아Nataraja Upadhya 는 정원 도시였던 방갈로르가 콘크리트 정글로 바뀐 걸 보고 경악했다. 그래서 그는 도심 지역에 있는 자기 집 테라스를 상록수가 가득한 작은 정글로 바꿨다. 회색 도시의 작은 공간이지만, 울창한 초목을 지탱할 수 있다는 걸 도시민들에게 보여주기 위해 그는 나무 100그루를 포함한 총 300종의 식물을 심었다. 덩굴과 나무가 그의 집을 뒤덮고 거리로 쏟아져 나왔다. 인도 전역에서 사람들이 도시 경관의 단순화에 맞서 싸우면서 정원을 과거의 시원하고 나무로 가득 찬 장소로 되돌리고 있다. 〈힌두〉 신문은 2021년에 "단정하게 손질되었던 잔디밭이 초지로 바뀌고 있다"고 보도했다.

"잔디 대신 과일나무, 꽃이 만발한 관목, 수공간, 파릇한 녹색 나뭇잎이 가득한 멋진 도시 정글이 전국에 생겨나고 있다."[22]

공공 당국이 나무를 신경 쓰지 않으면 지역사회가 대응한다. 나타라자 우파디아, 수벤두 샤르마 같은 이들과 수많은 사람들이 인도의 사라진 도시 캐노피를 한 번에 하나씩이라도 복구하려고 싸우고 있다. 그들의 외로운 싸움이 다른 이들을 고무시킬 것이다. 미야와키 방식은 나무가 부족하고 무더위에 시달리는 대도시의 가장 가난하고 붐비는 지역도 빠른 시간 안에 녹지화할 수 있는 기회를 제공한다.

나무는 도시에서 살아남는 데 능숙하다. 현재 구축된 환경 안에서

도 나무를 위한 공간을 완벽하게 찾아낼 수 있다. 이것은 지난 몇 세기 동안 우리가 도시를 경험한 방식을 바꾸어 놓았다. 모든 건물과 도로, 철도가 사라지고 나무만 그대로 남아있는 도시를 상상해 보자. 이게 바로 MIT의 센스에이블 시티 연구소에서 트리피디아_{Treepedia}라는 프로젝트를 통해 수행한 작업이다. 구글 스트리트 뷰를 이용해 전 세계 30개 도시의 모든 가로수를 보여주는 디지털 지도를 제작했다. 그 결과 도시의 익숙한 외곽선과 도로 지도가 검은 바탕에 선명한 녹색 점으로만 표현되는 아름다운 이미지가 탄생했다. 이것은 전에 본 적이 없는 도시, 숲과 비슷한 무언가다. 도로변의 캐노피가 도시 면적의 36퍼센트를 차지하는 플로리다주 탬파의 경우 아주 선명한 격자무늬 숲 모양이 드러났다.[23]

공원, 정원, 공동묘지, 철로에 자라는 나무까지 포함시키면 훨씬 큰 숲이 나타나는 걸 볼 수 있다. 이런 도시를 상상하면 가지와 잎으로 이루어진 복잡한 공중 네트워크가 모든 종류의 생물을 위한 연속적인 통로를 제공하는 걸 볼 수 있다. 곤충, 동물, 새를 위한 서식지를 부양하는 각각의 나무는 그 자체로 하나의 생태계다. 바르샤바의 한 연구에서는 1세제곱미터 크기의 나무 캐노피 안에서 새와 박쥐의 개체수 유지에 도움이 되는 무척추동물을 2,000~3,000마리나 발견했다.

유엔 식량농업기구의 정의에 따르면 숲은 나무로 덮힌 면적이 최소 20퍼센트 이상 되는 지역을 말한다. 런던에는 런던 시민만큼 많은 나무가 있어서(840만 그루) 이 대도시 면적의 22퍼센트에 그늘을 드리운다. 뉴욕도 비율이 거의 동일하고 조지아주 애틀랜타는 목련, 히코리, 남부소나무, 층층나무, 워터 흑참나무 등이 차지하는 공간 비

율이 48퍼센트 정도 되는 것으로 추정된다. 톰 울프Tom Wolfe의 책《맨
인 풀A Man in Full》(1998)에는 미국의 "숲속 도시"에 대한 묘사가 나온다.

> "그는 건물에서 눈을 돌려 나무의 바다를 바라봤다……. 사방
> 으로 뻗어 있는 나무는 애틀랜타의 가장 중요한 천연자원이다.
> 사람들은 그 밑에서 사는 걸 좋아했다."

도시 숲의 진화

도시는 인간이 만든 거대한 숲의 형태로 진화했다. 북반구에서
는 최근 들어 이런 경험이 빠른 속도로 진행되었다.《런던은 숲이다
London is a Forest》라는 책을 쓴 폴 우드Paul Wood의 말에 따르면, 1921년에는
런던에 있는 나무의 약 60퍼센트가 버즘나무였다고 한다. 오늘날 이
수종은 런던 도시 정글 면적의 3퍼센트만 차지한다. 이 거대하고 위
풍당당한 버즘나무가 전부 베어져서 그런 게 아니다. 지난 100년 사
이에 다른 나무가 수백만 그루나 늘어나서 비율이 줄어든 것뿐이다.
이건 한 세기 동안 런던뿐만 아니라 전 세계 도시에 심은 나무 수를
보여주는 놀라운 수치다. 나무 수가 엄청나게 증가했고 수종도 정말
다양해졌다. 런던에는 현재 350~500종의 나무가 있다.

나무는 기후 변화의 영향을 완화하는 데 도움이 된다. 나무가 기
후 변화 문제를 해결할 수는 없지만 도시의 열기를 식히고 공기를 여
과하려면 가로수와 작은 숲이 필요하다. 하지만 그보다 더 중요한 건
실제로 규모가 크고 손상되지 않은 숲이 필요하다는 것이다.

> "처음에는 색에 압도당한다. 모든 방향에서 시선을 가득 채우고

나를 통째로 삼켜버리는 풍부하고 푸른 녹색. 그리고 토탄과 마른 땅에 내리는 비 냄새. 그리고 나뭇가지가 흔들리고 나뭇잎이 바스락거리는 소리, 물이 세차게 흐르는 소리, 가끔 보이지 않는 뭔가가 덩굴과 그림자 속에서 움직이면서 나는 소리.

가까운 곳에는 노후된 지역과 확장 중인 도시의 중심지, 끝없이 이어지는 콘크리트 리본, 끊임없는 혼잡이 있다. 하지만 이 단단한 나무들의 캐노피 아래에, 우연히 생겨난 수천 에이커 규모의 낙원에 있으면 그 모든 것들이 영원처럼 멀게 느껴진다……."

이건 2019년에 언론인 로버트 윌론스키Robert Wilonsky가 수많은 기업들이 몰려 있는 텍사스주 댈러스 중심부를 가로지르지만 잘 알려지지 않아 과소평가되고 있는 6,000에이커의 고대 삼림지대인 그레이트 트리니티 숲을 묘사한 내용이다. 이 숲은 미국에서 가장 큰 도시 숲이다. 윌론스키는 "나는 댈러스에서 태어났는데도 이곳에만 가면 이방인이 된 듯한 기분을 느끼곤 한다"고 썼다.[24]

이 숲은 트리니티 강의 범람원에 있기 때문에 대도시 확장의 영향을 받지 않은 거대한 저지 경목 숲이다. 원래의 숲은 19세기와 20세기에 대부분 벌목되었다. 그러나 도시가 북쪽으로 교외화됨에 따라 이 지역은 방치되었고 나무들이 다시 싹을 틔웠다. 빅 스프링이라는 댈러스에 마지막으로 남은 샘에서 솟아오른 물이 호수로 들어간다. 메이플라워호가 출항하기 전부터 존재한 거대한 가시오크도 있다. 캐노피 중간중간에 연못과 늪, 구불구불하게 흐르는 개울이 있다. 피에몬테 능선에서 바라보면 녹색 잎으로 이루어진 지붕 너머로 댈러스 시내의 고층 건물만 보인다. 이 숲은 방치의 산물이다. 아무도 댈러스 중심부에 있는 이 야생의 잔해를 어떻게 처리해야 할지 몰랐기 때문에 이곳은 반쯤 잊힌 초라한 곳이 되었다. 약 200만 입방톤의 불법 쓰레기와 오염물질을 버리는 쓰레기 매립지, 불법 채굴지, 숨겨진 마리화나 농장과 마약 제조소, 노숙자 수용소가 되었다. 남용된 강이 범람하면 엄청난 양의 플라스틱과 쓰레기가 땅에 쌓인다. 이 숲은 눈에 잘 보이는 곳에 감춰진 댈러스의 비밀이자 자연의 기적인 동시에 사악함이 스며든 곳이다. 숲의 일부는 도저히 사람이 들어갈 수 없는 상태라서 아무도 그곳에 가지 않는다. 그래서 흰꼬리사슴, 코요테, 야생 돼지, 거북, 두꺼비, 비버, 수달, 악어가 살고 있다.

그레이트 트리니티 숲은 우연히 생겨난 자연의 자원이자 시간이 지나면서 잊힌 숲이다. 도시 숲은 대부분 빈약한 상태다. 나무들이 아스팔트 도로나 조밀한 하층 식생이 없는 사막 같은 잔디밭에 외롭게 서 있다. 그레이트 트리니티 숲은 다르다. 온갖 생물이 바글거리는 임상 생태계를 지원한다. 이런 숲을 가진 댈러스는 행운이며 도시의 미래에 매우 중요한 역할을 할 것이다. 도시가 성장하는 동안 피해를 입지 않고 보존된 넓은 숲이 있는 다른 도시들도 마찬가지다. 멤피스 한복판의 다차선 고속도로에 보존되어 있는 오버톤 공원에는 테네시주에 몇 개 안 남은 오래된 숲 가운데 하나가 포함되어 있다. 마지막 빙하기가 끝날 때 생긴 숲이다. 뉴욕은 인우드 힐 공원에 있는 자생 연안 삼림의 임분을 포함해 500만 그루의 나무가 있는 1만 542에이커의 삼림을 보존했다.

제2차 세계대전 당시 폭격으로 인해 베를린 티에르 가르텐 공원에 있던 20만 그루의 나무 중 상당수가 파괴되었다. 살아남은 나무도 전쟁이 끝난 뒤 겨울철에 석탄이 부족하자 연료로 쓰려고 베어냈고 그 자리에 비상용 채소밭을 만들었다. 1945년에는 나무가 겨우 700그루밖에 남지 않았다. 1949년 3월 17일, 베를린 시장 에른스트 로이터 Ernst Reuter가 린데나무를 심자 서독 도시들이 25만 그루를 더 기증했다. 조경가 빌리 알베르데스Willy Alverdes의 지도하에 공원을 재건할 때, 이 곳에 원래 있던 바로크 양식 요소들은 거의 재건되지 않았다. 알베르 데스는 현대 "도시 거주자들이 본능적으로 찾고 있는 야생"을 재구성 하기 위해 이 지역이 늪지대 같은 강가의 숲이었던 먼 과거를 돌아보 았다. 오늘날 이곳은 층층이 두터운 야생 덤불로 이루어져 도시 중심 부치고 상당히 울창한 숲을 이루고 있다. 세계에서 가장 큰 도시 숲 은 리우데자네이루 중심부에 있는 티주카 국립공원으로 67개 멸종위 기종의 피난처인 이곳 면적은 9만 8,000에이커에 달한다.[25]

윌론스키는 그레이트 트리니티 숲에 관한 기사를 쓰면서 낮에는 댈러스 회계사로 일하고 여가시간에는 숲을 지키기 위해 열정적으로 노력하는 벤 샌디퍼Ben Sandifer의 말을 인용했다. 그는 숲에는 "댈러스와 관련된 거대하고 풍부한 역사가 담겨 있다"고 말한다.

> "사람들은 우리가 왜 여기에, 흑토로 이루어진 대초원 한가운데에 있는지 궁금해하는데 답은 숲의 제방 건너편에 있다. 거기 가보면 사람들이 이 지역에 어떤 매력을 느끼는지 쉽게 알 수 있다."

샌디퍼는 중요한 사실을 지적한다. 대부분의 역사에서 도시는 숲 에 의존했다. 댈러스의 으스스한 숲이 살아남은 것은 이 도시의 기원 뿐만 아니라 시간이 지나면서 나무와 도시가 맺은 중요한 관계를 일 깨워준다.[26]

서기 1세기에 로마인들이 런던을 세웠을 때, 그곳은 빙하기가 끝 난 이후로 거의 변하지 않은 숲과 습지로 둘러싸여 있었다. 그로부터 1,000년 뒤, 윌리엄 피츠스테픈William Fitzstephen은 오래된 로마 성벽과 인접한 목초지에서부터 북쪽으로 32킬로미터 정도 뻗어나가 장차 대런던의 북부 지역이 될 땅 대부분을 뒤덮고 있는 미들섹스의 그레이트 숲을 가리켜, "울창한 잡목림의 이파리가 수사슴, 암사슴, 맷돼지, 야생소 같은 야생 동물의 모습을 숨겨주는 거대한 숲"이라고 묘사했다. 그보다 얼마 뒤에 글을 쓴 연대기 작가 매튜 패리스Matthew Parris는 졸참나무, 서어나무, 너도밤나무, 마가목 등이 앞이 안 보일 정도로 빽빽하게 서있는 이 숲에는 늑대뿐만 아니라 강도, 도망자, 무법자도 숨어 있다고 말했다. 템스강 반대편에는 또 다른 거대한 참나무 숲인 그레이트 노스 우드가 강둑에서 남쪽의 크로이돈까지 쭉 뻗어 있었다. 펜지Penge라는 현대식 교외 지역의 이름은 '숲 가장자리'를 뜻하는 켈트어 Penceat에서 유래했다. 펜지나 노우드, 집시 힐, 포레스트 힐 같은 이름은 과거 도시 근교의 숲과 가까운 마을이었다는 사실을 넌지시 알려준다.

뉘른베르크는 유럽의 다른 도시들과 마찬가지로 생존을 위해 도시 주위를 둘러싼 라이히스발트 숲에 의지했다. 1427년부터 지자체가 소유하고 관리한 이 숲에서 시민들은 돼지를 키웠다. 숲에서 나는 장작과 숯은 도시인들을 따뜻하게 해줄 뿐만 아니라 제빵사와 양조업자는 물론이고 금속 및 유리 가공 산업과 석회 제조자를 위한 연료를 제공했다. 벽돌을 만들 점토와 사암이 나는 채석장도 제공했다. 수풀 속의 꿀벌은 꿀*과 양초나 광택제를 만들 밀랍을 생산했다.[27]

그래서 중세 시대에 인구가 많이 밀집된 지역에는 들판만큼이나 숲도 필요했다. 그리고 목재를 운반하려면 비용이 많이 들기 때문에

---

* 뉘른베르크는 지금도 레프쿠헨 진저브레드로 유명하다

농작물보다 나무가 더 가까운 곳에 있어야 했다. 런던을 둘러싼 카운 티는 영국 내 다른 어느 지역보다 숲이 우거진 곳이었다. 런던은 인 구가 10만 명으로 다른 모든 도시 중심지를 압도했고 14세기 초에는 연간 14만 1,000톤의 목재를 공급할 2,072제곱킬로미터의 삼림 지 대가 필요했기 때문이다. 런던은 도시를 중심으로 반경 약 100킬로 미터 정도 되는 생태계를 구축했고, 그 안에는 수도에 필요한 것들을 공급하기 위한 숲이 유지되었다. 마드리드와 유럽의 다른 도시 중심 지도 비슷한 규모의 삼림 지대에 의존했다. 런던과 뉘른베르크보다 훨씬 규모가 큰 대도시인 파리는 가까운 배후지에 이런 생산물을 공 급해줄 숲이 없었던 탓에 식량 공급이 만성적으로 불안정해서 어려 움을 겪었다.[28]

그러나 19세기 초가 되자 런던의 거대한 원시림이 대폭 감소해 미 들섹스 여기저기에 분산된 잡목림과 고립된 삼림지대가 겨우 3,000에 이커 정도 남았다. 런던은 항구 도시라서 배를 타고 영국 북동부의 탄전까지 쉽게 접근할 수 있었기 때문에 연료를 위해 숲이 필요하지 는 않았다. 17세기 초부터 왕좌를 차지한 석탄 때문에 문명화된 도시 와 야생 목재 사이의 긴밀한 연결이 끊어졌다.

이와 대조적으로, 뉘른베르크 라이히스발트는 19세기 초까지 320제 곱킬로미터의 큰 규모를 유지했다. 이 도시는 아직 연료원을 목재에서 석탄으로 대체하지 않았기 때문이다. 신성 로마 제국의 도시 국가들, 네덜란드의 플랑드르, 이탈리아 일부 지역은 수 세기 동안 광대한 도 시 숲을 소유했다. 프랑크푸르트는 1221년부터 1484년 사이에 슈타 트발트를 단계적으로 확보하고 황제와 독일 기사단에게서 임업권을 사들였다. 로스토크는 1252년에 3만 에이커 규모의 로스토커 하이드

('황야')를 손에 넣었다. 16~18세기에 시골에서는 삼림 벌채가 만연했던 반면 지자체와 통치자들은 도시화의 극심한 압박 속에서도 인접한 숲을 장악해 지속 가능하게 관리했기 때문에 도시 변두리에 삼림과 생울타리가 크게 증가했다. 하노버의 도시림인 아일렌리데에는 나무 도둑을 막기 위해 감시탑에 사람을 배치했다. 프랑크푸르트 시장들은 임기가 만료되면 산림 관리자로 일하면서 조림을 책임져야 했다. 18세기부터 슈타트발트는 산림 관리 책임자가 이끄는 상근 직원이 관리했다.

베네치아는 해양 도시를 건설하고 강력한 무기고를 만들고 배를 바다에 띄우기 위해 목재가 대량으로 필요했기 때문에 본토에 있는 거대한 국유림을 철저히 관리했다. 그 숲에 베네치아의 미래가 달려 있었다. 그보다 훨씬 뒤인 19세기 중반에 텍사스주 트리니티 계곡의 저지대 산림도 이와 비슷한 이유로 도시화에 필수적인 것들을 제공했다. 숲은 물과 생명을 의미하며 신생 도시인 댈러스에 필요한 연료와 건축 자재를 생산했다. 숲이 없으면 도시도 존재할 수 없다.

그리고 많은 경우 도시가 없으면 숲도 없다. 나무들은 살아남아 용광로와 대장장이, 제빵사, 양조업자, 건축업자들의 필요에 부응했다. 시간을 거슬러 올라가 산업화 이전 시대의 유럽이나 아시아의 여러 도시에 가 본다면 그 도시들이 들판 풍경이 아닌 숲의 자궁 속에 자리 잡고 있다는 걸 알게 될 것이다. 이는 뉴욕도 마찬가지였다. 1624년에 뉴욕을 방문한 네덜란드인의 말에 따르면 이곳은 "웅장한 숲의 나무와 포도 덩굴이 가득한 훌륭하고 기분 좋은 땅"이었다고 한다. 18세기 말까지 떡갈나무, 튤립, 밤나무, 너도밤나무가 맨해튼섬 대부분을 뒤덮고 있었다. 광대한 숲이 우거진 그 땅은 전쟁과 기후 변화의 희생양이 되었다. 미국 독립전쟁 때 영국군이 뉴욕을 점령했던 1779~81년에 겨울마다 어퍼 뉴욕만이 얼어붙어 썰매를 타고 스태튼섬으로 건너갈 수 있을 정도로 유달리 추웠는데 이 기간에 극심한 삼림 벌채가 진행되었다. 매우 추웠던 이 몇 달 동안 연료를 얻기 위해 나무를 많이 베어냈는데 이는 수 킬로미터에 걸쳐 뻗어있는 방어 요새에서도 마찬가지였다. 1782년에 뉴저지에서 맨해튼섬을 살펴본 조지 워싱턴George Washington은 "섬의 나무가 완전히 사라졌고, 1996년에 나무로 뒤덮였던 곳에…… 낮은 덤불만 보인다"라고 말했다. 그 황폐해진 관목 지대가 한때 거대한 숲이 서 있던 섬의 4분의 3을 덮고 있었다. 뉴욕은 필요한 목재를 비싼 비용을 들여 먼 곳에서 수급해야 했다.

영국의 도시 주변 숲은 석탄 때문에 매우 일찍 사라졌다. 또 16세기 후반부터는 시골에서도 서서히 석탄을 사용하게 되면서 런던의 빠른 인구 증가와 공간적 성장을 위한 조건이 마련되었다. 이렇듯 런던은 비교적 일찍부터 핵심적인 천연자원에 대한 의존에서 해방되었다. 이는 앞으로 일어날 일들의 전조였다. 화석 연료가 주요 에너지원이 되자 근처 숲의 실질적인 혜택이 사라지고 나무와 도시의 유대가 깨졌다.

하지만 숲은 여러 곳에서 새로운 형태를 띠게 되었다. 오늘날 프랑크푸르트에서는 광대한 도시림이 도시 면적의 14퍼센트를 차지하고 있다. 가장 큰 삼림 지대는 마인강 남쪽에 있지만, 고대의 도시 숲이 현대적인 도시에 둘러싸인 이 도시 곳곳에는 중세시대 사람들의 생활을 떠받치던 시스템의 유산이 남아있다. 라이프치히는 유럽에서 가장 큰 충적 활엽수림 중 하나에 의해 거의 둘로 나뉘어 있다. 뉘른베르크시가 소유한 라이히스발트(오늘날 거의 260제곱킬로미터에 이르는)는 에를랑겐-뉘른베르크-퓌르트 광역 도시권을 초승달처럼 둘러싸고 있다. 수십 개의 독일 도시에 있는 숲은 경제적 유용성이 약해진 뒤에도 수 세기 동안 도시 개발을 억제하거나 형성해 온 불굴의 녹색 벽이다. 독일, 스위스, 오스트리아의 도시들은 숲 주변에서 성장했다. 오늘날 인류가 보유한 가장 광대한 도시림 중 일부가 이들 국가에 있다. 그들은 다른 나라들에 영감을 주는 지속 가능한 모델을 제시한다.

숲은 19세기 산업화 시대에 새로운 종류의 유용성을 갖게 되었기 때문에, 다른 곳들처럼 도시 성장을 위한 공간을 내주기 위해 최고 입찰자에게 매각되지 않았다. 독일의 도시림은 도시 구조뿐만 아니라 도시의 상상력과도 밀접한 관련이 있다. 숲은 국가 정체성이나 먼 과거에 대한 독일의 생각과도 엮여 있다. 로마 역사가 타키투스는 그 시절 독일의 풍경을 로마 군단에 맞서 무적의 힘을 발휘하던 무서운 튜턴 전사 부족이 사는 숲들이 밀집된 광대한 지역으로 묘사했는데, 이런 풍경이 19세기에도 뚜렷이 남아 있었다. 도시화와 산업화, 민족주의가 팽배하던 시대에 도시와 가까운 숲의 존재는 신화적인 과거와 독일의 연결을 유지했다. 그걸 잃는다면 독일의 민족성 자체가 사라질 것이다. 그리스인과 이탈리아인이 고대의 가치관이나 미덕과 다시 연결될 수 있는 고전적인 폐허를 가지고 있다면, 독일인들에게는 유기적인 신전이나 살아있는 기념물과 유사한 반신성시되는 숲이 그와 동등한 시간 포탈 구실을 한다. 19세기의 한 작가가 말했듯이, "숲은 우리 고대 역사의 무대이자 토착 전설의 배경이었고, 심지어 그 전설의 마지막 후예인 동화도 주로 숲에서 전개"된다.

도시림은 신선한 공기, 휴식, 운동을 위한 장소를 제공해 "신경을 건드리는 도시의 불안"을 상쇄하기 때문에 튜턴족 후계자들이 신체적, 심리적 힘을 키우는 데 필수적이었다. 도시 숲은 시골에 있는 숲보다 더 중요하다. 한 고생물학자의 말처럼, 도시림은 대다수의 인구가 "우리 조국의 본래 자연"에 접근할 수 있는 곳이기 때문이다. 자유주의 좌파 과학자이자 교육자인 에밀 아돌프 로스매슬러Emil Adolf Rossmässler에게 도시림은 정치적인 공간이다. 도시 노동자들은 자연과 도시를 둘러싼 야생의 삼림 공유지에 대한 권리를 가지고 있다. 로스매슬러의 말처럼 숲은 사회적, 정치적 평등과 결부되어 있다. 모든 독일인은 혼잡한 도시를 벗어나 숲이 우거진 황야로 곧장 걸어갈 권리가 있다. 정치적인 것부터 영적인 것까지 온갖 이유 때문에 나무는 신성불가침이었다.[29]

숲의 권리와 투쟁

베를린 사람들은 숲에 대한 권리를 확보하기 위해 길고 힘든 싸움을 벌였다. 독일 황실 수도는 유럽에서 가장 밀도가 높고 녹지가 적은 도시 중 하나였다. 하지만 그 가장자리에는 숲이 있었는데, 브란덴부르크 문에서 10킬로미터 떨어진 곳에 있는 7,400에이커 규모의 그루네발트도 그중 하나다. 이곳은 왕실 사냥터로 보호받았기 때문에 도시 개발로 인한 영향을 받지 않았다. 보통 크기의 도시였던 베를린이 1890년대에 유럽에서 두 번째로 큰 대도시로 성장하게 되자, 도시에서 온 수천 명의 소풍객과 주말 방문객들이 그루네발트에 무단 침입해 나무 주위를 어슬렁거리거나 호수에서 수영을 하면서 왕실 사냥터의 장관과 화려함을 해치게 되었다. 그들은 1879년부터 걷거나 기차를 타고 그루네발트로 왔다. 제멋대로인 베를린 사람들은 자기들 것이라고 생각되는 숲에서 레크리에이션에 열중했고, 결국 카이저는 이 숲을 버리고 도시의 지저분한 손에 더럽혀지지 않은 더 먼 보호구역으로 가야 했다. 베를린 사람들은 자신의 발, 피크닉 담요, 맥주통으로 투표권을 행사한 것이다. 카이저가 갑자기 자리를 옮긴 뒤 그루네발트는 놀고, 마시고, 먹고, 수영하고, 노래를 부르는 주말여행 장소가 되었다. 그러나 사냥에 쓰이지 않는 그루네발트는 국가 자산이 되었고 값비싼 교외 빌라 건축용으로 조금씩 매각되면서 수입을 창출할 수 있었다.

20세기 첫 10년 동안 베를린 노동자 계급, 자유주의 언론, 도시 정치인들은 그루네발트에 임박한 파괴를 지속적으로 반대했다. 그들은 그 숲이 도시민들의 것이라고 주장했다. 1904년에 베를린의 노동자 계급 사회주의 신문인 〈베를리너 폴크스블라트Berliner Volksblatt〉는 사람들을 각성시키기 위해 "그루네발트 파괴에 맞서는 항의 선언문"을 발표했다. 자유주의 좌파 신문인 〈베를리너 폴크스 자이퉁Berliner Volks-Zeitung〉과 최고의 발행 부수를 자랑하는 〈베를리너 타게블라트Berliner Tageblatt〉가 연합해서 정부에 숲을 구하라고 공식적으로 요구했다. 여론과 투기 개발자들 사이에 공방이 벌어졌다. 빅토리아 양조장에서 열린 대규모 모임에 참석한 노동자들은 그루네발트를 훼손할 경우 항의 시위를 벌이겠다고 다짐했다. 베를린 노동자 계급이 생각할 때 그루네발트는 자신들의 것이었다. 그 숲은 그들의 가족생활과 도시 생활의 모든 경험과 관련이 있다. 그들은 '삼림 학살'에 맞서 싸울 만

반의 준비를 갖췄다. 숲을 구하고 자연에 대한 권리를 유지하기 위한 캠페인은 감정적인 격전이었다. 그건 역사상 최초로 진행된 대규모 환경 캠페인이자 후대 베를린 시민들이 보여준 생태 행동주의의 전조였다.[30]

프로이센주와 10년간 싸움을 벌인 끝에 베를린은 마침내 1911년에 그 숲을 매입했다. 과거 중세시대에 숲에 많은 투자를 했던 프랑크푸르트나 뉘른베르크 같은 도시들의 발자취를 따르게 된 것이다. 주 정부는 그루네발트를 그와 동시에 취득한 1만 6,000에이커의 추가 산림과 브란덴부르크 지역의 빙하로 형성된 경관을 구성하는 호수 및 늪지와 함께 '자연 상태'로 유지하겠다고 약속했다. 일은 거기서 끝나지 않았다. 1920년대에 광역 베를린이 탄생하면서 도시 면적이 13배 증가해 880제곱킬로미터로 늘어났고 시골과 교외 배후지까지 대부분 흡수하게 되었다. 광역 베를린은 샤를로텐부르크, 스판다우, 쇤베르크 같은 주변 도시를 흡수했고 덕분에 무려 4만 6,950에이커의 공공녹지 공간이 생겼다. 이는 대도시 지역 전체 면적의 5분의 1이 넘는 크기다. 이 공유지의 3분의 2는 베를린 주변의 야생 지형으로 영구 보존되는 숲이다. 오늘날 베를린 산림청은 대도시 경계 내에 있는 290제곱킬로미터의 도시림을 관리한다. 다른 도시와 비교해보면* 그 규모가 어느 정도인지 가늠이 될 것이다.

독일의 도시 숲은 파란만장한 역사를 지니고 있다. 때로는 과도하게 개발되는 바람에 이곳에서 자라던 많은 나무를 성장이 빠른 소나무로 대체했다. 숲은 나폴레옹 전쟁 때 심한 피해를 입었고 제2차 세

---

* 뉴욕에는 41제곱킬로미터의 삼림이 여기저기 흩어져 있고 런던의 삼림 규모는 70제곱킬로미터다

206

계대전 때는 군사적 목적으로 사용되거나 연합군의 폭격을 당하거나 땔감을 위해 벌목하거나 잔해를 갖다 버리는 등 더 심각한 상황에 처했다. 1970년대 후반이 되어서야 겨우 철저한 관리 속에 생물 다양성을 극대화할 수 있었다. 하지만 그 숲은 여전히 존재하며, 확장을 위해 불도저로 숲을 밀어버린 도시들과는 다르게 귀중한 자원으로 소중하게 여기고 있다. 독일은 이런 면에서 세계 다른 나라들보다 훨씬 앞서 있다. 드레스덴, 뉘른베르크, 베를린 같은 도시는 밀집되고 인구가 많은 도시도 상당한 규모의 숲과 양립할 수 있고 도시 생활의 질도 향상된다는 걸 증명한다. 숲은 우리를 보호하고 즐거움도 안겨준다. 독일인들은 도시림을 소중히 여기고 때로는 감히 나무를 훼손한 이들을 응징하겠다고 위협한 조상 세대에게 감사해야 한다.

세계의 다른 국가들도 독일을 따라잡고 있다는 징후가 있다. 2020년에 마드리드는 도시 주변에 있는 76킬로미터 길이의 삼림지대인 보스케 메트로폴리타노의 열악한 대기질을 개선하기 위한 계획을 발표했다. 베이징은 주변 지역에서 기념비적인 조림 프로그램을 진행하면서 '녹색 목걸이'라는 걸 만들고 있다. 이 도시는 2012년부터 2016년까지 17만 3,000에이커의 땅에 5,400만 그루의 나무를 심었는데, 이는 겨울에 몽골고원을 휩쓰는 시베리아 바람을 막기 위한 장벽이다. 이 바람이 고비 사막의 모래를 쓸어와서 거대 도시를 사막화의 위험에 빠뜨린다. 해마다 모래 언덕이 베이징과 가까워지고 있고 모래 폭풍과 오염 물질이 결합되면 대기질이 더 위험해진다. 산사태 위험에 직면한 리마는 주변 언덕 일부를 숲 공원으로 바꾸고 있다. 이런 계획은 모두 너무 급진적인 얘기처럼 들린다. 하지만 이건 도시가 생존하려면 주변에 나무가 있어야 했던 역사적 시대로 회귀한 것이다. 그린벨트는 잊어버리자. 도시에는 삼림지대가 필요하다. 숲을 인간이 아무리 원해도 건설이 불가능한 바다처럼 여긴다면 도시는 숲 주변에서 성장하거나 가장자리에서 멈출 것이다.

도시와 숲의 충돌

그러나 많은 도시, 특히 환경적으로 중요하거나 취약한 지역의 도시들은 계속 숲과 충돌하고 있다. 2000년부터 2010년 사이에 규모가 두 배로 증가한 브라질의 19개 도시 중 10개가 아마존에 있다. 도시들은 대서양림, 콩고 분지, 인도네시아 열대 우림도 잠식하고 있다. 하지만 도시가 숲을 수용하는 게 시급하다는 인식이 커지고 있다. 2019년 9월, 유엔 식량농업기구는 '도시를 위한 녹색 장성' 계획을 발표했다. 이 프로젝트는 2030년까지 50만 헥타르의 새로운 도시 숲을 조성하기 위한 자금을 지원하고, 아시아와 아프리카의 90개 도시를 둘러싸고 있는 30만 헥타르의 기존 숲을 보존하는 것이 목표다. 프로젝트가 완료되면 이 녹색 벽은 연간 0.5~5기가 톤의 이산화탄소를 포집하게 된다.

이 야심 찬 프로젝트가 재정적 또는 정치적으로 실현 가능한지는 의문의 여지가 있다. 하지만 기후 비상사태를 이기고 살아남으려면 도시에 숲이 필요하다는 건 누구나 인정한다. 수천 그루의 나무가 공기 중으로 수분을 방출하는 숲은 우리가 얻을 수 있는 최고의 에어컨이다. 도시 주변 숲은 다양한 생태계 서비스를 제공할 뿐만 아니라 기후 변화와 환경 피해의 주요 원인 중 하나인 무분별한 확산을 막는 방어벽 역할도 한다. 숲이 없으면 도시도 없다는 것은 19세기 리우데자네이루에서도 확인되었다. 17세기에 사탕수수 농장, 18세기에 커피 농장을 만들려고 도시 가장자리에 있는 티주카 숲을 파괴하는 바람에 리우데자네이루는 재앙에 직면했다. 물 공급이 고갈되고 돌발적인 홍수가 발생했다. 1861년에 브라질 황제 페드루 2세는 이 땅에 대한 연방 정부의 통제권을 확립하고 제대로 기능하는 생태계를 복원해야만 했다. 현재 대도시 중심부에 있는 거대한 숲은 거의 전적으로 자연 재생의 결과물이며 도시 성장과 함께 이루어진 생태 복원의 전시장이다.

뉴욕시에서 가장 중요한 숲은 시 경계 안쪽이 아니라 200킬로미터 떨어진 캣츠킬 산맥에 있다. 뉴욕 사람들은 수돗물을 마실 때 숲의 산물을 얻는 셈이다. 1915년부터 뉴욕은 하루 10억 갤런의 물을 산의 호수와 저수지에서 끌어오고 있다. 뉴욕의 생존에 중요한 것은 100만 에이커에 달하는 유역 대부분을 차지하는 숲이다. 뉴욕 수돗물은 여과 과정을 거치지 않는다. 생태계가 물을 정화하는 작업을 한다. 나무는 토양을 보호하고 물을 여과하며 폭풍 후의 유거수를 줄인다. 숲의 건강이 뉴욕의 궁극적인 건강을 결정한다. 뉴욕은 1990년대부터 분수령 지대의 숲을 사고 생태계를 보호하기 위해 수십억 달러를 투자했다. 2009~17년에 미국 산림청 책임자로 일한 톰 티드웰Tom Tidwell은 "상류 삼림 관리에 투자하면 하류의 물 처리 비용을 절약할 수 있다"고 말한다.[31]

여기 세상을 위한 또 다른 교훈이 있다. 도시는 장기적인 생활뿐만 아니라 일상적인 필요를 위해 지평선 너머의 생태계에 의존한다. 이는 대부분 우리가 의식하지 못하는 새에 진행된다. 세계 인구의 대다

수는 숲이 우거진 유역 하류에 살고 있다. 사람들이 알든 모르든 그들의 삶은 이 지역의 생태적 활력에 달려 있다. 2000~15년 사이에 유역을 뒤덮은 숲의 6퍼센트만 손실되는 바람에 7억 명의 도시 거주자가 적절한 식수를 공급받지 못하고 연간 54억 달러의 물 처리 비용이 드는 것으로 추산된다. 이미 물 부족 사태를 겪고 있는 리우데자네이루가 19세기의 전례를 따라 3,000에이커의 자생림을 복원한다면 30년간 약 7,900만 달러를 절약할 수 있고 수백만 톤의 화학 물질로 물을 처리할 필요도 없어질 것이다.[32]

나무들은 빗물을 저장하고 여과한다. 하지만 애초에 비가 내리는 것도 나무 덕분이다. 우리는 비가 바다에서 증발한 물에서 온다고 생각하는 경향이 있는데 그건 해안 지역의 경우다. 대륙 내부에서는 상당량의 강수량이 수목 증산으로 인해 발생한다. 나무가 땅의 수분을 빨아들인 뒤 공기 중으로 방출해 '하늘의 강'을 형성하는 것이다. 강우는 이런 식으로 여러 번 재활용된다. 전 세계 대도시 29곳을 대상으로 진행한 연구에서, 그중 19곳의 물 공급이 식물의 증발과 증산에 의존한다는 걸 알아냈다. 카라치, 상하이, 우한, 충칭, 킨샤사, 콜카타, 델리 같은 거대 도시는 삼림 벌채 때문에 지역 기후는 물론이고 물 순환에도 지장이 생기기 쉽다. 2015년에 상파울루는 벌채로 인한 기온 상승과 극심한 가뭄을 겪었다. 독일 도시나 뉴욕처럼 이들 도시도 실제로 생존을 위해 숲을 구입해야 한다. 숲이 없으면 도시도 없다. 이것이 모든 현대 대도시의 좌우명이 되어야 한다.[33]

나무를 석탄이나 가스, 전기로 대체했을 때, 그리고 파이프를 통해 집까지 물을 끌어들였을 때, 우리는 도시와 숲 사이의 친밀하고 실제적인 연결고리를 잃어버렸다. 도시는 자연 환경에서 자유로울 수 없다. 인도네시아 자카르타 배후지의 삼림 벌채가 그 도시를 치명적인 위험에 빠뜨렸다. 거대 도시가 농경지까지 확장되자 농장들은 이전에 사람의 손길이 닿지 않았던 숲속 깊은 곳까지 밀려나게 되었다. 상류 유역의 상당 부분에서 나무가 사라졌다. 나무가 없으면 땅이 빗물을 저장해뒀다가 그걸 칠리웅강이나 다른 강으로 점진적으로 방출할 수 있는 능력이 손상된다. 자카르타는 파괴된 유역에서 물이 쏟아져 나오는 바람에 재앙적인 돌발 홍수를 겪고 있다. 급속도로 팽창하는 도시 가장자리에 있던 나무들이 사라지면서 대수층이 적절히 재충전되는 능력에도 문제가 생겼다. 대수층 고갈 문제는 자카르타 사람들의 지하수 수요 증가 때문에 더욱 악화된다. 자연적인 수계가 심각하게 손상되는 바람에 물이 너무 많으면서 동시에 너무 적기도 하다. 하수가 가득한 홍수가 발생하는데 대수층은 비었다. 대수층이 비면서 도시가 놀라운 속도로 가라앉고 있기 때문에 해수면 상승과 폭풍 해일에 직면하면 도시가 소멸될 수도 있다.

자카르타는 전 세계에 대한 경고다. 해수면 상승과 예측할 수 없는 폭풍에 맞서 살아남을 수 있는 도시의 능력이 위험에 처해 있다. 뭄바이는 기후 변화의 영향에 맞설 자연의 방어벽, 즉 파도를 막아주고 우기에 쏟아진 비를 다시 바다로 내보내는 맹그로브 숲을 대부분 잃었다. 우리는 오랫동안 하드 엔지니어링을 통해 문제를 해결할 수 있다는 생각에 익숙해져 있었다. 하지만 기후 변화는 도시의 생활 방식도 자연과 연결되어 있다는 교훈을 준다. 나무의 물을 차단하고 저장하는 능력*과 유출 및 침식을 방지하는 능력은 폭풍우의 힘에 대한

---

* 나무 종류와 지형에 따라 다르지만 강수량의 18~48퍼센트 정도를 저장한다.

최고의 방어 수단 중 하나다. 도시에는 이미 많은 나무가 있다. 하지만 우리가 저지른 실수로부터 우리 자신을 보호하려면 도시 안과 밖에 훨씬 더 많은 나무가 필요하다. 나무는 아무리 많아도 부족하다.

나무는 21세기와 그 이후에 도시가 의존하게 될 녹색 인프라의 중요한 구성 요소인 습지, 강, 호수 등이 포함된 더 넓은 생태계의 핵심이다. 망가르 바니와 그곳을 지킨 이들의 이야기가 우리에게 영감을 줄 것이다. 이 토착 식물의 전초기지를 보존한 세대는 현대의 델리를 위해 귀중한 선물을 보존한 것이다. 그들처럼 우리도 숲을 신성불가침의 존재로 여겨야 한다.

5장

생명력

강의 생명력

"……물은 어딘가로 가야 한다……."

강은 반건조 사막에 생기를 불어넣어 이곳을 위대한 도시를 건설하기에 이상적인 장소로 만들었다. 1년 중 9개월 동안 조금씩 흐르던 강이 우기가 되면 강한 활력으로 가득 찼다. 홍수로 불어난 물이 강을 가득 채웠고 거대한 습지와 호수, 연못, 개울로 퍼져나갔다. 강이 실어온 풍부한 퇴적물 덕에 처음에는 이 넓은 충적 평야가 대륙에서 가장 인구 밀도 높은 토착 지역이 되었고, 다음에는 미국에서 농업 생산성이 가장 높은 땅이 되었으며, 곧 이어 세계에서 가장 위대한 대도시 중 하나가 되었다. 1769년에 이곳을 정찰한 스페인 식민지 개척자들은 "너무나도 푸르고 무성해서 마치 일부러 나무를 심어가꾼 것처럼 보이는" 지역과 맞닥뜨렸다. 적은 강수량에도 불구하고 번창한 거대한 떡갈나무 숲, 장미, 포도, 버드나무, 플라타너스, 오리

나무, 미루나무 등으로 이루어진 에덴 동산 같은 강가의 생태계였다. 바다로 흘러 들어가는 물은 아주 적고 대부분 마른 땅에 스며들었다. 1781년에 스페인 식민지 개척자들은 "모든 면에서 매우 기분 좋은 장소"인 강과 넓은 담수 습지에서 '엘 푸에블로 데 누에스트라 세뇨라 라 레이나 데 로스 앙겔레스'의 토대를 마련했다. 1900년에도 당시 10만 2,000명이던 로스앤젤레스 인구는 여전히 강에 의해 지탱되고 있었다.[1]

오늘날의 로스앤젤레스강은 도시들이 자신에게 생명을 주는 수로에 무슨 짓을 했는지 보여주는 불행한 상징이다. 그건 이름뿐인 강이다. 거대한 콘크리트 배수로로 흐르는 비참한 실개천은 산업 폐기물, 기름기 섞인 거리 유거수, 인간 오수로 구성되어 있다. 폭우가 내리면 한 시간 안에 강우가 태평양으로 곧장 밀려온다. 강은 홍수 관리 계획의 일부가 아니며 한때 영양분을 공급했던 강가 서식지의 흔적도 다 사라졌다. 추하고 대부분 무시되며 굵은 철사 울타리나 철조망, 벽을 통해 시야에서 차단된 당혹스러운 현장이다. 그러나 한편으로는 TV 프로그램과 뮤직 비디오의 황량한 야외 촬영지로 쓰이거나 〈터미네이터 2Terminator 2〉, 〈그리스Grease〉, 〈다크 나이트 라이즈The Dark Knight Rises〉 같은 영화의 자동차 추격 장면에 자주 등장하기 때문에 세계에서 가장 유명한 도시 강 중 하나이기도 하다. 영화 〈차이나타운Chinatown〉에서 잭 니콜슨Jack Nicholson이 연기한 사설 탐정 제이크 기티스Jake Gittes는 누군가가 로스앤젤레스강에서 우발적으로 죽을 수 있다는 걸 믿지 않았다. 그 강에 빠진다는 건 티스푼에 빠지는 것과 같기 때문이다.

도시가 존재할 수 있게 해준 그 강은 로스앤젤레스가 급속히 커지면서 성가신 존재가 되었다. 거칠고 예측할 수 없는 이 강은 홍수가 날 때마다 흐름이 바뀌었다. 광대한 습지는 고갈됐고 범람원 숲은 벌채되어 처음에는 농장이, 그다음에는 공장과 주거지가 들어섰으며 물은 대부분 가정용, 농업용, 산업용으로 다 추출되었다. 비가 오면 더 이상 산에서 흘러내리는 급류를 감당할 수 없었다. 1913년부터 윌리엄 멀홀랜드William Mulholland의 거대한 수로가 346킬로미터 길이의 도관을 통해 오웬스 계곡의 물을 가져오기 시작하자 로스앤젤레스강은 실용성이 사라졌다. 1914년, 1934년, 1938년에 사나운 폭풍에 뒤이어 파괴적인 홍수가 발생하자 이 강은 최후를 맞았다. 총 길이가 447킬로미터쯤 되는 로스앤젤레스강의 개울과 수로를 콘크리트로 뒤덮었다. 그 강은 도시의 성장을 위해 죽었다.

로스앤젤레스는 자신에게 생명을 안겨준 생태계와 분리되었다. 모든 현대 도시에 적용되는 이 과정은 도시화와 물의 관계에서 가장 명확하게 표현된다. 로스엔젤레스 중심부에서 콘크리트 관에 묻혀 있는 슬픈 슬러지는 도시 건설이 지구에 어떤 영향을 미쳤는지 시각적으로 상기시켜 준다. 자유롭게 흐르던 물결이 제한되고 인공적으로 바뀌었다. 물에 대한 승리는 엄청난 대가를 치러야 한다. 습지, 개울, 강을 포장하고 로스앤젤레스 지표면을 딱딱하게 경화시킨 결과 광범위한 도시 유출수가 발생해 해변이 유독성 물질로 오염되었다.

도시의 역사는 강력한 자연을 인간의 의지 앞에 굴복시키려는 오만한 시도의 역사다. 현재의 로스앤젤레스강은 자연계의 힘에 대한 인간의 두려움과 그걸 지배하려는 욕망을 상징한다. 우리는 강을 묻어서 하수구로 만들었다. 습지의 물을 빼고 범람원을 포장하고 댐과 강력한 방파제를 건설했으며 지역 전체의 수문 시스템을 재정비했다. 그리고 그렇게 함으로써 지구상에서 가장 소중한 생태계를 파괴했다. 하지만 결국 물은 우리를 자기들 의지대로 굴복시킬 것이다.

테노치티틀란의 호수

큰 둑길 세 개가 섬 도시인 테노치티틀란*과 텍스코코라는 바닷물 호수 기슭을 연결하고, 송수로가 아즈텍 대도시에 사는 25만 명의 시민들에게 신선한 물을 공급한다. 테노치티틀란은 물과 조심스럽게 공존하고 있다. 멕시코 계곡에 위치한 텍스코코 호수는 크고 얕은 다섯 개 수역 중 하나다. 북쪽에 있는 호수 세 개는 염수고 남쪽에 있는 호수 두 개는 담수다. 이 담수호가 계곡 사람들의 삶을 지탱했다. 이들은 호수 바닥의 흙을 이용해 치남파라는 매우 비옥한 부유 정원을 만들었는데, 치남파는 갈대 벽으로 서로 연결되고 나무뿌리가 안정적으로 아래를 떠받쳤다.

양분이 풍부해 1년에 네 차례 수확이 가능한 치남파에서는 옥수수, 호박, 고추, 채소 등 풍부한 식량을 제공해 계곡 전체를 먹여 살렸다. 하지만 북쪽 호수의 염수가 쏠려내려오는 홍수 시기에는 취약했다. 남쪽 호숫가 사람들은 귀중한 담수를 보호하기 위해 염분을 막을 긴 제방을 쌓았다. 15세기 중반부터는 이런 물 관리 시스템이 훨씬 야심차게 발전했다. 네사우알코요틀과 아휘초틀에 텍스코코 호수를 북쪽에서 남쪽으로 가로지르는 제방을 건설해 거대 도시인 테노치티틀란

---

* 멕시코 시티의 전신 도시다. 텍스코코 호수의 가운데 있던 섬이었다

주변의 소금기 있는 물을 마실 수 있는 수준으로 만드는 인공 석호가 생겼고, 치남파를 만들 수 있는 영역도 확장되어 세계에서 가장 큰 대도시 중 하나를 먹여 살릴 수 있게 되었다. 이 습지 농업 생태계는 당시 지구상에서 가장 생산적인 농업 시스템을 구축했다.

테노치티틀란 자체도 물에 떠있는 도시였다. 아즈텍족은 석호의 자연적인 물 흐름을 개선하기 위해 도시 섬을 동서로 가로지르는 운하를 팠다. 둑길은 제방의 보호 기능을 강화하고 도시가 홍수에 휩쓸리는 걸 막았다. 테노치티틀란 사람들은 폐기물을 매우 중요하게 여겼다. 남은 음식과 사람의 배설물을 모아 치남파에 비료를 주고, 소변은 직물 염색에 사용했다. 사용한 다른 물질들은 밤에 태워서 공공 건물을 밝혔다. 아즈텍 사람들은 물과 더불어 살면서 카누를 타고 도시를 가로지르거나 외곽에 있는 치남파를 오갔다. 그들은 당시의 첨단 공학을 이용해 자기들이 사는 수생 환경의 자연적인 생물 다양성을 극대화하고 증가시킬 수 있었다. 생명을 주는 호수가 식량 생산을 지원하고 풍부한 물고기와 물새를 제공했다.

습지는 다양한 생물이 사는 상위 체계다. 그곳에 존재하는 서식지 범위와 상호 연관성을 보면 열대 우림만큼이나 풍부하다. 지구상의 모든 척추동물 종의 3분의 1이 습지에 산다. 하구, 삼각주, 습지, 늪은 지구 생명 시스템의 많은 부분을 지탱한다. 도시 생활과 습한 환경의 균형을 맞춘 아즈텍 사람들의 능력은 자신들의 수도를 매우 강력하게 만드는 데 도움이 되었다. 그것은 또 인류가 오랫동안 지속해온 도시화의 역사를 상기시킨다.

소용돌이에 질서가 찾아오기 전까지는 모든 것이 혼돈, 물과 진흙의 혼돈 상태였다. 그것이 수많은 종교, 특히 고대 메소포타미아와 구약성서의 기초가 되는 신화다. 세계 최초의 도시는 기원전 5,000년 경에 메소포타미아 남부의 삼각주 습지에 있는 섬에 생겼다. 또 기원 전 2,000년경 등장한 멕시코 산 로렌조도 이와 비슷한 습한 지대에 생겼고 송나라 때 중국 황하의 충적지에도 도시가 들어섰다. 사하라 이남 아프리카에 가장 먼저 생긴 도시는 젠네제노에 있는 니제르 삼 각주 습지에서 발생했다.

생산적인 농업은 초기 도시화의 필수적인 전제 조건이 아니었다. 수생 지역의 생태적 풍부함 덕분에 고단백 식품 자원이 유달리 풍족 했기 때문에, 질척거리고 계속 변하는 습지 지형에 영구적인 구조물 을 세우게 되었다. 습지의 선물을 활용하고 정착지를 건설하려면 집 단적이고 협력적인 노력이 필요하다. 늪에서 다양한 식량을 얻게 된 사람들은 힘들고 고된 자급 농업에서 해방되어 건축과 설계, 조직, 무역, 발명, 전투, 노예, 통치에 힘을 쏟게 되었다. 습지에서 벽돌이 나 돌로 만든 기반 위에 지은 도시들은 혼돈의 통제, 홍수 및 침식의 변덕에 대한 승리를 상징했다. 이렇게 고도로 설계된 풍경은 지역 생 태계에 대한 깊은 이해에 의존했다. 인간은 홍수와 계절성 강우 패턴 을 연구하고 적응했다. 초기 도시화는 물을 관리하고 회유하고 달래 야 하는 불편한 장소에서 진행되었다. 도시 문명의 요람인 메소포타 미아는 덥고 바람이 심하며 건조하다. 멀리 떨어진 타우루스 산맥의 다양한 강우 패턴에 따라 거대한 진흙 범람이 발생하는 때도 있고 비 가 거의 내리지 않는 때도 있어서 이 지역에 언제 어떤 생명체가 유 입될지는 아무도 예측할 수 없었다. 이 위험한 힘을 잘 이용하고 관 개 수로, 운하, 수문, 저수지 망을 통해 이로운 방향으로 전환해야만 도시화가 진행될 수 있다. 이라크 남부의 염전과 습지는 농장과 거대하고 매우 복잡한 도시로 변했다. 물과 토사, 진흙과 갈대의 생명력이 도시 생활에 필요한 전제 조건을 제공했다.

상하이, 라고스, 파리, 런던, 다카, 암스테르담, 상트페테르부르크, 싱가포르, 토론토, 베를린, 보스턴, 뉴욕, 로스앤젤레스, 뭄바이, 우한, 뉴올리언스, 워싱턴, 시카고, 캘커타, 방콕, 이들은 고대의 선조들처럼 광대한 습지에 건설된 오늘날의 주요 대도시들 중 일부다. 파리가 생기기 전에 그곳에는 루테시아 파리시오룸이라는 로마 도시가 있었는데, 이 이름은 '습지'를 뜻하는 라틴어 루툼lutum에서 유래되었다. 런던이라는 이름의 기원에 대한 다양한 설명 중에는 '침수되거나 가라앉는 곳'을 뜻하는 켈트어 londinjon, '진흙' 또는 '습지'를 뜻하는 리구리아어 lond도 있다. 베를린의 이름은 고대 슬라브어로 '늪'을 의미하는 berl에서 유래되었다. 이름의 기원이 무엇이든 간에, 이 도시들은 분명히 끈적끈적한 물질과 진흙으로 뒤덮인 곳에서 등장했다.

빅토르 위고의 말에 따르면 "진흙탕의 도시 루테시아"는 빛의 도시인 현대의 파리 아래에 묻혔다. 율리우스 카이사르는 기원전 53년에 루테시아를 점령하기 위해 방어벽처럼 도시를 에워싼 늪을 넘어야 했다. 카이사르가 진흙과 물의 장벽을 뚫은 때로부터 1,650년이 지난 헨리 4세의 통치기에만 해도 "파리에는 들판, 대초원, 늪 같은 불모지가 넓게 펼쳐져" 있었다. 습지에는 뭔가 특별한 것이 있다. 로마인들이 점령하기 전의 런던 지형은 템스강으로 흘러드는 수많은 개울과 강이 물을 공급하는 사초와 버드나무가 무성한 습지로 둘러싸인 두 개의 자갈 언덕*으로 구성되어 있었다. 서기 43년에 로마가 침략했을 당시,

---

* 현재 루드게이트 힐과 콘 힐로 알려져 있다.

패배한 브리튼인들은 난공불락의 해크니 늪에서 피난처를 찾았다.

파리와 마찬가지로 런던도 부츠에서 태고의 진흙을 떨어낼 수 없었다. 17세기에 이곳을 찾은 한 베네치아 출신 방문객은 "여기에는 사계절 내내 부드럽고 악취 나는 진흙이 아주 많아서 론드라[런던]보다는 로르다[오물]라는 이름이 잘 어울린다"고 말했다. 찰스 디킨스는 《황폐한 집Bleak House》 첫머리에서 수많은 보행자가 진창길에서 미끄러지는 모습을 통해 현대의 대도시에 다시 나타난 태고의 진흙을 묘사한다.

> "마치 물이 지면에서 막 물러난 것처럼 거리에 진흙이 많아서 코끼리 도마뱀처럼 뒤뚱거리며 홀본 언덕을 올라가는 12미터 길이의 메갈로사우루스를 만나도 놀라지 않았을 것이다."

그리고 《황폐한 집》에 나오는 불길한 런던은 늪처럼 수증기에 뒤덮여 있다.

디킨스에게 런던 변두리는 가라앉는 집, 썩어가는 쓰레기, 수상쩍은 인물들이 있는 으스스한 습지의 경계 지역이었다. 19세기에 악명 높은 슬럼가였던 런던 이스트 엔드 지역은 대부분 수 세기에 걸쳐 매립된 조수 습지에 지어졌다. 많은 작가들이 보기에 눅눅하고 악취가 진동하는 빈민가는 물리적으로나 도덕적으로 그들이 생겨난 원시 늪에 영원히 뿌리를 내리고 있었다. 발자크Balzac는 19세기 파리는 그 "기반이 오물에 잠겨…… 루테시아라는 유명한 이름이 여전히 적합한 상황이다……. 파리 사람들 절반은 밤에 거리나 뒷마당, 변소에서 풍기는 악취가 진동하는 곳에서 잠을 잔다"고 말했다.

인간은 끈적끈적한 액체와 단단한 석조 건물의 상반되는 성격, 그리고 오랫동안 비생산적이고 불결하고 질척거리는 불모지로 여겨왔던 곳에 대한 혐오감에도 불구하고 늪지대에 건물을 짓는 것에 마음이 끌린다. 이런 명백한 모순에는 그럴만한 이유가 있다. 카이사르가 루테시아를 정복하러 갔을 때 깨달은 것처럼 습지는 방어력이 뛰어나다. 방갈로르는 호수, 숲, 습지로 이루어진 황야 한가운데에 전략적으로 세워졌다. 이런 자연적인 장애물이 적의 침략에 맞설 훌륭한 장벽을 제공했기 때문이다.

하지만 더 매력적인 요소가 있었으니, 습지는 물을 의미하고 물은 무역을 의미한다. 강은 상업의 통로다. 삼각주와 강어귀는 항구를 제공한다. 이런 중요한 장소는 원래 질척한 곳이다. 우한은 중국 중부의 양쯔강과 한강이 합류하는 지점 주변에 밀집된 여러 개의 도시 정착지에서 생겨났으며 철도가 발명되기 전에는 세계에서 가장 큰 운송 시스템을 연결하는 주요 내륙 항구였다. 얽히고설킨 강줄기가 무한한 무역의 가능성을 물려줬지만 이 도시들은 위험한 장소였다. 강이 경로를 바꾸고 정기적으로 범람했던 것이다. 우한은 뉴올리언스, 방콕, 콜카타, 라고스 등과 마찬가지로 위험하지만 수익성 좋은 암흑가인 늪지대에 자리 잡고 있다. 전 세계가 습지를 정착지로 선호하는 바람에 도시들은 물과 맞서야 하는 상황이 되고 지구상에서 가장 가치 있는 생태계 중 일부와도 충돌하게 된다.

테노치티틀란에 살던 아즈텍 사람들은 늪지 호수를 존중했고 엄청난 이익을 얻었다. 1521년에 이 놀라운 대도시를 점령하고 파괴한 스페인 정복자들은 아즈텍인이 발전시킨 도시화와 수문학 사이의 균형을 이해하려고 하지 않았다. 그들은 치남파 농업 생태계를 포기하고 대농장을 선호했다. 카누가 아닌 말을 타고 이동했다. 아즈텍인들에게는 호수가 삶의 방식이었지만 스페인인에게는 교묘하게 처리해야 할 문제였다. 그들은 제방과 둑길을 파괴하고 강의 방향을 바꾸고 댐을 건설해 호수에서 물을 빼기 시작했다. 그래서 테노치티틀란의 폐허와 말라버린 호수 위에 지어진 멕시코시티는 끔찍한 홍수가 발생하기 쉽고 주변 언덕의 삼림 벌채 때문에 상황이 더 악화되었다. 1629년에 발생한 범람으로 3만 명 이상이 죽었다. 생존자들은 교회 지붕 위에서 미사를 올려야 했다. 1635년이 되어서야 겨우 물이 빠졌다. 당국은 이 상황에 대응해 호수 물을 빼내기 위한 도랑을 파기 시작했는데, 이 작업은 총 165년이 걸리고 노동자 20만 명의 목숨을 앗아가게 된다. 16세기와 17세기에 스페인 사람들은 수도 이전 문제를 몇 번이나 진지하게 고려했다. 하지만 아즈텍 테노치티틀란이 있는 곳은 강력한 상징적 의미를 계속 유지하고 있었다. 그 도시는 지리적 악조건에도 불구하고 꿋꿋이 그 자리를 지켰다. 그리고 그 결과 자연과 끝없는 전쟁을 벌여야 했다.[2]

홍수는 문제의 일부에 불과했다. 배설물과 죽은 동물로 오염된 고인 물은 콜레라, 말라리아, 위장병을 일으켰다. 원래 호수 바닥이었던 곳에 세워진 무거운 현대식 건물들이 부드러운 호성토로 가라앉기 시작했다. 멕시코가 독립한 뒤인 19세기에 물 문제를 해결하기 위해 운하, 터널, 수로 등을 건설했다. 그러나 호수는 항상 제모습을 찾으려고 했다. 배수 시스템이 범람해 멕시코시티의 많은 부분이 거대하고 위험한 웅덩이로 변했다. 20세기 중반에는 물기를 마지막 한 방울까지 제거하기 위해 지하 펌프가 끊임없이 작동했다. 멕시코시티에 있는 나머지 45개의 강은 빗물 배수로로 사용되는 거대한 콘크리트 파이프를 통해 땅속에 묻혔다. 호수 바닥은 이제 매우 건조해졌지만 그와 동시에 멕시코시티는 물이 부족하고 홍수가 나기 쉬운 상태다.

그리고 9미터나 가라앉았다.

스페인 사람들, 그리고 나중에 멕시코 사람들이 테노치티틀란에서 한 일은 서양 도시 건설자들이 습지나 강을 다룬 방식과 다르지 않다. 개울, 연못, 늪의 물은 위험하고 바람직하지 않은 상태가 되었다. 런던을 거쳐 템스강으로 흐르는 강과 개울은 매일 배설물과 오염물질, 특히 도살된 동물로 가득 차면서 질병과 죽음이 뒤섞인 독성 수프가 되었다. 콜레라가 유행하던 1854년이 되어서야 겨우 존 스노우John Snow라는 의사가 오염된 물을 질병과 연관시켰다. 그때까지는 전염병이 수인성 병원체가 아니라 부패한 물질, 오염된 물, 습지 등에서 나오는 유독성 증기인 미아즈마에 의해 확산된다는 게 일반적인 통념이었다. 1560년에 한 의사는 플리트 강 주변의 "악취 나는 길"에 대해 썼다. 그곳은 "런던에서 가장 많은 사망자가 발생하고 가장 빨리 병에 걸리며 그 병이 오래 지속"된다. 조너선 스위프트Jonathan Swift는 1710년에 강을 다음과 같이 묘사했다.

"도축 시설에서 나온 쓰레기, 똥, 내장, 피

익사한 강아지와 악취 나는 생선이 모두 진창에 빠져 있고

죽은 고양이와 순무잎이 물살을 타고 흘러 내려온다."

플리트는 불결함과 죽음의 대명사가 되었다. 선택의 여지가 없는 가장 가난한 사람들 외에는 아무도 그 근처에 살지 않았을 것이다. 1737년부터 그 강을 벽돌로 뒤덮는 공사가 시작되었고, 결국 강이 도시를 가로지르면서 깎아낸 골짜기와 플리트 거리라는 주요 도로명을 제외하면 지상에는 강의 흔적이 전혀 남지 않게 되었다. 자연 하천은 지하 하수도 망의 일부가 되어 은폐되고 통제되었다. 런던의 수많은 강, 사실상 모든 도시의 강에서 이런 작업이 진행되었는데 특히 강을

휘손한 대가로 매년 수천 명이 콜레라로 사망하던 19세기에 많은 작업이 이루어졌다. 디킨스는 "치명적인 하수가 마을 중심부를 통과해 깨끗한 강으로 흘러 들어갔다"고 썼다. 수세식 변소 때문에 런던 상업의 대동맥이자 가정용수와 공업용수 공급원인 템스강은 배설물로 가득 찼다. 마이클 패러데이Michael Faraday는 1855년 〈타임스〉에 이런 글을 기고했다.

"다리 근처에서는 배설물이 구름처럼 빽빽하게 뭉쳐 있어서 물이 이렇게 더러운데도 수면에서 들여다보일 정도다. 냄새가 매우 지독한데 이는 물 전체가 다 그렇다. 지금 거리의 하수도 구멍에서 올라오는 냄새와 똑같다. 당시에는 강 전체가 진짜 하수구였다."

3년 뒤, 유난히 높은 여름철 기온과 낮은 강우량 때문에 템스강으로 흘러든 인간 배설물이 속을 뒤집을 정도로 견디기 힘든 냄새를 풍기는 '대악취' 사태가 발생했다.

악성 전염병과 오염이 도시와 자연 사이의 균형을 근본적으로 바꿔놓았다. 인프라와 기술이 자연의 흐름을 대신했다. 지하 하수 시스템, 양수장, 물 처리 시설이 도시의 주요 특징이 되었고 전과 다르게 배수도 잘 되었다. 물은 상당한 비용을 들여 도시 밖에서 공급받고 있는데, 수원지가 아주 먼 경우도 많다. 도시 수문학을 통해 인간이 자초한 생태적 재앙에 대응했다. 19세기 도시 생활의 궁극적인 목표였던 깨끗하고 위생적인 도시를 만들기 위한 이 거대 프로젝트는 수백만 명의 생명을 구했지만 도시와 자연 사이의 연결은 끊어졌다.

수도꼭지를 틀거나 화장실 물을 내릴 때면 도시의 흐름이 완전히 인공적인 것처럼 보인다. 또 도시가 자연적인 과정과 관계없이 독립적으로 운영되는 것처럼 느껴지기도 한다. 우리는 도시화가 곧 녹지 공간 정복이라고 생각하는 경향이 있다. 하지만 도시화는 도시의 다양한 생물 대부분을 포함하고 있는 강, 습지, 호수, 해안선, 해변 같은 푸른 공간에 훨씬 더 파괴적이다. 강과 습지를 제거하면 생태계가 교란된다. 인간의 남용 때문에 심하게 오염되어 불결하고 생명까지 위협하게 된 강과 습지를 없애기로 한 결정은 타당했다. 하지만 이 때문에 도시는 가까운 장래에 지속 불가능해질 정도로 높은 대가를 치렀다. 하지만 바닷가에 자리잡은 도시만큼 대가가 큰 곳은 드물다.

허드슨 강

뉴욕과 그 주변의 대도시권에 사는 1,300만 주민들의 복지는 허드슨 강 하구의 활력과 밀접한 관련이 있다. 뉴욕은 "기후 변화와 관련된 홍수나 강한 폭풍에 잘 견디는 보다 회복력 있는 해안선과 하천 제방, 습지를 조성해서 자연 수문학과 수력학"으로 되돌아가야 한다.[3]

자연으로 돌아가자는 이런 요구는 유토피아적인 환경론자들에게서 나온 게 아니다. 이건 미 육군 공병대가 수십 년간 진행해 2020년에 발표한 조사 내용의 정점이었다. 이 보고서는 점진적인 도시 확장으로 시작된 일이 하구의 전체적인 "과잉 개발, 착취, 황폐화"로 확대되어 지역 환경이 훼손되었을 뿐만 아니라 인간 거주자들의 미래 전망까지 위태로워졌다는 사실을 감추지 않았다. 도시화가 진행 중인 나머지 세계가 얻을 수 있는 교훈은 분명하다. 뉴욕은 끝없는 성장을 추구하다가 자연적인 한계를 훨씬 뛰어넘었고, 금세기 말에 수몰될 위기에 직면해 있다.[4]

1609년에 네덜란드인들이 허드슨만 지역에 오기 전까지 뉴 암스테르담, 그러니까 훗날의 뉴욕 변두리에는 물이 가득했다. 삼면은 바다고 북쪽은 습지였다. 이 도시는 비할 데 없이 다양한 생물이 사는 하구 생태계에 둘러싸여 있었다. 뉴욕과 뉴저지 간 해안선 길이는 1,600킬로미터에 가까웠고 숲, 갯벌, 목초지, 흰삼나무 늪지대, 그리고 풀과 꽃이 무성하고 "반대편 끄트머리가 보이지 않을 정도로 거대한" 습지가 있었다. 이 생태계는 섭금류, 물수리, 독수리, 굴, 바닷가재, 게, 조개, 홍합, 거북, 고래, 철갑상어, 청어, 잉어, 퍼치, 비버, 수달, 야생 칠면조, 곰, 사슴, 늑대, 여우 등 놀라울 정도로 많은 야생동물을 뒷받침했다. 허드슨 강 하구의 습지는 북미 지역 철새들의 대규모 이동 경로인 대서양 철새 이동 경로의 주요 기착지였다. 이곳의 지형은 농업에 적합하지 않았다. 그러나 생물 다양성이 매력적인 음식 메뉴를 제공했고 덕분에 이 만의 토착 주민인 레나페족은 이를 통해 오랫동안 생계를 꾸릴 수 있었다. 다른 북미 도시들과 마찬가지로 뉴욕도 황무지 한가운데에 있는 작은 점에 불과했다. 이곳의 경우 습지로 이루어진 황무지가 정글이나 사바나보다 더 풍요로운 생태계를 가졌다.

그리고 이 축축한 진흙투성이 환경은 인간에게 귀중한 서비스를 제공했다. 수백 제곱킬로미터에 달하는 굴 암초와 보초도, 습지가 수천 년 동안 허리케인으로부터 허드슨 만 하구를 보호했고 뉴욕은 선박들이 찾아오는 매력적인 항구가 되었다. 이들은 바다에 대한 완충 역할을 하고 파도 에너지를 분산시키고 홍수를 흡수하는 첫 번째 방어선이다.

물, 사방에 물이 있지만 마실 물은 한 방울도 없다. 습지와 갯벌은 생계 수단이 아니라 성장의 장벽이었다. 뉴욕 사람들이 의지했던 물은 맨해튼섬의 끄트머리에 파놓은 우물에서 나왔다. 이 지하수만으로는 도시 전체가 마시기에 부족했기 때문에 수조에 모은 빗물로 보충했다. 18세기 중반쯤에는 오수 구덩이, 화장실, 거리의 지표수 등으로 물이 오염되어 말들도 마시지 않을 정도가 되었다. 유일하게 남은 생명의 원천은 현재 차이나타운이 들어선 도시 북쪽에 위치한 콜렉트라는 48에이커 크기의 깊은 연못뿐이었다. 이 연못은 커다란 습지 두 개와 바야드 산이라는 34미터 높이의 언덕 기슭에 자리잡고 있었다. 이런 수역이 뉴욕 식민지와 맨해튼섬의 나머지 부분을 갈라놓았기 때문에 북쪽으로 확장하는 걸 막을 수 있었다. 그러나 18세기 말이 되자 이 도시를 지탱하던 콜렉트 연못이 양조장, 도축장, 무두질 공장에서 흘러나온 유출수 때문에 "수채통 겸 공동 하수구"가 되었다. 뉴욕이 주요 항구로 번창해 나갈 미래를 위협하는 황열병의 근원인 콜렉트를 없애야 한다는 압력이 커졌다. 1803~11년 사이에 바야드 산을 평평하게 깎아내고 그 흙으로 연못을 메웠다. 그 위에 쓰레기 매립지를 지었지만 습기 많은 근원에서 벗어날 수 없었다. 결국 이곳은 축축하고 진흙투성이에 모기가 우글거리고 범죄가 만연한 악명 높은 빈민가 '파이브 포인트'가 되었고, 〈갱스 오브 뉴욕Gangs of New York〉(2002)이라는 영화를 통해 현대 관객들에게 유명해졌다.

연못을 메우는 것으로는 뉴욕의 갈증을 해소하지도, 위생상의 위기를 완화시키지도 못했다. 1832년에 이 도시에 무서운 콜레라가 발생했다. 대중은 산업 도시화가 일으킨 재앙에 대한 기술적 해결책을 요구했다. 1842년부터 뉴욕은 1인당 물 소비량이 세계에서 가장 많았다. 그중 상당량은 본토의 웨스트체스터 카운티에 있는 크로톤 강에서 66킬로미터 길이의 송수로를 따라 운반되었다. 섬에 있는 이 대도시는 더 이상 지역 수원에 의존하지 않게 되었다. 사람들은 수원은 마음대로 파묻거나 그 위에 건물을 세우기도 한다. 그리고 뉴욕에는 부동산으로 전환될 수 있는 수원이 확실히 많았다.[5]

18세기 후반, 오늘날 소호가 위치한 자리에 있던 상당히 큰 염습지의 물을 운하를 통해 허드슨 강으로 빼냈다. 섬 반대편에 있는 스타이브센트 해수 소택지는 맨해튼섬에 있는 이런 유형의 생태계 가운데 규모가 가장 큰 곳이었는데 결국 같은 운명을 맞았다. 지질학자 이서카 코젠스Issachar Cozzens는 1810년대에 이 목초지를 도시 가장자리에 있던 놀라운 장소로 기억했다.

> "아름다운 토종 떡갈나무와 다른 나무들로 뒤덮여 있고…… 나는 그 물가에서 시신델라〔참뜰길앞잡이〕라는 곤충을 잡곤 했다. 이 목초지는 〔이스트 강〕 기슭을 따라 거의 1.5킬로미터 가까이 뻗어 있었고 폭은 800미터가 넘었는데 지금〔1842년〕은 대부분 주변 언덕에서 퍼온 흙으로 채워져 있고 그 위에 건물을 지었다."

이 습지가 훗날 이스트 빌리지, 알파벳 시티, 그래머시 파크가 되었다.

아직도 콘크리트, 아스팔트, 고층 건물 아래에는 물이 가득한 세상이 묻혀 있다. 평소 뉴욕 교통 당국은 지하철을 계속 작동시키기 위해 1,300만 갤런의 물을 퍼내야 하는데 폭풍이 지나간 뒤에는 그 양이 두 배로 늘어난다. 매일 물을 제거하지 않는다면 맨해튼의 아스팔트 표면이 빠르게 갈라지고 부서질 것이다. 19세기에 도시가 북쪽으로 확장되면서 언덕이 완전히 파괴되었고 그 흙은 습지와 늪을 메우는 데 사용되었다. 1900년(1790년에 3만 3,000명이던 뉴욕 인구가 이

당시에는 348만 명으로 늘어나 있었다)는 맨해튼섬에 총 2.6제곱킬로미터의 습지만 남아 있었다. 그러나 도시의 성장과 맨해튼섬의 철저한 습지 제거에도 불구하고, 20세기의 첫 10년 동안은 자유의 여신상에서 반경 40킬로미터 안에 사람의 손길이 거의 닿지 않고 생물 다양성이 풍부한 조수 습지가 777제곱킬로미터나 남아있었다.[6]

프레시 킬스에 있는 거대한 쓰레기장은 20세기에 이 방대한 생태계에 닥친 운명의 기념물이다. 1장에서 살펴본 것처럼 뉴욕의 수생 변두리는 개발 지역에 포함되었고 습지와 목초지는 잔해와 쓰레기로 가득 찼다. 1900년까지 허드슨 강 하구에 존재했던 "삶을 고양시키는 조수 습지" 777제곱킬로미터 중 85퍼센트는 21세기로 접어들 때 이미 지질학적 재정리의 소용돌이 속에서 도시화되었다. 게다가 이 도시는 900제곱킬로미터의 담수 습지 중 99퍼센트를 희생시켰다. 완만하게 경사진 1,600킬로미터의 자연 해안선 중 75퍼센트는 격벽, 립랩, 잔교 등 인간이 만든 구조물로 전환되었다.

뉴욕을 바다로부터 보호하는 굴 암초, 해안 습지, 해변, 모래언덕의 부드러운 장벽 대신 콘크리트, 강철, 바위 벽이 그 자리를 채웠다. 하수도 건설과 도시 하천 지하화의 경우처럼 공학이 자연적인 과정을 대신하게 되었고 대도시는 물의 힘을 조롱하는 일종의 돌로 만든 요새가 되었다. 도시 공학은 해당 지역의 수문학을 알아볼 수 없을 정도로 변화시켰다. 감조 습지는 땅에서 나오는 영양분과 중금속을 가두고 더러운 물을 정화하는 중요한 역할을 한다. 크로톤 강과 캐츠킬 산에서 도시로 보낸 물은 빗물, 하수, 산업 폐기물과 함께 곧장 만으로 흘러 들어갔다. 부영양화된 물을 바다로 곧장 내보낸 이 도시는 산소 충돌을 일으켰다. 산소 부족 때문에 어류와 갑각류 개체수가 줄었고 그걸 먹이로 삼는 새들도 감소했다. 침전물과 풍부한 영양분에 이끌린 플랑크톤이 햇빛을 차단하는 바람에 수많은 종들에게 필수적인 서식지를 제공하는 해저의 '생태계 공학자'인 반수생 해초가 죽었다. 해초는 광합성을 통해 산소를 생산하는 바다의 폐다. 그런가 하면, 물에서 질소와 하수 박테리아를 걸러내고 식물성 플랑크톤을 먹고 사는 굴 양식장은 바다의 '신장' 역할을 하는데, 20만 에이커의 굴 양식장이 준설과 오염으로 파괴되었다. 개발의 손길이 닿지 않은 나머지 습지대는 미처리 하수와 부영양화된 물과 기름 방출 때문에 파편화되어 뿌리 밀도가 감소했다. 해안과 바다의 거대한 생태계와 그 생물 다양성이 심각하게 손상되었다.[7]

뉴욕의 하구 생태계가 인공적인 생태계로 변하는 것은 세계적인 추세를 보여준다. 20세기에 전 세계 도시 인구가 급증하면서 지구 습지의 60퍼센트가 파괴되었다. 이 소중한 생물군계는 지구상에서 가장 빨리 사라지고 있는 생태계로, 숲보다 3배나 속도가 빠르다.[8]

해안 생태계는 급속한 도시화 시대 속에서 멸종 위기에 처해 있다. 황해 연안 습지는 폭풍과 해수면 상승으로부터 6,000만 명을 보호하는데 지난 50년 동안 65퍼센트가 손실되었다. 거대한 열대 늪지대 숲에 자리 잡은 나이지리아 라고스는 저지대에 있어서 홍수에 취약하다. 1984년부터 2006년 사이에 이곳이 지구상에서 가장 큰 대도시 중 하나가 되면서 면적이 88.5제곱킬로미터였던 맹그로브 습지가 20제곱킬로미터로 줄어들고 늪지도 345제곱킬로미터에서 165제곱킬로미터로 감소했다. 도시 성장을 위한 길을 닦기 위해 맹그로브 숲을 파괴하는 일이 전 세계적으로 만연하고 있는데 이는 매우 심각한 문제다. 첫째, 맹그로브는 놀랍도록 다양한 야생 생물의 서식지다.

또 중금속과 의약품 폐기물을 가둬서 수생 환경을 정화한다. 가장 도움이 되는 건, 맹그로브 숲은 다른 숲보다 4배나 효율적으로 이산화탄소를 흡수하고 눅눅한 토양에 수천 년 동안 탄소를 저장한다는 것이다. 맹그로브는 밀려오는 파도, 해안 침식, 해수면 상승에 대한 최전선 방어선이다. 뭄바이는 아라비아해와 홍수로부터 자신을 보호하기 위해 더 많은 맹그로브가 필요하지만 무서운 속도로 사라지고 있다. 이런 상황은 뭄바이뿐만이 아니다. 1970년대부터 1990년대 사이에 멕시코만 연안에서 거의 100만 헥타르의 맹그로브 숲이 파괴되었다.

빠르게 성장 중인 다른 대도시들도 상황은 마찬가지다. 미리 계획되지 않은 비공식 정착지에 사는 가난한 사람들은 최근 매립되어 맹그로브 숲 같은 자연적인 보호 장치가 없는 땅의 습하고 비위생적인 환경에 처해 있다. 빠른 성장과 빠른 수익에 현혹되어 있을 때는 습지, 강, 전체적인 수문 시스템을 재설계하는 데 대한 믿음이 흔들리지 않았다. 인류 역사 내내 그런 일을 해왔는데 지금은 엄청난 속도로 진행되고 있다.

도박이 너무 오래 지속될 수도 있다. 영웅적인 공학의 시대가 끝나가고 있다. 지금 우리는 과거를 돌아보면서 다가오는 물 위기에 대한 자연적인 해결책을 찾고 있다.

오크우드

1960년에 생태계 대학살이 벌어지는 모습을 본 세르지오 폴레보이Sergius Polevoy는 공포에 질려 "이 습지를 대대적으로 파괴하다니 이해할 수가 없다"고 말했다. 스태튼 섬 리치먼드 카운티의 사냥감 보호 관인 폴레보이는 〈뉴욕 타임스〉와의 인터뷰에서 "문자 그대로 쓰레기가 섬의 남서쪽 부분을 다 차지하고 있다"고 말했다. 그는 교외 주택지 건설을 위한 지반을 굳히기 위해 500만 톤의 쓰레기를 사용해 오크우드 습지의 90퍼센트를 채웠다고 보고했다.[9]

오늘날의 오크우드에 가보면 자신만만하게 지었던 그 집들이 이미 사라졌거나 해체되고 있다. 거리와 막다른 골목에 늘어섰던 집들의 윤곽은 여전히 알아볼 수 있다. 하지만 그 자리에는 습지 야생화와 관목의 초원이 자라고 사슴과 거위가 풀을 뜯고 있다. 이곳 오크우드 해변에는 예전부터 스태튼섬을 바다로부터 보호하는 역할을 했던 조수 습지, 저습지와 고습지, 해양 관목 서식지가 돌아오고 있다. 오크우드 해변은 도시의 나머지 부분을 보호하기 위해 자신을 희생하면서 땅을 자연으로 되돌려주는 관리적 이주가 진행되고 있다. 이곳을 포기하고 습지를 복구하는 것은 진보라는 미명 하에 허드슨만 하구의 습지 생태계를 말살시키려고 했던 오만한 시도로부터 인간이 후퇴하는 첫 번째 시험적 단계다. 우리가 마침내 뉴욕의 블루 벨트인 조수 습지의 가치를 인정해야 하는 상황이 된 만큼, 앞으로 오크우드의 황량한 풍경은 더 익숙한 모습이 될 것이다. 현재 예측대로 2100년까지 뉴욕 해수면이 1.8미터 상승한다면 도시가 뒤로 물러날 수밖에 없기 때문에 21세기 내내 오크우드가 더 많아질 것이다. 2100년에는 동부 해안에 사는 미국인 1,300만 명이 내륙으로 이주해야 할 수도 있다. 진흙은 항상 이긴다. 문제는 그게 언제냐.[10]

오크우드에 대한 관리적 이주의 필요성은 2012년 10월에 고통스러울 정도로 명백해졌다. 10월 22일 카리브해에서 발달한 허리케인

뉴욕시 오크우드 해변에 있는 이 주택은 기후 변화의 영향에 맞서 도시를 보호할 습지를 조성하기 위해 허리케인 샌디가 지나간 뒤 철거할 예정이다.

샌디가 7일 뒤 뉴욕과 뉴저지를 강타했다. 한사리 때라 물이 불어나 있어서 정상 수준보다 거의 4미터나 높은 파도가 들이닥쳤다. 스태튼 섬과 롱비치 습지대로 물이 쏟아졌다. 이 습지대만 오크우드 해변처럼 조류에 무방비한 상태로 주택 개발이 이루어졌기 때문이다. 물이 뉴욕의 콘크리트 벽을 뚫고 들어가 예전에는 스타이브센트와 리스페나드 해수 소택지였지만 지금은 세계에서 가장 값비싼 부동산 중 하나가 된 로어맨해튼 일부를 채웠다. 그리고 캐널 스트리트를 따라 흘러가 과거 콜렉트 연못이 있던 곳에 고였다.

세계 금융 중심지가 늪에 빠져 있던 과거로 돌아갔다. 갯벌을 대신하는 방파제에 물이 넘쳐 들어와 저지시티와 호보켄이 침수됐다. 홍수 지도의 파란색 부분을 이 도시의 친숙한 도로 지도와 겹쳐 보면 사라진 개울과 파묻힌 강, 매립된 습지와 잊힌 소택지가 드러난다. 밀려들어 온 물이 뉴욕에서 잊힌 원시 지형 중 상당 부분을 일시적으로 재현하면서 53명의 사망자가 발생하고 피해액은 190억 달러에 달했으며 100억 갤런의 미처리 하수와 부분 처리 하수가 만으로 방출되었다. 이런 재앙적인 사건이 발생할 가능성은 연간 1퍼센트 정도라고 예상했으니, 이건 한 세기에 한 번 정도 있는 슈퍼 태풍인 셈이다. 하지만 가까운 미래에는 이런 일이 더 흔해질 테고 해수면 상승과 더불어 더 치명적인 문제가 될 것이다. 금세기 말이 되면 뉴욕은 3년마다 한 번씩 샌디급 허리케인을 상대해야 할지도 모른다.[11]

샌디가 초래한 대대적인 파괴에 대응하고 금세기의 남은 기간 동안 뉴욕을 방어하기 위해, 미 육군 공병대는 "자연적이고 기능적이며 자율적인 속성을 부분적 또는 전체적으로 재구축하기 위해" 하구의 "생태 환경 강화"를 긴급한 문제로 다뤄야 한다고 요구했다. "건강한 하구는…… 지역 경제에 필수적이다." 그리고 건강한 하구의 중심에는 물을 정화하고 거센 파도를 막아주는 쌍각류 조개인 굴이 상당 수 존재한다. 2014년에 머레이 피셔Murray Fisher와 피트 말리노프스키Pete Malinowski가 시작한 '10억 개의 굴 프로젝트'는 뉴욕항의 핵심 종을 복원하려고 노력한다.[12]

1609년에 네덜란드인이 이 땅에 도착한 뒤 1990년대까지, 역사 내내 습지의 자연적 장벽을 제거하고 다른 것으로 대체하려고 노력했던 뉴욕이 마침내 습지의 가치를 깨달았다. 그 가치는 대체 얼마나 될까? 한 추정치에 따르면 1에이커당 약 150만 달러 정도라고 하는데, 이 수치는 습지를 풍경 속에 존재하는 쓸모없는 얼룩으로 간주했

뉴욕시의 녹색 방어벽: 퀸즈의 헌터스 포인트에 생긴 새로운 습지가 기존의 콘크리트 방어벽을 대체했다.

던 도시 개발 세대에게 충격을 줄 것이다. 공병대의 말에 따르면, 가장 중요한 건 이렇다.

> "인간이 지배하는 지역 내에서 서식지 모자이크를 복원하고 유지하는 것이다……. 제안된 조치의 필요성은 중대한 생태계 파괴를 막기 위해 즉각적으로 개입하지 않는다면 귀중한 천연자원이 감소해서 생태계가 더 이상 자급자족할 수 없는 상황이 된다는 걸 인식하는 데서 비롯된다."[13]

인간이 심하게 변형시키는 바람에 퇴적물 흐름과 수문학적 과정이 돌이킬 수 없을 정도로 달라진 하구와 삼각주에서는 굴과 산호초, 습지, 맹그로브 숲, 보초도 등이 저절로 복구될 수 없다. 뉴욕에서는 단기간 안에 1,000에이커의 해안 및 담수 습지를 적극적으로 복원하고 그 후에도 매년 추가적으로 125에이커씩 복원해야 한다는 얘기다. 500에이커의 해안림과 500에이커의 연안림, 2,000에이커의 굴 암초 서식지도 복원해야 한다. 복원 작업을 위해 미 육군 공병대가 확인한 바에 따르면, 1600년 이전의 하구 생태계 일부를 재건하는 데 5억 8,874만 5,000달러의 비용이 소요될 것이다. 이는 지난 7년 동안 습지와 암초의 생태 복원을 위해 이미 지출한 11억 달러에 추가되는 금액이다.

샌디와 카트리나 같은 사나운 폭풍은 결국 도시도 자연적인 과정에 의존한다는 사실을 일깨워준다. 우리에게는 여전히 인간이 만든 벽과 장벽이 필요하지만, 최근에 겪은 폭풍의 교훈은 그것이 지역 생태계와 결합되었을 때 가장 잘 작동한다는 사실을 가르쳐준다.[14]

공장과 창고, 그리고 당시 세계에서 가장 분주했던 항구에서 일하던 거대한 갠트리 기중기가 있던 자리에 지금은 습지가 있다. 뉴욕 퀸즈에 있는 헌터스 포인트의 딱딱했던 가장자리는 나무, 풀, 생태 수로, 인공 습지 등으로 부드러워졌다. 이곳은 공원이면서 동시에 미래의 폭풍 해일에 대비한 완충지 역할을 한다. 가까운 곳에는 오염된 도시의 강인 뉴타운 크릭이 있다. 유럽인들이 이곳을 식민지화하기 전에는 1,200에이커의 조수 습지로 이루어져 있었다. 20세기에는 창고, 화물 집적소, 화학 공장, 정유 공장 등이 늘어선 도시에서 가장 분주한 수로 중 하나가 되었다. 미국의 첫 번째 등유 공장이 1854년 이곳에 설립되었고, 석유 젤리로 바셀린을 만들었다. 1880년대에는 존 D. 록펠러John D. Rockefeller의 스탠더드 오일이 100개가 넘는 정유소에서 일주일에 300만 갤런의 원유를 처리했다. 이 강은 도시 유출수,

미처리 하수, 기름, 산업 폐수 같은 유독성 물질이 뒤섞여 있는 하수도 배출구가 되었다. 뉴타운 크릭은 미국 역사상 가장 규모가 큰 기름 유출 사고가 발생한 곳이다. 수십 년 동안 1,700~3,000만 갤런의 기름과 석유가 그 지역으로 유출되었다. 20세기 말이 되자 이 정체된 감조 하천은 석유 같은 광택과 악취를 풍겼다. 강 바닥에는 4.6미터의 슬러지 층이 엉겨붙어 쌓여 있었다.

극도로 불쾌한 이 도시의 강은 현재 으스스한 회색 격벽을 따라 이어지는 염습지 서식지로 대체되고 있다. 지역 자원봉사 단체의 고된 노동 덕분에 습지 식물과 홍합이 격벽에 대량 서식하고 꽃게, 장어, 물고기, 물새가 돌아오기 시작했다. 뉴욕이나 다른 해안 도시의 수변 전체가 이렇게 변모한 모습, 도시 외부를 둘러싼 딱딱한 콘크리트 벽이 진흙과 습지, 풀, 나무, 초목으로 부드러워진 모습을 상상해 보자. 기후 변화와 관련된 홍수가 발생했을 때 이런 노력만으로 도시를 구하지는 못할 것이다. 하지만 그건 생태계를 작동시키는 생물 다양성을 재확립해서 보다 폭넓은 수생 도시 생태계의 건강을 회복하기 위한 첫 번째 단계다. 금세기에는 도시의 딱딱한 껍질을 부드럽고 투과성 있는 형태로 바꾸는 것이 뉴욕, 뉴올리언스, 상하이, 싱가포르, 라고스, 뭄바이 같은 취약한 해안 도시뿐만 아니라 내륙을 비롯한 모든 도시의 긴급한 우선순위가 되고 있다.

도시를 고도로 설계된 인공적인 기계로 만들려고 했던 우리는 뉴욕처럼 홍수와 가뭄 문제에 대한 자연스러운 해결책을 찾기 시작했다. 우리에게 필요하고 또 우리가 두려워하는 물은 위험할 정도로 불안정한 지구에서 도시를 재구성하는 가장 강력한 힘이다.

홍수와 조화를 이루는 도시

쭐라롱껀 센테너리 공원은 방콕 중심부에 있는 스펀지다. 2017년에 문을 연 이 공원은 폭우가 맹렬하게 쏟아지는 동안 11에이커의 면적에서 100만 갤런의 빗물을 흡수하도록 설계되었다. 이곳을 만든 깟짜꼰 보라꼼Kotchakorn Voraakhom은 중력의 힘을 이용해 공원에서 가장 높은 지점*에서 물탱크를 통해 저류 연못, 얕은 그릇 모양의 잔디밭, 삼림지, 일련의 습지까지 빗물을 끌어모을 수 있도록 공원을 3도 기울어진 상태로 설계했다. 차오프라야 강의 삼각주 범람원에 위치한 방콕은 강, 비, 바다의 '세 가지 물의 도시'라고 불린다. 운하와 논이 있는 대도시인 방콕은 이 세 가지 물과 조화를 이루며 살았고 몬순에 적응한 반수생 도시이기도 하다. 예전부터 삶의 일부인 홍수에 익숙했던 이곳 사람들은 남은 물은 인공 수로와 자연 수로를 통해 과수원과 논에 공급했다. 아즈텍 사람들도 이렇듯 섬세하게 균형 잡힌 도시 농업 생태계를 인정했을 것이다.[15]

그러나 오늘날에는 많은 아시아 대도시들처럼 방콕도 심각한 물 문제를 겪고 있다. 복잡하게 얽힌 운하와 논을 가득 채우고 범람원을 가로질러 뻗어나갈 물이 부족한 것이다. 이 도시는 더 이상 다공성이 아니다. 몇 에이커에 걸쳐 늘어선 콘크리트와 건물에 가로막혀 물이 바다에 도달하지 못한다. 결과적으로 자카르타나 뉴올리언스처럼 물의 위협을 받고 있는 다른 도시들처럼 방콕도 지구상에서 가장 취약한 인간 거주지 중 하나다. 방콕은 충적토 바닥으로 가라앉고 있으며

---

* 박물관 꼭대기에 있는 5,220제곱미터 크기의 유지 보수가 별로 필요 없는 옥상 정원

곧 지금의 해수면보다 낮아질 것이다.

쭐라롱껀 센테너리 공원은 현대의 방콕과 위험에 처한 다른 도시들이 폭우의 영향을 완화하기 위해 자연 수문학과 지형을 모방할 수 있는 방법을 보여주기 위한 시도다. 이곳은 동남아시아의 물을 기반으로 한 도시의 긴 역사를 돌아본다. 방콕은 자국 역사가 주는 교훈을 다시 배워야 한다. 보라꼼이 설계한 공원도 도시와 그 주변의 강우를 모두 처리할 수는 없다. 넓은 대도시들은 이 공원의 기능을 최대한 큰 폭으로 확장하고 더 많은 옥상 정원, 빗물 정원, 인공 도시 습지, 운하, 저류 연못 등을 도시 매트릭스와 통합시켜 물을 흡수해야 한다.

방콕에서 도르드레흐트로 이동해서 도시가 어떤 식으로 변해야 하는지 알아보자. 중세 시대에 네덜란드에서 가장 크고 중요한 도시였던 도르드레흐트보다 더 매력적이거나 역사적으로 중요한 도시는 북유럽에 거의 없다. 이 도시는 늘 육지 가장자리에 위치해 있었기 때문에 북해와 주변에 있는 강 세 곳에서 발생하는 홍수에 취약했다. 1421년에 발생한 유례없는 세인트 엘리자베스 홍수 때문에 내륙 지역이 대부분 물에 잠기고 1만여 명이 사망했으며 약 20개 마을을 휩쓸어 도시가 섬이 되었다. 오늘날 그 정도 규모의 홍수가 발생한다면 이 도시에 약 45억 유로의 피해를 입힐 것이다.

지금 자전거를 타고 도르드레흐트에 가보면 침수에 대한 두려움과 그런 일이 또 생길 거라는 위험 때문에 끊임없이 재구성된 풍경 속을 여행할 수 있다. 가장 확실한 것은 방어용 제방이 있다는 것이다. 네덜란드 땅 대부분은 바다와 습지, 이탄 늪을 매립해서 만든 간척지다. 토지를 만들고 제방을 유지하기 위한 이들의 장기적이고 협력적인 노력은 현대 네덜란드에서 경제 사회적 정책을 결정할 때 쓰는 합의 수단인 폴더모형이라는 개념 안에 남아 있다. 네덜란드인들은 홍수 대비 계획의 세계적인 거장들이다. 그들은 그래야만 했다. 국토의 절반 이상이 해수면 아래에 위치해 있기 때문에 네덜란드의 역사는 축축한 땅을 살기 좋고 안전하고 생산적인 땅으로 만들기 위한 노력으로 가득하다.

1953년에 발생한 홍수로 1,835명이 사망했다. 네덜란드 정부는 이에 대응해 댐, 펌프, 폭풍 해일 장벽, 제방, 수문 등 고도로 정교한 네트워크를 구축하는 데 수십억 달러를 투자했다. 1993년과 1995년의 심각한 홍수 때문에 네덜란드인들은 홍수 방지에서 홍수 복구 쪽으로 방침을 바꿔야만 했다. 21세기에 우리를 기다리고 있는 예측할 수 없는 미래를 고려하면 단순히 장벽을 더 쌓고 제방 높이를 높이는 것만으로는 충분하지 않다.

자전거를 타고 도르드레흐트 변두리 지역을 돌면 이런 정책 변화를 확인할 수 있다. 그 주변의 많은 땅이 갯벌 지형으로 돌아갔다. 한때 도시와 인접한 밭과 농장이 있던 곳에 갈대밭, 버드나무 식림지, 덤불, 진흙 삼림지대 등이 있고 그 사이사이에 드넓은 수면이 펼쳐져 있으며 현재 재건된 습지와 집수 지역이 상당한 면적을 차지하고 있다. 도르드레흐트의 기후 변화 적응 전담 부서의 말에 따르면, 이런 지저분한 반*야생 지역은 도시의 "청록색 기후 완충 구역, 즉 기후 변화의 영향에 맞서 사회적, 생태적 회복력을 높이기 위해 자연적 과정이 진행될 여지를 제공하는 지역"의 일부라고 한다.

이곳을 비에스보쉬 국립공원이라고 한다. 비에스보쉬는 '사초 숲'이라는 뜻으로 과거와 미래의 상태를 나타낸다. 인간은 중세 시대부터 1990년대까지 강, 습지, 갯벌, 개울로 이루어진 이 거대한 지역을 계속해서 잠식해 들어갔다. 그러다가 1990년대 초에 여러 차례 홍수가 발생한 뒤부터 간척지들이 서서히 사라졌다. 비에스보쉬는 이제 유럽에서 가장 큰 담수 갯벌 지역 중 하나이며 사초뿐 아니라 미로처럼 복잡한 시냇물과 함께 돌아온 버드나무, 골풀, 습지 금방망이, 컴프리, 가새잎개갓냉이 등이 가득한 숲이 되었다. 이 홍수 방어 전략은 90제곱킬로미터 크기의 국립 공원, 비버, 알락해오라기, 물총새의 개체수 증가, 물수리, 왜가리, 흰꼬리수리의 영광스럽고 성공적인 귀환 같은 결과를 낳았다.

새롭게 야생화된 도르드레흐트 변두리 지역의 성공 사례를 도시화된 네덜란드 땅 곳곳에서 그대로 따라했다. 이건 농지를 '간척 이전 상태로 돌려놓음으로써' 강이 범람할 수 있는 공간을 늘리는 '룸 포 더 리버Room for the River' 프로그램의 일부다. 이렇게 만들어진 범람원과 습지 숲 덕분에 뛰어난 생물 다양성을 제공하는 레크리에이션 공간이 두 배로 늘어났다. 2021년 7월, 유럽에 대규모 홍수가 발생해서 독일과 벨기에에서 220명이 사망했다. 네덜란드인들이 자연을 잘 정비해서 강이 범람할 공간을 마련하지 않았다면 많은 도시가 물에 잠겼을 것이다. 이런 조치 덕분에 라인강 삼각주 주변의 강이 불어나도 네덜란드는 여전히 건조한 상태를 유지할 수 있었다.

도르드레흐트를 둘러싼 자연 방어 지역(이곳의 기후 완충 지대)은 단순히 자연이 야생으로 돌아가는 곳이 아니다. 그곳은 삶을 위한 장소이기도 하지만, 강과 조수가 무제한의 자유를 얻은 지금은 매우 다른 방식의 삶이 가능해졌다. 자전거를 타고 비에스보쉬의 울퉁불퉁한 지형을 지나 도시 중심부에 가까워지면 21세기의 독특한 교외 주택지를 만나게 된다. 그곳은 흥미롭게도 반수생 지역이다. 또 갯벌 지역인 비에스보쉬의 거친 느낌이 도르드레흐트의 도시성을 지워버리는 이행대이기도 하다. 이곳의 집들은 조수나 홍수에 대처할 수 있도록 짓는다. 진흙밭과 습지의 나무와 식물이 넓게 펼쳐진 곳에 긴 말뚝을 박고 그 위에 집을 짓는 것이다. 여기서 인간과 물, 자연의 통합을 확실히 볼 수 있다. 그리고 무엇보다 더 이상 물의 힘과 싸우지 않는 회복력 있는 공동체를 볼 수 있다.

안전과 생물 다양성을 위해 빈 변두리 땅을 과감하게 재정리하는 건 아주 좋은 일이다. 하지만 건물이 빽빽이 들어서 있고 지표면이 단단한 도심은 어떨까?

도르드레흐트에서 코펜하겐으로 이동하면 오래되고 혼잡한 도시를 어떻게 개조하는지 확인할 수 있다. 2011년 덴마크 수도는 두어 시간 만에 150밀리미터의 비가 내리는 지독한 폭풍을 겪었다. 이 도시는 또 다른 홍수가 발생하기를 손놓고 기다리지 않고 집중 호우 마스터플랜으로 대응했다. 비가 쏟아지면 도로 중앙이나 측면을 따라 넓게 초목이 우거진 '폭우 대로'와 가로수길이 일시적으로 저습지나 화단으로 물을 흡수한다. 물이 너무 많이 모이면 오래된 강 계곡을 따라 이어지는 V자형 샛길로 흘려 보내는데, 이 샛길은 필요할 때 물에 잠겨도 괜찮도록 재설계한 공원, 광장, 빗물 정원, 지하 주차장 등으로 흐름을 연결하는 긴급 '도심 하천'이 된다. 범람하는 속도를 늦춰서 인공 저수지에 모은 빗물은 천천히 바다로 방출된다. 이럴 때 물과 싸워선 안 된다. 도시가 물에 잠기게 놔둬야 한다.[16]

도시는 폭풍을 인간이 만든 재난으로 바꾼다. 홍수로 인한 최대 방류량은 숲이 우거진 집수지보다 불침투성 도시 지역에서 250퍼센트나 많을 수도 있다. 지하 하천은 압력에 잘 대처하지 못한다. 과도하게 많은 물을 제거하는 속도가 자연 하천보다 느리고 생물적으로도 비활성 상태이기 때문에 오염물질을 대량으로 운반한다. 도시에는 비가 많이 내려도 지하수가 거의 충전되지 않는다. 대신 빗물이 도시 하천과 강으로 휩쓸려 들어가면서 유독한 오염물질과 화학물질이 늘어나고 영양소도 과부하 상태가 되며 침식과 침전으로 수로가 악화된다. 더 심각한 건 폭풍이 하수구 처리 용량을 압도하는 바람에 엄청난 양의 미처리 하수가 주변 환경과 사람들 집으로 방출된다는 것이다. 집중호우는 앞으로 수십 년 동안 불규칙적으로 발생하면서 강도는 훨씬 심해져 도시 생활의 질을 저하시킬 전망이다.

이런 물의 흐름에 대처하는 방법이 있다. 도시를 뒤덮은 불투수성 표면을 부수는 것이다. 세계에서 가장 선구적인 '기후 회복력 동네'로 선정된 코펜하겐의 세인트 키얼트 지구는 빗물 관리를 위해 딱딱한 도로 표면의 20퍼센트를 녹지 공간으로 전환했다. 많은 아스팔트 도로가 물을 흡수하는 투과성 재료로 대체되었다. 공원에는 홍수가 났을 때 이용 가능한 저류 연못을 만들기 위해 물결 모양으로 움푹한 곳이 생기도록 재조경했다. 대서양을 횡단해도 이와 비슷한 시스템이 작동하는 모습을 볼 수 있다.

필라델피아는 회색 인프라에 96억 달러를 지출하는 대신 2030년대까지 도시 전체에 미국에서 가장 큰 그린 빗물 인프라를 만들기 위해 24억 달러를 투자했다. 2019년 기준으로, 과거 불침투성이었던 1,500에이커(예상 면적 1만 에이커 중에서)의 땅을 움푹 들어간 빗물 정원, 생태 수로, 도시 습지, 옥상 정원으로 전환했다. 이 가운데 일부는 공유지였다. 하지만 필라델피아는 도시 계획법과 세금 우대 조치를 이용해서 기업과 부동산 개발업자들에게도 부지를 친환경적으로 만들도록 지시한다. 1에이커의 도시 습지는 1년에 100만 갤런의 물을 흡수해서 그 물이 하수 시스템으로 흘러 들어가지 않게 한다. 도시에서 진행되는 이런 식의 녹색 개조는 "경관을 최적화하고 교묘하게 처리하기" 위한 것으로, 인구가 밀집된 도시 중심부에서도 자연계의 수력 시스템을 모방한다.[17]

홍수에 대한 두려움이 도시를 더 푸르게 만들고 있다. 세인트 키얼트와 필라델피아는 도시를 개선하는 과정에서 주민들의 이익을 위해 거리에 엄청난 양의 녹지를 도입하고 이를 통해 도시의 생물 다양성을 대폭 증가시켰다. 중국은 2010년대에 재앙 같은 폭풍이 계속해서 자주 발생하자 물을 빨아들이는 녹지 공간을 극대화한 '해면 도시'를 만들고 있다. 물 위기에 직면한 이 나라의 계획은 도시 표면의 최대 80퍼센트를 투과성으로 만들고, 자연적으로 모은 빗물을 그냥 하천에 흘려 보내기보다 그중 70퍼센트를 인간의 필요에 따라 재사용하는 것이다.

미시적인 수준에서는 모든 개입이 도움이 된다. 뜰, 정원, 정돈되지 않은 뒷골목에 저절로 자란 식물(우리의 오랜 친구 잡초), 화분, 옥상과 벽면의 작은 화단, 소규모 습지, 집 옆의 생태 수로, 다공성 포장도로 등이 모두 도움이 되며 이것을 다 합치면 특히 밀집된 도심에서의 물 침투량과 유지량이 대폭 증가한다. 원래 불침투성인 아스팔트 표면의 작은 구덩이에 심은 나무 한 그루도 놀라운 양의 빗물을 흡수할 수 있다. 따라서 가능성이 없어 보이는 장소에서도 구석구석 녹지 공간을 극대화할 방법을 창의적으로 생각해야 한다. 그러면 머리 위에 먹구름이 몰려올 때 보상을 받을 수 있다. 이런 스펀지 기능이 도시에 거주하는 인간과 동물의 삶에 어떤 행복한 부산물을 안겨주는지는 너무나 명백하다. 건물이 가득 들어선 지역에도 온갖 종류의 습지와 보호용 캐노피가 생기는 것이다.

하지만 거시적인 규모에서도 생각할 필요가 있다. 건강한 상류 숲, 조수 습지, 맹그로브는 도시에 중요한 외부 방어물이다. 하지만 도심은 녹색 인프라뿐만 아니라 파란색 인프라도 보호해야 한다. 우한은 코로나19 발원지로 악명을 떨치기 전까지 물이 중요한 특징이었다. 이곳에 있는 138개의 수역 덕분에 '100개의 호수가 있는 도시'라고 알려졌다. 우한은 장한 범람원에 위치해 있고 동아시아 우기 시스템과 남아시아 우기 시스템의 중간 지대에 있다. 우한의 호수는 20세기 후반에 진행된 도시화의 광풍 속에 대부분 사라졌고, 항상 이 땅의 저주이자 축복이었던 재앙적인 홍수에 그 어느 때보다 심하게 노출되었다. 우한에 살던 이전 세대들은 예측할 수 없는 요소에 도시와 자신들의 생활 방식을 적응시켰고 강을 읽는 방법을 배웠다. 강물이 구리색으로 변하기 시작하면 강이 붉은 사암층 사이로 흐르는 상류에 폭우가 내렸다는 뜻이란 걸 알았다. 그건 가난한 사람들이 갈대 오두막을 강둑 위로 옮겨야 한다는 신호였다. 한편 부유한 상인들은 아시아의 저지대에 사는 많은 이들처럼 기둥 위에 지은 집에서 살았다. 홍수가 나면 우한은 물 위에 뜬 도시가 되었고, 정크나 삼판 같은 작은 배들은 물에 잠긴 거리를 돌아다니는 임시 시장 노점으로 바뀌었다.[18]

이렇게 물에 적응하는 생활이 20세기까지 지속되었다. 그리고 20세기 들어 중국 도시들은 인류 역사상 유례 없는 속도로 성장했고 이를 통해 막대한 부를 창출했지만 동시에 매우 취약해졌다. 2016년 우한에서는 연평균 강수량의 절반이 일주일 만에 내리는 바람에 26만 3,000명이 대피하고 40억 달러의 피해가 발생했다. 이 재난에 경각심을 느낀 우한은 물의 유산을 다시 돌아보면서 지난 30년 동안 네덜란드가 그랬던 것처럼 수생 환경에 적응하는 게 얼마나 가치 있는 일인지 배우게 되었다. 우한은 도심지에 넓고 새로운 습지 공원과 인공호수를 건설하고 강과 운하 둑을 다시 자연화하기 시작했다. 역사적으로 물을 중심으로 형성되었던 이 도시는 이제 풍부한 수생 자산에 공간을 제공하면서 수륙양용의 대도시로 되돌아가고 있다. 역사 대부분을 달갑지 않은 늪이나 불편한 호수를 메우려고 노력했던 우한 같은 도시들이 이제는 습지를 되살아난 수경 도시 개념의 중심적인 특징으로 삼으려고 애쓰고 있다. 물과 억지로 싸우려다가 잇달아 패배하기보다는 도시에서 물과 더불어 살면서 물을 위한 공간을 마련하는 것이다.

지난 10년 사이에 태도가 변한 덕분에 습지도 거기에 속한 다양한 서식지와 함께 도시로 돌아오고 있다. 요즘에는 도시에서 처리 가능하도록 설계한 용량보다 비가 더 많이 내리기 때문에 기존의 공학 기술을 자연적인 해결책으로 보완해야 한다. 베이징은 2015년부터 조림 프로그램에 도움이 될 27만 에이커의 새로운 습지를 건설했다. 댈러스에서는 거대한 트리니티 숲이 속해 있는 트리니티 강의 어귀가 홍수를 막고 휴양 기능을 제공하고 도시의 생물 다양성을 향상시키도록 설계된 습지와 저지대 산림이 연이어 늘어선 1만 에이커에 달하는 미국 최대의 도시공원으로 전환되고 있다. 도시 워터파크는 주기적인 침수로 인한 동적 환경에 대처할 수 있을 정도로 견고해야 하므로 기존 휴양지보다 튼튼하게 만들어야 한다. 자연 범람원의 초목처럼 반복되는 재해를 겪고도 회복될 수 있어야 한다. 그리고 이 책 곳 곳에서 얘기한 것처럼, 가볍게 경작된 장소는 자연에 이롭다. 물은 우리가 이전에 보았던 도시들과 매우 다른 모습의 도시를 만들어내 고 있다.

자연적인 과정을 모방한 도시 습지는 물을 여과하고 처리하고 저 장하는 해결책의 필수적인 부분이자 21세기의 특징적인 공원이 되어 가고 있다. 여기서의 키워드는 '모방'이다. 이곳은 전통적인 도시공원 과 마찬가지로 인공적으로 만들어진 습지다. 대부분의 습지 위에 건 물을 지은 홍콩은 그 보상으로 완전히 인간이 만든 거대한 습지 공원 을 만들었다. 그런가 하면, 런던 중심부에서 불과 15분 거리에 있는 유럽 최대의 도시 습지 자연 보호 구역인 월섬스토 습지는 10개의 급 수 저수지로 이루어져 있다. 우리는 한때 도시를 에워싼 습지를 두려 워하면서 전부 없애려고 했다. 지금은 프레시 킬스에서 우한에 이르 기까지, 습지가 휴양과 생태 관광 장소가 되었다. 도시 습지는 인간 이 만들었음에도 불구하고 콘크리트 정글 한가운데에서 독자 생존이 가능한 생태계로 성숙한다. 인간의 제약을 받아 오염된 도시의 강은 결코 자유롭게 풀려나 원래의 자연 상태로 돌아갈 수 없다. 그러나 겉모습은 자연스러운 느낌을 주도록 개조할 수 있다.

우한에서는 도시를 양쯔강으로부터 보호하던 제방 벽을 허물었 다. 그 자리에는 (지금까지) 4만 5,000그루의 나무와 80에이커의 관 목, 96에이커의 야초를 심었고 갯벌과 새로운 습지 쪽으로 완만하게 경사져 있어서 폭우가 쏟아질 경우 침수돼도 괜찮은 7킬로미터 길이 의 녹청색 완충대를 제공한다. 복원된 강변은 물과 무익한 싸움을 벌 이는 게 아니라 도르트레흐트처럼 "홍수를…… 끊임없이 변화하는 풍경의 필수적인 요소로 통합"한다. 최종 길이가 16킬로미터로 계획된 양쯔강 수변 공원은 세계에서 가장 큰 도시 녹색 강변이 될 것이다. 강기슭 서식지를 복원한 이 프로젝트는 명백한 생태학적 이점을 가지고 있다. 또 예전부터 우한 사람들과 강 사이에 존재했지만 최근 들어 산업 발전에 가려졌던 고대 문화와의 연결을 복원하는 거대하고 새로운 레크리에이션 공원도 생겼다. 수변 공원은 19세기 말부터 건설된 물과 육지 사이의 물리적 장벽을 허물었다. 이것은 더 대규모로 진행 중인 세계적인 움직임의 일부다.[19]

자연화된 강둑과 물가는 현대 도시의 중요한 공공 공간이 되고 있다. 물과 자연은 자석처럼 우리를 끌어당긴다. 켈트족에게 이사르 강은 끊임없이 변화하는 경로와 움직이는 자갈 섬이 있는 '급류'였다. 하지만 지난 100년 동안은 굴욕적으로 길들여진 짐승처럼 곧게 뻗은 운하 같은 수로를 통해 뮌헨 시내를 잔잔하게 흘렀다. 2000년에 알프스에서 시작된 이 강의 독립성을 되찾아주기 위한 작업이 시작되었다. 널말뚝과 돌로 채운 도랑으로 보강된 제방은 강둑에서 더 떨어진 곳으로 옮겨져 초목으로 덮여 있었다. 이렇게 하면 강물이 너무 많이 이동하는 걸 막으면서 동시에 홍수가 났을 때 강물이 마치 몸부림치는 뱀처럼 스스로 모양을 바꿀 수 있는 공간이 생긴다. 11년 사이에 일부 지역에서 50미터이던 이사르 강폭이 90미터까지 늘어났고 콘크리트 둑은 자갈로 대체되었다. 뮌헨 시민들은 3,500만 유로의 비용을 들여서 더 뛰어난 홍수 방어벽과 도시 한복판에서 일광욕과 수영을 즐길 수 있는 강을 얻었다. 도시의 강은 야생 상태로 돌아가지는 않았지만 야생 생물을 다시금 뮌헨 중심부로 끌어들이는 야생의 특성을 얻었다.

수생생태계 복원

초목이 우거진 둑이 있는 신선한 강만큼 도시 생활의 질을 높여주는 것도 별로 없다. 런던 남부 루이셤의 레이디웰 필즈 공원에 있는 레이븐스본 강에서 콘크리트 수로를 제거하고 수생 식물을 복원하자 공원 방문객이 두 배로 늘었다. 사람들은 몇 번이고 자연의 강에 접근하기 위해 싸울 준비가 되어 있다. 런던 남부 템스강의 지류인 완들강을 따라 걷다 보면 도시의 모습은 거의 전원 지대에 가까운 강가의 초목으로 뒤덮여 시야에서 사라진다. 빠르게 흐르는 백악류인 완들강은 제분소, 양조장, 인쇄소, 제혁소가 모여 있던 곳이라서 오염과 질병의 매개체가 되었다. 1086년에는 이곳에 공장이 13개 있었는데 19세기 말에는 100개 이상으로 늘어나 심하게 산업화되었다. 1960년대에는 하수구로 공식 지정되어 물줄기 대부분이 지하 배수로 속에 파묻혔다. 오늘날 이 강은 물을 정화하고 보를 제거하고 서식지를 개선하며 폭우가 쏟아지는 동안 도시 유출수에서 하천으로 유입되는 오염물질을 걸러내기 위해 자갈을 추가하고 습지를 다시 만든 지역 자원봉사자들의 노력 덕분에 영국에서 가장 상태가 개선된 강 중 하나다.

완들강에서 한때 유명했던 송어와 함께 처브, 잉어, 황어, 퍼치도 돌아왔다. 이 하천은 도시 하천 재건에 성공한 세계적인 사례로서 세계 각지에서 진행되는 유사한 프로젝트의 모델이자 영감을 주는 곳이다. 21세기 들어 런던 전역에서 27킬로미터 이상의 강이 콘크리트에서 해방되고 묻혀 있던 곳에서 발굴되었으며 강둑은 야생화되었다. 또 벽을 제거할 수 없는 운하와 강을 따라 인공 습지를 조성하는 프로그램이 진행되고 있다. 갈대, 눈동이나물, 털부처꽃, 물냉이, 꽃창포를 심은 화분을 물에 띄워서 더러운 물을 여과하고 야생 조류, 물고기, 개구리에게 서식지를 제공하는 것이다. 런던 동부의 레아강은 놀랍도록 짧은 시간 안에 배수로에서 다양한 생물이 사는 강으로 전환되었다. 영국 수도의 많은 수로는 수 세기 동안 별로 건강하지 않았고 식물도 살지 않았다. 현재 그곳은 생태학적으로 가치가 높은 녹청색 격자 회랑이 대도시 중심부 전체로 확장되는 새로운 형태의 도시 공공 공간의 일부다. 런던뿐 아니라 전 세계 여러 선진국에서 이런 공간이 등장하고 있다.

세계에서 가장 유명한 복개천 복원 사업은 서울 시내에서 공원을 끼고 흐르는 8.4킬로미터 길이의 청계천이다. 1950년대에 6차선 도로 밑에 묻혔다가 2005년에 복구되었다. 엄청난 비용을 들여서 복구한 청계천은 서울을 변화시킨 아름다운 공공 공간임을 증명했고 도시 생물 다양성의 안식처가 되었다. 공사가 끝난 뒤 62종이던 식물이 308종으로 늘었고, 어류는 4종에서 25종, 조류는 6종에서 36종, 수생 무척추동물은 5종에서 53종으로 증가했다. 이 하천의 미기후대는 도시 내 다른 지역보다 기온이 3~6°C 정도 낮고 대기 오염이 35퍼센트 감소했다. 이곳을 찾는 방문객은 하루에 6만 명 정도다. 완들강처럼 청계천도 도심에서 생물 다양성이 얼마나 빨리 복구될 수 있는지 보여준다. 하천 복원은 도시를 활기차게 한다. 뉴욕주 용커즈의 소밀강은 2010년에 1,900만 달러를 들여 복개천을 복원했다. 그건 현명한 지출임이 입증되었다. 건강한 강의 한 부분이 도시 중심부를 아름답게 하고 상당한 투자를 유치했다.

우한의 양쯔강, 뮌헨의 이사르강, 런던의 완들강은 사람과 자연의 이익을 위해 도시 환경을 어떻게 변화시킬 수 있는지 보여주는 선도적인 예다. 수생 생태계는 도시에서 가장 생산적이고 가장 인기 있으며 동시에 우리의 미래를 위해 가장 중요한 곳이다. 21세기에는 숲, 목초지, 습지, 암초, 강이 상호작용하는 방식을 매우 명확하게 파악할 수 있다. 전체 시스템이 함께 작동해야 한다. 그리고 이런 수역은 수 세기 동안 남용된 뒤에도 회복이 가능하다.

그러나 현대 도시의 물에 관한 이야기는 또 다른 우울한 진실을 드러낸다. 우리는 먼저 쓰레기부터 버리고 또 천연자원의 가치를 마지막 한 방울까지 빨아들인 뒤에야 겨우 복구에 나선다. 하천 복원은 탈산업화 이후에 이루어졌다. 세계 대부분의 도시에 있는 강과 습지는 충격적인 상태로 방치되어 오염된 상태다. 나중에 복원하는 것보다 처음부터 보존하는 게 더 낫고 비용도 저렴하다. 오늘날 세계에서 가장 취약하고 빠르게 성장 중인 도시들은 이 교훈을 받아들여야 한다. 중국의 선진적인 최첨단 도시들은 녹색 인프라와 자연 수력학이 기후 변화에 적응하는 가장 효율적인 방법이라는 걸 깨닫고 있다. 물을 중심으로 도시를 설계해야만 비상사태를 견딜 수 있을 정도의 회복력이 생길 것이다.

물은 좋은 쪽으로든 나쁜 쪽으로든 항상 도시를 형성해왔다. 로스앤젤레스로 다시 돌아가 보자. 로스앤젤레스강이 망가진 1930년대에는 스모그가 심한 공기, 오염된 해변, 자동차에 의존한 무질서한 도시 확장, 오염된 바다와 산불, 인종 문제, 빈곤, 노숙자 등으로 인해 로스앤젤레스가 지상낙원에서 생태적, 사회적 악몽이 되기 시작한 시기와 일치한다.

로스앤젤레스강은 우리에 대한 다른 이야기도 들려준다. 도시는 원자재를 탐욕스럽게 소비한다. 다른 곳에서 원자재를 빨아들여 폐기물로 내보낸다. 물은 로스앤젤레스에서 수백 킬로미터 떨어진 곳에서 엄청난 비용을 들여 끌어오는데, 특히 머나먼 상류 유역의 생태계까지 건드린다. 한편 건조하고 가뭄에 취약한 로스앤젤레스에 내린 비는 대수층에 물을 공급하거나 토양에 양분을 제공하지 않은 채, 도시에 축적된 모든 독성물질과 함께 한때 강이었던 콘크리트 수로를 통해 빠르게 바다로 흘러간다.

하지만 이렇게 수치스러운 환경 파괴의 상징도 회복될 수 있다. 수십 년간의 캠페인 끝에 이 강은 재활성화를 위한 첫 번째 단계를 걷고 있다. 다시 야생으로 돌아가지는 않겠지만 앞으로 25년 동안 강의 일부에서 콘크리트 포장을 없애고 강변 서식지를 만들고 82킬로미터의 강줄기를 따라 계속 이어지는 녹지 공간을 만들기 위한 계획이 수립되고 있다. 이 도시는 자전거 도로 및 보행자 도로로 연결된 새로운 강변 공원을 몇 개 만들기 위해 땅을 매입하고 있다. 강의 콘크리트 바닥을 깊이 파서 모래, 퇴적물, 자갈, 돌멩이, 수생 식물 같은 천연 재료로 채울 것이다. 강의 흐름이 느려지고 웅덩이나 다른 서식지가 자리를 잡을 것이다. 강이 회복되었는지 알아보기 위한 테스트 중하나는 강철머리 송어의 귀환이다. 이 물고기는 강이 운하화되기 전에는 태평양에서 강 상류로 이동해 산의 상류수에서 알을 낳았다.

로스앤젤레스강의 몰락이 황폐화된 로스앤젤레스의 상태를 잘 보여준다면, 현재의 이 강은 환경 회복을 위해 도시가 기울이는 노력의 가장 중요한 위치에 있다. 강을 복원하면 강둑을 훨씬 뛰어넘는 파급 효과가 생긴다. 울타리로 둘러싸인 도랑이 아니라 로스엔젤레스를 관통하는 건강하고 접근하기 쉬운 강이 생긴다면 거대한 공공 공간과 새로운 중심지가 도시민들의 삶의 질을 높일 것이다. 이제 사람들이 수로를 피하지 않고 그곳을 여가와 식사, 생활 공간으로 여기게 되므로 투자도 유치할 수 있다. 하지만 여기에는 더 넓은 생태학적 의미가 있다. 깨끗한 강을 원하고 그 강에 수십억 달러를 쏟아붓고 싶다면 먼저 깨끗한 도시부터 만들어야 한다. 그렇지 않으면 또 예전과 똑같은 독성물질로 강이 더러워질 것이다. 강은 단순히 조용히 흐르는 수로가 아니라 소득과 세수를 창출하는 곳이다. 강의 건강은 유역 전체에 의해 결정된다. 인접한 땅에서 흘러나오는 물을 걸러내고 정화하려면 나무, 초목 둑, 습지, 하천 습지, 생태 수로, 빗물 정원 등이 필요하다. 강을 복원하면 파급 효과가 생긴다.

이번 세기의 남은 과제는 물이 파괴적인 힘을 발휘하기 전에 도시 안에서 흐르는 방식을 바꾸는 것이다. 이는 폭우 대비용 큰 도로로부터 깨끗한 강, 되살아난 습지, 도시 숲, 물을 빨아들이는 지표면에 이르기까지 도시 환경과 관련된 모든 종류의 변화를 뜻한다. 그러려면 하드 엔지니어링에서 벗어나 자연 공정으로 전환해야 한다. 옥상 정원, 빗물 정원, 가로수 등의 형태로 도시에 상당한 양의 녹지를 추가하고 레크리에이션 기능뿐만 아니라 생태적 기능까지 갖춘 공원을 조성해야 한다. 무엇보다 자연 수력 시스템을 복사, 복제, 복원하는 '바이오 모방'이 필요하다. 다시 태어난 로스앤젤레스강을 상상해보면 어떻게 물이 모든 도시를 재구성하는 있는 힘을 갖고 있는지 깨달을 수 있다.

도시에서의 생활 방식이 이런 식으로 발전한다면 무엇보다도 역사적 경향이 역전될 것이다. 로스앤젤레스가 멀리 떨어진 오웬스 계곡에서 물을 끌어오면서부터 도시와 물 사이의 연결은 끊어졌다. 즉,

생산지와 소비지의 거리가 너무 멀어진 나머지 도시 사람들은 더 이상 도시와 생태계의 연관성을 인식할 수 없게 되었다. 다른 주요 자원, 특히 음식에서도 똑같은 일이 일어났다. 도시와 자연의 구분이 굳어졌다. 하지만 기후 변화 때문에 그런 구분을 무너뜨려야 하는 상황이 되었다.

6장

수확

혁명가들의 감자밭

1793년 4월 튈르리에서 봄 산책을 하던 파리 시민들은 왕실 정원에 형식에 맞게 가꿔놓았던 화단을 갈아엎은 모습을 보았다. 그리고 그 자리에 평소 보던 다양한 색상의 꽃 대신 보라색 꽃이 핀 한 가지 식물이 줄지어 심겨 있었다. 그건 혁명과 공화주의의 산물인 감자였다.

왕실 유람지였던 튈르리가 감자밭으로 바뀐 건 1793년에 발생한 혼란의 일환으로, 이는 작지만 매우 상징적인 사건이었다. 그해 1월 루이 16세가 처형되었다. 유럽의 많은 지역과 전쟁을 벌이고 있던 혁명기의 프랑스는 곡물을 수입할 길이 없었다. 방데 지방 농민들은 반란을 일으켰다. 감자가 막 싹을 틔우기 시작하던 4월 6일, 프랑스의 새로운 집행 기관인 공안위원회가 출범했다. 신생 공화국의 금욕적인 통치자들은 절대주의적인 부르봉 왕가가 다스리던 도시를 갈가리 찢어놓았다. 왕실 공원을 비롯해 파리의 모든 미경작지는 정치적 위기 극복을 위해 식량 부족을 겪고 있는 굶주린 대중에게 먹일 채소를 재배하는 데 사용되었다.

프랑스 공화주의의 제단인 튈르리는 '국가 공원'으로 이름이 바뀌어 세속적인 의식을 치르는 장소이자 국가 공공 생활의 중심지가 되었다. 이곳의 주요 작물인 감자는 '공화국의 음식'이라고 불렸다. 왕실 정원에서 작물을 재배하는 건 사람들이 무시하던 감자 이미지를 바꾸기 위한 운동의 일환으로, 약사 앙투안 오귀스탱 파르망티에가 낸 아이디어였다. 파르망티에는 감자가 프랑스를 괴롭히는 기근의 해결책이자 신대륙이 굶주린 구대륙에게 주는 선물이라고 생각했다. 문제는 프랑스인들이 감자가 나병을 일으킨다고 생각해 먹는 걸 거부하고 싫어했다는 것이다. 파르망티에는 혁명이 일어나기 훨씬 전부터 감자를 사람들 구미에 맞는 음식으로 만들기 위해 열심히 로비를 벌였다. 1790년대에는 프랑스에 식량을 공급해야 할 필요성이 절실했고 덕분에 파르망티에에게 기회가 생겼다. 혁명 정권은 감자를 광범위하게 재배하도록 명령했고 감자의 장점을 알리는 팸플릿과 수십 가지 맛있어 보이는 감자 요리법이 실린 《공화당 요리사La Cuisinière Républicaine》라는 요리책을 배포했다. 1802년 미국 대통령 토머스 제퍼슨Thomas Jefferson은 백악관 만찬에서 '프랑스식으로' 요리한 감자 튀김을 먹었다. 프렌치프라이가 세계를 지배하기 위한 여정을 시작한 것이다.

감자는 정치적인 작물이자 반혁명적인 무기였다. 도시 농업도 마찬가지였다. 자코뱅파는 자급자족을 국가적 차원과 지역적 차원에서 도덕적 선으로 여겼다. 이들은 도시가 기생충 같다고 한탄했다. 식량과 이국적인 사치품에 대한 도시의 탐욕스러운 요구 때문에 다른 지역이 피를 흘리고 있는데 도시민들은 자기들이 먹을 식량조차 생산하지 않는다는 것이다. 당시에는 현지에서 생산한 소박한 음식을 먹는 게 필수적이었다. 튈르리와 뤽상부르 공원을 갈아 엎은 건 사치에서 실용으로의 전환을 상징했다. 하지만 그건 단순한 제스처 이상이었다. 튈르리에서 생산한 농작물은 4,300부셸, 즉 120톤에 달했다. 일부 자코뱅파는 여기서 더 나아가 정부가 파리 전역의 포장용 돌을 파내고 감자를 심어야 한다고 촉구했다. 관영 언론은 모든 이들에게 도시 내의 가능한 모든 공간에서 감자를 재배하라고 권고했다. 정권 대변인은 "공공의 이익을 원하는 모든 선량한 시민"은 발코니와 창턱에 꽃 대신 감자를 심어야 한다고 충고했다. 감자는 단순히 정치적인 문제가 아니라 애국과 관련된 문제였다. 파리가 자급자족할 수 있는 도시로 거듭났기 때문에 도시 전체가 자라나는 농작물과 함께 녹색으로 변해야 한다.[1]

2020년 여름, 파리 15구에 있는 전시 단지 위에 세계에서 가장 큰 옥상 농장인 나투르 우르벤느가 문을 열었다. 축구장 두 개 크기인 14만 제곱미터에 달하는 이 농장에서는 식물 성장 시기에 하루 1톤이 조금 넘는 신선한 유기농 과일과 채소를 생산해서 인근 식당에 공급한다. 식물을 키우는 높은 플라스틱 기둥과 재배용 배수로를 사용하기 때문에 유효한 재배 공간은 훨씬 넓다(최대 8만 제곱미터). 1790년대 튈르리에 조성된 감자밭이 도시의 잠재적인 농업 생산성을 보여주기 위한 것이었던 것처럼, 나투르 우르벤느는 도시에서 생산에 활용할 수 있는 사용하지 않는 공간을 강조한다. 땅값이 비싼 혼잡한 도시에도 도심 지역의 최대 30퍼센트까지 차지하는 평평한 옥상 위에는 농업에 활용할 수 있는 빈 땅이 존재한다. 또 지하에도 그런 공간이 있다. 파리에서 자동차 소유자가 감소함에 따라 불필요해진 지하 주차장이 버섯과 치커리 농장으로 바뀌고 있다.

나투르 우르벤느가 파리 시민 전체를 먹여 살리지는 못할 것이다. 하지만 그건 식량 생산을 위해 도시 일부를 되찾아서 활용하려는 세계적인 움직임의 하나다. 2009년에 토론토는 모든 신축 건물은 옥상을 녹화해야 한다는 조례를 통과시켰다. 2019년에는 46만 4,515제곱미터(115에이커)에 달하는 640개의 옥상 정원이 도시에 추가적인 녹지 공간을 제공했다. 옥상 녹화는 빗물 유출을 60퍼센트 줄이고 에어컨 사용에 따른 에너지 요구량을 최대 75퍼센트까지 낮추는 등 기후 변화 적응의 핵심적인 부분이다.

토론토의 많은 옥상이 녹화되면서 이 공간을 농장으로 바꿔야 한다는 요구가 있는데, 이 작업도 서서히 진행 중이다. 또 하나의 선구적인 녹색 옥상 도시인 시카고에는 2013년에 개장한 맥코믹 플레이스 컨벤션 센터 꼭대기에 있는 2,000제곱미터의 부지를 비롯해 비슷한 규모의 옥상 녹지와 점점 늘어나는 옥상 농장이 있다. 이런 도시 농장은 작고 실험적이지만 도시를 식량 생산 중심지로 바꾸는 일에 전념한다면 어떤 일이 가능한지 보여준다. 볼로냐에서 진행된 한 연구에 따르면 평평한 옥상 표면(203에이커)을 모두 농업에 활용할 경우 매년 신선한 야채 수요의 77퍼센트를 충족시킬 수 있어서 부패하기 쉬운 식품을 수입하는 데 드는 환경 비용을 대폭 줄일 수 있다고 했다.[2]

파리의 나투르 우르벤느는 18세기 말 혁명가들이 감자밭을 만들 때와 같은 도덕적 충동에서 생긴 것이다. 현대 도시들은 신선한 농산물에 대한 수요 때문에 주변 배후지뿐만 아니라 지구 전체의 생태계에 큰 부담을 준다. 현재 전 세계 인구가 거주할 수 있는 땅의 절반인

파리가 자급자족하던 시절: 1918년 에펠탑 부근에 있던 농원.

50억 헥타르가 농업에 사용되고 있는데 이는 1900년에 비해 두 배로 증가한 규모다. 토지에 이렇게 심한 압력이 가해지는 바람에 많은 종들이 멸종하고 있다. 도시의 빈 공간을 활용하는 건 가급적 현지에서 조달한 음식을 먹고 세계의 숲, 관목 지대, 사바나 지역에 대한 압력을 감소시키기 위해 광범위하게 진행되고 있는 운동의 일부다.

　이건 유토피아적인 꿈이 아니다. 도시에 고도로 집약적인 농업을 도입하면 여러 가지 면에서 과거의 도시로 회귀하게 된다. 튈르리의 감자 농사는 3년 만에 끝나고 그곳은 다시 공식적인 공원으로 돌아갔다. 그러나 파리를 농업 도시로 만들려는 자코뱅파의 꿈은 결국 실현되었다.

토양의 연금술사

19세기에 파리에서 일하던 시장 판매용 농원 경영자maraîchers는 '토양의 연금술사'라고 불렸다. 도시 토양에서 1년에 네 번, 때로는 여덟 번까지 작물을 수확할 수 있었기 때문이다.* 벽으로 둘러싸인 상품용 채소 농원은 1844년에 파리 면적의 약 6퍼센트를 차지했고 각각의 농원 크기는 1~2에이커 정도였다. 한 영국인 방문객은 파리 변두리를 "샐러드 채소, 시금치, 당근, 양배추, 서양고추냉이, 까치콩을 심어놓은 끝없이 이어지는 평행사변형"이라고 묘사했다. 당시 200만 명이 살던 프랑스 수도는 단 2,000에이커의 농원에서 수확한 신선한 채소로 자급자족이 가능했을 뿐만 아니라 남는 건 영국으로 수출하기까지 했다. 영국 소비자들은 농원 경영자들이 한겨울에도 샐러드용 채소를 제공한다는 사실에 놀랐다. 또 해마다 5월이면 벌써 오이와 참외를 팔았다.[3]

기적을 행하는 농원 경영자들은 작은 정원을 매우 열심히 돌봤다. 콜드 프레임(냉상)과 호밀 깔개로 감싼 병 모양의 유리 덮개에서 열이 발생했는데, 1909년 파리에서는 600만 개의 유리 덮개가 사용되

---

* maraîcher라는 단어는 '늪'을 뜻하는 marais에서 유래되었다. 파리에 처음 등장한 농원 경영자들은 파리를 둘러싼 늪지대에서 농작물을 키웠기 때문이다.

었다. 채소는 다닥다닥 붙여서 키웠다. 당근 옆에 무를 키우고 무를 수확하면 당근 옆에 샐러드 채소를 심는 식이었다. 놀리거나 제대로 활용하지 않는 땅은 전혀 없었다. 이렇게 높은 수확량을 실현한 것은 프랑스에서만 가능했던 전문적이고 노동 집약적인 사업이었다. 다른 이들도 농원 경영자의 성공을 모방하려고 해봤지만 실패했다. 경외감에 사로잡힌 한 외국인 관찰자의 말에 따르면, 그런 일을 하려면 "끊임없는 관심, 무제한적인 산업, 작업일의 한계에 대한 스파르타적인 무시"가 필요했다. 이렇게 힘든 노동을 한 도시 농부는 도시의 가난한 사람들보다 훨씬 많은 돈을 벌었다. 1에이커의 도시 토지에서 얻는 이익이 요즘 돈으로 87만 파운드에 이른다고 한다.[4]

유명한 농원 경영자들은 농촌의 비슷한 정원보다 더 생산적인 땅을 만들었다. 이 연금술은 분명히 예외적인 노력과 기술의 결과였다. 하지만 그들에게는 마법의 재료도 있었다. 도시 토양에 지구상의 어떤 생태계보다 많은 영양분이 함유되어 있다는 걸 알면, 그들의 성공이 조금은 덜 놀라울 것이다. 도시는 척박한 땅을 비옥하게 만드는 힘이 있다.

도시 분뇨

쉬 추안시앙은 국가 원수와 악수할 정도로 전국적인 명성을 얻었다. '미스터 똥'이나 '냄새나는 똥덩어리' 같은 별명을 가진 사람치고는 나쁘지 않은 업적이다.

1920년대에 가난한 시골을 벗어나 베이징으로 온 쉬 추안시앙은 자기가 구할 수 있는 일을 했다. 그건 바로 손으로 변기를 비우고 분뇨를 50킬로그램짜리 양동이에 담아 운반하는 분뇨 처리꾼이었다. 그는 나귀와 동료 일꾼 열다섯 명과 함께 헛간에서 잠을 잤고 쌀 대신 거친 잡곡을 먹고 살았다. 그가 하는 일은 더러울 뿐만 아니라 위험하기도 했다. '펜바스(똥 각하)'는 베이징에서 가장 수익성 높은 분뇨 수거 경로를 놓고 서로 경쟁을 벌였고 오물을 통해 이익을 얻으려고 사납게 싸웠다. 쉬는 이렇게 착취적인 범죄 조직의 졸개였지만 자기 임무를 부지런히 수행했다. 1949년에 중화인민공화국이 수립된 뒤 자기 지역의 환경미화노동자위원회 위원과 전국인민대표대회 부대표가 되면서 쉬의 운명도 나아졌다. 그는 1959년에 모범 노동자로 선정되어 사회주의 영웅으로 선포되었고 인민대회당에서 열린 기념식에 연설자로 초대되었다. 그곳에서 류사오치 주석을 만난 쉬는 하룻밤 새에 유명인사가 되어 텔레비전과 신문 인터뷰를 했으며 그의 초상화가 제작되고 그의 인생 이야기가 연극으로 각색되었다. 쉬의 연설은 "우레 같은 박수갈채"를 받았다. 대표단은 가난, 오물, 위험으로 점철된 그의 인생 이야기에 눈물을 흘렸고 무엇보다 중국 공산주의의 새로운 제도 아래에서 그가 이룬 기적적인 도덕적·물질적 구원에 감동했다. 류샤오치의 딸은 쉬의 청소반에서 일하겠다고 자원하기까지 했다.

쉬는 인정 받을 자격이 있는 사람이지만 그가 얻은 영예는 다급한 선전 행위였다. 1959년 중국은 농업 대약진 운동의 일환으로 도시에서 어느 때보다 많은 분뇨를 모으기 위한 국가적 노력을 전개했다. 밭에 뿌릴 분뇨 125억 킬로그램을 모으는 게 목표였다. 신문에서는 도시 사람들에게 "다들 동참해서 비료를 모아 훨씬 크고 풍성한 수확

을 올리기 위해 싸우자!"고 촉구했다.[5]

쉬의 인생 이야기는 아시아와 메소아메리카 도시들이 자급자족한 방식, 그리고 도시의 불쾌한 부분을 치우고 식량 공급을 보장하는 데 결정적인 역할을 했지만 인정받지 못하고 멸시만 받은 사람들을 상기시킨다. 테노치티틀란의 놀랍도록 생산적인 치남파 농업 시스템은 도시 거주자 25만 명의 배설물에 의존했고, 이는 도시의 지속 가능성과 자급자족의 모델이 되었다. 일본, 중국, 한국의 도시에는 가치 높은 분뇨를 거래하는 오래된 시장이 있었다. 분뇨는 종종 금이나 보물에 비유되었고 결코 낭비되는 법이 없었다. 아시아 도시에서는 모아온 분뇨를 뚜껑 있는 구덩이에 묻은 뒤 볏짚 같은 다른 물질과 섞었다. 그리고 비료로 사용해도 안전해질 때까지 혐기성 조건에서 분해시켰다. 1682년에 일본의 한 농업 저술가는 "도시와 가까운 농지는 비옥한 원천에 쉽게 접근할 수 있는 축복을 받았다"고 말했다. 18세기에 세계에서 가장 큰 대도시들이었던 에도(도쿄)와 베이징이 성장하고 인구 밀도가 높아지자 주변 농장의 생산성도 덩달아 높아졌다.[6]

이 시스템은 영양소 교환의 선순환을 만들어냈다. 도시는 막대한 산출물을 재활용함으로써 자기 몫을 다할 수 있었다. 이걸 "폐루프형 생태계"라고 한다. 도시는 자신들의 폐기물로 주변 생태계를 재구성해서 변두리 지역을 놀랍도록 비옥하게 만들었다. 대도시와 시골은 인간의 가장 기본적인 과정인 식사와 배변을 중심으로 친밀한 관계를 맺었다.

중국 건륭제(1736~96) 때는 분뇨 수거를 "황금즙 사업"이라고 불렀다. 일본에는 "지주의 자식은 똥을 먹고 자란다"는 속담이 있었다. 공동 주택 주인들은 법적 소유권이 집주인에게 있었던 세입자의 분뇨를 팔아 돈을 많이 벌어서 호사롭게 살 수 있었다. 도시의 분뇨는 잠재적 생산성에 따라 등급이 매겨졌다. 단백질(특히 생선)이 풍부한 음식을 먹는 부유층 분뇨가 가장 높은 가격을 받았다. 에도 변두리의 농부와 농민은 분뇨 중개인이 자신들의 생계뿐 아니라 혼잡한 도시 운명을 위해 필수적인 상품에 부과하는 엄청나게 높은 가격을 조절하기 위해 여러 세대에 걸쳐 투쟁을 벌였다. 이런 체계는 20세기 초반까지 이어졌다. 1908년에는 2,400만 톤의 인간 분뇨가 재활용되었다. 하지만 1920년대 들어 일본 도시들이 빠르게 성장하면서 분뇨 공급이 수요를 훨씬 초과하게 되었다. 사람들은 더 이상 분뇨를 사지 않았고 분뇨 수거라는 더러운 일을 해도 이익이 되지 않았다. 농부들은 화학 비료로 눈을 돌렸다. 쉬가 국가적 영웅이 된 1950년대 중국에서는 아직 합성 비료가 널리 보급되지 않았거나 가격이 비쌌기 때문에 도시의 배설물이 어느 때보다 가치가 높았다. 최근까지도 중국 15개 대도시 중 14개는 인간 분뇨를 써서 비옥하게 유지된 교외 농촌 지대에서 공급하는 식량으로 자급자족했다.[7]

이와 다르게 유럽과 북미 도시에서는 그런 관행에 콧방귀를 뀌었다. 사람들은 자기 배설물을 이용해 농작물에 비료를 준다는 생각에 역겨움을 느끼며 움찔했다. 이곳에서는 배설물을 거리, 강, 항구에 버리는 바람에 19세기에 발진티푸스와 콜레라 같은 끔찍한 질병이 돌았다. 반면 에도(도쿄)는 상업화된 인간 분뇨 수거 및 재활용 시스템이 갖춰져 있어서 도시가 더 깨끗했고 따라서 감염 피해를 면했다. 뉴욕, 파리, 런던과 다르게 아시아 도시의 수도 시스템에는 도시의 갈색 황금인 배설물이 유입되지 않았다. 서구 대도시는 이 문제, 즉 엄청나게 쌓인 분뇨 더미를 눈에 띄지 않게 씻어내기 위해 하수 및 폐수 시스템 같은 값비싼 엔지니어링 솔루션을 개발했다. 19세기 일부 비평가들이 보기에 배설물을 대량으로 쓸어내는 건 범죄적인 수준의 자원 낭비였다. 폐쇄형 생태 순환 고리가 될 수도 있었던 것이 엄청난 규모의 소비와 배출이 이루어지는 선형 컨베이어 벨트가 된 것이다.

칼 마르크스Karl Marx는 자본주의가 땅의 영양분을 추출해 오염 물질로 바꾸는 바람에 "인간과 지구 사이의 신진대사적 상호작용"에 균열이 생겼다고 한탄했다. 그는 《자본론Das Kapital》에서 현대 도시는 "인간이 소비한 구성 요소가 흙으로 돌아가는 것"을 막는다고 썼다.

> "그 때문에 토양 비옥도를 계속 유지하는 자연 조건의 작동이 방해를 받는다."

프리드리히 엥겔스Friedrich Engels는 "도시와 시골의 융합"을 요구했다. 그래야 도시의 "쇠약해진 대중이 질병 생산이 아닌 식물 생산을 위해" 배설물을 사용할 수 있다는 것이다. 정원 작가 셜리 히버드Shirley Hibberd는 1884년에 쓴 글에서, 영국 도시들이 그가 가장 강력한 비료라고 여기는 걸 "낭비하기 위한 계획을 세우느라 바쁘다"고 분노하면서 거의 절망에 빠져 있다.

> "특히 런던은 연간 200만 파운드의 가치가 있는 [인간] 분뇨를 주변 토양에 기여할 수 있지만, 이 사안을 관리하는 이사회는 그걸 바다에 버리려고 우둔한 머리를 짜내고 있다."

이 분석에는 빠진 게 하나 있다. 서구 도시들은 인간 배설물을 팔아도 일본과 중국에서처럼 높은 가격을 받을 수 없었다. 그와 비슷한 자원을 엄청나게 많이 보유하고 있었기 때문이다.

빅토르 위고는 "거대한 도시는 가장 강력한 배설물 제작자"라고 선언했다. 에밀 졸라Emile Zola는 분뇨는 곧 "세상과 그 생명을 상징한다"
고 썼다.

> "……파리는 모든 걸 썩게 한 다음, 지치지도 않고 죽음의 상처
> 를 복구하는 흙으로 돌려보낸다."

기적을 일으키는 농원 경영자들의 생산성이 그토록 높았던 이유는
농원 1에이커당 파리에서 가장 풍부한 부산물인 말똥 400톤을 비료
를 주었기 때문이다.

대부분의 도시에 동일한 원칙이 적용되었다. 1790년 봄에 맨해튼
을 떠나 롱아일랜드로 향한 조지 워싱턴은 "지금까지 본 그 어느 곳
보다…… 식물 상태가 좋은" 들판을 발견했다. "이는 뉴욕시에서 가
져온 다량의 거름 덕분이다."

맨해튼 건너편에 있는 퀸즈와 브루클린 농원에서는 도시에서 대량
으로 발생하는 말똥과 유기 폐기물을 투입해서 번성했다. 런던은 블
랙프라이어스 근처에 '똥 부두'라는 곳이 있었는데, 도시의 풍부한 거
름과 하수가 이곳에서 강 하류로 흘러가 처음에는 첼시의 농원을 비
옥하게 하고 그 다음에는 미들섹스 서부로 향했다. 원래는 런던 변두
리에 몰려 있던 수천 개의 농원과 과수원이 도심에서 생산된 과잉 영
양소를 마음껏 누렸지만 도시 확장 때문에 다 쫓겨났다.

존 클라우디우스 루던도 "가장 비옥한 토양은…… 대도시 주변
에 있다"고 말했다. 농장과 들판은 도시 외곽에서 사라지고 집중적
인 관리를 통해 생산성이 매우 높은 작은 농원과 과수원으로 전환
되었다. 도시 변두리에는 과일나무, 채소밭, 상업적인 종묘장, 교외
정원이 모인 넓은 지역이 있어서 농업 지대보다 더 다양한 생물이 살
았다. 벚꽃과 사과꽃, 콩과 식물, 호박, 토마토, 스쿼시, 씨 없는 작은

과일은 곤충이 수분하는 농산물이다. 벌들은 도시 외곽에서 일을 잘 해냈다.

1860년대에는 미국 시장에서 팔린 모든 채소의 10퍼센트가 오늘날의 뉴욕시 경계 내에서 수확되었다. 이건 놀라운 수준의 생산성이다. 맨해튼섬에는 "대량의 배설물 더미"가 쌓였고 그 결과 브루클린 플랫부시 부근이 "미국의 농원"이 되었다.[8] 식물 재배기에는 매일 밤 런던의 주요 과일 채소 도매 시장인 코벤트 가든에 딸기, 라즈베리, 구스베리, 사과, 자두, 배, 양배추, 체리, 샐러드 채소, 완두콩, 아스파라거스, 토마토, 기타 신선한 농산물을 운반하는 수레와 바지선이 모여들었고, 나중에는 철도 왜건과 트럭까지 모여들었다. 이른 아침에는 그 수레와 바지선이 매일 런던을 돌아다니는 70여만 마리 말에서 나온 거름을 싣고 돌아왔다. 런던 중심부에서 서쪽으로 23킬로미터 떨어진 히드로 마을 주변 지역의 토양은 수십 년간 뿌린 거름과 하수 슬러지 덕에 토질이 개선되었고, 제2차 세계대전 무렵에는 과일, 꽃, 채소 재배에 있어 세계 최고 수준이 되었다. 도시는 오물을 이용해 이 땅을 기적적으로 비옥하게 만들었다.

오늘날에도 히드로에는 여전히 신선한 농산물이 가득하다. 차이가 있다면 이제는 인공적으로 비옥해진 그 지역 토양에서 작물을 키우지 않고, 1944년부터 런던의 과일 채소 바구니 위에 건설된 히드로 공항을 통해 수천 킬로미터 떨어진 곳에서 농산물을 수입해 온다는 것이다. 지난 60여 년 사이에 선진국 도시에서는 농원으로 사용되던 배후지가 사라졌다. 엔진이 파리의 도시 농부와 런던의 농원 경영자를 죽였다. 거리가 자동차, 버스, 트럭으로 가득 차자 흙을 금으로 바꿔줄 말똥도 사라졌다. 어쨌든 냉장 기술과 저렴한 항공 운송 비용, 그리고 화학물질을 대량으로 쓰는 산업 규모의 농업 출현 때문에 저절로 사라질 운명이기는 했다. 폐영양소 재활용에 기반한 생산성 높은 도시 농업이 붕괴되었다. 21세기에는 1년에 런던에서 소비되는 690만 톤의 식품 중 81퍼센트가 영국 외부에서 수입된다.

도시 농업

도시와 식품 생산 단절이 얼마나 최근에 벌어진 일인지 알아야 한다. 1940년대까지만 해도 미국 도시에서 소비되는 채소의 40퍼센트는 대도시 지역에서 재배했다. 로스앤젤레스까지 80킬로미터 이상 이동한 식품은 없었다. 로스앤젤레스 정착민 중에는 중서부 농업 지대 출신이 많다. 그 대도시는 기후, 관개 시설, 토양을 이용해 소규모 국내 농업과 블루칼라 직종을 결합시키고 가금류나 소를 사육하고 과일과 채소를 길러 수입을 보충할 수 있었기 때문에 매력적이었다. 대공황 기간에 연방 정부는 "생계형 농가"에 자금을 지원했다. 1930년대에는 2만 5,000개 이상의 작은 농장이 로스앤젤레스를 둘러싸고, 주택 뒤뜰의 텃밭에서도 많은 식량을 생산했다. 이는 대부분의 미국 도시가 마찬가지였다. 제2차 세계대전이 끝난 뒤에도 교외 지역은 농장 같은 독특한 분위기를 풍겼다. 도시 변두리 농업은 1930년대에 급속한 도시화와 발맞추어 성장하면서 생산성이 정점에 도달했다.[9]

1950년대가 되자 로스앤젤레스의 도시 농업이 사라지기 시작했다. 모든 도시의 농원과 과수원이 교외, 공항, 간선 도로, 유통 센터, 쇼핑몰이 되었다. 활기찬 시장과 풍부한 영양 공급원이 있는 도시 근처에서 상하기 쉬운 작물을 재배하는 이점이 사라졌다. 더 엄격해진 규제와 구역제 조례 때문에 소, 염소, 닭이 교외에서 쫓겨났고 소규모 농장과 뒷마당 원예가 뒤죽박죽 섞인 농촌-도시의 특성도 사라졌다. 잔디밭이 굶주린 문어처럼 교외를 뒤덮으면서 식량 생산 부담은 멀리 떨어진 보이지 않는 생태계로 옮겨갔다.

오늘날 온실가스의 34퍼센트와 해양 및 담수 오염의 78퍼센트는 식품 생산과 유통 때문에 발생한다. 이것이 전 세계 탄소 순환에 심각한 지장을 준다는 건 잘 알지만, 공장에서 제조한 엄청난 양의 비료를 환경에 쏟아붓는 바람에 영양 순환까지 방해한다는 건 잘 모른다. 인간은 자연계에서 순환하는 질소 양은 두 배, 인의 양은 세 배로 증가시켰다. 유엔환경계획은 "우리는 전 지구적 규모로 진행되는 거의 통제되지 않은 실험을 통해 지구에 비료를 뿌리고 있다"고 선언했다.[10]

1840년대 영국에서 발간된 한 농업 정기 간행물은 "수많은 인구가 섬을 부유하게 만들기는커녕…… 완전히 피폐하게 만든다"고 불평했다. 유럽 국가들은 영양소 순환을 이용하기보다 남아메리카에서 수입한 조분석을 비료로 썼다. 가까운 생태계를 근본적으로 변화시키기 위해 멀리 있는 생태계를 빈곤하게 만든 것이다. 여러 회사에서 인간의 배설물을 모아 건조시킨 뒤 숯과 석고를 섞어 푸드레트라는 분말을 만들었다. 여기에 '알킨 식물성 분말', '알렉산더의 치오푸', '클라크의 건조 퇴비', '오웬의 동물화 탄소' 같은 완곡한 브랜드 이름을 붙여서 비료로 판매했다. 프랑스, 영국, 미국, 싱가포르, 뭄바이에 푸드레트 공장이 설립되었다. 그러나 배설물을 한 번에 씻어 내는 도시 하수 시스템을 사용하는 시대에 도시에서 분뇨를 수거하는 일의 경제성을 생각하면 그런 계획이 효과적일 리가 없었다. 19세기 말에 현대적인 합성 비료가 출현하면서 분뇨의 힘을 이용하려는 기업가적 시도는 포기하게 되었다. 미국의 농업 과학자 F. H. 킹F. H. King은 1911년에 공포에 질려 이렇게 썼다.

> "수 세기 동안 축적된 토양의 비옥함이 한 세대만에 바다로 쓸려 들어가 버렸지만 그럼에도 불구하고 이 비옥함은 살아 있는 모든 것의 토대다."[11]

식량, 에너지, 물, 쓰레기는 도시가 환경에 영향을 미치는 주요 방식이다. 도시에 축적된 과도한 영양소는 일반적으로 도시 유역에서 직접 처리하는데 이것이 강과 해안선에 심각한 환경 피해를 입힌다. 과도한 질소는 해안 습지를 파괴해서 조수를 거의 막지 못하는 맨 진흙으로 만든다. 2020년에 영국 수도 회사들은 미처리 하수를 총 310만 시간에 걸쳐 40만 번 이상 강과 해변으로 직접 방류했다. 20세기에 도시와 시골 사이의 신진대사 균열이 점점 커지고 훨씬 파괴적으로 변함에 따라 하수는 소각하거나 매립하거나 바다에 그냥 버렸다. 미국의 쓰레기 매립지에서 썩어가는 음식물은 사용하지 않은 엄청난 양의 유기물이 축적된 것일 뿐만 아니라 이산화탄소보다 더 해로운 온실 가스인 메탄을 두 번째로 많이 배출하는 원흉이기도 하다.

현대 도시는 재활용 순환 체계를 구축하지 못하고 영양소와 유기물질이 한쪽 방향으로만 흐른다. 이는 공학적인 면에서는 승리일지 모르지만 자원이 엄청나게 낭비된다. 가정용 폐수와 유기 폐기물에 포함된 영양소를 모두 모은다면 전 세계 인구를 먹여 살리는 데 필요한 작물 전체에 비료를 줄 수 있다. 지금은 도시로 들어오는 대부분의 영양소가 그곳에 축적된다. 홍콩에 유입되는 질소와 인의 약 60퍼센트는 폐기물 더미에 묻혀 도시에 머물다가 결국 지하수로 스며든 다. 전 세계 도시에서 배설물을 대량으로 배출하는 바람에 물을 막을 보루를 형성해야 할 갯벌 습지가 죽는다.

하지만 느리긴 해도 상황이 변하기 시작했다. 깨끗한 물에 대한 엄격한 규제와 바다 투기, 매립, 소각 금지로 인해 국가들은 하수를 처리할 다른 방법을 찾아야 한다. 오늘날 혐기성 처리된 하수 슬러지는 '바이오 고형물'이라는 완곡한 이름으로 부르는데, 영양소 순환을 마무리하는 수단으로 사용이 증가하고 있다.

영국은 매년 17만 대의 트럭이 농장으로 배달해 주는 하수 360만 톤을 밭에 뿌린다. 이는 하수 슬러지의 76퍼센트가 농업에 사용된다는 뜻인데 지난 수십 년 동안에 크게 증가했다. 유럽 연합은 하수의 50퍼센트, 미국은 60퍼센트를 회수해서 비료로 사용한다. 가뭄에 시달리는 호주에서는 인간 배설물을 바다에 버리곤 했다. 지금은 시드니에서 처리된 하수가 뉴사우스웨일스 축산 농가의 생산성을 높이고 있다. 현재 애들레이드 주변의 농원과 곡물 농장 200제곱킬로미터는 폐수를 관개에 사용하고 있다.

문제는 우리가 땅과 물뿐만 아니라 우리 몸에도 독을 주입했다는 것이다. 현대의 하수는 대부분 달갑지 않은 의약품, 호르몬, 항생제, 중금속, 미세 플라스틱이 가득하다. 슬러지에 섞여 들어갈 수 있는 인공 화학물질이 8만 개 정도 된다. 도시의 어두운 그림자가 수백만 에이커의 농지에 드리워져 있는 것이다.[12]

도시의 폐기물로 우리가 하는 일을 다시 생각해보는 건 자연 속에서 도시의 위치를 고려하는 데 있어 기본이다. 하지만 동전의 다른 면, 즉 도시에서 소비하는 음식에 대해서도 생각해봐야 한다.

과거에는 이런 관계가 악취 나는 쓰레기 더미와 도시 변두리에 밀집된 농원, 과수원, 들판의 고리 속에서 쉽게 드러났다. 이제는 이런 과정이 보이지 않기 때문에 도시 신진대사의 복잡성을 개념화하려면 시야를 더 넓혀야 한다. 도시에서 식량 생산이 중단된 것은 매우 최근의 일이며 이를 실험으로 간주해야 한다. 오늘날에도 개발도상국에서는 도시 농업이 도시 경제의 중심이다. 하노이에서 소비되는 채소의 80퍼센트가 도시와 그 주변 지역에서 나온다. 지구 환경 악화에 따르는 비용을 계산해 보면, 우리가 쓰는 자원이 어디서 오는지 다시 생각해볼 필요가 있다. 기후 변화, 전염병, 기타 예측할 수 없는 재난으로 공급망에 혼란이 생길 경우 그에 대응하기 위해 언젠가 파리의 나투르 우르벤느 같은 벤처 기업이 확산될 수도 있다. 튈르리 감자밭에서도 알 수 있듯이, 도시에서 식량을 재배하는 건 위기에 대한 대응 방안인 경우가 많다. 역사를 거치는 동안 도시들은 직접 생산한 자원에 의존해야 하는 경우가 있었고 그 노력은 종종 놀라운 성공을 거두었다.

　　다시 말해 도시는 식량을 재배할 수 있는 엄청난 잠재력을 가지고 있다. 도시 농업은 때론 생존의 수단이다. 그런가 하면 수백만 명에게 엄청난 기쁨을 안겨주기도 한다. 그건 도시가 어떤 존재가 될 수 있는지에 대한 우리 생각에 도전한다.

도시의 농장

로마 시인 마르티알리스Martial는 서기 1세기에 친구에게 보낸 편지에 이렇게 썼다.

"루퍼스, 당신은 내게 교외 농장을 주었지만 내 창가에는 더 큰 농장이 있습니다……. 오이가 똑바로 서지 못하고 뱀이 몸을 다 숨길 수 없는 곳이기는 하지만요."[13]

이 시인이 말하는 건 채소 몇 가지를 기를 수 있는 창턱 화분이다. 대人플리니우스는 "도시의 하층민들은 창턱에 있는 모조 정원을 통해 매일 시골 풍경을 볼 수 있다"고 말했다. 고대 로마인들이 비좁은 집단 고층 공동 주택 창가에서 채소를 키우던 것부터 오늘날의 시민 농장 경작자에 이르기까지, 우리에게는 늘 도시에서 식품을 재배하려는 욕구가 있었다. 어떤 사람에게는 도시에서 작물을 수확하는 것이 머나먼 시골이나 자연적인 과정에 대한 일종의 향수고 도시의 회색과 대비되는 즐거움이다. 그런가 하면 어떤 사람에게는 생존이 걸린 문제다.

사람들은 시끄러운 고속도로와 회색 창고가 나란히 펼쳐져 있는 로스앤젤레스 사우스센트럴에 있는 14에이커짜리 농장을 "콘크리트 사막의 오아시스"라고 불렀다. 그 농장은 원래 로스앤젤레스에서 가장 가난한 지역에 있는 쥐가 들끓는 버려진 땅이었는데, 1986년에 시 당국이 열병합 소각로를 지으려고 구입했다. 1992년에 인종 폭동으로 이 지역이 심한 피해를 입었을 때도 소각로는 아직 건설되지 않은 상태였는데, 시에서는 손상된 지역사회를 복구하는 한 방법으로 로스앤젤레스 지역 푸드 뱅크가 이곳에 공동체 텃밭을 만들도록 허락했다. 이 텃밭은 멕시코 시골 지역에서 자라 최근 미국 중남부 지역으로 이주한 라틴계 이민자들에게 큰 인기를 끌었다. 이 지역은 슈퍼마켓과 신선한 농산물이 부족한 전형적인 도시 식량 사막이다. 이 농장은 한때 황폐했던 황무지를 개간해서 만든 350개 텃밭에서 키운 옥수수, 아보카도, 구아바, 멕시코 야생 참마, 토마토, 스쿼시 같은 150개 식물종을 지역사회에 제공했다. 또 공동체가 형성되고 도시의 압박에서 벗어나 농촌 생활과 다시 연결될 수 있는 공공 공간이 되었다.

2006년 6월 13일, 폭동 진압 장비를 착용한 로스앤젤레스 경찰들이 쇠톱을 휘두르며 이곳에 들이닥쳤다. 퇴거 명령을 집행하기 위해 온 것이다. 땅을 빼앗긴 도시 농부들이 분노에 차 항의하는 동안 불도저가 경찰을 따라다니면서 헛간을 무너뜨리고 몇 에이커의 땅에서 자란 식물을 짓밟았다. 이 땅의 원래 소유주가 이곳에 창고와 물류 센터를 지으려고 한 것이다. 결국 농장은 다시 황무지로 돌아갔고 몇 년간 그대로 비어 있었다.

사우스센트럴 농장은 역사 내내 전해 내려오는 이야기를 재현했다. 경작을 통해 풍요롭게 만들 수 있는 토지에 대한 이용권과 소유권이 치열한 경쟁을 벌이는 것이다. 토지는 자유, 독립, 생활을 상징한다. 1880년에 한 기자가 맨해튼 어퍼 웨스트사이드 62번가와 72번가 사이에 있는 센트럴 파크 근처의 판자촌을 방문했다. 그는 이곳을 '노동 계급의 보헤미아'라고 불렀다. 그는 이곳에서 넝마주이, 일용직 노동자, 고철상, 짐꾼, 운전자와 그 가족들이 사는 직접 지은 오두막이 모여 있는 인터존을 발견했다. 그들은 백만장자의 집과 아파트 건물이 점점 다가오는 경계에 맞서 열심히 살고 있었다. 그곳 주민들은

"빛과 공기, 맨땅의 냄새와 나무와 물이 있는 풍경"을 갈망했다. 그들은 도시화의 물결 때문에 새로운 개척지로 밀려나기 전까지 그 한계 지역을 이용해 염소, 소, 닭을 기르고 채소를 재배해서 생계를 유지하거나 다른 사람에게 팔았다. 도시와 시골 사이에 긴 이런 불안정한 변두리 땅에 들어선 불법 거주지는 미국 도시뿐만 아니라 유럽 도시에서도 일반적이었다.[14]

그 기자는 어퍼 웨스트사이드 판자촌 주민들이 자부심이 강하고 독립적이며 도심 공동 주택에 갇혀 사는 이들을 경멸한다는 걸 알았다. 독일과 아일랜드에서 이주해 온 이들이 많았는데, 그들로서는 도시 변두리의 오두막에 사는 게 필수적인 동시에 스스로 선택한 생활 방식이기도 했다. 이 변두리 도시 마을은 산업 도시에 만연한 생활 조건, 통제, 착취적인 부동산 시장에 저항했다. 19세기 후반 유럽에서 가장 빠르게 성장한 도시인 베를린 변두리에 있던 '라우벤콜로니스텐(정원 헛간 개척자)'은 빈 땅을 점거하고 농작물을 키웠다. 로스앤젤레스 사우스센트럴 농장에서 일했던 라틴계 사람들처럼 그들 중에는 시골에 살다가 베를린 산업 분야에서 일하려고 옮겨온 이들이 많았다. 그들은 소득을 보충하고 가족을 먹여 살리고 도시 생활로 수월하게 전환하기 위해 자신의 농업 기술을 활용했다.[15]

그들이 직접 지은 오두막과 채소밭으로 이루어진 주변 세계는 이상할 정도로 어수선하고 초라한 도시 풍경의 특징이 되었다. 1872년 새롭게 통일된 독일 수도로 감당할 수 없을 정도로 많은 이민자들이 몰려들었다. 파리와 다른 많은 대도시에서 그랬던 것처럼 베를린 변두리에도 불법 거주지가 우후죽순 생겨났다. 어떤 이들은 이런 상황을 수치스럽게 여겼다. 하지만 많은 관찰자들은 판자촌의 질서정연함과 도심을 거부하고 보다 자연에 가까운 환경을 택한 무단거주자들의 분별력을 찬미하거나 낭만적으로 표현했다. 오두막과 채소밭은 자급자족을 의미한다. 이곳에 새로 이주한 사람들은 건장한 미국 개척자들처럼 자기 손으로 공동체를 구축하고 자주적으로 살아갔다. 뉴욕 어퍼 웨스트사이드의 무단 거주자처럼 그들도 도시와 시골 생활을 엄격하게 구분하는 걸 거부했고 현대 도시와 어울리지 않는 방식으로 이 두 가지를 혼합했다. 1872년에 생긴 판자촌들은 곧 없어졌지만 비공식적인 라우벤콜로니엔, 즉 '녹색 빈민가'는 19세기 말에도 채소, 과일, 가축으로 둘러싸인 헛간에 베를린 주민 4만 명을 계속 수용했다. 1933년에는 독일 수도에서 이런 준 전원생활을 하는 사람이 12만 명이나 됐다.[16]

영국에서 시민 농장을 배당받은 노동자 계급은 자신의 '도시' 거주지와 '시골' 거주지, 즉 집과 텃밭을 농담삼아 자랑했다. 식비가 소득의 40~60퍼센트를 차지하던 시기에는 직접 식량을 생산하는 게 경제적으로 꼭 필요한 일이었다. 하지만 그걸 통해 즐거움을 느끼고 운동도 하고 단조로운 노동 일상이나 혼잡한 공동체로부터 탈출할 수도 있었다. 런던 이스트 엔드의 건물이 밀집된 지역이나 베를린 임대주택지에서는 텃밭이 가난한 사람들이 이용할 수 있는 유일한 정원 공간이었다. 배당받은 농장kleingarten이나 공동체 정원에서 일하는 건 끊임없는 도시 환경에서 벗어날 기회였고, 정식으로 꾸며놓은 공원보다 더욱 진정한 형태의 도시 속의 시골이었다.

식품을 재배할 작은 땅을 차지하기 위한 싸움은 도시의 미래를 놓고 벌이는 싸움이었다. 시민 농장을 요구하는 이들은 대개 보통 사람, 쟁기로 땅을 갈면서 그 경험을 통해 자연과 원초적인 관계를 맺고 싶어 하는 노동자들이다. 시민 농장은 힘없는 보통 사람들이 도시 경관을 형성할 수 있는 보기 드문 사례다. 산업 도시, 그중에서도 특히 암울하고 소외된 지역 주민들은 자기 힘으로 회색 도시 환경을 녹색으로 바꾸려는 열망이 있다. 베를린의 정원 헛간 개척자들은 확장하는 대도시 가장자리의 시영지를 차지해서 정원을 가꾸기 위해 삽으로 의사 표시를 했다. 런던 이스트엔드에 있는 아일 오브 도그스의 큐피트 타운*이라는 의외의 장소에서는 부두 노동자, 거룻배 사공, 보일러 인부들로 구성된 '열성적인 정원사'들이 사용하지 않는 산업 토지를 임대했다.

> "그들은 이곳에 흙을 깔기 위해…… 벌목장에서 60센티미터 길이의 낡은 쇠막대를 파내고, 바지선 두 대 분량의 불 탄 성냥을 치우고, 지어진 적 없는 집의 기초에서…… 콘크리트 40톤을 제거해야 했다."

이들은 이듬해 가을에 가혹한 도시에서 수확한 콜리플라워, 양파, 양배추, 당근, 콩, 비트를 자랑할 수 있었다.[17]

때로는 노동자 계급이 자선가들의 도움을 받았다. 19세기 초부터 독일 도시로 이주한 시골 사람들은 운이 좋으면 아르바이터가르텐, 즉 '노동자의 정원'을 제공받았다. 철도 회사들은 종종 선로 옆의 미사용 토지를 직원들에게 임대해서 도시로 진입하는 승객 눈에 정원이 잘 보이도록 했다. 도시 경작의 미덕과 건강상의 이점을 깨달은 지자체, 공장 소유주, 지주들은 때때로 도시 빈곤을 완화하기 위해 노동자들에게 황무지를 빌려줬다. 그러나 이런 가부장적인 노력에도

---

* 이 도시에서 가장 척척한 빈민가 중 하나

불구하고 정원사들은 토지에 대한 권리를 거듭 주장해야 했다.

이런 경작 욕구는 귀중한 토지를 놓고 치열한 경쟁을 벌이는 도시 확장 논리에 위배된다. 노동자들은 힘들게 개간해서 비옥하게 만든 땅을 개발로부터 보호하기 위해 열심히 싸워야 했다. 그들이 토지를 사용할 수 있는 기간은 불확실했다. 언제든 건물을 짓기 위해 정원을 빼앗아갈 수도 있었다. 베를린의 라우벤콜로니스텐은 자기 소작지를 보호하기 위해 1897년에 협회를 설립했다. 토지에 대한 권리는 고도로 정치화되었고 노동자들의 권리를 지키기 위해 좌파 정당까지 합류했다. 1912년 단치히에서 최초로 전국 시민 농장 의회인 클라인가르텐 콩그레스가 개최되어 도시 시민 농장에 대한 법적·정치적 보호를 요구했다. 런던 이스트엔드에서는 도시화의 물결이 밀려오는 것을 본 도시 정원사들이 "자신의 이익을 보호하고 증진하기 위한 견고한 집단"을 형성해서 자기 경작지를 보호하고 더 많은 밭을 제공하도록 시의회를 압박하는 정치 운동을 벌였다. 도시에서 식품을 재배하는 건 급진적인 행동이었다. 이스트 햄과 웨스트 햄 시민 농장 협회에 따르면, "[시민 농장 경작자들이] 우리의 가장 심각한 문제 중 하나와 관련해 소리 없는 혁명을 일으키고 있는 걸지도 모른다. 이런 아이디어 혁명은 민주주의의 대의를 발전시키기 위한 것이다"고 한다.[18]

제1차 세계대전 때 독일이 봉쇄되고 영국의 식량 수입이 U보트 때문에 위기에 처하자 노동자 계급이 키운 정원의 가치가 대번에 명백해졌다. 독일 도시에서 경작되는 토지 규모가 3,275에이커에서 2만 6,676에이커로 급증했다. 베를린에서는 시민 농장이 두 배로 증가했고 쾰른에서는 80배나 증가했다. 영국에서 U보트 전쟁으로 물가가 폭등하고 신선 식품이 부족해지자 공유지, 공원, 운동장, 학교, 묘지,

심지어 궁전 꽃밭까지 시민 농장으로 전환되었다. 전쟁이 끝날 무렵 영국에서는 다섯 집 당 한 집이 시민 농장을 배당받았고 매주 7,000건의 새로운 토지 신청이 이어졌다. 도시에서 지금까지 볼 수 없었던 규모로 정원을 가꾸려는 동기가 생긴 건 애국심 덕분이지만, 한 관찰자의 말에 따르면 도시 토양에서 일하는 기쁨을 발견하고 평화가 찾아와도 그걸 포기하고 싶지 않은 "사람들 마음속에 오랫동안 잠재해 있던 땅에 대한 갈망이 깨어나" 활기를 띤 것도 있다. 도시의 신생 농부들로서는 안타까운 일이지만 시끄러운 시위에도 불구하고 대부분의 도시 부지가 전쟁 전의 용도로 돌아갔기 때문에 시민 농장에 대한 열정을 억눌러야만 했다. 그러다가 다음 세계대전이 발발해 영국인들에게 다시 "승리를 위해 땅을 파라"고 촉구하자 억눌렀던 열정이 되살아났다.[19]

전면전의 부산물은 비록 일시적이긴 해도 도시가 그 어느 때보다 푸르러졌다는 것이다. 도시 땅을 이용한 덕분에 도시에서 국내 채소 수요의 50퍼센트를 매우 빠르게 공급할 수 있었다. 대도시가 그 정도의 생산성을 발휘할 수 있다고 생각한 사람은 거의 없을 것이다. 독일은 전시 유산의 일부를 고수할 수 있었다. 1920년 대 베를린이 형성되었을 당시 1만 4,826에이커*의 땅에 16만 5,000개의 시민 농장이 있었던 반면 공원과 놀이터, 운동장에 할당된 면적은 1,853에이커에 불과했다. 노동자 계급으로 구성된 도시 정원사들의 투지 덕분에 베를린과 다른 도시에 평소 같으면 없었을 상당한 양의 녹색이 추가되었다.[20]

* 전체 토지 면적의 7퍼센트

시민 농장

오늘날 베를린의 시민 농장은 7만 953필지로 줄어서 7,000에이커가 조금 넘는 도시 면적을 차지하고 있다. 그래도 정원 가꾸기에 할당된 녹지 공간의 양이 비슷한 규모의 다른 도시에 비해 유달리 크다 (예를 들어, 런던의 두 배 이상). 역사상 여느 때와 마찬가지로 시민 농장으로 할당된 토지 규모는 수요에 훨씬 못 미친다. 2019년 베를린에는 3~6년 안에 시민 농장을 이용할 수 있길 기다리는 사람이 1만 2,000명이나 됐다. 런던에서는 1997년에 1,330건이었던 부지 신청이 2011년 1만 6,655건으로 증가했다. 영국 전체로 보면 코로나19 위기로 수요가 급증하기 직전에도 농장 대기자 명단에 8만 7,000명이 올라 있었다. 과거에는 사람들이 필요에 따라 식량을 재배했다. 적어도 역사적 기준으로 볼 때 식량 가격이 저렴해진 오늘날의 원동력은 무엇보다 생태 문제다. 산업형 농업의 환경 재앙을 피하고 냉동 상태로 3,200킬로미터를 이동하지 않은 농산물을 먹고 싶은 것이다. 도시에서 식품을 재배하려는 욕구가 점점 더 뚜렷해지고 있다. 그건 많은 이들에게 기본적인 욕구로 남아있다. 이제 과거와 마찬가지로 도시에서 씨앗을 뿌릴 공간을 개척하는 것이 우리의 과제다.

1793년 튈르리에 감자를 심은 건 필요가 도시 원예 혁명의 어머니라는 걸 증명한다. 비상사태가 발생해 일반적인 공급로가 손상되면 직접 식량을 재배할 수 있는 공간을 도시에 확보하려고 한다. 대공황, 제2차 세계대전, 다른 빈곤 기간에도 도시에서 소규모 식량 생산이 다시 진행되었다. 제2차 세계대전 중 미국에서는 도시와 교외 지역에 있는 1,200만 개의 '승리의 정원'과 시골에 있는 600만 개의 승리의 정원에서 생산된 채소가 상업적으로 재배한 신선한 채소 생산량(1,000만 톤)과 맞먹었다. 냉전 기간에는 동독인 1,350만 명이 9만 1,500에이커의 땅에서 채소를 재배했다. 시민 농장은 식량 생산이 주식에 집중되던 시기에 절실히 필요했던 신선 식품을 제공했다. 그리고 더 중요한 건, 채소밭과 오두막은 비좁은 아파트와 감시 스트레스에서 벗어날 수 있는 사적인 공간이라는 점이다. 1991년 소비에트 연합 붕괴는 쿠바의 식량, 비료, 연료 수입에 엄청난 영향을 미쳤다. 아바나는 이에 대응해 토지 면적의 12퍼센트를 수확량이 많은 유기농 도시 농장으로 전환(19세기 파리의 농원 경영자들처럼 거름과 생활 폐기물을 비료로 썼다)하고 이용 가능한 모든 토지에 시민 농장 2만 5,000개를 끼워넣음으로써 채소를 거의 자급자족할 수 있었다.

"아홉 끼만 지나면 무정부 상태가 된다."

자주 반복되는 이 문구는 1906년에 조사 저널리스트인 알프레드 헨리 루이스Alfred Henry Lewis가 쓴 것이다. 그로부터 한 세기가 조금 지난 지금, 식량 공급 라인의 취약성이 극도로 명백하게 드러났다. 2000년 8월, 영국 트럭 운전사들이 연료 관세에 항의해 연료 저장소와 정유소를 봉쇄하자, 정부 장관들은 대형 슈퍼마켓으로 향하는 배달 트럭 운행이 중단되면 3일 이내, 즉 아홉 번의 식사 뒤에 상점 선반이 비게 될 것이라는 경고를 받았다. 허리케인 카트리나가 강타한 뒤 물에 잠긴 도시에 식량이 보급되지 못하자 뉴올리언스에 약탈이 횡행했다. 2008년 4월, 유가 급등으로 비료값이 오르고 그에 따라 식품 비용까지 증가하자 37개 저소득 국가의 도시에서 폭동이 발생했다. 2022년 러시아의 우크라이나 침공 때문에 식량 생산 및 유통 비용이 크게 올랐고 이로 인해 수백만 명이 기아 위험에 처했다. 코로나19 대유행

초기에 앞으로 식량이 부족해질 거라고 생각한 사람들이 패닉에 빠지면서 슈퍼마켓 진열대가 텅 비었다. 식량 안보는 21세기의 중요한 문제 중 하나가 되고 있다. 아홉 끼 뒤에 무정부 상태가 될 수도 있는 도시에서는 더 심각한 문제다.

나이로비 외곽에 위치한 아프리카 최대 빈민가인 키베라의 작은 집들 사이에는 빈 공간이 별로 없다. 하지만 수천 명이 거름과 흙으로 가득 채운 자루에서 채소를 재배한다. 케일, 시금치, 양파, 토마토, 칡, 고수 등이 문간과 골목길에 놓인 자루에서 싹을 틔운다. 코로나19 위기 때 식량 공급에 차질이 생기자 빈민가에서 재배한 채소 판매가 급증해 극빈층에게 소득이 생겼다. 우간다 수도 캄팔라에서는 전체 가구의 49퍼센트가 도시 농업에 종사한다(1990년대에 25~35퍼센트에서 증가). 아프리카 전체 도시의 평균은 약 40퍼센트다. 2020년 봉쇄 기간에 캄팔라 인구의 65퍼센트가 과일과 채소, 70퍼센트가 가금류를 공급한 걸 보면 인구 160만 명인 이 도시에서는 식량 생산 활력이 매우 중요하다. 캄팔라에서는 옥상, 자루, 수직 화분, 버려진 플라스틱 병, 낡은 타이어를 비롯해 공간이 있는 곳이면 어디서나 식량을 재배한다. 2008년 식량 위기 이후, 그리고 급속한 도시화와 물가 상승 시기에 혁신적인 식량 생산 방법을 찾으면서 수천 개의 저소득 도시에 새로운 사업 기회가 생겼다. 위기 목록에 기후 변화를 추가하면, 21세기가 진행되는 동안 도시 농부의 중요성은 더 커질 것이다.[21]

앙코르 와트 같은 고대 도시와 콜럼버스 이전 시대의 메소아메리카 도시에서는 경작 지대가 고밀도 주택이나 사원 부지가 밀집한 지역에 공존했다. 19세기 후반까지만 해도 도쿄 땅의 약 40퍼센트에서 농사를 지었다. 논은 식량 공급원이자 홍수를 흡수하는 저수지로 주택가 옆에 배치되었다. 이런 다기능적인 도시 경관이 오늘날 가장 빠르게 성장하는 도시에 다시 나타나고 있다. 이런 식으로 도시를 재구성하지 않으면 지속적인 도시화가 불가능할 수 있다. 많은 경우 변화는 중심적인 방향성 없이 유기적으로 진행된다. 대부분의 도시 성장이 도시 가장자리에서 일어나기 때문이다. 저밀도 도시화는 농장을 도시로 에워싸고 고밀도 주택과 공장, 농지가 혼합된 풍경으로 이루어진 새로운 형태의 데사코타 또는 농촌 도시를 만든다. 이 과정은 농촌을 도시화하는 동시에 도시를 농촌화한다.

탄자니아의 다르에스살람은 이런 새로운 거대 도시의 전형이다. 아프리카에서 가장 빠르게 성장 중인 이 대도시는 인구가 700만 명 이상이고, 2100년에는 라고스와 킨샤사에 이어 아프리카에서 세 번째로 큰 도시가 될 것으로 예상된다. 현재 다르에스살람 토지 면적의 4분의 1이 농업에 사용된다. 재배는 주로 변두리 지역, 황무지, 도로변과 늪, 전력 케이블 아래에서 발견되는 0.5에이커 미만의 땅에서 이루어진다(대부분 불법으로). 농업은 탄자니아 수도에서 두 번째로 큰 고용주로 정규직 일자리의 20퍼센트를 차지한다. 이 노동자들이 도시에서 소비하는 거의 모든 과일, 야채, 계란과 우유의 60퍼센트를 공급한다. 현지에서 생산된 식품이 이렇게 우세한 것은 개발도상국에서 드문 일이 아니다. 아프리카와 아시아에서는 거의 모든 채소가 반세기 전 런던, 파리, 뉴욕에서 그랬던 것처럼 도시나 도시 주변 농원에서 재배되고 있으며 호주와 중국도 여전히 그런 상태다. 연구 결과, 영양가 있는 식품을 재배할 수 있는 아프리카 도시들이 건강 상태가 더 낫다고 한다. 전 세계적으로 도시 농업은 1~2억 명의 노동력이 참여하고 필요한 식량의 15~20퍼센트를 공급하는 도시 생활의

인정받지 못한 중심이다.[22]

'인정받지 못한다'고 말한 이유는 도시 농부들이 늘 그래왔듯이 불안정한 위치에 있기 때문이다. 도시에서 농사를 짓는 건 최근까지 많은 나라에서 불법이었고 대부분의 재배자는 대표나 옹호자 없이 회색 경제에 존재한다. 로스앤젤레스 사우스센트럴의 라틴계 농부나 시민 농장을 관리하는 노동자 계급처럼 그들 중 압도적 다수는 자기가 경작하는 땅의 소유주가 아니며 언제든 땅을 빼앗길 수 있다. 도시에서의 농업 생산은 빈곤, 실패, 응급 상황과 부정적으로 연관되어 있다. 도시 계획에 원예를 포함시킨 아프리카 도시는 거의 없다. 그 결과 개발의 압박에 희생될 가능성이 높다. 그러나 도시 농업을 과거의 유물로 여겨선 안 된다. 반대로 현대화 문제에 대한 답이자 많은 사람들이 빈곤에서 벗어날 길이다. 다르에스살람 인구의 3분의 1은 소규모 원예와 축산업으로 수입을 올리고 있으며, 이들이 없으면 도시는 식량 문제를 겪을 것이다. 또 공원, 숲, 기타 개방된 장소가 부족하고 농촌에서 태어난 이들이 많이 거주하는 거대 도시의 녹화와 생물 다양성 제공은 중요한 생태적 결과를 가져온다.

도시 농업을 통한 회복

농경지는 줄어드는데 식량에 대한 갈망은 증가하고 있다. 도시가 문제의 큰 부분을 차지한다. 도시는 성장하는 과정에서 농지를 게걸스럽게 집어삼킨다. 도시화와 관련된 소득 증가로 수입 식료품 수요가 늘어난다. 앞서 얘기한 것처럼 도시는 특히 위기의 시기에 놀랍도록 생산적으로 변신했고 앞으로도 그럴 수 있다. 식량 마일리지와 생태 발자국을 줄이기 위해 도시나 주변 지역에서 다시 집약적 농업을 실시하길 원하는 지지자들이 많다. 도시가 한때 배후지와 밀접한 조화를 이루며 살았고 지금도 세계 여러 곳에서 그렇게 살고 있다는 걸 감안하면, 우리는 다시 그 상황으로 돌아갈 운명인 걸까? 지역, 도시 및 도시 근교 농업을 도시 회복력과 기후 변화 적응의 중심으로 삼아 식량 생산과 소비 사이의 넓고 생태학적으로 비용이 많이 드는 격차를 줄인 사례가 분명히 존재한다.

다시 농원 시대로 돌아가거나 아바나처럼 영양 문제를 자체적으로 해결할 수 있을까? 전 세계 기업가들은 Z파밍ZFarming을 실험하고 있다. Z파밍은 오래된 창고, 공장, 기타 사용하지 않는 건물에서 시행하는 제로 에이커 농업으로 기존과 같은 녹지가 필요 없는 경작 형태다. 뉴저지주 뉴어크의 버려진 제철소에서는 흙, 햇빛, 살충제, 비료 없이도 수직 스택에서 거의 100만 톤의 잎이 무성한 녹색 채소를 재배할 수 있다. LED 조명은 새싹채소가 광합성을 할 수 있게 해준다. 영양이 풍부하고 재순환되는 미세한 물안개가 분무식 수경재배라고 하는 과정을 통해 뿌리에 지속적으로 영양분을 제공한다. 아니면 무기 기질에서 수경 재배할 수도 있다. 런던 거리의 33미터 아래에 있는 예전 방공호와 몬트리올의 옛 시어스Sears 창고 옥상에서 루프타 팜스Lufta Farms가 운영하는 3.7에이커 규모의 온실 등 전 세계 도시에 이와 유사한 농장이 등장하고 있다. 이런 옥상 농장은 햇빛으로 난방을 하고 모아놓은 빗물로 물을 공급한다. 분무식 수경재배나 일반 수경재배를 하는 Z팜은 기존 농장보다 물을 10분의 1 정도 사용하고 살충제는 전혀 사용하지 않으면서 수확량은 최대 70배나 많다.

이런 되살아난 도시 농업 형태가 성공하거나 확산될지는 아직 미지수다. 어쩌면 예상치 못한 위기가 발생해 신속한 결정이 필요해질 수도 있다. 국토의 1퍼센트만 농업에 사용하는 싱가포르는 이런 첨단 기술을 활용해 2030년까지 국내 식량 생산량을 10퍼센트에서 30퍼센트로 증가시키는 걸 목표로 하고 있다. 하지만 옥상 농장을 최대한 확대하고 수백 개의 공장을 Z팜으로 전환하더라도 도시들이 자급자족하는 건 불가능할 것이다. 바쁜 도심에서는 소나 양을 키울 공간을 찾기는커녕 곡물이나 쌀을 재배할 수도 없다. 하지만 씨 없는 작은 과일이나 토마토, 고추, 섬세한 채소, 케일, 상추처럼 운송비와 냉장비가 많이 들고 화학 물질과 플라스틱 포장이 많이 필요한 식품 종류는 몇 배쯤 더 늘어날 수 있다. 농원 경영자의 연금술이 이번에는 익명의 창고에서 다시 활발해질 수도 있다.

이 모든 노력은 당연히 도시의 생태 발자국을 줄일 것이다. 하지만 오랫동안 지속될 유산 하나는 도시 공간 활용과 관련된 혁명이다. 세계대전 때문에 수 세대 동안 간과하거나 별로 사용하지 않았던 도시 지형 일부를 이용하게 된 것처럼, 파리의 나투르 우르벤느 같은 프로젝트를 통해 사용하지 않는 도시의 황폐한 땅과 마주하게 된다. 정말 식량이 필요하다면 모든 표면이 잠재적 모판이 될 수 있다. 영국 셰필드와 오하이오주 클리블랜드를 연구한 결과, 이 도시들이 모든 공터, 옥상, 녹지를 활용한다면 신선한 농산물을 자급자족할 수 있다는 사실이 증명되었다. 요새는 공원과 골프 코스, 묘지를 갈아 엎어서 채소를 키우는 도시는 없을 것이다. 하지만 이 연구는 원한다면 도시의 많은 부분에 식물을 키울 수 있다는 사실을 상기시켜 준다. 매년 독일에서는 2,500에이커의 옥상 정원이 조성되고 있다. 런던은 지난 몇 년 동안 옥상을 개조한 것만으로 하이드 파크보다 넓은 371에 이커의 녹지가 추가되었다. 이런 서식지가 갑자기 생기면 생태적으로도 큰 영향을 미친다. 우리는 더 많은 일을 할 수 있다. 병원, 학교, 슈퍼마켓의 평평하고 황량한 지붕에 갑자기 생명이 피어난다고 생각해 보자. 도시는 녹색 지붕, 벽, 창턱, 다양한 틈새와 표면이 있는 3차원 정글이 될 수 있다.

종말과도 같은 위기가 닥쳐야만 도시가 자급자족하게 될 것이다. 식량을 재배할 수 있는 옥상은 도시 경관을 가꾸려는 동기를 부여하기 때문에 중요하다. 어반 오가닉이라는 회사는 런던의 쿠츠 은행 옥상에 계단식 옥상 정원을 만들었는데 그중 일부는 좁은 유지보수용 통로까지 비집고 들어갔다. 그곳에는 일 년 내내 수십 종의 다양한 과일과 토마토, 콩, 스쿼시, 샐러드용 채소, 허브, 그리고 런던 중심부의 다른 곳에서는 찾아볼 수 없는 샤프란, 샘파이어, 와사비, 키위, 페피노, 쓰촨 후추, 칠레 구아바 같은 색다르고 이국적인 식물을 재배한다.

이런 옥상 정원은 규모가 커지더라도 대도시에 거주하는 수백만 명의 입맛을 만족시키는 최소한의 음식만 제공할 수 있다. 하지만 그건 요점을 벗어난 얘기다. 새롭고 신선하고 이국적인 음식에 대한 우리의 영원한 추구, 그리고 황량한 콘크리트에서 농작물을 키우는 기적을 지켜보는 순수한 즐거움이 도시에 생물 다양성과 푸르름을 더한다. 많은 옥상 정원은 식용 식물 재배에 쓰이지 않는다. 꽃과 초지, 나무, 장식적인 식재의 아름다움을 전하기 위해 존재한다. 하지만 옥상 경작의 식용 요소는 이 공중 혁명에서 단연코 가장 흥미롭고 매혹적인 부분이다.

일부 전문가와 운동가들은 도시 농업을 통해 도시를 회복력 있고 자급자족 가능한 곳으로 만드는 작업을 강력하게 지지해 왔다. 하지만 이때도 생물 다양성을 유지하고 극대화할 새로운 방법을 찾는 데 초점을 맞춰야 한다. 채소와 과일은 도시에서 발견되는 국제적인 혼합종 가운데 일부일 뿐이다. 도시는 농장이 아니다. 그건 야생 생물에게 가장 큰 장점 중 하나다. 벌에게 물어보라. 도시에 사는 벌은 시골에 사는 벌보다 면역력이 강하고 겨울 생존율이 훨씬 높으며 꿀도 더 많이 생산한다. 오늘날 도시에는 어느 때보다 많은 벌이 살고 있으며 종류도 많다. 매사추세츠주 보스턴에 서식하는 꿀벌의 꿀을 분석한 결과 411종의 식물에서 취채한 꽃가루가 발견되었다. 인근 전원 지대의 꿀에는 식물 82종의 흔적만 포함되어 있었다. 도시는 시골의 단일 재배 지역보다 생물 다양성이 풍부하고 자연보호 구역이나 숲보다 크고 다양한 꿀 공급원을 가지고 있다. 또 살충제와 합성 비료도 많이 뿌리지 않는다.

도시가 꿀벌에게 좋다는 걸 깨달으면서 매우 현대적인 형태의 도시 식량 생산이 진행되었다. 2014년 로스앤젤레스 시의회는 농촌 지역의 봉군 붕괴와 균형을 맞추기 위해 시내에서 양봉을 금지했던 규정을 일부 완화했다. 도시 양봉 인기가 급상승해서 런던의 경우 벌집 수가 세 배로 늘었고 2010년대에는 7,500개의 벌집이 등록되어 도시에서 꿀을 생산하고 있다. 한편 파리에서는 같은 기간 동안 벌집이 733퍼센트 증가했다. 도시 환경에서 생산한 꿀은 시골 꿀보다 글리포세이트 함량이 적고 맛이 더 복잡하다.

우리는 벌에게 도움이 되는 도시의 다양한 자연 서식지와 준자연 서식지를 보존해야 한다. 언제나 그렇듯이 서로 상충되는 생태적 요구가 우리를 조금씩 괴롭히고 있다. 식량 생산은 그중 하나일 뿐이다. 튈르리궁에 심은 파르망티에의 감자는 시급한 문제에 대응했다. 하지만 줄지어 늘어선 농작물은 정원의 놀라운 생물 다양성이나 도시 야생 경관 전체에서 진행되는 자발적인 성장의 폭동과 경쟁할 수 없다. 지구 전역에서 식량에 대한 요구와 야생 서식지에 대한 요구 사이에서 싸움이 벌어지고 있다. 아마 도시는 이 전투에 참여하지 말고, 별나고 복잡한 도시 환경과 우리가 그곳에 쏟아부은 풍부한 영양분을 즐기는 법을 배우고 있는 무척추동물, 포유류, 조류에게 열린 공간을 제공해야 할 것이다.

7장

주트로폴리스

도시의 동물들

2020년 8월의 어느 덥고 화창한 저녁, 해가 막 지려고 할 즈음에 자전거를 타고 베를린 중심부를 벗어나 그루네발트 숲에 있는 '악마의 호수' 튜펠시에서 수영을 했다. 나무와 쿵쿵대는 멧돼지에 둘러싸인 도시 한복판의 야생 호수에서 수영을 한다는 건 즐거운 일이다. 당시에는 몰랐지만 엘사라는 별명을 가진 멧돼지 한 마리가 그날 국제적으로 유명세를 탔다. 자기 새끼들과 함께 돌아다니다가 갑자기 수영하는 사람의 노트북 가방을 들고 달아난 것이다. 내가 어둠이 깔리는 물속에서 헤엄치는 동안, 물가에서 의기양양한 도둑을 필사적으로 쫓아다니는 뚱뚱한 신사의 나체 사진이 입소문을 타고 퍼졌다.[1]

최근 몇 년 새에 멧돼지가 베를린의 많은 부분을 차지했고 인간들 주변에서 하는 행동이 점점 대담해지고 있다. 멧돼지는 지난 몇 년 동안 도시로 엄청나게 유입된 동물의 일부다.

브리즈번에는 코알라가 살고, 퍼스에는 멸종 위기에 처한 카너비 앵무새가 거주하고 있다. 같은 시기에 송골매가 도시화되고 도시에 꿀벌이 급증했으며 중부 유럽 교외 지역에는 늑대가 어슬렁거리고 있다. 그리고 현재 미네소타주에서 흰꼬리사슴이 가장 많이 서식하는 지역은 트윈 시티 메트로 지역이다. 황금사자 타마린은 브라질 도시에 정착했다. 깨끗해진 물과 도시 수로의 재자연화 덕분에 2000년 이후 싱가포르, 시카고, 그리고 100개 이상의 영국 마을과 도시에서 수달이 발견되었다. 뭄바이에는 사람을 경계하며 비밀스럽게 움직이는 표범이 잠입했는데 밤에 도시를 돌아다니기 때문에 일반적으로 눈에 띄지 않는다. 코요테는 1990년대에 미국 도시들을 탐험하기 시작한 이후 도시 생활을 택했다. 너구리, 스컹크 등 최근에 도시로 이주한 다른 동물들과 함께 현재 엄청난 수의 코요테가 도시에 존재한다. 그들은 곧 늑대, 퓨마, 곰까지 포함될 야생동물 침략군의 선봉에 서 있다.

고층 빌딩의 좋은 위치에서 도시를 관찰하는 송골매는 손상된 환경을 인식하지 못한다. 자연 사냥터의 절벽과 협곡을 연상시키는 풍경이지만 먹잇감이 풍부한 만큼 실제 협곡보다 낫다. 1983년에 송골매 한 쌍이 뉴욕으로 이주한 뒤 40년이 지난 지금, 이 도시는 세계에서 송골매 밀도가 가장 높은 곳이다. 이 새들은 최근 몇 년 사이에 케이프타운, 베를린, 델리, 런던과 다른 수십 개 대도시로도 이주했다.

21세기 초에 진행된 세계적인 초고층 빌딩 붐은 송골매에게 축복이었다. 절벽 수가 몇 배로 늘어났기 때문이다. 세계화된 자본주의가 선호하는 고층 건물은 공중에서 급강하하기에 안성맞춤이다. 뉴욕에 사는 송골매는 고층 건물 사이의 바람 통로를 이용해 비둘기 떼를 바다로 밀어내고 그곳에서 비둘기를 잡는다. 한편 델리에서는 비둘기 수가 증가하자 2010년대 후반에 송골매, 벵갈수리부엉이, 시크라, 황조롱이, 보넬리 독수리가 대도시에서 운을 시험하기 위해 몰려들었다. 송골매가 군림하는 건 아마도 건강한 도시의 증거일 것이다. 그들은 미생물, 곤충, 작은 포유류 및 새의 먹이 사슬에 의존하는 최상위 포식자다. 송골매가 도시에 사는 이유는 이곳이 그 어느 때보다 생물 다양성이 높기 때문이다.

도시 토착종인 동물은 없다. 우리 인간이나 송골매, 쥐처럼 모든 도시 종은 새로운 생태계에서 운을 시험해 보려고 하는 이주자들이다. 도시화되는 법을 배운 야생 동물은 '신어바니제이션synurbanization'이라는 과정을 거친다. 송골매는 인간의 대도시를 풍요로운 환경으로 재인식하기 때문에 신어바니제이션의 상징이다. 도시화된 동물은 가소성이 뛰어나다. 그건 새롭고 당황스러운 환경, 특히 인간이 가까이 있는 환경에 맞게 다양한 행동을 적응시키는 능력이다. 쥐, 바퀴벌레, 비둘기, 원숭이는 수천 년 동안 이 일을 해왔다. 이제 엄청나게 다양한 동물이 여기에 합류하고 있다. 그리고 전임자들처럼 그들도 빠르게 적응하고 있다.

《어반 정글》에서 살펴본 것처럼, 도시는 기후 비상사태에 적응하고 자연에 대한 요구에 대응하면서 상당한 변화를 겪고 있다. 그 결과 정돈되지 않은 공원, 늘어난 캐노피, 재야생화된 습지와 강 등을 갖추게 된 도시는 많은 종들에게 훨씬 매력적인 환경이 되었다. 하지만 도시 밖에서도 상황은 변하고 있다. 도시 확장, 농업 강화, 삼림 벌채, 폭염, 가뭄과 산불은 많은 종들이 도시에서 피난처를 찾으며 새로운 환경에 적응하도록 만든다. 인간이 저지른 행동의 해로운 결

2022년 싱가포르에 서식하는 수달.

과를 피해 탈출한 이 생명체들을 위해 도시 중심부를 우호적인 환경으로 만들려면 어떻게 해야 할까? 그들의 운명은 어떻게 될까? 동물과 인간이 한데 섞이다 보면 항상 문제가 생기기 마련이다.

엘사와 베를린 멧돼지 문제로 돌아가 보자. 탐욕스러운 엘사처럼, 호기심의 대상이었던 동물들이 금세 쓰레기통을 뒤집고 정원과 공원, 묘지를 파헤치는 성가신 존재로 변했다. 베를린에서는 1년에 동물 2,000마리를 도살한다. 2020년 봉쇄 기간에 수달이 싱가포르 연못을 습격해서 값비싼 양식 물고기를 잡아먹자 수달을 죽여달라는 요청이 있었다. 싱가포르인들은 수달을 격렬하게 옹호했고 총리도 개인적인 지지 트윗을 올렸다. 세인트 폴과 미니애폴리스의 쌍둥이 도시는 유해조수 구제 전문가에게 사슴 한 마리당 250달러를 지불하고 피임약을 주사하면 마리당 700달러를 준다. 도시 변두리는 사슴과 멧돼지가 살기에 매우 좋은 환경이기 때문에 그 수가 폭발적으로 증가했다. 그들은 라임병을 비롯해 여러 가지 골칫거리를 가져온다. 교외 주택 뒷마당은 합법적으로 권장되는 개체수 통제 방법인 보라인 bowline 사냥터가 됐다. 영국에서는 도시에 사는 오소리에 대한 불만이 증가하고 있으며, 이는 런던에서 찾아보기 힘들었던 종들이 증가하고 있음을 나타낸다. 생태학적 불모지이자 황폐한 장소라고 여겼던 도시에 야생동물이 너무 많다며 불평하기까지 한 세기도 채 걸리지 않았다. 우리가 동물을 좋아하든 싫어하든 두려워하든 간에, 폭발적으로 늘어나는 비인간 생물들과 공존하는 데 익숙해져야 하는 게 현실이다. 당면한 과제는 이 관계가 어떻게 작용할지 이해하는 것이다.

유해조수의 등장

도시가 생기면서 몇몇 동물은 유해조수가 되었다. 그들은 치명적인 결과를 초래할 수 있는 동물원성 질병을 들여온다. 하지만 한편으로는 공식적, 비공식적으로 다양한 서비스를 제공한다. 근력과 단백질을 제공하는 방대한 동물 개체군이 없었다면 대규모 도시화는 거의 불가능했을 것이다. 도시는 인간만큼이나 동물적이며 이 사실은 그들과 관련된 이야기에 종종 등장한다. 도시는 계속 변화하는 변덕스럽고 역동적인 환경이다. 요즘에는 인간을 위해서 일해줄 동물이 별로 많이 필요하지 않다. 하지만 도시 경관은 부인하기 어려울 정도로 야생화되고 있다. 이건 대도시에서 행운을 추구하는 동물들의 흥망성쇠와 우여곡절에 관한 이야기다.

1819년에 뉴욕에 온 한 영국인은 이 도시 거리에 "온갖 크기와 피부색을 가진 수많은 굶주린 돼지와 으르렁거리면서 사납게 배회하는 크고 작은 짐승"이 가득하다고 묘사했다. 이 묘사는 대부분의 인류 역사에서 이슬람 세계와 유대 세계를 제외한 거의 모든 도시에 그대로 적용할 수 있다. 이런 도시에서는 포장되지 않은 도로에 말들이 돌아다니고, 쓰레기와 동물 내장, 배설물을 치우지 않고, 개방된 공간은 가난한 이들을 위한 일종의 공유지로 쓰였다. 그들이 키우는 돼지, 염소, 소, 닭, 개들은 공짜 영양분이 풍부한 이곳에서 자유롭게 먹이를 찾을 수 있었다. 한 추산치에 따르면 1820년에 맨해튼을 자유롭게 돌아다니던 돼지가 2만 마리 정도였을 것이라고 한다. 돼지는 인간 그리고 개와 함께 도시의 거리에서 가장 명백하고 특징적인 생명체였다. 뉴욕 당국은 도시를 낙후된 모습으로 만들고 심한 악취를 풍기는 금방이라도 쓰러질 듯한 돼지우리를 없애고 싶어 했다. 하지만 돼지는 가난한 이들에게 먹을거리를 제공했을 뿐만 아니라 여름 태양 아래에서 금세 썩어버리는 "온갖 생선 내장이나 쓰레기, 찌꺼기를 즉시 먹어 치우는 최고의 청소부"였다.[2]

1850년에 런던 셰퍼드 부시 주변에는 "돼지들의 꿀꿀거리는 소리가 우렁차게" 울려퍼졌다고 한다. 다른 도시처럼 이곳에서도 돼지들은 자유롭게 돌아다니거나 뒤뜰을 차지했고 사람들과 같은 방에서 살았다. 런던 중심부에는 수많은 도축장이 있는 스미스필드라는 넓은 가축 시장과 가금류를 파는 리덴홀 시장이 있었다. 1853년에 소 27만 7,000마리와 양 160만 마리, 거위와 칠면조 수십만 마리가 영국 곳곳에서 대도시 중심부로 몰려와 거리를 가득 채웠다. 또 도시에 사는 동물도 있었다. 양조장의 곡식과 증류주 찌꺼기를 먹인 수만 마리의 젖소, 쓰레기 더미를 헤치고 다니는 셀 수 없이 많은 돼지, 건물에 빽빽이 들어찬 닭 같은 동물이 도시에서 인간과 바싹 붙어 살았다. 그리고 도시의 주된 근력 역할을 하면서 바퀴를 계속 돌게 하는 말들도 있었다. 동물은 오락용으로도 사용되었다. 투견과 투계, 춤추는 곰, 재미와 오락을 위해 수입된 이국적인 동물, 우리에 갇힌 새와 신기한 동물들. 1665년에 페스트가 유행하자 런던 시장은 가축이 질병을 옮겼다고 생각해 개와 고양이의 대량 도살을 명령했다. 대니얼 드포Daniel Defoe는 이 시기에 개 4만 마리와 고양이 20만 마리가 도살된 것으로 추정했는데, 이는 주트로폴리스Zootropolis에 개와 고양이가 얼마나 많았는지 보여주는 암울한 폭로다. 말, 소, 돼지, 염소, 당나귀, 고양이, 개, 닭 등이 사는 이 도시는 불협화음을 내는 농장이었다. 동물의 수가 인간보다 훨씬 많았다.[3]

도시의 많은 반려동물은 낮에는 길에서 쓰레기를 뒤지고 밤이면 집에 돌아오는 야생의 삶을 살았다. 길들여진 동물 중 일부는 집을 완전히 떠났는데, 가장 유명한 건 도시 어디서나 볼 수 있는 야생 비둘기다. 바위비둘기의 후손인 '도시 비둘기'는 인간이 만든 환경이 조상들이 진화하며 살아온 바다 절벽이나 산과 비슷하다는 걸 깨달았다. 인간 쓰레기를 좋아하는 비둘기들의 성향상, 그들은 군이 시골로 이주할 필요 없이 돌로 된 넓은 공간에서 일 년 내내 잔치를 벌였다. 참새는 두 개의 유전자를 가지고 있다. COL11A 유전자는 씨앗을 깨 먹을 수 있는 큰 부리로 자라고 AMY2A 유전자는 인간의 주식인 밀, 옥수수, 감자에 함유된 녹말을 소화하는 데 필요한 효소 아밀라아제를 암호화한다. 전형적인 도시 종인 비둘기와 참새는 지난 1만 1,000년 동안 인간이 남긴 음식을 공유하면서 진화해 왔다. 한 참새 무리는 오랫동안 히드로공항 제2터미널 안에서 포장된 음식과 패스트푸드 찌꺼기를 먹으며 완전히 실내 생활을 했다. 그들은 가소성 덕분에 도시 정글에 살기 적합하다. 한편 어떤 런던 비둘기들은 날아다니는 수고를 덜기 위해 둥지에서 먹이가 있는 곳까지 지하철로 통근하는 법을 배웠다. 그들은 해머스미스에서 지하철에 탑승해 래드브로크 그로브에서 하차한다.[4]

야생종은 정돈되지 않은 환경을 좋아하지만 밀도가 높은 건설 환경에서도 적응할 수 있는 소수의 종들이다. 중세 후기의 삼림 벌채 때문에 많은 조류들이 도시 지역에서 대안적인 생활 방식을 찾아야 했다. 유럽 도시 중심부에는 제비나 흰털발제비처럼 진흙 둥지를 만드는 새들이 대량으로 서식한다. 그곳의 비포장 도로에 둥지를 지을 수 있는 흙이 많았기 때문이다. 죽은 나무나 절벽의 갈라진 틈에 있는 오래된 딱따구리 구멍을 사용하는 데 익숙한 칼새는 도시에서 찾아낸 건물 구멍과 열린 처마 밑을 좋은 대안으로 삼아 그곳에 둥지를 틀었다. 말과 시장에 데려간 가축 배설물에는 파리, 벌레, 딱정벌레가 가득 몰려들었기 때문에 새로운 생태계가 매우 매력적이라는 걸 알게 된 새들에게 완벽한 곳이었다. 말과 참새가 손을 잡았고, 도시화된 새들은 배설물에 들러붙은 벌레뿐만 아니라 사료 자루에서 쏟아져 나온 씨앗도 포식했다.

붉은솔개는 한때 북유럽의 전형적인 도시 새였다. 이들은 도시를 좋아했고 쓰레기와 썩어가는 동물 사체를 청소했기 때문에 사람들도 그들의 존재를 용인했다. 1465년에 보헤미아에서 온 한 방문객은 런던 다리만큼 한 곳에서 그렇게 많은 솔개를 본 적이 없다고 썼다. 베네치아 대사의 비서는 런던 사람들이 까마귀, 떼까마귀, 갈까마귀, 큰까마귀, 솔개를 혐오하지 않는다고 했다. "그 새들이 도시의 거리에서 온갖 오물을 치워주기" 때문이다. 하지만 솔개는 둥지를 틀 때 줄에 널어놓은 빨래나 심지어 사람들이 쓰고 있는 모자까지 훔쳐 가는 습관이 있다는 게 유감이었다. 중세와 튜더 시대 도시에서는 큰 육식조가 쓰레기 더미를 뒤지거나 둥지를 만들 재료를 조달하는 모습이 친숙한 광경이었다. 이 도시 새들은 사람에게 너무 길들여져 있어서 아이들이 들고 있는 버터 바른 빵을 빼앗아 갈 정도였다.

델리에 사는 검은솔개들은 도시 생활을 즐기면서 자신들에게 고기 조각을 먹이는 이슬람 관습을 이용했다. 수학적 모델링에 따르면 델리에서 가장 잘 번식하는 검은솔개 부부는 모스크 근처와 쓰레기가 넘쳐나는 곳에 둥지를 틀고 인간의 행동을 예측하는 법을 배웠다. 이런 선택 영역에서는 방어적인 행동이 강화된다. 델리에서 인간과 함께 사는 도시 솔개들에게는 "세밀하고 상황에 맞는 전략과 절충안"이 수반된다. 델리가 지구상에서 맹금류가 가장 많은 도시라는 건 잘 알려져 있지 않다. 엄청난 양의 쓰레기가 있는 이 거대 도시는 중앙아시아에서 오는 솔개들을 끌어들이는 자석 같은 곳이라서 새들이 이동 패턴까지 바꿀 정도다. 때때로 수만 마리의 솔개가 델리의 하늘을 까맣게 뒤덮는다.[5]

동물 이주자들은 도시까지 차를 얻어 타고 왔다. 방탕한 인간에게 가까이 다가가서 얻을 것이 많은 종은 적응할 수만 있다면 도시 생태계가 매우 보람 있는 곳이란 걸 알게 된다. 아마 말레이시아, 태국, 자바 등 동남아시아 지역에서 처음 등장한 듯한 라투스 라투스*는 로마가 유럽 도시들을 정복한 이후로 유럽에 퍼졌고, 이후 식민지화와 무역로를 통해 신대륙과 오스트랄라시아로 퍼져 나갔다. 이 뛰어난 등반가는 야생에서 절벽, 바위, 야자수 등에서 살았다. 도시 서식지는 그들에게 벽과 천장 구멍을 제공했다. 사랑받지 못하는 터주 식물처럼 곰쥐도 교란된 환경에서 번성한다. 그들은 새롭고 복잡한 미소 서식지$_{microhabitat}$와 다양한 식단에 쉽게 적응할 수 있다. 그리고 이동하면서 토착종을 대체한다. 도시의 거리에 익숙하지 않은 경쟁자들과 달리 곰쥐는 도시를 위해 만들어졌다. 동아시아에서 시작해 지구상 모든 도시의 모든 틈새로 향하는 그들의 여정은 도시가 새로운 생태계라는 걸 상기시켜 준다. 토착종(동식물 모두)은 밖으로 나가고 환경을 견딜 수 있는 새로운 종이 들어온다. 우리처럼 도시화된 동물도 이주자들이다.

경쟁자가 없던 라투스 라투스의 통치기는 18세기에 시궁쥐**에게 권좌를 넘겨주면서 막을 내렸다. 시궁쥐는 몽골에서 기원해 중세 후기에 무역로가 개방되면서부터 타지로 이주하기 시작한 또 다른 밀항 기회주의자다. 산업화는 시궁쥐에게 맛있는 배설물로 가득 찬 수 킬로미터의 하수구와 배수관, 파이프를 제공했기 때문에 그들이 살아가기에 유리했다. 스미스필드 시장의 도살장 아래 하수구는 내장이 풍부하게 공급되기 때문에 특히 시궁쥐들에게 인기가 있었다. 재

---

* 곰쥐
** 라투스 노르베지쿠스

난에 강하고 가급적 많은 사람들 가까이에서 사는 게 행복한 또 하나의 종인 바퀴벌레도 중세에 동아시아에서 유럽 도시로 건너왔다. 한편 빈대는 서남아시아에서 여행을 시작해 서기 100년경에 이탈리아에 도착했고 1200년에 독일, 15세기에 프랑스, 16세기에 영국, 17세기에 아메리카 대륙에 도착했다. 그들은 전 세계로 확장되는 도시 네트워크를 가로지르면서 도시에서 도시로 옮겨다녔다.

도시 인프라는 비둘기, 쥐, 생쥐, 바퀴벌레, 나방, 이, 빈대 등 인간을 가장 꾸준히 쫓아다니는 동물들이 선호하는 새로운 생태계를 만들었다. 그들은 가장 급격하게 변형된 인간 환경에서 번성하고 그곳에서 영구적으로 대량 서식한다. 공원, 강, 삼림이 있는 녹색 도시가 아니라 회색 도시에 익숙한 이 거주자들은 대륙이나 기후에 관계없이 거의 모든 도시 환경에 공통적으로 존재한다. 이는 도시 생태계 전반에 걸친 생물학적 균질화의 또 다른 사례로, 도시는 배후지보다 생태학적으로 더 많은 공통점이 있다는 걸 상기시킨다. 한 건물에 사는 빈대나 바퀴벌레는 근처 다른 건물에 사는 빈대나 바퀴벌레와 유전적으로 다를 수 있다. 각 해충이 다른 장소, 아마 다른 나라나 다른 대륙의 도시에서 기원했기 때문이다. 그건 이 종들이 얼마나 완전히 도시화되었는지 보여준다. 그들의 유전적 역사는 수천 년에 걸친 도시 간 이동을 말해준다.[6]

역사적으로 도시 생태계는 적어도 동물과 관련된 부분에서는 축하할 일과 거리가 멀었다. 도시는 위험으로 가득 차 있다. 곰쥐는 벼룩을 통해 흑사병을 전염시키는 주요 매개체였다. 시궁쥐는 번식력과 공격성이 강해 비축한 식량을 망치고 건물에 피해를 입혔기 때문에 두려움의 대상이었다. 설치류와 다른 도시 해충들은 인류 역사에 걸

정적인 영향을 미친 수많은 병원체와 기생충을 옮긴다. 그들은 하수를 먹이의 원천으로 삼는다. 그리고 문제를 일으키는 건 허가받지 않은 도시 식민지 개척자들만이 아니다. 인간, 특히 가난한 인간들 가까이에 살았던 수천 마리의 동물도 질병의 매개체였다.

추방당하는 동물

영국 식민지 개척자들은 인도와 아프리카 거리를 청소하는 검은솔개들의 비위생적인 도시 생활 스타일 때문에 그들을 '쉿호크shitehawk'라고 불렀다. 셰익스피어의 《리어왕King Lear》에서는 왕이 자기 딸 고네릴을 "혐오스러운 솔개"라고 부른다. 이들은 청소부로는 유용하지만 우리는 그들에게 혐오감을 느낀다. 솔개 자체는 훌륭한 맹금류다. 하지만 델리 외곽의 매립지에서 쓰레기를 게걸스럽게 먹고 있는 1만 마리의 솔개 떼를 보면 당혹스럽다. 홍학이 1980년대부터 뭄바이를 찾아온 것은 오염의 직접적인 결과다. 고농도의 미처리 하수와 산업 폐수가 물 온도를 높이자 홍학이 좋아하는 남조류가 증가했다. 사람들은 쥐, 다람쥐, 비둘기, 갈매기, 여우, 너구리, 원숭이처럼 인간과 함께 살면서 인간의 습관에 적응한 동물을 시골에 사는 그들 동족보다 퇴화된 하위 버전으로 보는 경향이 있다. 하지만 그런 적대감은 정말 부끄러운 것이다. 그들은 단지 인간의 악덕과 역겨운 낭비에 적응하고 있는 것뿐이다. 그리고 무엇보다 그들은 치명적인 위협을 나타낸다.

1760년 8월, 런던 시의회는 개를 죽인 사람에게 2실링의 포상금을 지불했다. 당시 그 도시는 공포에 사로잡혀 있었다. 자유롭게 돌아다니는 개떼들 사이에 지구상에서 가장 치명적인 바이러스인 광견병이 만연해 있다고 여긴 것이다. 젊은이들은 바이러스가 사라질 때까지 곤봉으로 무장하고 거리를 순찰했다. 하지만 개들은 거리에서 사라지지 않았다. 뉴욕은 1811년에 개 등록부를 만들고 담당 세금 징수관을 임명해서 개 한 마리당 3달러의 세금을 징수하고 도시를 배회하는 모든 개를 죽일 수 있는 권한을 부여하는 개 법을 통과시켰다. 하지만 빈곤 노동자들의 폭력적인 저항에 부딪히는 바람에 거리를 청소하려는 공식적인 노력은 실패했다. 대신 떠돌이 개를 죽인 사람에게 포상금을 지급했는데, 사람들이 이 프리랜서 도살자들과 싸워서 물리치는 바람에 거리에 더 많은 원한이 쌓였다. 19세기 내내 광견병 공포가 반복되었다. 1886년에 런던 시민 26명이 광견병으로 사망한 뒤 배터시 독스 홈에서 개 4만 158마리를 죽였는데, 그중 상당수는 입마개를 살 여유가 없고 자기 개가 음식물 쓰레기를 찾아 거리를 뒤지는 걸 허락할 수밖에 없었던 노동자 계급의 개였다.[7]

광견병은 여름철 무더운 '삼복 더위' 동안 더위, 갈증, 동요 때문에 개들에게 저절로 발생한다는 게 일반적인 가정이었다. 사실은 쥐나 바퀴벌레 같은 해충과 콜레라, 이질, 발진티푸스 같은 질병이 창궐한 이유와 마찬가지로 악화된 도시 환경이 원인이었다. 썩은 내장과 오염된 물에 있는 미생물이 끔찍한 광견병 바이러스를 일으켰다. 도시 생태계가 질병의 보고를 배양했다. 이는 도시에 사는 동물들이 끔찍한 대우를 받았기 때문이다. 더러운 외양간에 갇혀서 평생 햇빛도 보지 못하고 싱싱한 풀도 뜯어 먹지 못한 젖소는 구제역, 흉막염, 기타 질병에 걸리기 쉬웠다. 도시에서 생산되는 우유는 알코올을 제조한 뒤 남은 폐기물을 먹고 자란 젖소에서 나온 것으로, 묽고 색도 푸르스름했다. 그래서 다른 재료를 넣어 걸쭉하고 하얗게 만들어야 했다. 1858년에 캠페인을 벌이던 출판업자 프랭크 레슬리Frank Leslie는 도시 유제품의 악몽에 관해 알리는 흥미로운 폭로 기사를 연달아 쓰면서 뉴욕 시민들에게 물었다.

> "자기가 어떤 우유를 마시는지 알고 있습니까? 뉴욕과 브루클린에서 매년 7,000명 이상의 어린이가 구정물 우유를 마시고 사망한다는 사실을 아십니까?"

소를 외양간에 가둬놓고 구정물을 먹이고 우유에 불순물을 첨가한다는 건 심각한 추문이었다. 도시 환경에서 다른 동물을 다루는 방식도 곧 일어날 재앙을 예견했다. 1872년 10월, 토론토의 비좁고 비위생적인 마구간에서 원인을 알 수 없는 말 질병이 발생했고, 이 병은 철도를 통해 놀라운 속도로 북미 도시 네트워크 전체에 퍼졌다.[8]

'대 가축 유행병'이라고 알려진 이 사건 때문에 말들이 일을 할 수 없게 되었다. 캐나다와 미국 전역의 도시가 멈췄고 식량 부족과 운송 중단 사태가 발생했다. 그 재난은 도시가 얼마나 동물에게 의존하고 있는지뿐만 아니라 그들이 동물을 얼마나 학대하는지도 보여주었다. 19세기 후반에 질병에 시달리는 타락한 동물 왕국에서 벗어나 도시에 대한 통제권을 되찾기 위한 캠페인이 벌어진 것은 놀라운 일이 아니다. 쓰레기를 먹는 개, 길 잃은 고양이, 악취나는 돼지우리, 역겨운 낙농장, 내장이 흩어져 있는 도살장은 더 이상 도시 안에 설 자리가 없어졌다. 그들은 공중 보건상의 위험이자 눈엣가시였다. 도시는 가축과 배회하는 반려동물을 금지하는 조례를 제정했다. 제멋대로 굴던 동물의 도시가 길들여졌다.[9]

아니, 정말 그랬을까? 1930년대에 뉴욕의 가장 깊숙한 하수구에 숨어있는 거대한 악어에 대한 이야기가 퍼지기 시작했다. 로버트 데일리Robert Daley는 1959년에 출간한 책 《도시 아래의 세계The World Beneath the City》에서 하수도 관리자인 테디 메이Teddy May가 1935년에 지하에 내려갔다가 목격한 상황의 여파에 대해 보고했다.

> "그는 책상에 앉아 두 주먹으로 눈을 비비면서 악어들이 하수구에서 조용히 헤엄치는 모습을 잊으려고 노력했다."

그 이야기는 상상의 산물이다. 추운 겨울은 물론이고 대장균과 살모넬라균이 득실거리는 뉴욕 하수구에서 오래 살 수 있는 악어는 없다. 하지만 그렇다고 악어가 전혀 없었다는 뜻은 아니다. 반대로, 1930년대 신문에서는 수많은 목격담을 보도했다. 하지만 그건 모두 주인에게 버림받아 확실하고 신속한 죽음을 맞이한 새끼 애완동물이었다. 1984년 3월, 파리 소방관들이 퐁뇌프 근처 하수구로 출동했다. 그들은 그곳의 습한 어둠 속에서 1미터 길이의 나일 악어와 마주쳤다. 악어는 이빨을 드러내며 꼬리를 휘둘렀다. 나중에 엘레노어라는 이름을 붙인 그 악어는 아마 애완동물로 키우던 주인에게 버림받고 한 달 정도 쥐를 먹으며 산 듯했다. 악어는 반느의 수족관에서 행복한 삶을 누렸다. 그곳에서 키가 3미터까지 자랐고 지금도 파리 하수구와 비슷하게 설계된 울타리 안에서 살고 있다.

하수구에 악어가 산다는 끈질긴 도시 전설은 도시의 자연에 대한 두려움, 문명의 얇은 외관 아래 위험한 힘이 숨어 있다는 뿌리 깊은 의심을 말해준다. 이 전설은 사악하고 눈이 보이지 않는 알비노 악어에 대한 이야기로 바뀌었다. 그보다 훨씬 전인 1850년대 런던에서는 임신한 암돼지가 햄스테드 하수구로 떨어졌다는 이야기가 돌았다. 암돼지는 햇빛을 보지 못한 채 하수도 찌꺼기를 먹으며 사는 사납고 거대한 돌연변이 돼지들의 족장이 되어, 지하에 또 하나의 런던을 형성한 하수도망과 매립된 강을 돌아다녔다. 옛날 로마인들도 거대한 문어가 하수구를 헤엄쳐 올라와 집안으로 들어가서 절인 생선을 먹으려고 거대한 촉수로 토기 그릇을 부쉈다는 전설을 퍼뜨렸다. 이 이야기들도 뉴욕에 사는 악어떼 이야기처럼 가짜였다. 그건 도시에 사는 동물, 특히 그 동물이 도시 환경과 오염을 악용할 때 일어날 일에 대한 두려움을 바탕으로 만들어졌다. 그리고 우리 발아래의 보이지 않는 어두운 세계, 우리가 머릿속에서 몰아내려고 애쓰는 똥으로 가득한 하수구를 중심으로 전개된다. 그건 독성과 돌연변이, 우리를 물어뜯으러 올 동물에 대한 두려움이다.

제비부터 돼지, 솔개, 염소에 이르기까지 20세기 전에 도시의 틈새를 발견한 동물들은 으스스한 회색 도시 풍경, 인간의 행동, 어수선한 도시 환경을 이용할 수 있었다. 19세기에 누군가에게 그 도시에 사는 동물들의 삶에 대해 물어본다면, 그의 대답은 짐을 나르는 짐승, 가축, 야생동물, 침입성 해충에 초점을 맞출 것이다. 도시는 동물, 물, 위생, 대기질 면에서 생태적 재난 지역이었다. 도시에서 동물을 몰아내려는 움직임은 도시 환경을 관리하려는 광범위한 움직임과 동시에 진행되었다. 잡초를 엄격하게 통제하고, 물과 폐기물은 지하로 흘려보내고, 돼지와 개는 추방되었다. 주기적으로 다시 등장하는 하수구에 사는 악어 이야기는 통제되지 않은 도시 자연의 위험을 일깨워준다.

하지만 도시에서 많은 동물들이 추방당하는 동안 새로운 종들이 도시로 향하고 있었다. 대도시는 곧 훨씬 야생적으로 변할 것이다.

새로운 종들

1949년 8월 12일 저녁, BBC 9시 라디오 뉴스에 귀를 기울이던 사람들은 평소와 다르게 빅벤 종소리로 뉴스가 시작되지 않은 것에 놀랐다. 나중에 BBC는 우려하는 청취자들을 안심시키기 위해, 종소리가 나지 않은 이유는 찌르레기가 시계 분침에 둥지를 틀어서 시계가 느리게 움직였기 때문이라고 보도했다.

1940년대에 찌르레기는 도시에 비교적 새롭게 등장한 개체였다. 그들은 세기가 바뀔 무렵에 도시로 이주했고 자신들의 존재를 대대적으로 알렸다. 가을과 겨울의 해질 무렵이면 거대한 찌르레기 떼가 트라팔가 광장과 레스터 광장에 모인다. 수만 마리, 때로는 수십만 마리의 새들이 잠자리에 들기 전에 구름처럼 모여들어 매혹적이고 조화롭게 움직이는 모습을 보여주는 자연의 기적이다. 10만 마리의 찌르레기 떼가 "런던 영화관 앞에 줄 서 있는 사람들 머리 위에서 원을 그리며 수다를 떨곤" 했다. 새들은 왜 거기에 모여드는 걸까?[10]

찌르레기는 19세기 말에 그 도시가 둥지를 틀기에 좋은 장소라는 걸 알게 됐다. 우선 겨울에는 시골보다 따뜻했다. 도시의 열섬 효과가 뚜렷해지고 있었다. 새들은 내셔널 갤러리, 넬슨 기념관, 대영 박물관, 버킹엄 궁전, 왕립 오페라 하우스처럼 기둥머리나 벽감, 틈새가 있는 코린트 양식의 웅장한 건물을 좋아했다. 최상의 부동산에 중독된 찌르레기는 도시의 가장 좋은 부분에서만 살기로 했다. 런던 생태학자 리처드 피터Richard Fitter의 말에 따르면, 웨스트민스터에서 런던탑에 이르는 템스 강 북안의 웅장한 건물과 광장은 "하나의 거대한 찌르레기 둥지"로 간주해야 한다.[11]

찌르레기는 역방향 통근자가 되어 밤에는 도심에서 자고 낮에는 시골이나 교외로 나가 먹이를 찾는다. 런던의 찌르레기는 이 도시의 변화하는 모습에 대해 들려준다. 시 당국은 19세기 말에 도시 생태계의 한 형태인 준농촌 대도시 즉, 농원, 돼지 사육장, 배설물 더미, 쓰레기 더미로 이루어진 도시를 없애고 공원, 새로 심은 수천 그루의 나무, 휴양지가 있는 새로운 생태계를 만들었다. 뉴욕 센트럴 파크는 대서양 철새 이동 경로를 따라가는 210종의 새들에게 중간 기착지를 제공한다. 실제로 철새들은 시골 지역보다 더 다양한 식물종 때문에 많은 곤충이 서식하는 도시공원을 선호한다. 그러나 동물 세계에 이런 변화가 생긴 건 현대 도시가 제공하는 온기와 공공녹지 공간의 확산 때문만이 아니다. 도시는 매우 빠르게 형태를 바꾸고 있다. 조밀한 회색 공간이 거대하고 복잡한 풍경으로 바뀌었다. 이곳은 낮에는 먹이가 많은 교외 뒷마당에서, 밤에는 버킹엄 궁전에서 시간을 보내는 찌르레기에게 이상적인 영역이다. 붉은 여우의 이야기가 이 과정을 설명한다.

도시 지역에서 잘 알려지지 않았지만, 여우는 1930년대부터 영국 도시에서 관찰되었고 1950년대에는 비교적 흔해졌다. 아직 영국 이외의 나라에서 도시에 여우가 존재한 적은 없다. 어떤 사람들은 이런 이주가 사냥꾼들이 전쟁 기간에 여우 도살을 중단하면서 시골에서 여우 개체수가 폭발적으로 증가한 탓이거나 1950년대에 토끼가 점액종증으로 몰살됐기 때문이라고 비난했다. 또 시골 삼림지대에서 경쟁자들에게 밀린 약한 개체들이 먹이를 찾아 도시 변두리로 몰래 숨어들었다는 이론도 나왔다. 이 가설에 따르면 도시 여우는 남들보다 뒤처지는 무리였고 낯선 환경에서 최선을 다해 먹이를 찾아야 했다.

하지만 사실 여우가 서식지를 바꾼 게 아니라 인간이 서식지를 바꾼 것이다. 양차 세계대전 사이에 진행된 무질서한 도시 확장으로 인간이 교외로 몰려갔다. 즉, 여우가 도시로 온 게 아니라 도시가 그들에게 다가간 것이다. 옛날 도시는 건물이 밀집되고 회색이었다. 새로운 도시는 넓고 푸르르며 주택가, 산업 단지, 레크리에이션 공간, 자연 공간 등 다양한 서식지를 제공하기 때문에 찌르레기와 여우 모두에게 매력적이다. 특히 정원에는 칙칙한 도시 경관을 밝게 하려고 들여온 이국적인 꽃나무와 과일나무가 넘쳐난다. 어떤 곳에서는 도시화가 생물 다양성에 긍정적인 영향을 미칠 수 있다. 애리조나주 피닉스 사막 지역에서는 관개와 장식적인 조경 때문에 도시화 이후 종 풍부도가 증가했다. 도시는 풍요롭고 가뭄이 없으며 이국적인 수목으로 가득한 인공 오아시스다. 샌프란시스코에 사는 노랑턱멧새는 시골에 사는 새보다 장내 미생물군이 훨씬 다양해서 서식 범위가 넓다는 걸 보여준다. 한때는 도시에 가득했던 돼지똥과 말똥이 몇몇 종에게 먹이를 제공했다면, 지금은 전 세계에서 수입한 식물이 뷔페처럼 차려져 있다. 꽃 피는 식물이 풍부해서 더 많은 곤충을 지원하고, 덕분에 여우나 매 같은 큰 동물의 먹잇감이 되는 새와 작은 포유류도 많아진다.

교외 확장으로 인해 식물 군락의 종 구성이 대거 바뀌고 동시에 해당 지역의 동물 개체군도 재배열된다. 먼저 고양이와 개가 등장하는데 이들은 대부분 인간과 수가 비슷하거나 더 많다. 야생에서와 마찬가지로 일부 종은 떠나고 이전에 알려지지 않았던 다른 종들이 등장한다. 1960년대에 뉴욕 롱아일랜드 교외의 나소 카운티에서 조류 개체군을 조사한 결과, 변화하는 풍경에 이끌려 새로 유입된 종이 사라진 종보다 많은 것으로 나타났다. 들종다리와 메뚜기참새 같은 초원의 새들이 사라지고 있었다. 하지만 새로 유입된 새 중에는 교외의 정원을 좋아하는 철새와 일반 조류가 포함되어 있었다. 1940년대 롱아일랜드에서 멸종 위기에 처했던 흰꼬리사슴이 1950년대에 이례적으로 증가했다.[12]

롱아일랜드와 트윈시티의 사슴, 베를린의 멧돼지가 그곳에 사는 데는 다 이유가 있다. 도시에는 사냥꾼과 포식자가 없기 때문에 시골보다 도시가 더 안전하다. 미네소타에서 가장 크기가 작고 인구 밀도가 높은 카운티인 램지 카운티에는 총 1,200마리의 사슴이 산다. 만약 이곳이 시골 지역이었다면 그곳에서 부양 가능한 사슴은 500마리밖에 안 됐을 것이다. 그뤼네발트에 음식 찌꺼기를 흘려놓고 가는 소풍객, 주택에 딸린 맛있는 정원, 넘쳐나는 쓰레기통이 베를린의 멧돼지 개체수를 증가시킨 것처럼, 현재의 인류 환경은 사슴에게 풍부한 식량 공급원을 제공한다. 지난 60년 사이에 도시에 사는 동물의 개체수와 다양성이 증가한 것은 충격적인 건설 사업이 진행된 뒤 나무와 관목이 자라고 퍼지면서 교외 지역이 성장하고 환경이 성숙한 것과 비례한다.[13]

우리는 환경을 바꿨고 또 하나 매우 중요한 요인도 바꿨다. 포유류와 새가 눈에 띄는 즉시 총으로 쏘는 걸 중단한 것이다. 대부분의 도시는 당연히 사냥 금지 구역이다. 대신 우리는 야생을 두려워하기보다 즐기면서 포유류와 조류에게 먹이 주는 걸 좋아한다. 영국인들은 새 모이를 사는 데 연간 2억 파운드를 쓰고 미국인들은 40억 달러를 쓴다. 이런 솔깃한 상황 때문에 유라시아 검은머리 명금은 이 노다지에 합류하기 위해 중부 유럽에서 스페인과 북아프리카로 향하는 통상적인 이동 경로를 변경해 영국 교외의 정원으로 향한다. 그리고 음식물 쓰레기도 있다. 인간이 버린 모든 음식이 동물들의 먹이가 된다.

속도가 빠르고 가벼우며 이동 범위가 넓고 사람을 교묘히 피하는 여우는 파쿠르 선수처럼 마음대로 돌아다니면서 작은 틈새를 비집고 장애물을 뛰어넘으며 다리를 건너 벽을 기어오르고 배수관으로 사라졌다가 철로를 따라가는 지름길을 이용하며 대부분의 시간 동안 야생 초목 그늘에 몸을 숨기고 있다. 여우는 적응력이 가장 뛰어나고 지리적으로 넓게 분포된 야생 육식동물 중 하나로 북극 툰드라부터 사막에 이르기까지 넓은 지역에 존재하는 다양한 서식지를 성공적으로 이용한다. 그들은 이런 기술을 이용해서 1930년대부터 변두리 진입 지점에서 도시 중심부로 더 가까이 다가갔고, 그들이 지금 집으로 삼은 미로를 탐색하면서 새로운 기술을 배우고 전수했다. 2011년 런던에서는 부분적으로 완공된 샤드 빌딩 72층에서 여우가 발견되었는데, 그 여우는 건설 노동자들이 버린 음식 조각을 먹으며 행복하게 살고 있었다.

행운은 도시 생태계를 정복할 때 대담하고 적응력 있는 종을 선호한다. 북미에서는 코요테가 영국 여우처럼 행동하기 시작했다. 그들은 1990년대에 시카고로 이주한 종이다. 그 이후 코요테 개체수가 3,000퍼센트나 급증했고 잎이 무성한 교외부터 도심 빈민가에 이르기까지 대도시의 이용 가능한 모든 구석구석에 침투했다. 그들은 현재 거의 모든 북미 대도시를 차지하고 있다.[14]

어바니제이션 동물의 등장

1,000년 전의 쥐와 짧은꼬리원숭이처럼, 영리하고 기회주의적인 잡식성 동물인 여우와 코요테도 20세기가 흘러가는 동안 탁월한 신어바니제이션 동물임을 입증했다. 대도시는 이익을 얻고자 하는 포유류에게 제공할 수 있는 것이 많다. 앞서 얘기한 것처럼 도시는 따뜻하고 영양분이 풍부하다. 자원의 보고에 접근할 수 있다면 생활하기 편할 것이다. 여우, 너구리, 코요테는 시골보다 도시에 살 때 더 밀집해서 생활하는 경향이 있는데, 수명은 시골에 살 때보다 더 길다. 시카고 너구리는 시골에 사는 친척보다 먹이를 찾으러 돌아다니는 거리가 짧고 더 많은 자손을 낳으며 건강 상태도 더 좋다. 그건 몸집이 큰 다른 포유동물의 경우에도 마찬가지인데, 이들은 새끼 젖을 늦게 떼므로 새끼들이 직관적이지 않은 삶의 기술을 배울 기회가 늘어난다.

이 동물들은 교외로 이주해 그 근처에 정착해서 노년까지 오래 살면서 편안한 삶을 즐긴다. 가족을 양육하는 데 들이는 시간이 길어지면 공격성이 줄고 일부일처제를 택한다. 도시의 코요테들은 놀라운 속도로 시골 지역에서 벗어나 빠르게 변화하고 있다. 가소성이 큰 개체일수록 도시로 진입할 가능성이 크며 이들은 진화 압력에서 살아남는다. 영국 도시에 사는 여우를 시골 친척들과 비교해 보자. 도시에 거주하는 여우와 코요테는 복잡한 인공 서식지에서 행동하는 법을 배운 숙달된 신어바니제이션 동물이다. 그들은 새로운 기술을 배워서 자손에게 물려줄 수 있다. 하지만 영구적인 변화도 진행되고 있다. 도시 여우는 짧고 넓은 주둥이와 작은 머리를 발달시키고 있다.

그리고 더 대담하고 똑똑해지고 있다.

주둥이가 짧은 여우는 코 부위가 커서 썩은 음식이 가득 담긴 쓰레기통 냄새를 맡을 수 있다. 이제 들쥐나 쥐, 토끼 사냥에 의존하지 않기 때문에 긴 주둥이를 이용해 턱을 빠르게 움직일 필요가 없다. 대신 음식물 통에 접근하거나 포장지와 뼈를 아작아작 씹으려면 무는 힘이 더 강해져야 한다. 암컷이 수컷보다 도시 환경에서 잘 지내는 것처럼 보인다. 새끼를 키우는 동안에는 활동 범위가 감소해서 음식물 쓰레기에 대한 의존도가 높아지기 때문에 그들의 두개골 크기는 더 빨리 줄었다. 도시 여우들은 부신이 작아지고 영양분이 풍부하기 때문에 영토 싸움에 별로 공격적이지 않다. 암여우가 도시를 가장 잘 탐색하는 짝을 선택하면 외모와 기질이 암컷과 비슷한 메트로섹슈얼 수컷 여우가 태어나게 될까? 아마 가축화의 시작을 나타내는 변화된 특징 때문에 인간의 눈에 더 귀엽게 보일 것이다. 머지않아 평범한 관찰자도 도시 여우와 시골 여우를 바로 구별할 수 있게 될 것이다.[15]

표현형 변화는 도시에서 빠르게 일어난다. 유전자와 환경이 상호작용한 결과, 관찰 가능한 종의 특성이 변하는 것이다. 검은눈 방울새를 예로 들어보자. 수십 쌍의 산새가 1980년대에 샌디에이고로 이주한 뒤 놀랍고도 빠른 변화를 겪었다. 산에 사는 수컷 방울새는 공격성과 섹스에 집중하면서 짧은 번식기 동안 열심히 경쟁을 벌인다. 하지만 샌디에이고는 일 년 내내 많은 음식을 제공하기 때문에 공격적으로 영토를 차지할 필요가 없다. 느긋한 캘리포니아 대도시에 사는 암컷들은 마초스러운 수컷과의 짝짓기를 거부하기 시작했다. 대신 테스토스테론 수치가 낮은 수컷을 선택했다. 그들은 육아에 전념하면서 숲에서처럼 일 년에 한 번만 새끼를 낳는 게 아니라 여러 번

새끼를 낳아 기른다. 일부일처제 수컷은 공격성 강한 경쟁자보다 더 많은 자손에게 유전자를 물려준다. 방울새들 사이에서 흰 꼬리는 테스토스테론 수치가 높다는 표시다. 이건 숲에서는 가치 있는 특성이지만 도시에서는 환영받지 못한다. 샌디에이고의 수컷 방울새들은 깃털 색이 더 칙칙하고 더 높은 음조로 노래를 부르면서 자기가 새끼를 키우는 데 집중할 것이라는 뜻을 전한다. 한편 암컷들은 땅에 둥지를 틀지 않고 건물과 나무로 올라갔다. 도시화된 다른 새들처럼 방울새도 도시의 온기와 식량 자원을 선호하면서 철새의 습성을 포기했다. 하지만 도시 생활은 방울새 같은 명금류를 더 심오한 방식으로 변화시킨다. 즉, 그들의 신경 연결 통로가 재배열되는 것이다.[16]

연구진이 샌디에이고와 그들의 조상 숲에서 태어난 어린 방울새를 실내 조류원에 데려가 동일한 조건에서 키우자, 도시 방울새의 자손이 훨씬 대담하고 탐구심 강한 모습을 보였다. 그들의 타고난 도심 속 대담함은 태어날 때 물려받은 스트레스 호르몬인 코르티코스테론 수치가 낮기 때문이었다. 지빠귀나 박새 같은 다른 도시화된 새들은 변종 세로토닌 트랜스폰더 유전자가 있어서 위험하지만 매우 보람 있고 새로운 일을 추구하는 경향이 훨씬 크다. 조심성은 도시에 사는 조류에게 도움이 되지 않는다. 느긋하고 거리낌없이 사는 것이 인간과 교통, 시끄러운 소음, 인공 조명, 새로운 먹이 공급원 속에서 살아가는 생활의 핵심 요소다. 도시화 과정은 중추 신경계의 정보 처리 방식을 근본적으로 변화시켰다. 행동 변화는 단순히 양육의 문제가 아니다. 방울새의 경우 이건 유전적인 문제이며, 그들 조상이 불과 30년 전부터 도시에 대량 서식하면서 발생한 진화의 결과다. 샌디에이고의 검은눈 방울새가 그토록 중요한 이유는 야생 도시 동물의 행

동과 생리를 모두 조사한 실험이 지금까지 드물었기 때문이다.[17]

시골에서 자란 새에게 도시 친척들은 미친 듯이 충동적으로 보인다. 하지만 그들이 하는 행동은 새로운 환경에서 번창하기 위한 것이다. 여우도 그렇지만 애초에 가장 대담한 개체만이 도시로 가서 다른 도시 거주자와 짝짓기를 해서 자기 유전자를 자손들에게 물려주고, 그러는 과정에서 매우 빠르게 도시 전문가가 될 수 있다. 도시화된 다른 많은 종에게서도 호르몬 변화와 유전적 변화가 관찰된다. 시카고에 사는 코요테는 비도시 환경에서보다 대담하고 탐구적인데, 이는 샌디에이고의 방울새처럼 스트레스에 노출된 뒤에도 시상하부-뇌하수체-부신축 활성화가 줄어들었음을 나타낸다. 뉴욕에 사는 도롱뇽은 더 대담하고 덜 공격적이다. 뾰족뒤쥐, 박쥐, 들쥐, 쥐, 땅다람쥐 같은 작은 포유류는 도시에서 정신없이 휘몰아치는 인지적 요구에 대응하느라 뇌가 급격하게 커졌다. 뇌 크기는 단순히 지능하고만 관련된 게 아니다. 뇌가 커지면 행동도 더 유연해지는데, 이는 확실히 새롭고 매우 도전적이며 예측할 수 없는 서식지에 적응할 때 필요한 능력이다. 열대 아가마 도마뱀, 호주 구관조, 히말라야 원숭이, 북아메리카 너구리 등 수많은 동물 종의 경우, 도시에서 태어난 개체가 실험실에서 진행하는 문제 해결 작업을 처리하는 능력이 더 뛰어나다는 사실이 입증되었다.[18]

뇌와 행동만 변하는 게 아니라 몸도 변한다. 푸에르토리코 도시에 사는 아놀 도마뱀은 미끄러운 도시 표면에서 움직이기 위해 다리가 더 길어지고 발가락 패드의 접착성도 더 강해졌다. 매력적인 길가에 둥지를 틀기로 한 절벽 제비는 날개가 더 짧아지는 쪽으로 진화했다. 이는 자동차와의 충돌을 피하기 위한 빠른 수직 이륙과 공중 선회에 더 적합하다. 날개가 긴 새들은 건물 표면을 꽉 붙잡을 수 없는 푸에르토리코 도마뱀처럼 로드킬을 당해 유전자 풀에서 스스로를 제거한다. 애리조나 투손에 사는 참새목에 속하는 멕시코양지니는 이제 주변 사막 서식지에 사는 동족보다 길고 넓은 부리를 가지고 있다. 그래야 자연 식단보다 단단하고 큰 먹이인 정원 새 모이통의 해바라기씨를 먹을 수 있기 때문이다. 어떤 동물은 오염과 독소에 반응해서 진화하기도 한다. 뉴저지주 하구에 사는 대서양 킬피시는 독성이 강한 물에서 살아남기 위해 놀라운 속도로 진화했다. 센트럴 파크에 고립되어 있는 흰쥐 개체군은 지방이 많은 정크 푸드를 소화하고 견과류에서 자라는 발암성 곰팡이인 아플라톡신을 중화시킬 수 있는 특이한 유전자를 가지고 있다.[19]

맨해튼에 사는 쥐들은 왜 동물이 도시에서 그렇게 빨리 진화하는지 이해하는 데 중요하다. 옛날 그들의 조상은 맨해튼섬의 숲과 초원을 돌아다니는 개체군의 일부였는데, 이제 그들은 섬 안의 섬에 고립되어 있다. 공원은 다른 공원과 단절되어 있기 때문에 흰발생쥐의 유전자 풀이 더 넓어질 수 없다. 뉴욕의 각 공원에는 자기들만의 고유한 유전자 형질을 가진 쥐들이 산다. 이걸 유전적 부동, 또는 일상적인 표현으로 동종 교배라고 한다. 부정적으로 들리겠지만, 센트럴 파크에서 패스트 푸드를 먹으며 사는 흰발생쥐는 고립과 유전적 부동 때문에 미세 환경의 특정한 요건에 매우 빠르게 적응할 수 있었다. 자연 선택은 지방이 많은 음식을 소화하고 곰팡이 핀 간식을 먹을 수 있게 해주는 특이한 유전자를 가진 쥐를 선호했다. 고도로 변형된 환경에서 살아야 한다는 압박감 때문에 놀라울 정도로 짧은 시간에 진화적 변화가 생겼다. 고립이 끝나서 다른 쥐들이 센트럴 파크의 유

전자 풀에 들어간다면 이 쥐들은 정크푸드에 작별을 고해야 할 것이다.[20]

서식지 파편화로 인한 유전자 흐름 감소는 도시가 진화의 강력한 원동력이 되는 주된 이유 중 하나다. 그리고 성적 선택도 또 다른 이유이다. 많은 종들은 자기가 태어난 서식지를 선호한다. 그들은 그곳에 남아 도시에 사는 다른 동료와 짝짓기를 한다. 리스본의 박새는 인접한 시골에 사는 박새보다 글래스고에 사는 박새와 유전적인 공통점이 더 많다. 이건 사실이며 갈수록 더 심해지고 있다. 많은 동식물 종의 도시 버전과 시골 버전 사이에 분열의 징후가 나타나고 있다. 시골 종은 유전적 다양성이 훨씬 크다. 도시에서의 삶을 선택한 (혹은 강요당한) 종은 도시 틈새의 특수성에 적응함에 따라 유전적으로 더 다양해지는 경향이 있다. 샌디에이고 방울새는 약 80쌍의 번식 쌍으로 이루어진 작은 개체군이다. 도시에서 빠르게 진화하는 대부분의 생물체는 도시처럼 근본적으로 다른 환경에 직면했을 때 유익하게 작용할 수 있는 유전적 변이가 개체군 내에 원래 존재했기 때문에 그렇게 진화할 수 있는 것이다. 이런 변종 유전자를 가진 개체는 갑자기 바람직한 성적 파트너가 된다. 조상들의 서식지에서는 희귀했던 긴 다리 도마뱀이 도시에서는 갑자기 별로 드물지 않게 된다. 그들이 도시에서 거둔 성공은 유전자를 물려줬기 때문에 가능했다. 주둥이가 짧은 여우, 정크 푸드를 먹는 쥐, 독소에 강한 킬피쉬, 여유로운 방울새, 대담한 지빠귀도 마찬가지다.[21]

모든 동물이 도시 생활이나 인간과 가까운 거리에 사는 데 적응할 수 있는 건 아니다. 대부분은 불가능하다. 그런 동물의 서식지에 심한 변화가 생기면 멸종 위기에 처하게 된다. 하지만 생각보다 많은 종들이 인간이 거주하는 환경에서 집을 찾고 그 과정에서 신체와 뇌 구조가 바뀌고 있다는 게 분명해졌다. 좋든 싫든 이들은 인류세와 대멸종의 압박을 버티고 살아남기에 가장 적합한 종들이다. 그들은 우리가 일으킨 재앙에 맞서 싸우는 유기체다. 도시에서 잘 살아갈 수 있는 동물은 따뜻한 기후와 인간이 바꿔놓은 환경에 미리 적응하고 있다.

대도시는 생물계가 심각한 압박을 받게 될 향후 수십 년 동안 전세계 생물 다양성의 상당 부분을 보존하는 곳이 될 수 있다. 도시가 더욱 환영받는 곳이 된 것은 이 동물들 덕분이다. 우리는 수많은 종이 도시에 정착하기 위해 매우 빠르게 진화하는 모습을 보았다. 이 모든 일이 눈 깜짝할 사이에 일어났다. 대부분의 동물은 이제 막 그 여정을 시작했다. 어떻게 해야 그들을 위한 공간을 더 많이 만들 수 있을까?

생물 다양성과 멸종

그들이 땅거미가 짙게 깔린 도시 위를 날아가는 모습은 장관이다. 회색머리날여우박쥐는 날개 길이가 1미터가 넘는 호주의 거대 박쥐로 오렌지색 털깃과 회색 얼굴에 까만 구슬 같은 눈이 있다. 이 거대한 포유동물은 낮에는 거대한 날개를 몸에 감고 거꾸로 매달려 잠을 잔다. 그리고 매일 밤 유칼립투스 꽃, 열대 우림 과일, 그리고 토착 식물 100여 종의 꿀을 찾아 날아간다. 그들은 호주 남동부 생태계에서 중요한 역할을 하는 핵심 종이다. 이 박쥐들은 먹이를 찾으면서 열대 우림을 수분시키고 하룻밤에 6만 개의 씨앗을 50킬로미터 거리에 걸쳐 퍼뜨린다. 어떤 지역이 화재로 파괴되면 그들이 복구를 돕는다. 그러나 회색머리날여우박쥐는 멸종위기종이며 기후변화, 농업 확장, 산불, 도시화 때문에 서식지가 파괴되었다.

하지만 도시는 문젯거리인 동시에 해결책의 일부이기도 하다. 1986년에 거대 박쥐 10~15마리가 멜버른에 군락을 이루었다. 2020년 대에는 개체수가 3만 5,000마리로 증가했다. 2010년 애들레이드에 또 다른 '야영지'(이들의 둥지를 그렇게 부른다)가 설치되었고 금세 1만 7,000마리로 증가했다. 왜 이 박쥐들은 평소 지내던 서식지에서 멜버른까지 400킬로미터나 이동한 걸까? 그건 우리가 도시 환경을 변화 시킨 방식과 관련이 있다. 유럽인들이 멜버른에 정착하기 전까지 그 지역에는 회색머리날여우박쥐가 먹을 수 있는 식물이 단 세 종류밖에 없었다. 1970년대부터 사람들이 정원을 가꾸는 취향이 바뀌기 시작했다. 호주 도시에 사는 사람들이 유칼립투스와 모턴 베이 무화과를 가로수로 심기 시작했다. 그들은 수백 종의 호주 토착 나무와 식물을 정원과 공원에 도입했다. 이렇게 도시화의 부산물로 지역 환경이 완전히 개조되면서 일 년 내내 박쥐를 위한 잔치판이 벌어졌다. 사람들은 또 가뭄이 들면 식물에 물을 주는 경향이 있다. 멜버른의 도시 숲이 성장하고 다양해지자 거대 박쥐뿐만 아니라 잉꼬와 주머니쥐에게도 매우 매력적인 공간이 되었다. 회색머리날여우박쥐는 도시화되었고, 멜버른과 다른 42개 호주 도시가 멸종을 피할 숲과 같은 피난처라는 걸 깨달았다.[22]

호주는 세계에서 생물 다양성이 높은 17개 나라 중 하나다. 하지만 수천 종의 생물이 멸종 위기에 처해 있다. 이는 회색머리날여우박쥐만의 문제가 아니다. 현재 위기에 처한 동물의 46퍼센트가 도시 환경에서 살고 있다. 사실 호주 도시들은 비도시 지역에 비해 제곱킬로미터당 서식하는 멸종위기종이 훨씬 많다. 이런 상황은 다른 곳도 비슷하다. 삼림 벌채와 농업 때문에 서식지에서 쫓겨난 멸종위기종인 작은 브라질 황금사자 타마린도 리우의 너그러운 교외 주민들 사이에서 피난처를 찾았다. 1999~2001년 사이에 인도 라자스탄에 가뭄이 들자 시골 지역에서는 하누만랑구르원숭이 개체수가 폭락했지만 문제를 극복할 식량 공급원이 충분한 조드푸르에서는 개체수가 변하지 않았다. 흑곰들은 자원이 부족할 때는 콜로라도주 아스펜으로 이동하고, 식량이 풍부한 해에는 자연 서식지로 돌아간다.[23]

호주의 거대 박쥐, 인도 원숭이, 미국 곰의 경험은 기후 비상사태의 전조일 수도 있다. 도시는 특정 종들의 방주가 될 수 있고 극한 상황을 피할 보호구역이 될 수도 있다.

2020년에 전 세계가 봉쇄되어 다들 지루하게 집안에 갇혀 있을 때, 세계 각지의 뉴스는 우리가 없는 동안 도시에서 무슨 일이 일어나고 있는지 들려주며 우리를 감질나게 했다. 사슴들이 세계의 도시를 자유롭게 돌아다녔고 칠레 산티아고에는 퓨마가 몰래 접근했다. 멧돼지와 야생 돼지들이 바르셀로나와 파리의 인적 드문 거리를 대담하게 배회했고 코끼리가 인도 북부의 데라둔을 거닐기도 했다. 야생 칠면조들이 샌프란시스코의 학교를 점령했다. 수달이 싱가포르의 쇼핑몰을 돌아다니거나 병원 로비에서 날쌔게 움직이는 모습도 목격되었다. 호기심 많은 동물들이 도시로 이동하는 데 필요한 건 교통량 감소와 소음 및 이동량 감소뿐이다. 도시 환경을 야생 동물에게 매력적으로 만들기 위해 많은 노력을 기울일 필요가 없다. 경우에 따라서는 작은 개입을 통해 큰 이익을 얻을 수도 있다.

밤에 조명을 환하게 밝힌 도시는 인간의 일상적인 리듬을 방해할 뿐만 아니라 동물에게도 혼란을 준다. 빛 공해는 서식지 감소나 화학 오염과 함께 도시 생태계에 가장 중요한 위험 요소 중 하나다. 미국은 불필요한 실외 조명 때문에 연간 33억 달러를 낭비하고 2,100만 톤의 이산화탄소를 배출하는 것으로 추정된다. 플로리다의 밝은 빛에 정신을 빼앗긴 수백만 마리의 새끼 바다거북은 바다 수면에 반사되는 미묘한 별빛과 달빛을 놓치는 바람에 불필요하게 목숨을 잃는다. 인공 조명은 수백만 마리 새들의 이동 패턴을 방해하기도 한다. 조명이 켜진 건물에 이끌려 날다가 충돌해서 죽는 새들이 많다. 가로등은 야행성 포식을 증가시키고 번식을 방해하기 때문에 곤충 개체수를 엄청나게 줄었다. 식물들도 고통을 겪는데, 인공 조명 때문에 잎이 더 커지고 기공이 많이 자라 오염과 가뭄에 취약해진다. 2001년 애리조나주 플래그스태프는 세계 최초의 국제 다크 스카이 시티가 되었다. 그 이후 투손과 피츠버그를 비롯한 수십 개의 도시들이 그 뒤를 따르고 있다. 실제로 피츠버그는 2022년에 환경에 지장을 주는 블루라이트를 방출하는 전구를 발열량이 적은 전구로 바꿈으로써 연간 100만 달러의 비용을 절약하는 등 다른 도시들보다 한 걸음 더 나아갔다. 또 가로등에 차폐 장치를 추가해 조명이 밤하늘로 쏟아지는 걸 방지하고 있다. 작지만 목표가 있는 이런 개입을 통해 많은 이익을 얻을 수 있으며 인간도 다시 별을 볼 수 있는 권리를 되찾았다.

고함원숭이들은 목숨을 위협하는 차량과 개를 피하기 위해 육교를 이용한다. 브라질 포르투 알레그레에 사는 이 멸종위기종 원숭이들은 그곳에 남은 작은 숲에서 다른 숲으로 이동할 때 송전선을 타고 움직이는데, 이것도 도시를 이동하는 매우 위험한 방법이다. 이 도시는 도로 위에 저렴한 줄다리를 설치하는 방법을 통해 흰귀주머니쥐나 호저 같은 동료 도시 등반가들과 함께 많은 갈색 고함원숭이들의 감전사를 막았다. 코스타리카에서는 나무늘보(전형적인 도시민이라고 생각하기는 어렵지만)가 이런 줄다리의 도움을 받고 있다. 비교적 정리되지 않은 자연 상태를 유지하고 있는 베를린의 연구원들은 최근 고슴도치의 유전자 흐름 수준이 상당히 높은 걸 발견하고 놀랐다. 이 연구 결과는 동물들이 베를린 전역을 가로질러 짝을 찾을 수 있을 만큼 서로 연결된 녹지가 충분하다는 걸 보여준다. 실제로 유전자 분석을 통해 베를린 고슴도치가 시골에 사는 친척들보다 더 넓은 범위에 분포한다는 사실을 알아냈다. 고슴도치는 어떤 상황에서도 멀리까지 이동하지 않는다. 만약 고슴도치가 도시의 녹색 격자망을 통과할 수 있다면, 즉 야간에 공원, 정원, 묘지, 야생 식생 구역으로 이루어진 녹색 징검다리를 빠르게 건너갈 수 있다면 다른 포유류와 곤충도 그럴 수 있을 것이다.[24]

알다시피 도시에는 생태학적 보물 창고들이 있다. 하지만 대부분 조각조각 흩어진 섬 같은 형태로 존재한다. 동물에게는 도시 곳곳에 흩어져 있는 울창한 초목 지대를 연결하는 녹색 지하철 시스템이, 콘크리트와 아스팔트 사막을 가로지르는 서식지 고속도로망이 필요하다. 우리는 도시의 지하철, 버스, 전차 지도에 익숙하다. 녹색 지도를 상징적이고 쉽게 알아볼 수 있게 만드는 건 어떨까? 우리 머릿속에 완전히 새로운 도시가 형성될 것이다.

보행자 전용 도로, 자전거 도로, 철도 선로, 강둑, 가로수길, 풀을 베어내지 않은 길가, 옥상 정원, 녹색 벽, 습지 등이 모두 자연계 지하철 시스템의 연결 고리가 될 수 있다. 위트레흐트시가 300개가 넘는 버스 정류장 지붕에 기린초를 심자 꿀벌이 먹이를 찾을 수 있는 장소가 추가로 생겼다. 브리즈번의 도로 아래에 뚫린 배수로에 좁은 난간 통로를 추가하자 코알라, 왈라비, 주머니쥐, 바늘두더지, 큰도마뱀 등이 단 몇 주만에 이 어두운 지하 통로를 지나가는 법을 배웠다. 코알라는 오랫동안 도시에서 살기에는 부적합하다고 간주되었다. 하지만 다른 많은 종과 마찬가지로 코알라도 새로운 인간 환경에 놀랍도록 잘 적응하고 있다. 브리즈번 바로 북쪽에 있는 모든 만에서는 빨리 자라는 비어와산 말리나무*를 광범위하게 심어서 코알라들을 돕고 있다. 이 나무는 코알라가 산불과 가뭄을 피해 음식과 서식지 연결을 제공하는 안전한 도시로 쉽게 진입할 수 있게 해준다.[25]

공중 줄다리, 터널 속의 난간 통로, 고슴도치를 위한 교외 정원 울타리 구멍 등은 녹색 격자망을 만드는 저렴한 방법이다. 하지만 어떤 종을 위해서는 값비싼 혁신이 필요하다. 로스앤젤레스는 8,700만 달러를 들여서 리버티 캐넌에 풀로 뒤덮인 거대한 다리를 건설하고 있다. 이 다리는 광범위한 지역에 흩어져 사는 퓨마와 스컹크, 사슴 같은 동물들이 매일 차량 30만 대가 질주하는 101 고속도로를 안전하게 건널 수 있게 해준다. 이런 식으로 도시를 개방해야만 퓨마와 살쾡이의 유전적 고립이나 근친 교배를 피할 수 있다. 지역을 횡단할 수 있는 동물의 능력은 그들의 장기적인 생존에 필수적이다. 우리는 유전자 흐름 경로를 가로막는 장벽을 제거하거나 수정할 수 있다. 이건 인간뿐 아니라 동물에게도 알맞은 방식으로 도시를 재설계하는

* 유칼립투스의 일종인 이 나무도 취약종으로 분류되어 있다

것이다. 그렇게 하지 않으면 도시 확장이 가장 맹렬하게 진행 중인 전 세계 생물 다양성 핫스팟에서 대규모의 국지적 멸종이 일어날 것이다.

멜버른의 회색머리날여우박쥐와 브리즈번의 코알라가 다시 떠오른다. 앞서 살펴본 것처럼 지난 40년 동안 도시 환경이 비교적 완만하게 바뀐 호주 도시들은 멸종 위기에 처한 몇몇 생물의 피난처가 되었다. 다양한 토착 식물과 외래종 식물이 자라는 거리, 공원, 길가, 정원 덕분에 도시가 수많은 종들에게 매우 매력적인 공간이 된다. 전세계 도시, 특히 열대 우림, 사바나, 초원, 삼각주 지역에서 빠르게 성장하고 있는 도시들은 호주에서 진행된 최고의 혁신을 모방해 최악의 죄를 피해야 한다. 이 핫스팟에 있는 도시들은 역사상 처음으로 자연 보호를 도시 계획의 중심 목표로 삼고, 끝없이 확장되는 도시 경관 속에 야생동물 통로를 통해 서로 연결된 넓은 자연 서식지를 보존할 기회를 갖게 되었다. 동물들은 이제 막 도시로의 대이동을 시작했다. 멸종 위기에 처한 종들이 회색머리날여우박쥐나 코알라가 걸은 길을 따라갈 수 있도록 통행을 용이하게 하는 게 긴급한 보존 우선순위가 되어야 한다. 우리는 오염되지 않은 야생의 거주 가능성을 유지하는 데 중점을 두지만, 도시도 같은 관점에서 바라봐야 한다. 그러려면 생각을 넓혀서 도시를 생명과 생태적 혜택이 가득한 곳으로 다시 생각해야 한다. 인간은 지구의 모든 구석구석에 영향을 미쳤다. 아마 우리가 할 수 있는 최소한의 일은 지구상에서 가장 파괴적인 장소 중 하나인 도시 안에서 자연을 지원하는 것일 터다.[26]

도시 경관에서 야생동물이 번성하는 건 확실히 건강한 도시의 신호다. 회색머리날여우박쥐가 멜버른으로 몰려든 것은 최근 수십 년 동안 토착 식물들이 꽃을 피웠기 때문이다. 대형 박쥐가 살기에 적합한 공간이 된 도시는 사람들에게도 이롭다. 하지만 대량 멸종을 생각하면 현대 도시를 녹화하는 건 매우 시급한 문제다. 그것은 미적인 기호나 기후 변화에 대한 적응보다 시급하다. 어떤 종이 흔적도 없이 사라지는 걸 막고 싶다면, 자연을 멋진 부가물이 아닌 생존에 중요한 것으로 여기면서 도시를 더 야생적인 환경으로 만들어야 한다.

우리의 운명은 도시로 들어오는 동물들과 연결되어 있다. 도시 환경을 동물에게 더 우호적으로 만들면 인간에게도 더 건강하고 행복한 환경이 될 것이다.

에필로그

마지막

버려진 폐허의 도시

열대 숲에서 길을 잃고 굶주려서 기진맥진한 안드레스 데 아벤다노 이 로욜라Andres de Avendano y Loyola와 그의 부하들은 옷과 얼굴이 가시에 온통 찢어진 채 차례로 언덕을 올랐다. 마침내 그들은 어떤 산등성이 위에서 놀라운 광경을 보았다. 나무와 덩굴로 뒤덮인 거대한 돌탑이 두터운 캐노피 위로 튀어나와 있었던 것이다.

프란치스코회 수사인 아벤다노와 부하들은 1695년에 외딴 섬 도시 노흐페텐의 왕을 기독교로 개종시키고 스페인 왕의 통치를 받아들이도록 설득하는 임무에 실패한 뒤 도망치는 중이었다. 노흐페텐은 과테말라 저지대의 빽빽한 열대 우림에 사는 마야인들의 마지막 저항지였다. 그들은 150년 이상 스페인에 저항했고 아벤다노의 제안을 받아들일 준비가 되어 있지 않았다. 달아나면서 갈증에 시달리던 아벤다노는 초목이 우거진 피라미드를 기어올랐을 때 거기가 정착지거나 근처에 정착지가 있을 거라고 생각했다. 하지만 도시도 마을도 없었다. 거대한 피라미드가 정글에 버려져 있었던 것이다. 당시에는 몰랐겠지만 아벤다노는 500년 전 기후 변화에 직면해 버려진 마야의 거대 도시 티칼의 외로운 폐허를 최초로 엿보게 된 유럽인이었다.[1]

시간이 한참 흐른 뒤, 미국 출신 탐험가 존 로이드 스티븐스John Lloyd Stephens가 열대 우림 속에 하얀 석조 건물이 나무 위로 튀어나와 있다는 이 잃어버린 도시에 대한 소문을 들었다. 스티븐스는 1839년과 1840년에 티칼과 다른 마야 도시를 방문했고, 이들 도시는 스티븐스의 묘사와 그의 동료 탐험가 프레더릭 캐서우드Frederick Catherwood가 남긴 판화를 통해 세계적으로 유명해졌다. 그는 말했다.

> "세계 역사에 남은 낭만적인 모험담 가운데, 한때 위대하고 사랑스러웠던 이 도시가 멸망해서 황폐해지고 잊힌 광경보다 더 강렬한 감동을 준 건 없었다. 우연히 발견된 이곳에는 사방 수 킬로미터에 걸쳐 나무들이 무성하게 우거져 있는데 이를 식별할 이름조차 없었다."

폐허가 된 불가사의한 문명과 거칠게 얽히고설킨 자연이 대조를 이룬 그 장소는 매우 흥미로워 보였다. 스티븐스는 어떤 부분은 "덤불과 어린나무 때문에 갈라지고" 어떤 부분은 "큰 나무가 자라면서 무너진" 규칙적인 돌계단을 올라가 피라미드 탐험을 이어갔다. 정상에서 그는 각종 나무가 우거진 큰 테라스를 발견했는데 그중에서도 특히 거대한 양목면 나무 두 그루는 이러했다.

> "둘레가 6미터 이상이고 땅 위로 반쯤 드러난 뿌리가 15~30미터 정도 뻗어나가 폐허를 휘감고 있었으며 머리 위로 넓게 퍼진 가지가 그늘을 드리웠다."

길고 곧은 줄기, 우산처럼 생긴 캐노피, 거대하고 꼬불꼬불한 판근이 특징인 양목면 나무는 지상 세계를 통해 지하 세계인 시발바Xibalba와 하늘을 연결하기 때문에 마야인들이 신성시하는 나무였다. 숲 바닥에서 위로 높이 솟아올라 거대한 마야 건축물을 꽉 껴안고 있는 신성한 양목면이 승리를 거둔 것은 매우 적절해 보인다.

스티븐스와 일행은 계단을 내려오면서 들고 있던 큰 칼로 무성하게 자란 초목을 베어내면서 그곳이 "사방에 거의 로마 원형 극장 계단만큼 완벽한 계단이 있는 광장"이라는 걸 확인했다. 누가 정글 한복판에 이 위대한 도시를 세웠을까? 스티븐스는 스스로에게 물어봤다. "모든 게 미스터리, 뚫고 들어갈 수 없는 어두운 미스터리였다." 폐허를 뒤덮은 거대한 숲이 "그런 인상을 고조시켰고…… 강렬하고 거친 흥미를 자극했다." 열대 우림 속 잃어버린 도시에 대한 강렬한 매혹은 결코 사라지지 않았다.[3]

지난 10년 사이에 LiDAR 스캐너를 장착한 항공기가 캐노피 위쪽 2,000피트 상공을 선회하면서 GPS와 연결된 레이저 펄스를 사용해 거리를 측정하고 상세한 3차원 디지털 지도를 만들었다. LiDAR는 복잡하게 얽힌 열대 우림 아래 깊숙이 묻혀 있는 특징을 확인해서 고대의 풍경을 드러냈다. 여기에는 초목으로 뒤덮여서 항상 언덕인 줄 알았던 거대한 피라미드, 도시 윤곽, 도로, 채석장, 계단식 밭, 운하, 저수지, 관개 시스템 같은 인프라 네트워크도 포함되었다. 인간의 활동, 특히 도시화는 땅에 결코 지워지지 않는 영구적인 기록을 남긴다. 열대 우림의 도시 건설로 인해 스트레스를 받은 토양에 돌아온 식물은 인간의 손길이 닿지 않았거나 가볍게 사용했던 땅에서 자라는 식물들과 여전히 다르다. 디지털 지형학은 마야 도시의 크기와 정교함이 심하게 과소평가되었다는 걸 알려주었다. 특히 그 도시가 존재했던 광대한 열대 지형을 완전히 변형시킨 방식과 관련해서 말이다.

한때 이 지역 영토를 다 차지할 만큼 거대한 도시가 있었던 곳에 지금은 수 킬로미터에 걸친 울창한 열대 우림이 있다. 과테말라의 티칼이나 캄보디아의 앙코르, 또는 방사능 독성이 심한 체르노빌의 출입 금지 구역을 지배하는 야생적인 풍경을 보면 초목이 인간의 가장 위대한 창조물을 빠르게 집어삼킨다는 생각에 사로잡힌다. 존 로이드 스티븐스가 말했듯이 그건 낭만적인 모습이다. 조지 루카스George Lucas 감독은 첫 번째로 제작한 〈스타워즈Star Wars〉 영화에서 야빈 4라는 가상의 위성에 있는 반란군 기지를 묘사할 때 티칼의 영묘한 분위기를 이용했다. 그곳의 시각적 효과는 잊힌 고대 문명, 쇠퇴, 역사의 무자비한 순환을 암시했다.

우리는 종말론적 분위기를 좋아하기 때문에 이런 장소에 마음이 끌린다. 뿌리와 덩굴 식물이 돌을 쪼개고 튼튼한 건물을 질식시키는 모습을 보면 인간이 만들어낸 모든 것이 맞게 될 운명에 대한 섬뜩한 예감이 든다. 그 모습은 자연의 궁극적인 힘과 놀라운 속도로 땅을 되찾고 문명을 말살시키는 능력을 알려준다. 그리고 무엇보다 우리에게 경고한다.

유카탄 반도에는 강이 거의 없다. 빗물이 스펀지 같은 카르스트 석회암 아래 100~150미터 깊이에 있는 거대한 싱크홀로 금세 빠져나가기 때문이다. 토층은 얇아서 쉽게 씻겨 내려가고 기후는 습하다. 짐을 나르는 짐승이 없다. 그리고 가뭄이 자주 발생한다. 1,000만 명이 훨씬 넘는 인구가 사는 도시, 농장, 마을 네트워크는 고사하고 단

하나의 도시가 존재하기도 힘들어 보인다. 하지만 마야인들은 열대 우림의 풍경을 완전히 바꿔놓았다.

그들의 도시 문명은 마야 역사의 고전기로 알려진 서기 250~900년 사이에 자연이 안겨준 상당한 제약에 맞서 번영했다. 건축물에 드러난 그들의 기량을 보면 수학, 천문학, 예술 분야에서도 놀라운 발전을 이뤘다는 걸 알 수 있다. 마야인들은 그 지역의 수문학을 조종해서 지하 싱크홀을 계단식 농장을 위한 광범위한 관개 시스템에 물을 공급하는 저수지로 바꾸었다. 열대 우림을 베어내고 집중적인 화전 농업을 실시했다. 환경을 통제하는 능력 덕에 고전기에 마야 인구가 빠르게 증가했다. 부와 자신감의 표시인 기념비 건설은 그 시기가 끝날 무렵 정점에 달했다. 티칼의 상징인 높은 건물은 열광적인 붐이 일던 이 시기에 지어진 것이다. 하지만 이런 활동이 가속화되는 순간, 모든 게 붕괴되었다.

현대 기술은 LiDAR를 이용해 마야 거대 도시의 전체적인 범위를 밝혀냈을 뿐만 아니라 마야 문명이 내리막길을 걷게 된 이유도 부분적으로 설명했다. 스티븐스는 마야인들이 무성한 정글이 그늘을 드리운 도시에 살았으리라고 상상했을 수도 있지만, 최근의 꽃가루 표본 분석 결과 서기 8세기 말에는 유카탄 반도의 삼림이 없어졌다는 사실이 밝혀졌다. 도시와 들판이 벌거벗은 평야 위에 펼쳐져 있었다. 거대한 나무들은 대량의 회반죽을 만들기 위해 벌목되고 불에 탔다. 1제곱미터 분량의 석회 회반죽을 만들려면 나무 스무 그루를 불태워야 했다. 벌거벗은 땅은 농업에 활용되었다. 먹여 살려야 하는 입이 점점 늘어나자 생태계가 한계에 다다랐다. 마야인들은 적응력이 뛰어나서 정교한 관리 기법을 통해 잦은 가뭄을 완화했지만 760년경부터 시작된 위기에는 적응하지 못했다. 그린란드에서 채취한 빙하 표본을 보면 이 시기에 갑자기 태양 복사가 감소했음을 알 수 있다. 북반구 기온이 급락하면서 지구 기상 시스템이 북쪽으로 이동했다. 유카탄에 물을 공급하던 대서양 강우가 내리지 않았다. 이 지역 호수에서 채취한 퇴적물 표본을 보면 길고 예외적으로 극심한 가뭄이 마야를 강타했음을 확인할 수 있다. 게다가 이곳은 열대 우림 손실로 인해 이미 강수량 감소를 겪고 있었다.

인재와 자연재해가 합쳐진 이런 상황에 처한 도시들은 하나둘씩 사람이 떠나고 자연의 손에 맡겨지기 시작했다. 유카탄 반도 전체의 토양이 삼림 벌채, 침식, 과도한 개발로 고갈되었다. 기후 변화로 땅이 건조해진 상태였는데 마야인들의 삼림 벌채 때문에 더 건조해졌다. 물자가 부족해진 마야 사회는 혼란에 빠졌다. 줄어드는 자원 때문에 도시들끼리 싸웠다. 저지대를 가로지르며 이들을 부유하게 해줬던 무역로는 해상 교통로가 되었다. 900년경에는 티칼이 거의 텅비어서 수십 개의 유령 도시 중 하나가 되었다. 그러자 열대 우림이 빠르게 복구되었다. 이 생태계는 그로부터 거의 1천 년 뒤, 안드레스 데 아벤다뇨가 비틀거리며 숲을 빠져나갈 즈음에 완전히 복구되었을 수도 있지만 도시는 다시 돌아오지 않았다.

정글이 도시를 먹어치우다

캄보디아에서는 초자연적인 존재처럼 보이는 거대한 반얀나무 뿌리가 서기 11~13세기에 세계에서 가장 큰 도시였던 앙코르의 웅장한 건물을 휘감고 있다. 티칼처럼 앙코르도 오늘날의 파리 정도 크기의 영토를 차지하고 있었으며 거의 100만 명이 거주하는 거대하고 분산된 도시 집합체였다. 이들도 마야인들처럼 진보된 수력 네트워크에 의존했다. 그리고 마야의 도시처럼 이 거대 도시도 생태계에 엄청난 부담을 줬다. 초대형 도시 지역은 수개월간 이어지는 가뭄과 극심한 몬순 강우에 대처하기 위한 운하, 관개 도랑, 저수지로 구성된 집수, 보관, 재분배를 위한 매우 정교한 인프라 네트워크로 전환되었다. 캄보디아에서 볼 수 있는 엄청난 규모의 도시화는 물이 1,000제곱킬로미터에 걸쳐 재분배되어 1년 내내 농사를 지을 수 있었기 때문에 가능했다. 도시라는 기계는 고도로 통제된 대규모 인력에 의해 계속 작동되었다. 도시 땅과 시골 땅이 겹쳐졌다. 실제로 앙코르는 논 사이의 둔덕 위에 저밀도 주택들이 옹기종기 모여 있어서 습한 풍경 속에서 무성하게 자라난 마을 같았기 때문에 실제로 둘 사이에 별 차이가 없었다. 개방적이면서도 고도로 설계된 도시 경관을 만들기 위해 수백 제곱킬로미터의 숲을 제거했다. 환경을 완전히 조율하는 능력은 앙코르의 힘이자 100만 명의 주민들을 먹여 살릴 수 있는 능력의 원천이었다. 하지만 한편으로는 가장 큰 약점이기도 했다.

나무 나이테를 조사해 보면 동남아시아 본토가 중세 온난기에서 소빙하기로 전환될 때 기후 불안정에 시달렸다는 걸 알 수 있다. 비정상적으로 많은 비가 내린 후 언덕에서 쓸려 내려온 퇴적물 때문에 운하에 진흙이 쌓였고 홍수가 거대 도시를 파괴했다. 그러나 나이테의 정보에 따르면 폭우는 14~15세기에 장기간 이어진 가뭄 시기에 발생했다. 이때는 지난 천년 중에 가장 습하고 또 가장 건조한 시기였다. 몬순은 위험할 정도로 예측이 불가능해졌고, 결국 비교적 예측

가능한 기후에 맞춰 설계되었지만 수 세기 동안의 삼림 벌채 때문에 침식과 침전에 대처할 수 없게 된 정교한 공학 시스템을 조롱했다. 인구가 감소하기 시작했다. 정글이 되돌아와 죽어가는 도시의 점점 축소되는 가장자리를 게걸스럽게 먹어치웠다. 방대한 노동력이 감소하자 더 이상 복잡한 급수 시설을 유지할 수 없게 되었고, 앙코르에 남아 있는 것들은 홍수에 훨씬 취약해졌다. 결국 중세의 위대한 도시는 버려졌다. 소수의 충실한 수도사들만 종교 의식을 치르기 위해 이곳에 남았다. 도시를 갈가리 찢어놓은 반얀나무의 촉수 같은 뿌리가 석조 건물을 압사시켰다.

현대의 시스템 분석가들은 앙코르에서 일어난 일을 살펴보면서 "극단적인 기후로 인해 중요한 인프라가 단계적으로 고장난" 과정을 발견했다. 앙코르의 물 관리는 서로 상호 작용, 상호 의존하는 수많은 요소들로 이루어졌다. 기후 변화로 인해 이 복잡한 시스템에 작은 고장이 발생한 이후 연달아 다른 고장이 생기면서 결국 복구 불가능한 티핑 포인트에 도달하게 되었다. 이건 갑작스럽게 발생한 종말론적 재앙이 아니라 수십 년간 도시 환경이 꾸준히 퇴화하다가 결국 도시를 버리는 것만이 유일한 방법이 된 것이다. 연구원들은 중세 앙코르와 현대의 복잡한 네트워크가 기능적인 면에서 비슷한 부분이 많다고 주장했다. 그러니 이들에게 일어난 일을 경고로 받아들여야 한다.[4]

마야의 도시와 앙코르처럼 기후 불안정으로 몰락한 사례는 이것만 있는 게 아니다. 메소포타미아의 아카드 제국은 기원전 2,200년경부터 아극 대서양 표면 온도가 많이 냉각된 4.2킬로이어 사건 때문에 탈도시화를 겪었다. 그 연쇄 반응으로 서남아시아가 건조해지는 등 지구 기후가 변했다. 또 아시아 몬순이 약해져서 기원전 1,800년경부터 인더스 문명을 구성했던 수십 개의 거대 도시들을 포기하게 되었다. 도시 문명의 요람인 메소포타미아 대도시들은 해수면이 낮아지고 강 흐름이 바뀌고 관개 시스템을 사용하지 않게 되면서 결국 사막에 삼켜졌다. 그로부터 훨씬 나중인 535/6년에는 극단적인 기상 현상이 발생해* 당시 세계에서 6번째로 큰 도시였던 멕시코 계곡의 테오티우아칸이 쇠퇴한 것을 비롯해 전 세계에 영향을 미쳤다. 콜럼버스 이전 시대에 가장 큰 아메리카 원주민 도시였던 카호키아(1050년경 현재의 미주리주 세인트루이스 근처에 존재)는 가뭄과 미시시피강 홍수에 시달리다가 14세기에 버려졌다.

오랫동안 카호키아의 종말은 인간이 야기한 환경 변화, 특히 삼림 벌채와 과도한 경작 탓으로 여겼다. 그러나 오늘날의 학자들은 인간이 생태계를 파괴했다는 이런 비난을 부인한다. 현대인들은 인간이 초래한 기후 변화에 대한 불안 때문에 과거를 이런 식으로 돌아보면서 현재의 두려움을 과거 사회에 투영한다. 자연적인 기후 변화가 한때 위대했던 도시 문명을 파괴한 건 사실이다. 하지만 과거에 겪은 이런 재난의 역사가 우리에게 희망을 줄 수도 있다.

인간의 역사에서 가장 특징적인 것은 재앙 같은 사건을 겪은 뒤 회복할 수 있는 능력이다. 돌이켜보면 종말처럼 보이던 것이 실은 천천히 진행된 일련의 사건, 갑작스러운 재앙이라기보다 점진적으로 포기한 사례들이었다. 앙코르는 변화된 기후 때문에 버려진 게 분명하다. 하지만 그 전에 이미 많은 인구와 끊임없는 전쟁, 왕실의 프놈펜

---

* 아마도 화산 활동 때문인 듯하다.

이주 등으로 인해 상태가 약화되어 있었다. 앙코르가 캄보디아의 주요 대도시로서의 우위를 잃게 되자 그곳의 훌륭한 공공사업도 전부 방치되었다. 마야인들도 마찬가지로 고질적인 전쟁과 도시 국가끼리의 경쟁에 사로잡혀 있었다. 도시의 몰락은 여러 가지 이유로 발생한다. 기후가 관련된 경우에도 그건 종종 여러 가지 원인 중 하나일뿐이다. 재난과 유기는 한꺼번에 일어나는 게 아니라 여러 세대에 걸쳐서 발생한다. 사람들은 다른 지역으로 흩어져 새로운 도시에 정착하거나 지금까지와는 다른 삶의 방식을 취했다. 대격변 이후에 사회가 재건되는 경우도 종종 있다. 개별 도시는 사라지지만 도시주의는 사라지지 않는다. 마야인들은 도시를 포기한 드문 경우다. 도시를 정글이나 사막에 넘겨주는 것은, 사회가 변화하는 환경 조건을 예측하고 적응하지 못했기 때문이다.

현재 우리는 예측하고 적응할 수 있는 위치에 있다. 도시는 회복력이 있고 그곳에 사는 주민들도 마찬가지다. 파괴적인 재난, 심지어 핵 공격을 받아도 생존할 수 있다. 도시의 역사에서는 지속적인 진화와 갱신 과정을 볼 수 있다. 이런 변신 능력 덕분에 지난 6,000년 동안 이어진 도시화의 역사는 매우 견고하고 성공적이었다. 조밀하고 인구가 많은 도시*는 특히 기후 붕괴에 취약하다. 하지만 재앙의 그늘 아래에서 살면서 적응하는 징후를 보이고 있다.

* 그중 많은 도시가 해안가에 위치해 있다

초대형 정원 속의 도시

열대 도시 국가인 싱가포르를 방문하는 사람들은 지구상에서 가장 인구 밀도가 높고 초현대적인 장소 중 하나인 이곳에 드리워진 엄청난 양의 녹지에 충격을 받는다. 싱가포르는 인간이 지은 환경과 자연 사이의 구분이 극도로 모호해진 현대적인 경향을 강하게 드러낸다. 앞으로 예상되는 기후 변화에 적응하기 위해 싱가포르보다 더 많은 노력을 기울인 도시는 지구상에 거의 없다. BBC 프로그램 〈플래닛 어스 IIPlanet Earth II〉(2016)에서 데이비드 애튼버러David Attenborough는 싱가포르를 '자연과 조화롭게' 살아가는 도시의 가장 훌륭한 예라고 설명했다.

언뜻 보기에는 그 주장이 놀랍게 느껴질 것이다. 싱가포르와 그 해안선은 완전하고 돌이킬 수 없는 인위적 변화를 겪었다. 1819년에 영국이 싱가포르를 교역소로 전환한 뒤 현지 환경이 심한 공격을 받았다. 1889년까지 섬에 있는 오래된 숲의 90퍼센트가 농장으로 바뀌어 처음에는 갬비어와 후추를 심고 이후에는 고무나무를 심거나 농사를 지었다. 그리고 마지막으로 도시화가 진행되었다. 21세기가 되자 이 섬의 겨우 0.16퍼센트에만 싱가포르 초기 식생이 남아 있게 되었다. 한때는 100제곱킬로미터 규모의 산호초가 있었지만 지금은 40퍼센트만 남았다. 영국인들이 도착했을 때 존재했던 75제곱킬로미터의 맹그로브 숲 중에서 살아남은 건 10분의 1도 안 되고, 1819년 이전의 모래 해변은 거의 남아 있지 않다. 수생 생태계는 개발과 탐욕스러운 토지 개간 프로젝트 때문에 파괴되었다. 1960년대 이후로 싱가포르 영토는 581.5제곱 킬로미터에서 732제곱킬로미터로 25퍼센트 늘어났다. 고층 건물이 들어선 주요 상업 지구와 상징적인 가든스 바이 더 베이Gardens by the Bay의 상당 부분은 1960년대까지만 해도 싱가포르와 인도네시아를 가르는 바다의 일부였다. 싱가포르는 이 땅을 파도로부터 빼앗기 위해 말레이시아, 인도네시아, 미얀마, 필리핀에서 엄청난 양의 모래를 수입했고 막대한 생태적 비용을 초래했다. 매립지 0.6제곱킬로미터 당 3,750만 세제곱미터의 모래가 필요하며 이를 위해서는 140만 대의 덤프 트럭으로 모래를 실어와야 한다(표준 콘크리트 혼합물의 4분의 1을 차지하는 모래는 도시화 시대에 세계에서 가장 가치 있는 상품 중 하나다). 이 정도 규모와 강도의 생태적 대학살이 벌어진 뒤에 섬의 토착 동식물 중 73퍼센트가 멸종된 건 놀라운 일이 아니다.[5]

지난 200년간 싱가포르의 역사는 자연을 인간의 필요에 맞게 다시 설계하는 과정이었다고 정의할 수 있다. 여기에는 뭔가 익숙한 부분이 있다. 싱가포르 같은 도시는 자연을 개조하려고 서두르다가 티칼이나 앙코르와 비슷한 방식으로 행동한다. 하지만 1963년 영국에서 독립하고 1965년 말라야 연방에서 탈퇴한 뒤부터 싱가포르의 프로메테우스적인 자연 재설계는 확실히 진행 방향이 달라졌다.

리콴유 총리는 국가의 권한과 자원을 동원해서 싱가포르를 다시금 변화시켰다. 1960년대 싱가포르는 농장, 오염, 축축한 슬럼가, 개방된 하수구가 되어버린 강 등 식민지 시대의 생태적 유산에 시달렸다. 리콴유에게 싱가포르를 초대형 정원 도시로 만드는 건 식민지 시대에 겪은 수모에서 회복되는 걸 상징할 뿐만 아니라 가난한 도시 국가가 유럽인들이 처음 접한 동남아시아의 정글 도시와 닮은 모습으로 변신해 돈을 끌어들이게 될 것이다. 리콴유는 자신을 '수석 정원사'라

고 칭했다. 오늘날 그의 유산은 쉽게 눈에 띈다. 싱가포르가 초현대
적인 이유는 반짝이는 고층 건물 때문이 아니라 그 위로 흘러내리는
무성한 나뭇잎과 다리나 다른 도로변 구조물에 넘쳐나는 선명한 부
겐빌레아 때문이다. 반*야생적인 자연과 최첨단 건축물의 놀라운 병
치는 기후 비상 시대에 미래 지향적으로 보인다.

리콴유의 정원 도시는 '정원 속의 도시'로 다시 브랜딩되었다. 이
렇게 인구 밀도가 높은 싱가포르 표면의 56퍼센트가 초목으로 덮여
있다는 건 놀라운 일이다. 이 도시는 옥상 정원과 리빙 월living wall, 도
시 농업과 재조림, 친환경 건축물과 폐수 재활용 분야에서 세계를 선
도하고 있다. 도시 녹화는 시민들이 더 살기 좋은 공간을 만들고 투
자자들의 관심을 끌기 위한 수단으로 시작되었다. 하지만 해수면 상
승, 높은 기온, 갑작스러운 홍수로 치명적인 위협을 받고 있는 저지
대 싱가포르는 1990년대부터 기후 변화에 맞서 미래 대비를 시작한
최초의 도시 중 하나다. 2020년대에 이르러 기온이 더 오르고 폭우가
격렬하게 쏟아지면서 이 섬에서 겪게 될 인류세의 현실이 너무나도
명백해졌다.

싱가포르의 거의 모든 것이 인공적인 외관과 분위기를 띠고 있다.
그리고 맹렬하게 진행된 인위적 변화를 감안하면, 섬의 자연도 마찬
가지다. 싱가포르의 유명한 가든스 바이 더 베이는 대도시의 '공상과
학 식물학'과 '기술적 자연'이라고 불리던 걸 보여준다. 2012년 매립
지에 문을 연 이 자연 공원은 거대한 슈퍼트리 열여덟 그루와 16만
개의 열대 꽃, 덩굴식물, 양치식물이 철골에 달라붙어 있는 인공 수
목 구조물이 지배하고 있다. 그건 실제 나무처럼 보일 뿐만 아니라
나무처럼 기능하도록 설계되었다. 광전지가 태양 에너지를 이용해서

광합성을 모방한다. 관개를 위해 빗물을 모은다. 인공 캐노피가 열을 흡수하고 분산시켜서 적당한 온도를 유지한다. 그건 수천 종의 식물이 사는 세계에서 가장 큰 온실 중 두 곳인 이곳의 플라워 돔과 클라우드 포레스트를 냉각시키는 통풍구 역할을 한다. 〈플래닛 어스〉에서 싱가포르가 자연과 조화를 이루며 살아간다고 칭찬하는 장면은 슈퍼트리 위의 수직 정원에서 꿀을 채취하는 벌새를 클로즈업해서 보여주며 진행된다. 이 거대한 나무 발치에는 살아있는 나무로 이루어진 진짜 열대 숲이 고층 건물과 운송 터미널 사이에서 자라고 있다.[6]

가든스 바이 더 베이는 싱가포르에서 가장 인기 있는 관광지로 개장 6년 만인 2018년에 5,000만 번째 방문객을 받았다. 그곳은 아마 모든 도시의 생태적 열망을 보여주는 적절한 상징일 것이다. 토착 식생이 잔인하게 훼손된 싱가포르는 고밀도 건물 안팎에 적극적으로 녹지 공간을 끼워넣어 생물 다양성을 되살릴 방법을 개척해야 했다. 이건 도시가 새로운 생태계라는 사실을 상기시켜 준다. 인간이 지속적으로 개입해야만 이렇게 극도로 교란된 장소에 자연의 외관이 돌아올 수 있다. 열대 싱가포르는 확실히 놀라운 수준의 생물 다양성을 보유하고 있다. 하지만 이건 도시화 이전에 존재했던 생물의 27퍼센트에 불과하다. 이는 생태 학살에 대한 충격적인 폭로다. 더 걱정스러운 점은 대규모 도시화가 아시아와 아프리카의 생물 다양성 핫스팟에 어떤 영향을 미칠지 보여준다는 것이다. 그곳에서도 대대적인 규모의 대멸종이 진행될 것이다.

번영으로 가는 길에 많은 것을 파괴한 싱가포르는 남의 눈을 의식하면서 미래 도시 건설의 시연장이 되었다. 황폐해진 환경을 되살리는 것은 이 나라 국가 정체성의 기본이다. 이들이 다양한 방법을 활용해서 칙칙했던 회색 공간에 수 에이커의 녹지를 집어넣는 과정은, 향후 도시 공간을 재고해서 매우 밀집된 건축 환경에서도 생물 다양성을 극대화할 수 있는 방법을 생각해 보게 한다. 싱가포르는 2030년까지 신축 건물이나 기존 건물의 80퍼센트를 녹화하도록 의무화했다. 이 도시는 광범위한 재식림, 하천 시스템의 재자연화, 습지와 범람원 조성, 생태 휴양 공원, 지속 가능한 건축 등 《어반 정글》에서 살펴본 많은 주제를 적극적으로 추진했다. 또 자동차 소유를 막고, 도로와 주차 공간으로 할당되었을 토지를 해제하고, 높은 수준의 주택 밀도를 유지하여 생물 다양성을 되살릴 여지를 찾았다. 싱가포르의 자연은 기술과 얽혀 있고 생물 다양성은 미래의 건축과 얽혀 있다. 이런 시각적 대비는 우리가 자초한 문제에 대한 자연적인 해결책을 찾아야 한다는 생각을 강화한다. 싱가포르의 유명한 슈퍼 트리는 생태 모방이 기술의 중심이 되는 미래를 상징한다.

싱가포르는 지구상에서 가장 부유한 나라 중 하나다. 또 강력한 중앙 집권적 정부가 있어서 환경 정책을 타협 없이 간단명료하게 하향식으로 시행할 수 있는 '생태 권위주의'가 가능하다. 그러니 막대한 비용을 쏟아 방대한 규모의 친환경 인프라를 구축할 수 있었던 건 당연한 일이다. 싱가포르의 자연은 언제나 자원이었다. 그래서 대개의 경우 완전히 고갈될 때까지 착취당했다. 오늘날 이들이 자연을 대하는 태도는 실용적이며 불확실한 21세기에 도시를 보호할 수 있는 방향으로 설계되고 있다.

하지만 그렇게 권위적이거나 돈이 많지 않은 다른 도시들도 상황에 적응하고 있으며 속도도 비교적 빠르다. 코펜하겐, 우한, 필라델피아 같은 많은 도시들이 하드 엔지니어링에서 소프트 엔지니어링으로 전환하면서 홍수 관리를 위해 자연 수문학을 이용하고 있다. 황폐해진 산업 지역에서 강과 해안선이 복구되고 있다. 베를린의 쥐트갤렌데와 뉴욕의 프레시 킬스 같은 새로운 공원은 도시 경관을 보다 야생화하는 추세를 보여준다. 다른 곳에서도 자생적인 초목이 깔끔하게 가꾼 자연보다 훨씬 높은 생태적 가치가 있다는 사실을 받아들이기 시작했다. 거의 모든 도시가 환경을 실질적으로 재자연화하는 게 자연의 장기적인 생존을 보호하는 유일한 방법이라는 것을 인식했다. 거대한 녹지, 도시림, 습지, 깨끗한 수로만이 기온을 낮추고 넘치는 물을 처리할 수 있다. 이는 자연의 법칙을 무시한 지난 2세기 동안의 도시화 방식에 근본적인 잘못이 있음을 암묵적으로 인정하는 것이다. 또 현대 도시들도 티칼이나 앙코르처럼 곧 닥쳐올 극단적인 기후에 맞게 설계되지 않았음을 인정하는 것이기도 하다.

때로는 저렴한 비용으로 도시에 자연을 돌려줄 수 있다. 그리고 이 방법은 확실히 빨리 진행된다. 우리가 차를 덜 타고 주변 환경을 정리하거나 잔디를 깎거나 제초제를 뿌리고 싶은 강박을 억누르면 동식물이 놀라운 속도로 도시 지역에 대량 서식하게 될 것이다. 하지만 생태 복원은 대부분 엄청나게 비용이 많이 드는 사업이다. 부유한 도시들이 이런 계획에 투자하는 걸 보면 현재 그런 완화 전략이 얼마나 긴요한지 알 수 있다. 또 훗날 도시에 숲, 범람원, 살아있는 해안선, 기타 안전장치를 장착하기 위해 막대한 금액을 지출하는 것보다 도시를 확장할 때부터 환경을 중심으로 도시 계획을 세우는 게 훨씬 경제적이라는 사실도 알려준다.

우리는 그 교훈을 받아들이게 될까? 지난 40~50년 동안 진행된 급속한 도시화는 국가와 개인이 더 나은 삶을 살 수 있는 경로가 되었다. 도시로의 급속한 전환은 세계 많은 지역에서 미리 계획되지 않은 일이었으며 특히 생물 다양성이 풍부하고 폭염, 홍수, 가뭄, 해수면 상승에 취약한 지역에서는 더욱 그렇다. 이런 규모와 속도로 진행된 도시화는 대개 환경을 거의 고려하지 않는다. 그런 방식은 북반구 역사의 프로메테우스적 단계에 진행된 도시화와 다르지 않다. 심각한 피해가 발생해서 거대 도시에 사람이 살 수 없게 되기 시작한 뒤에 교훈을 얻는다면 너무 늦을 것이다.

가난한 도시의 위기

이미 자카르타는 티칼이나 앙코르와 같은 길을 가고 있다. 이 도시는 바다에 가라앉기 전에 버려질지도 모른다. 인도네시아 정부는 보루네오 섬에 있는 동칼리만탄의 열대 우림으로 수도를 옮기기 위해 수십억 달러를 쓰고 있다. 부에노스아이레스와 무스카트처럼 녹지가 없는 도시는 기온이 지역 평균보다 훨씬 빠르게 상승해서 사람들이 견딜 수 없는 상황이 되고 있다. 앞서 살펴본 것처럼 나무 그늘이 많지 않고 개방된 수역이 없는 건물 지대는 주변보다 기온이 $10\,^\circ\mathrm{C}$ 높을 수 있다. 마닐라만의 수위는 이 지역을 보호하던 맹그로브 숲이 파괴되는 바람에 전 세계 평균보다 4배나 빠르게 상승하고 있다. 인구 1,400만 명으로 중국에서 가장 큰 도시 중 하나인 톈진은 극심한 습도와 더위로 인해 금세기 말에는 평균 기온이 지금보다 $2\,^\circ\mathrm{C} \sim 5\,^\circ\mathrm{C}$ 높아져 거주가 불가능해질 수도 있다. 게다가 그때까지 완화책을 마련하지 않으면 수도권 지역 대부분이 물에 잠길 가능성이 크다. 비용이 많이 드는 환경 적응을 감당할 수 없는 일부 저지대 도시들도 마찬가지다. 해수면이 지금보다 50센티미터에서 1미터 정도 상승하면 라고스, 알렉산드리아, 아비장, 반줄, 다카의 많은 지역이 물에 잠길 것이다. 전 세계 도시들이 싱가포르를 모방해야 할 필요성이 더욱 명확해지고 있다.

하지만 일이 그렇게 간단하지 않다.

적응과 상태 완화에 필요한 자원과 정치적 의지가 있는 도시는 방법을 찾을 가능성이 높다. 그들은 합리적인 삶의 질을 유지하기 위해 하드 엔지니어링과 소프트 엔지니어링을 사용해 인류세의 요새가 될 것이다. 이건 필연적으로 부자와 가난한 사람 사이의 격차를 확대한다. 언제나 그랬듯이 녹지와 함께 사는 건 부유한 사람들의 특권이다. 현재 약 10억 명의 인구가 빈민가와 비공식적인 거주지에 살고 있다. 아시아와 아프리카 도시 인구의 절반과 라틴 아메리카와 카리브해 도시 인구의 4분의 1은 현재 미기후 조절에 필수적인 개방된 공간이나 나무, 배수 시설 같은 그린 인프라는 고사하고 전기, 깨끗한 물, 위생 시설 같은 기본 인프라마저 부족하다. 그런 거주지는 사람들이 원해서가 아니라 어쩔 수 없는 상황 때문에 범람원, 배수된 습지, 저지대 해안, 쓰레기 더미, 산비탈 등에 위치한다. 그들은 이미 자연재해에 취약하며 《어반 정글》 전체에서 설명한 생태계 서비스가 현저히 부족하다. 그곳에 사는 사람들은 기후 변화에 거의 영향을 미치지 않았지만 그 피해는 고스란히 감수해야 한다. 라고스, 다르에스살람, 나이로비 같은 도시는 수백만 명에게 가난에서 벗어날 수 있는 길을 제공한다. 하지만 잠재력을 발휘하기 전에 물에 잠기거나 참을 수 없을 정도로 더워질 수 있다.

많은 거대 도시, 특히 안정적인 정부가 없는 거대 도시는 위험한 장소가 되고 있다. 그런데도 불구하고 극단적인 기상 조건 때문에 이미 시골 사람들은 안전한 곳을 찾아 도시로 몰려들고 있다. 도시는 상황이 위험해졌을 때 보루 역할을 하므로 수백만 명의 기후 난민 때문에 전 세계 도시 인구가 더 늘어날 것으로 예상해야 한다. 《어반 정글》의 중요한 주제 중 하나는 사람들이 원하는 도시와 실제 개발된 도시 사이의 충돌이다. 런던의 고대 황무지, 베를린의 숲, 방갈로르의 피팔나무, 델리의 고대 숲을 지키기 위해 행진한 시위자 등이 그 예이다. 즐거움과 생계를 위해 가혹한 도시의 땅을 경작할 권리를 거듭 주장한 전 세계 도시민들도 마찬가지다. 한때 도시에는 사람들이 여가를 즐기고 자원을 얻기 위해 거친 자연에 접근할 수 있는 수많은 공유지(종종 변두리와 가장자리 공간)가 있었다.

도시의 자연은 생태적 서비스의 형태로 우리에게 넉넉한 이익을 안겨준다. 나무는 머리 위에 그늘을 드리우고 콘크리트 정글을 아름답게 한다. 생물 다양성은 어디서 발견되든 기분이 좋아지고 삶을 견딜 수 있게 해준다. 그리고 자연은 음식과 약도 제공한다. 빈민가 거주자들은 자연을 가장 많이 박탈당하지만 실제로 가장 많이 필요한 이들이다. 하리니 나젠드라는 방갈로르의 비공식 정착지 생태를 연구하면서 그곳의 자연이 다양한 공공재를 제공한다는 걸 발견했다. 이 정착지에는 부유한 지역보다 나무가 훨씬 적었지만 그 절반은 차풀나무, 인도멀구슬나무, 피팔, 홍게 등 약용으로 쓸 수 있는 것이고 3분의 1은 과일 나무인데 코코넛, 체리, 망고, 자문 등이 흔하다. 키가 크고 호리호리한 차풀나무는 비좁은 빈민가로 비집고 들어가 야외 활동을 위한 그늘을 제공하고, 요리용 씨앗과 먹을 수 있는 잎을 제공하는데 철분과 비타민이 풍부하다. 또 창턱과 지붕, 버려진 페인트통, 오래된 요리 냄비, 비닐봉지, 배터리 캔 등에서 허브도 재배한다.

전 세계의 이런 정착지에는 자연이 심각하게 부족하다. 나젠드라가 인터뷰한 사람들 모두 더 많은 나무와 식물을 강하게 열망했다. 만약 그들이 직접 자기 동네를 설계한다면 약용으로도 쓸 수 있고 커다란 그늘도 드리워줘서 좋은 평가를 받는 홍게나 인도멀구슬나무가 주변에 가득할 것이다. 도시 계획을 세울 때 이런 비공식 정착지의 경우 그린 인프라의 우선순위가 매우 낮고 생태적 지속 가능성 같은 건 거의 언급되지도 않는다. 세계에서 가장 가난하고 살기 힘든 도시에 사는 빈민들은 대부분 에어컨이나 비타민이 풍부한 음식, 의약품을 살 여유가 없다. 이런 이들에게는 도시 생태계가 더 높은 가치를 지니기 때문에 그럴 권한만 있다면 지역 주민들의 행동만으로도 부유한 대도시만큼 자연이 무성해질 것이다. 지난 수십 년 동안 방갈로르가 빠르게 성장하면서 자연이 훼손되는 바람에 빈민가 거주자와 이주자들이 심하게 영향을 받았다. 한때 다양한 식용 및 약용 식물을 자랑하던 이 도시는 환경을 단순화하면서 먹을 수 있는 종보다 관상용 식물과 잔디밭을 우선시하게 되었다. 한때는 자연이 다양한 용도로 쓰였지만 지금은 그저 바라보기만 할 뿐이다. 도시 공동체는 개발에 굴복했다. 가장 혜택을 받지 못하는 이들이 선호하는 생태계는 종이 풍부하고 다양한 생태계인 반면 부유층은 간소한 생태계를 선호한다. 우리는 주변 환경을 아름답게 꾸미고 자연을 영양과 건강의 원천으로 삼고자 하는 본능을 가지고 있다. 하지만 자연이 도시에서 오랫동안 억제되어 온 것처럼 그런 본능도 우리의 의지와 다르게 억제

된다.[7]

하지만 나무와 깨끗한 강, 생태 공원이 아무리 많아도 다가오는 재앙을 되돌릴 수는 없다. 그저 잠시 동안 그 영향을 피할 수 있을 뿐이다. 도시의 자연에 대한 개념이 점점 더 중요해지고 있다. 하지만 그보다 더 중요한 것은 자연 속의 도시와 관련된 문제다.

생태 회복력과 지속 가능한 도시

생태계는 생물적 요소와 비생물적 요소(생물과 무생물) 사이의 복잡한 상호 작용으로 구성된다. 생명의 그물은 영양 순환과 에너지 흐름에 의해 서로 연결되어 있다. 광합성을 통해 에너지와 탄소가 식물 속으로 들어가고 그건 다시 식물의 살아있는 조직을 통해 유기체로 전달된다. 먹이를 먹고 죽은 유기물과 폐기물을 분해하면서 식물, 동물, 미생물, 토양 사이에서 영양소 교환이 이루어진다. 모든 생태계는 때로 심하게 교란되기도 하지만 그 충격을 흡수하고 적응해서 균형을 되찾을 수 있는 능력이 있다. 이를 '생태 회복력'이라고 한다.

다른 생태계와 마찬가지로 21세기 도시도 심각하고 예측할 수 없는 환경 충격에 대응할 수 있어야 한다. 하지만 도시는 생태계이면서도 생태계처럼 행동하지 않는다. 도시는 엄청난 양의 에너지와 영양소를 빨아들이고 오염물질, 하수, 열, 고형 폐기물을 배출하거나 지하수와 매립지에 가둬둔다. 야생 생태계에서는 흐름이 순환적이며 대부분의 투입물은 다시 재활용된다. 하지만 도시 생태계에서는 모든 게 선형적인 과정, 즉 일방통행으로 진행된다.

차가 사라지면 무성한 자연이 돌아온다: 현재의 암스테르담.

　도시를 탐욕스러운 입출력 기계처럼 조직하면 환경에 심각한 영향을 미친다. 오늘날 전체 인구의 50퍼센트 정도가 도시에 사는데 탄소 배출량은 도시가 75퍼센트를 차지한다. 도시는 매년 지구의 물적 자원을 400억 톤씩 뽑아가며 금세기 중반에는 900억 톤에 달할 것이다. 앞서 얘기한 것처럼 도시는 엄청난 양의 영양분을 빨아들이지만 그것이 태어난 땅을 비옥하게 하기 위해 다시 반환하는 일은 없다. 도시가 에너지, 연료, 음식, 물, 기타 원자재 자급자족을 중단하면서 지구에 갈수록 무거운 부담을 주기 시작했다. 도시 인구가 증가하고 도시가 더 많이 번창할수록 그들의 식욕이 더 위험해지고 있다. 에너지, 영양소, 소비재는 파이프와 전선, 장거리 공급망을 통해 수입되고 하수도와 매립지를 통해 빠져나가기 때문에 도시로 인해 발생하는 많은 생태 피해가 눈에 잘 띄지 않는다. 이제는 빅데이터를 이용해 도시의 발자취를 측정하고 에너지와 자원의 근원지부터 배출지까지의 흐름을 세밀하게 분석할 수 있다. 선진국 도시에서 배출되는 이산화탄소의 약 63퍼센트는 다른 곳에서 생산되어 해당 도시에서 소비된 제품과 재료에서 발생한다. 대부분의 환경 피해는 눈에 보이지 않게 가려져 있다.

도시는 지속 가능하지 않다. 그들은 환경 재앙의 최전선에 서 있다. 도시는 거기에 사는 대부분의 인류와 함께 그 영향으로 인한 타격을 가장 심하게 받을 것이다. 기후 변화는 도시 문제다. 따라서 도시의 해결책이 필요하다.

암스테르담은 2050년까지 완전 순환 도시가 되기 위해 노력하고 있다. 네덜란드의 수도는 17세기 초 현대 금융 자본주의의 발상지였다. 오늘날 이곳은 21세기 자본주의를 재구상한다는 놀랍고도 야심찬 계획을 가지고 있다. 무역과 금융의 개척자이자 고도로 도시화된 저지대에 사는 네덜란드 사람들은 물이나 홍수와 더불어 사는 법을 배우면서 항상 자연과 균형을 맞춰야 했다. 네덜란드 도시들은 기후 변화에 매우 취약하기 때문에, 코로나19가 전 세계를 휩쓸던 2020년 4월에 암스테르담은 과학적인 조치를 활용해 2050년까지 "건강한 지역 생태계 조성이라는 포부"를 이루겠다는 과감한 결정을 내렸다.[8]

도시가 자연 생태계처럼 기능하려면 들어오고 나가는 다양한 물질 흐름을 모두 고려해야 한다. 암스테르담은 2010년대 후반에 자신의 모습을 낱낱이 살펴봤다. 그렇게 드러난 모습은 별로 마음에 들지 않았다. 선진국의 모든 도시와 마찬가지로 이 대도시도 지구의 생명

유지 시스템에 직접적인 해를 끼치는 방식으로 자원을 소비한다. 그 자원은 행성으로 돌아가지 않고 탐욕스럽게 소비된다. 그 문제의 중심은 권력이다. 암스테르담은 자체 에너지 수요를 직접 책임진다. 이 도시는 2030년까지 인근의 태양 전지판, 풍력 발전소, 바이오매스 발전소를 통해 필요한 에너지의 80퍼센트를 생산할 것이다. 이 에너지 생산량의 절반은 인근 협동조합과 기업들이 설치한 태양 전지판에서 나온다. 예전처럼 에너지를 자급자족하고 싶다는 욕구는 암스테르담에만 국한된 것이 아니다. 카디스도 자체 전력 회사를 소유하고 있으며 이 회사는 재생 가능한 자원을 이용해 전체 가구의 80퍼센트에 전기를 공급한다. 로스앤젤레스도 공공 에너지 기업을 보유하고 있는 운좋은 도시다. 2021년에 로스앤젤레스 시의회는 2035년까지 100퍼센트 재생 에너지 사용을 의무화하기로 결정했다. 이건 도시가 가진 장점 중 하나다. 도시 거주지의 밀도와 규모 덕분에 자원 효율이 훨씬 높아진다. 도시는 중앙 정부에 비해 자원 흐름을 제어하고 개별적인 요구에 맞는 대규모 변화를 구현할 수 있는 권한이 크다. 자신의 취약점을 아는 도시는 국가보다 빠르고 깊이 있게 행동할 준비가 되어 있다.

암스테르담은 단순히 청정 에너지를 자급자족하는 걸 넘어 폐쇄형 에너지 루프를 운영하려고 시도하고 있다. 1851년에 헨리 메이휴Henry Mayhew는 도시의 생태에 대해 이렇게 말했다.

> "자연에서는 모든 게 원을 그리며 움직인다. 끊임없이 변화하지만 결국은 시작된 지점으로 돌아간다……. 지금까지 우리는 쓰레기를 제거하는 문제만 생각했지 그걸 활용하는 방법은 생각해 본 적이 없다. 과학을 통해 하나의 창조 질서는 다른 질서에 의

존한다는 사실을 배우고 나서야 비로소 무가치한 것보다 더 나빠 보이던 것이 실은 자연의 자본, 즉 미래의 생산을 위해 따로 남겨 둔 부라는 걸 깨닫기 시작했다."

같은 맥락에서 암스테르담 항구 웹사이트도 "폐기물은 존재하지 않는다. 발견되기를 기다리는 가치가 있을 뿐이다"라고 선언한다. 자연적인 과정을 모방해서 메이휴가 구상한 순환성을 확립하는 것은 폐기물 제로 도시가 되려는 암스테르담이 품은 야망의 핵심이다. 산업체와 가정에서 나온 유기 폐기물에 함유된 영양소와 화학물질은 바이오 정제소에서 재생된다. 음식물 쓰레기는 퇴비, 친환경 에너지, 열로 변환되고 튀김 기름으로는 바이오디젤을 만든다. 하수 슬러지와 폐수에서 인산염, 방해석, 셀룰로오스, 휴믹산을 추출한다. 이 동전의 다른 면인 식량 생산지는 도시와 가까워지고 있어서 이제 암스테르담은 수천 킬로미터 떨어진 곳에서 식량을 수입하는 게 아니라 배후지에서 생산한 식량을 먹을 수 있다. 자급자족은 지속 가능성을 향해 한 걸음 더 다가가게 해준다.

애초에 쓰레기를 만들지 않는 게 좋다. 암스테르담은 2030년까지 1차 원자재 소비를 절반으로 줄이고 20년 뒤에는 환경에 미치는 영향을 대폭 제한하기 위해 완전 순환형 자급자족 경제를 이루고자 한다. 삶의 질을 낮추지 않으면서 이런 급격한 감소를 이루려면 대부분 제품의 수명 주기가 무기한 연장될 수 있도록 엄청난 규모의 재활용, 재사용, 수리, 용도 변경이 필요하다. 예를 들어, 섬유 산업은 오염이 가장 심한 산업 중 하나이고 엄청난 생태 발자국을 남긴다. 버린 옷 때문에 암스테르담 대도시 지역에서 연간 3만 6,500톤에 달하는 산더미 같은 폐기물이 발생하고 회수된 의류는 저급 재료로 재활용된다. 암스테르담은 섬유를 고품질 의류로 재활용하는 걸 우선시하면서 이를 새로운 순환 경제의 중심으로 삼고 있다. 전자제품과 가구도 마찬가지다. 소비자들에게 모범을 보이기 위해, 시 정부는 구매력을 이용해 전자제품이나 사무실 가구만 조달할 때 중고나 새것처럼 고친 제품만 구입하고 있다. 또 공유 플랫폼, 중고 상점, 수리 서비스를 후원하여 암스테르담 시민들이 손쉽게 이런 습관을 들일 수 있게 한다.

건물과 건축은 전 세계 탄소 배출량의 39퍼센트를 차지하는데 대부분 조명과 냉난방에서 발생한다. 도시화가 많이 진행되고 있는 탓에 2060년에는 전 세계 건축물이 두 배로 증가할 것으로 예상되며 따라서 탄소도 훨씬 많이 방출될 것이다. 암스테르담이 금세기 중반까지 탄소 배출량을 95퍼센트 줄이고 완전 순환 경제를 이루려면 기존 건축 자재를 혁신하기 위해 대대적으로 개입해야 한다. 그리고 모든 건물은 에너지 생성과 물 확보 및 재사용 등을 자체적으로 해결해야 한다. 새로운 건물을 지을 때는 콘크리트를 재활용하고 친환경 원료를 사용해야 하며 도시 구조 자체가 순환성의 원칙을 따라야 한다.

암스테르담은 인간과 야생생물이 겹쳐 있는 모습이 쉽게 드러나는 싱가포르보다 더 심오한 방식으로 "자연과 조화롭게" 살고 싶어 한다. 자유롭고 응집력 있으면서 풍요로운 도시인 암스테르담은 이런 규모로 복잡성과 파괴성을 실험하기에 좋은 장소다. 이를 위해서는 시 정부가 개인과 동네, 기업을 고무시켜야 한다. 조심스럽게 말하자면 결과는 확실하지 않다. 큰 고통 없이는 목표를 달성할 수 없을 것이다. 삶의 모든 측면에서 순환성을 추구하다 보면 도시의 신진대사 과정이 얼마나 부자연스러운지 적나라하게 드러난다. 또 순환 경제를 육성하는 건 개별 도시 내에서만 가능하다. 기업, 소비자, 생산자가 가까운 곳에 있어야 효율성이 좋고 운송 비용이 감소하며 재료 및 에너지 재사용과 재활용을 위한 더 큰 경제적 기회가 생기기 때문이다. 도시는 보다 지속 가능한 라이프스타일을 달성하는 데 있어 변화의 주체가 될 수 있다. 도시는 역사 내내 혁신이 진행된 곳이다. 낙관적인 기대를 품을 이유가 조금은 있다.

암스테르담은 4세기 전 네덜란드 황금기에 그랬던 것처럼 새로운 방식의 실험실이 되기 위해 노력하고 있다. 이미 코펜하겐, 필라델피아, 바르셀로나, 포틀랜드, 오스틴, 브뤼셀 같은 도시들이 제로 웨이스트나 순환 경제 정책을 위한 잠정적인 조치를 취하고 있다. 암스테르담이 원하는 대로 도시가 건강한 생태계가 되려면 수천 그루의 나무를 심고, 옥상 정원을 만들고, 강과 야생 녹지를 청소하는 것만으로는 충분하지 않다. 다른 곳에서 자행되는 자연에 대한 무자비한 공격을 은폐하기만 한다면 이는 전부 헛된 일이다.[9]

야생을 도시 안으로

밝은 분홍색 꽃이 핀 위풍당당한 접시꽃이 인도에서 비죽 튀어나와 있다. 한때는 이곳에 차들이 주차되어 있고 차량이 끊임없이 길을 오갔다. 이제 차들은 사라졌고 그 자리에 접시꽃, 털부처손, 샐비어, 덩굴장미가 피고 무성한 덤불과 빽빽하게 밀집된 꽃, 풀과 나무가 함께 자라고 있다. 이곳은 이제 사교를 위한 장소가 되었다. 서둘러 지나가는 곳이 아니라 사람들과 만나고, 이야기하고, 놀고, 식사하고,

시간을 보낼 수 있는 장소다.

여기 암스테르담의 프란스 할스부르트 지구 거리에서는 완전한 고요함과 매력적인 녹색을 발견할 수 있다. 시끄러운 차량 소음은 새소리와 아이들이 노는 소리로 바뀌었고 회색은 푸르른 빛으로 정복되었다. 네덜란드에서는 이걸 크닙knip, 즉 '잘라낸 부분'이라고 부른다. 긴 거리의 일부를 차단한 장벽이 있어서 배달이나 픽업용 차량만 접근할 수 있다. 암스테르담은 차 없는 도시가 되어가고 있다. 공간을 많이 차지하는 차량이 사라지면서 나무와 동물이 이곳으로 옮겨왔다. 그리고 사람들은 거리를 되찾았다. 거리는 다시금 넓게 펼쳐진 캐노피 아래서 남들과 어울리는 장소가 되었다. 이곳은 죽은 공간이 아니라 살아있는 공간이다. 자동차는 도시 공용 공간을 최대 40퍼센트까지 차지하기도 한다. 따라서 차량을 제거하면 갑자기 사람뿐만 아니라 접시꽃과 나무를 위한 공간이 훨씬 넓어진다. 순환 경제에 대한 암스테르담 비전 중 하나는 "사람, 식물, 동물을 위한 도시"를 만드는 것이다. 아마 언젠가는 이들 셋 모두에게 동등한 혜택을 주는 도시가 살기 좋은 도시라는 사실을 깨닫게 될 것이다. 프란스 할스부르트 지역은 이런 새로운 유형의 대도시를 위한 전시장이다.

이 거리는 최고의 도시 생물군계를 보여준다. 지금은 도시가 우리의 서식지다. 자동차에 의존하는 생활 방식은 도시에 큰 혼란을 초래했고 거리가 재미없어졌으며 지역사회가 분열되고 대기 오염이 심해졌다. 개인 차량을 포기하는 건 쉽지 않을 것이다. 우리는 자동차에 엄청나게 중독되어 있다. 하지만 도시에서 자동차를 대폭 줄이면 한동안은 고통스럽겠지만 그 이점이 도시를 더 나은 방향으로 변화시킬 것이다. 나무와 작은 공원이 주차 공간과 넓은 도로를 되찾아 도시가 훨씬 푸르러질 것이다. 그리고 2020년의 조용한 봉쇄 때처럼 더 많은 야생동물이 우리 주변에서 살게 될 것이다.

거리를 더 푸르게 가꿨을 때의 환경적 이점뿐만 아니라, 건강한 생태계에 살면 우리 생활이 대폭 향상되어 스트레스와 우울증이 줄고 체력은 좋아진다. 생물 다양성과 지속 가능성에 대한 추구는 궁극적인 목표이므로 우리가 사는 환경을 가급적 최상의 환경으로 만들어야 한다.

역사를 통틀어 밀집성은 도시를 생산적이고 수익성 있고 사교적인 곳으로 만들었다. 밀집성은 환경에도 꽤 좋다. 우리가 확산을 멈추면 자연을 위해 더 많은 땅을 남길 수 있다. 휘발유도 덜 연소하고 걷거나 자전거를 타거나 대중교통을 많이 이용한다. 우리가 바깥으로 더 멀리 뻗어나가는 이유 중 하나는 정원, 넓은 하늘, 탁 트인 공간으로 둘러싸인 자연 환경을 확보하기 위해서지만 그 과정에서 우리가 사랑하는 것을 죽이고 있다. 도시 확장을 억제하지 않으면 자연에 치명적이다. 하지만 상황이 빠르게 변하고 있다. 이제 인구 밀도가 높다고 해서 자연을 포기한 채로 살 필요가 없다. 지구 곳곳에서 새로운 방식을 이용해 야생생물을 도시 구조 안으로 받아들이고 있다. 그리고 더 중요한 건, 도시 생태계가 지구 건강에 중요한 역할을 한다는 걸 깨닫고 있다는 것이다.

2019년에 런던은 세계 최초의 국립공원 도시가 되었다. 안 될 게 뭐 있겠는가? 런던의 거의 절반이 녹지고 전체 토지의 60퍼센트에는 건물이 들어서 있지 않다. 영국 수도에는 1만 4,000종의 식물과 동물, 곰팡이가 산다. 이 대도시 표면적의 약 20퍼센트는 '자연 보전을 위한 주요 장소'로 이루어져 있다. 국립공원 도시로 지정된 것은 모든 도시에서 발견되는 풍부하고 독특한 생물 다양성을 분명히 인정하는 것이다. 그건 자연을 공원처럼 도시 내의 지정된 공간에만 속하는 것으로 보는 데서 벗어났다는 신호다. 런던과 모든 도시에는 어디에나 자연이 있고, 자연은 자기가 가장 잘하는 일을 하거나 새로운 기술을 배운다. '게릴라 지리학자'이자 런던을 국립공원 도시로 만들기 위한 캠페인을 기획한 대니얼 레이븐 엘리슨Daniel Raven-Ellison의 말처럼, 이 프로젝트는 사람들이 도시를 다른 시각으로 바라보고 대하게 만드는 방법이었다. 국립공원 개념을 런던에 적용한 결과 다음과 같은 질문을 던지게 된다. "자연은 무엇이며, 자연과 사람 사이의 경계는 무엇인가?"[10]

뉴욕 프레시 킬스 공원에 새로 생긴 초원이나 베를린 쥐트갤렌데의 성숙한 숲속을 거닐고, 방갈로르의 마이크로 정글이나 프랑크푸르트의 야생화 초원에 발을 들여놓기도 하며, 재자연화된 강이나 복원된 도시 습지를 따라 이리저리 돌아다니고, 댈러스의 트리니티 숲이나 델리의 망가르바니에서 길을 잃기도 한다. 야생성은 현대 도시의 두드러진 특징이 되고 있다. 그리고 미래의 공공 공간은 이런 자연 재생과 야생성의 개념을 중심으로 구축되고 있다. 하지만 굳이 이런 장소에 갈 필요도 없다. 모든 거리와 벽, 빈 공간, 건물 부지, 정원, 콘크리트의 균열이 다양한 생명체들의 집이다. 도시를 다시 읽는 법을 배우면 눈앞에 생태계가 펼쳐진다. 산책이 곧 도시의 사파리가 될 수도 있다.

도시 안에서 진행되는 자연적인 과정과 동물의 삶에 대해 많이 알면 알수록 도시 세계를 완전히 다른 시각으로 바라보게 될 것이다. 자연과 동떨어진 것이 아니라 자연 안에 존재하는 것으로 말이다. 자연에 대한 요구와 사교 및 문화에 대한 요구를 함께 충족시킬 수 있다. 도시는 21세기의 보존 장소가 되어야 한다. 도시는 우리가 보호하고 양육할 가치가 있는 생태계다. 기적은 우리 문앞에서 일어난다.

미주

들어가며

1 C. Y. Jim, 'Old Stone Walls as an Ecological Habitat for Urban Trees in Hong Kong', Landscape and Urban Planning, 42/1 (July 1998); Christopher Dewolf, 'A Tree Worthy of Worship: Hong Kong's Banyans', Zolima City Mag, 1/6/2016; Chi Yung Jim, 'Impacts of Intensive Urbanizationon Trees in Hong Kong', Environmental Conservation, 25/2 (June 1998), 115; Bureau of Forestry and Landscaping of Guangzhou Municipality, 'Description on the Improvement of Road Greening Quality in Guangzhou', 31/5/2021, http://lyylj.gz.gov.cn/zmhd/rdhy/content/post_7308343.html.

2 Anthony Reid, 'The Structure of Cities in Southeast Asia, Fifteenth to Seventeenth Centuries', Journal of Southeast Asian Studies, 11/2 (Sept. 1980), 241.

3 Richard A. Fuller et al, 'Psychological Benefits of Greenspace Increase with Biodiversity', Biology Letters, 3/4 (Aug. 2007).

1장 도시의 경계

1 T. McGee, 'Urbanisasi or Kotadesasi? Evolving patterns of urbanization in Asia', in F. J. Costa et al (eds), Urbanisation in Asia (Honolulu, 1989); T. McGee, 'The Emergence of Desakota Regions in Asia: expanding a hypothesis', in N. Ginbsberg et al (eds), The Extended Metropolis: settlement transition in Asia (Honolulu, 1991); Stephen Cairns,'Troubling Real-estate: Reflecting on Urban Form in Southeast Asia', in T. Bunnell, L. Drummond and K. C. Ho (eds), Critical Reflections on Cities in Southeast Asia (Singapore, 2002).

2 Ross Barrett, 'Speculations in Paint: Ernest Lawson and the urbanization of New York', Winterhur Portfolio, 42/1 (Spring 2008); James Reuel Smith, Springs and Wells of Manhattan and the Bronx, New York City, atthe End of the Nineteenth Century (New York, 1938), pp. 48–50, 97–8.

3 Ted Steinberg, Gotham Unbound: the ecological history of Greater New York (New York, 2014), pp. 90ff, 207, 217, 269.

4 Ibid., pp. 269, 283, 293.

5 Ibid., p. 281; Samuel J. Kearing, 'The Politics of Garbage', New York, April 1970, p. 32.

6 Steinberg, p. 269.

7 K. Gardner, Global Migrants, Local Lives (Oxford, 1995), p. 23.

8 Ben Wilson, Metropolis: a history of humankind's greatest invention (London, 2020), pp. 354f; Karen C. Seto, Burak Güneralp and Lucy R. Hutyra, 'Global Forecasts of Urban Expansion to 2030 and Direct Impacts on Biodiversity and Carbon Pools', PNAS, 109/40 (Oct. 2012);'Hotspot Cities', Atlas for the End of the World, http://atlas-for-the-end-of-the-world.com/hotspot_cities_main.html; B Güneralp and K. C. Seto, 'Futures of Global Urban Expansion: uncertainties and implications for biodiversity conservation', Environmental Research Letters, 8 (2013).

9 Kristin Poling, Germany's Urban Frontiers: nature and history on the edge of the nineteenth-centurycity (Pittsburgh, 2020), pp. 19ff.

10 C. D. Preston, 'Engulfed by Suburbia or Destroyed by the Plough: the ecology of extinction in Middlesex and Cambridgeshire', Watsonia, 23 (2000), 73; Sir Richard Phillips, A Morning's Walk from London to Kew (London, 1817), p. 156; Walter George Bell, Where London Sleeps: historical journeyings into the suburbs (London, 1926), p. 43.

11 Walter Besant, South London (London, 1912), p. 308; William Bardwell, Healthy Homes, and How to Make Them (London, 1854), pp. 45–50.

12 John Stow, A Survey of London, written in the year 1598 (London, 1842), p. 38; Steinberg, pp. 214–15, 250; Poling, ch. 4.

13 Leigh Hunt, 'On the Suburbs of Genoa and the Country about London', Literary Examiner, 16/8/1823, p. 98; Thomas de Quincey, Confessions of an English Opium-eater (Edinburgh, 1856), pp. 189–90.

14 Ben Wilson, The Laughter of Triumph: William Hone and the fight for the free press (London, 2005), p. 360.

15 Michael Rawson, 'The March of Bricks and Mortar', Environmental History, 17/4 (Oct. 2012), 844.

16 Phillips, p. 171; Élie Halévy, A History of the English People in the Nineteenth Century: England in 1815 (London, 1924), p. 202.

17 Neil P. Thornton, 'The Taming of London's Commons' [unpublished PhD thesis] (University of Adelaide, 1988), pp. 41ff.

18 Rawson, p. 848ff.

19 H. J. Dyos, Victorian Suburb: a study of the growth of Camberwell (Leicester, 1973), pp. 19–20, 56ff.

20 J. C. Loudon, 'Hints for Breathing Places for the Metropolis', Gardener's Magazine, 5, (1829), 686–90.

21 Alona Martinez Perez, 'Garden Cities, Suburbs and Fringes: the Green Belt in a global setting', in P. Bishop et al (eds), Repurposing the Green Belt in the 21st Century (London, 2020), pp. 60ff.

22 Frank Lloyd Wright, 'Experimenting with Human Lives' (1923), in Collected Writings, i, p. 172.

23 Jens Lachmund, Greening Berlin: the co-production of science, politics, and urban nature (Cambridge, Mass., 2013), p. 29.

24 Barry A. Jackisch, 'The Nature of Berlin: green space and visions of anew German capital, 1900–45', Central European History, 47/2 (June 2014), 216ff; P. Abercrombie and J. Forshaw, County of London Plan Prepared for the LCC, 1943 (London, 1943), p. 39.

25 Mark A. Goddard et al, 'Scaling up from Gardens: biodiversity conservation in urban environments',

Trends in Ecology and Evolution, 25/2 (Feb. 2010), 90.

26 Sarah Bilson, '"They Congregate in Towns and Suburbs": the shape of middle-class life in John Claudius Loudon's The Suburban Gardener', Victorian Review 37/1 (Spring 2011); Howard Leathlean, 'Loudon's Gardener's Magazine and the morality of landscape', Ecumene, 4/1 (Jan. 1997).

27 John Claudius Loudon, The Suburban Gardener, and Villa Companion (London, 1838), pp. 330ff.

28 Gillen D'Arcy Wood, 'Leigh Hunt's New Suburbia: an eco-historical study in climate poetics and public health', Interdisciplinary Studies in Literature and Environment 18/3 (Summer 2011), 530.

29 Susan M. Neild, 'Colonial Urbanism: the development of Madras City in the Eighteenth and Nineteenth Centuries', Modern Asian Studies, 13/2 (1979), 241ff; John Archer, 'Colonial Suburbs in South Asia, 1700–1850, and the Spaces of Modernity', in Roger Silverstone (ed.), Visions of Suburbia (London, 1997), pp. 1–25; Mark Girouard, Cities and People: a social and architectural history (New Haven, 1985), pp. 242, 277–80; Todd Kuchta, Semi-Detached Empire: suburbia and the colonization of Britain, 1880 to the present (Charlottesville, 2010), pp. 18ff; Eugenia W. Herbert, Flora's Empire: British gardens in India (Philadelphia, 2011), ch. 1.

30 Margaret Willes, The Gardens of the British Working Class (New Haven, 2014), pp. 251f, 271f, 338.

31 Ibid., p. 318.

32 Ibid., p. 319–20.

33 Charles S. Elton, The Pattern of Animal Communities (London, 1966), p. 78.

34 Jennifer Owen, The Ecology of a Garden: a thirty-year study (London, 2010).

35 For further studies in garden ecology see the list at http://www.bugs.group.shef.ac.uk/BUGS1/updates.html and comparative studies in Kevin J. Gaston and Sian Gaston, 'Urban Gardens and Biodiversity', in Ian Douglas et al (eds), The Routledge Handbook of Urban Ecology (London, 2011), pp. 451ff.

36 K. Thompson et al, 'Urban Domestic Gardens (III): composition and diversity of lawn floras', Journal of Vegetation Science, 15 (2004); Herbert Sukopp, 'Berlin', in John G. Kelcey et al (eds), Plants and Habitats of European Cities (New York, 2011), p. 65.

37 D. Macaulay et al (eds), Royal Horticultural Society Plant Finder 2002–2003 (London, 2002).

38 William H. Whyte, 'Urban Sprawl', Fortune, (Jan. 1958), 103.

39 Christopher C. Sellers, Crabgrass Crucible: suburban nature and the rise of environmentalism in twentieth-century America (Chapel Hill, 2012), pp. 156, 164; Meghan Avolio et al, 'Urban Plant Diversity in Los Angeles, California: species and functional type turnover in cultivated landscapes', Plants, People, Planet, 2/2 (March, 2020), 144–156.

40 Sellers, pp. 157–9.

41 Norbert Müller et al, 'Patterns and Trends in Urban Biodiversity and Landscape Design', in Thomas Elmqvist et al (eds), Urbanization, Biodiversity and Ecosystem Services: challenges and opportunities (Dordrecht, 2013), p. 128; P. P. Garcilán et al, 'Analysis of the non-native flora of Ensenada, a fast-growing city in northwestern Baja California', Urban Ecosystems, 12/4 (Dec. 2009), 449–463; A. Pauchard et al, 'Multiple Effects of Urbanization on the Biodiversity of Developing Countries: the case of a fast-growing metropolitan area (Concepción, Chile)', Biological Conservation, 127 (Jan. 2006), 272–281.

42 R. Decandido, 'Recent Changes in Plant Species Diversity in Urban Pelham Bay Park, 1947–1998', Biological Conservation, 120/1 (Nov. 2004), 129–136; Decandido et al, 'The Naturally Occurring

Historical and Extant Flora of Central Park, New York City, New York (1857– 2007)', Journal of the Torrey Botanical Society, 134/4 (2007), 552–569.

43 Greater London Authority, Crazy Paving: the environmental importance of London's front gardens (London, 2005).

44 Ibid.; Conor Dougherty, 'Where the Suburbs End', New York Times, 8/10/2021; Diederik Baazil, 'One Way to Green a City: knock out thetiles', Bloomberg City Lab, 5/1/2021, https://www.bloomberg.com/news/features/2021-01-05/how-dutch-cities-are-creating-more-green-space.

45 Preston Lerner, 'Whither the Lawn', Los Angeles Times, 4/5/2003.

46 Ibid.

47 John Vidal, 'A Bleak Corner of Essex is being hailed as England's Rainforest', Guardian, 3/5/2003.

48 Steinberg, p. 154.

49 Jodi A. Hilty et al, Corridor Ecology: linking landscapes for biodiversity conservation and climate adaptation (Washington D.C., 2019); Aysel Usluand Nasim Shakouri, 'Urban Landscape Design and Biodiversity', in Murat Ozyavuz (ed.), Advances in Landscape Architecture (Rijeka, 2013); Briony Norton et al, 'Urban Biodiversity and Landscape Ecology: patterns, processes and planning', Current Landscape Ecology Reports, 1 (2016); Ellen Damschen et al, 'Corridors Increase Plant Species Richness at Large Scales', Science, 313 (Sept. 2006); Holly Kirk et al, 'Building Biodiversity into the Urban Fabric: a case study in applying Biodiversity Sensitive Urban Design (BSUD)', Urban Forestry and Urban Greening, 62 (July 2021).

2장 공원과 레크레이션

1 Field Operations, 'Fresh Kills Park: draft master plan' (New York, 2006), https://freshkillspark.org/wp-content/uploads/2013/07/Fresh-Kills-Park-Draft-Master-Plan.pdf; Madeline Gressel, 'Reinventing Staten Island: the ecological philosophy of turning a garbage dump into a park', Nautilus, 12/7/2017, https://nautil.us/issue/62/systems/reinventing-staten-island-rp.

2 M. F. Quigley, 'Potemkin Gardens: biodiversity in small designed landscapes', i'n J. Niemelä et al (eds), Urban Ecology: patterns, processes andapplications (New York, 2011).

3 Rabun Taylor et al, 'Rus in Urbe: a garden city', in Rabun Taylor et al (eds), Rome: an urban history from antiquity to the present (Cambridge, 2016).

4 María Elena Bernal-García,'Dance of Time: the procession of space at Mexico-Tenochtitlan's desert garden', in Michael Conan, Sacred Gardens and Landscapes: ritual and agency (Washington D.C., 2007).

5 Ali Mohammad Khan, Mirat-i-Ahamadi, trans. Syed Nawab Ali, 2 vols (Baroda, 1927–30), Supplement, p. 22.

6 The Marchioness of Dufferin and Ava, Our Viceregal Life in India: selectionsfrom my journal, 1884–1888, 2 vols (London, 1890), i, p. 138.

7 F. L. Olmsted, 'Public Parks and the Enlargement of Towns', Journal of Social Sciences: containing the transactions of the American Association, 3 (1871), 27.

8 'Particulars of Construction and Estimate for a Plan of the Central Park', Documents of the Assembly of the State of New York, 64, 9/2/1860, appendix A, p. 14; Carol. J. Nicholson, 'Elegance and Grass Roots: theneglected philosophy of Frederick Law Olmsted', Transactions of the Charles S. Peirce

Society, 40/2 (Spring 2004).

9   Tim Richardson, The Arcadian Friends: inventing the English landscape Garden (London, 2007), ch. 8
    passim.

10 John Claudius Loudon, The Suburban Gardener, and Villa Companion (London, 1838), p. 137.

11 J. C. Loudon and Joseph Strutt, The Derby Arboretum (London, 1840), p. 83.

12 Morrison H. Heckscher, Creating Central Park (New York, 2008), p. 12.

13 Frederick Law Olmsted, Walks and Talks of an American Farmer in England (Columbus, Ohio, 1859), p.
    62.

14 Charles E. Beveridge and Paul Rocheleau, Frederick Law Olmsted: designing the American landscape
    (New York, 1998), p. 48; Olmsted, 'Public Parks' 34; George L. Scheper, 'The Reformist Vision of
    Frederick Law Olmsted and the Poetics of Park Design', The New England Quarterly, 62/3 (Sept. 1989).

15 The Times, 7/9/1847.

16 Oliver Gilbert, The Ecology of Urban Habitats (London, 1989).

17 Maria Ignatieva and Glenn Stewart, 'Homogeneity of Urban Biotopesand Similarity of Landscape
    Design Language in Former Colonial Cities', in Mark McDonnell et al (eds), Ecology of Cities and
    Towns: acomparative approach (Cambridge, 2009); Fengping Yang et al, 'Historical Development and
    Practices of Lawns in China', Environment and History, 25/1 (Feb. 2019).

18 C. M. Villiers-Stuart, Gardens of the Great Mughals (London, 1913), p. 336; cf. pp. 48, 53–5, 90, 208, 213,
    240, 264–6.

19 Ibid., p. 16; George Curzon, 1st Marquess Curzon of Kedleston, 'The Queen Victoria Memorial Hall in
    India', The Nineteenth Century and After, a Monthly Review, 39 (Jan.– June1901), 949–959.

20 Maria Ignatieva and Karin Ahrné, 'Biodiverse Green Infrastructure for the 21st Century: from "green
    desert" of lawns to biophilic cities', Journal of Architecture and Urbanism 37/1 (March 2013), 3; Maria
    Ignatieva etal, 'Lawns in Cities: from a globalised urban green space phenomenonto sustainable nature-
    basedsolutions', Land, 9 (March 2020).

21 Nigel Reeve, 'Managing for Biodiversity in London's Royal Parks', lecture, Gresham College, 9/10/2006.

22 Fengping Yang et al; Ignatieva and Ahrné (2013); Ignatieva et al (2020); 'Blades of Glory: America's love
    affair with lawns', The Week, 8/1/2015.

23 Norbert Müller et al, pp. 136ff; C. Meurk, 'Beyond the Forest: restoring the "herbs" ', in I. Spellerberg
    and D. Given (eds), Going Native (Christchurch, 2004); G. H. Stewart et al, 'URban Biotopes of
    Aotearoa New Zealand (URBANZ) (I): composition and diversity of temperateurban lawns in
    Christchurch', Urban Ecosystems, 12 (2009).

24 Saraswathy Nagarajan, 'Woke Gardeners Replace Green Deserts with Urban Jungle', Hindu, 6/10/2021;
    Raghvendra Vanjari et al, 'The Other Side of Development IV: green carpet or green desert?', Small
    Farm Dynamics in India blog, https://smallfarmdynamics.blog/2018/09/04/green-carpet-or-green-
    desert/#_ftn1.

25 Harini Nagendra, 'Protecting Urban Nature: lessons from ecological history', Hindu, 10/10/2016.

26 'Encroachments on Epping Forest: demonstration on Wanstead Flats', Illustrated Times, 15/7/1871;
    'The Epping Forest Agitation: meeting at Wanstead Flats', Morning Advertiser, 10/7/1871; 'The Epping
    Forest Agitation–Meeting on Wanstead Flats–Destruction of Fences', Standard, 10/7/1871.

27 'Wanstead Flats', The Graphic, 15/7/1871; Parliamentary Papers, Special Report from the Select

Committee on Metropolitan Commons Act (1866) Amendment Bill, pp. 1868–69 (333), X, 507, q. 257.

28 Parliamentary Debates. (series 3) vol. 176, col. 434 (28/6/1864).

29 W. Ivor Jennings, Royal Commission on Common Land 1955–1958 (London, 1958), p. 455.

30 Reeve.

31 Steen Eiler Rasmussen, London: the unique city (London, 1937), pp. 333–8.

32 Stefan Bechtel, Mr Hornaday's War: how a peculiar Victorian zookeeper waged a lonely crusade for wildlife that changed the world (Boston, 2012).

33 Ignatieva and Ahrné (2013).

34 Alec Brownlow, 'Inherited Fragmentations and Narratives of Environmental Control in Entrepreneurial Philadelphia', in Nik Heynen et al (eds), In the Nature of Cities: urban political ecology and the politics ofurban metabolism (Abingdon, 2006).

35 Tom Burr, 'Circa 1977, Platzspitz Park Installation', in Joel Sanders (ed.), Stud: architectures of masculinity (Abingdon, 1996).

3장 콘크리트 균열

1 Jens Lachmund, 'Exploring the City of Rubble: botanical fieldwork inbombed cities in Germany after World War II', Osiris2, 18 (2003), 242.

2 Ibid., 239; Washington Post, 13/10/1946.

3 R.S.R. Fitter, London's Natural History (London, 1945), pp. 73, 132, 231; Job Edward Lousley, 'The Pioneer Flora of Bombed Sites in Central London', Botanical Society and Exchange Club of the British Isles, 12/5 (1941– 2), 528.

4 Lousley, 529; 'Flowers on Bombed Sites', Times, 3/5/1945; Edward James Salisbury, 'The Flora of Bombed Areas', Nature, 151 (April, 1943); Fitter, appendix.

5 Philip Lawton et al, 'Natura Urbana: the brachen of Berlin', The AAGReview of Books, 7/3 (2019), 220.

6 Herbert Sukopp, 'Flora and Vegetation Reflecting the Urban History of Berlin', Die Erde, 134 (2003), 308.

7 Fitter, pp. 123ff; Lachmund (2013), p. 55; Sukopp, 'Flora and Vegetation'(2003), 310.

8 John Kieran, Natural History of New York City (NY, 1959), p. 18.

9 Lachmund (2003), 241; Lachmund (2013), pp. 52ff.

10 Lachmund (2013), pp. 54–9.

11 Herbert Sukopp and Angelica Wurzel, 'The Effects of Climate Change on the Vegetation of Central European Cities', Urban Habitats, 24 (Dec. 2003), https://www.urbanhabitats.org/v01n01/climatechange_full.html. On the international influence of Sukopp see Ingo Kowarik,'Herbert Sukopp–an inspiring pioneer in the field of urban ecology', Urban Ecosystems, 23 (March 2020).

12 Sukopp, 'Flora and Vegetation' (2003), 310.

13 Lachmund (2013), p. 74; Sukopp, 'Flora and Vegetation' (2003), 308.

14 Lachmund (2013), pp. 77ff, 84.

15 Ibid., pp. 97f.

16 Herbert Sukopp et al, 'The Soil, Flora, and Vegetation of Berlin's Waste Lands', in Ian C. Laurie (ed.), Nature in Cities: the natural environment in the design and development of urban green space

(Chichester, 1979), pp. 121–2, 123, 127, 130.

17 Neil Clayton, 'Weeds, People and Contested Places', Environment and History, 9/3 (Aug. 2003).

18 Herbert Sukopp, 'On the Early History of Urban Ecology in Europe', in John M. Marzluff et al (eds), Urban Ecology: an international perspectiveon the interaction between humans and nature (NY, 2008), p. 84.

19 Fitter, p. 192.

20 Sukopp (2008), p. 81.

21 Zachary J. S. Falck, Weeds: an environmental history of metropolitan America (Pittsburgh, 2016), p. 27.

22 Ibid., pp. 3–4.

23 Ibid., pp. 36, 61–2.

24 Joseph Vallot, Essai sur la Flore du Pavé de Paris Limité aux Boulevards Extérieurs . . . (Paris, 1884), p. 2.

25 Falck, pp. 25ff.

26 Ibid., p. 44.

27 'Urban Wildflowers', New York Times, 20/5/1985, col. 5.

28 New York Times, 1/9/1983.

29 Lachmund (2013), ch.3 passim.

30 Ibid., pp. 148ff.

31 Ibid., pp. 66–7, 165ff, 180ff.

32 Ibid., pp. 172ff.

33 Falck, p. 95; Timon McPhearson and Katinka Wijsman, 'Transitioning Complex Urban Systems: the importance of urban ecology for sustainability in New York City', in Niki Frantzeskaki et al (eds), Urban Sustainability Transitions (New York, 2017), pp. 71–2.

34 Richard Mabey, Weeds: in defense of nature's most unloved plants (New York, 2010), p. 20.

35 Peleg Kremer et al, 'A Social-ecological Assessment of Vacant Lots in New York City', Landscape and Urban Planning, 120 (Dec. 2013), 218–33.

36 Sébastien Bonthoux, 'More Than Weeds: spontaneous vegetation instreets as a neglected element of urban biodiversity', Landscape and Urban Planning, 185 (May 2019); Sukopp, 'Berlin' (2011), p. 71.

37 Adrian J. Marshall et al, 'From Little Things: more than a third of public green space is road verge', Urban Forestry and Urban Greening, 44 (Aug. 2019); Megan Backhouse, 'Nature Strips Gardening Enthusiasm Grows, But New Guidelines Dampen Cheer', The Age, 24/12/2021, https://www.tijdelijkenatuur.nl/.

4장 캐노피

1 Sohail Hashmi, 'Last Forest Standing', Hindu, 11/8/2012; Shilpy Arora,'The Doughty Dhau, and why it's important to the Aravali ecosystem', Times of India, 7/1/2019; Pradip Krishen, Trees of Delhi: a field guide (Delhi, 2006), pp. 90ff.

2 Rama Lakshmi, 'Villagers Just Protected a Sacred Forest Outside India's Polluted Capital', Washington Post 1/5/2016.

3 Ibid.

4 Shilpy Arora, 'Saving Mangar Bani', Times of India, 4/10/2018.

5 Syed Shaz, 'Knock on Woods', Hindu Businessline 28/4/2021.

6 Tetsuya Matsui, 'Meiji Shrine: an early old-growth forest creation in Tokyo', Ecological Restoration, 14/1 (Jan. 1996); Shinji Isoya, 'Creating Serenity: the construction of the Meiji Shrine Forest', Nippon.com, 8/7/2020, https://www.nippon.com/en/japan-topics/g00866/.

7 Henry W. Lawrence, 'Origins of the Tree-lined Boulevard', Geographical Review, 78/4 (Oct. 1988); Henry W. Lawrence, City Trees: a historical geography from the Renaissance through the nineteenth century (Charlottesville, 2006), pp. 38f, 54ff.

8 Lawrence (2006), pp. 32ff.

9 Ibid., pp. 34ff, 39ff.

10 Ibid., pp. 42ff.

11 Peter Kalm, Travels into North America, 2 vols (London, 1772), i, pp. 193–4.

12 David Gobel, 'Interweaving Country and City in the Urban Design of Savannah, Georgia', Global Environment, 9/1 (2016).

13 Franco Panzini, 'Pines, Palms and Holm Oaks: historicist modes in modern Italian cityscapes', Studies in the History of Art, 78 (2015), Symposium Papers LV.

14 Dinya Patel and Mushirul Hasan (eds), From Ghalib's Dilli to Lutyen's New Delhi (Delhi, 2014), p. 61.

15 Kai Wang et al, 'Urban Heat Island Modelling of a Tropical City: case of Kuala Lumpur', Geoscience Letters, 6 (2019).

16 Food and Agriculture Organization of the United Nations, Forests and Sustainable Cities: inspiring stories from around the world (Rome, 2018), pp. 61ff.

17 James Fallows, '"Gingko Fever in Chongqing": the billion-dollar trees of Central China', The Atlantic, 13/5/2011; https://www.theatlantic.com/international/archive/2011/05/gingko-fever-in-chongqing-the-billion-dollar-trees-of-central-china/238885/.

18 See introduction, note 1; Yuan Ye and Zhu Ruiying, 'Guangzhou Officials Punished for Axing City's Beloved Banyan Trees', Sixth Tone, 13/12/21, https://www.sixthtone.com/news/1009194/guangzhou-officials-punished-for-axing-citys-beloved-banyan-trees.

19 T. V. Ramachandra et al, 'Frequent Floods in Bangalore: causesand remedial measures', ENVIS Technical Report, 123 (Aug. 2017); Y. Maheswara Reddy, 'How Bengaluru Lost Over 70 Lakh Trees', Bangalore Mirror, 2/3/2020; Harini Nagendra, Nature in the City: Bengaluru in the past, present and future (New Delhi, 2019), ch.6 passim; Prashant Rupera, 'Banyan City Lost 50 per cent of its Canopy: MSU study', Times of India, 16/11/2020; Renu Singhal, 'Where Have All the Peepal Trees Gone?', Hindu, 11/5/2017.

20 Harini Nagendra, 'Citizens Save the Day', Bangalore Mirror, 19/6/2017;'How the People of Delhi Saved 16,000 Trees from the Axe', BBC News, 9/7/2018, https://www.bbc.co.uk/news/world-asia-india-44678680.

21 Divya Gopal, 'Sacred Sites, Biodiversity and Urbanization in an Indian Megacity', Urban Ecosystems, 22 (Feb. 2019); Aike P. Rots, 'Sacred Forests, Sacred Nation: the Shinto environmentalist paradigm and the rediscovery of Chinju no Mori', Japanese Journal of Religious Studies, 42/2 (2015); Elizabeth Hewitt, 'Why "Tiny Forests" are Popping up in Big Cities', National Geographic, 22/6/2021; Akira Miyawaki, 'A Call to Plant Trees', Blue Planet Prize essay (2006), https://www.af-info.or.jp/blueplanet/assets/pdf/list/2006essay-miyawaki.pdf; 'Plant Native Trees, Recreate Forests to Protect the Future',

JFS Newsletter, 103 (March 2011).

22   Lela Nargi, 'The Miyawaki Method: a better way to build forests?', JSTOR Daily, 24/7/2019, https://daily.jstor.org/the-miyawaki-method-a-better-way-to-build-forests/; S. Lalitha, 'Miyawaki Miracle in Bengaluru', New Indian Express, 26/5/2019; 'Could Miniature Forests Help Air-condition Cities?', The Economist, 3/7/2021; Himanshu Nitnaware,'Bengaluru Man Grows Urban Jungle of 1700 Trees on Terrace, Doesn't Need Fans in Summers', The Better India, 30/3/2021 https://www.thebetterindia.com/251997/bengaluru-engineer-terrace-gardening-urban-jungle-organic-food-compost-green-hero-him16/;'How did this Man Create a Forest in the Middle of Bangalore City?', You Tube, https://www.youtube.com/watch?v=dUaOftgup6U; Nagarajan.

23   See http://senseable.mit.edu/treepedia.

24   Robert Wilonsky, 'Dallas Vows, Again, to Protect the Great Trinity Forest, but what does that even mean?', Dallas Morning News, 24/5/2019.

25   Andreas W. Daum and Christ of Mauch (eds), Berlin–Washington 1800–2000: capital cities, cultural representation, and national identities (Washington, D.C., 2005), p. 205.

26   Wilonsky, 'Dallas Vows'.

27   Herbert Eiden and Franz Irsigler, 'Environs and Hinterland: Cologne and Nuremberg in the later middle ages', in James A. Galloway, Trade, Urban Hinterlands and Market Integration c.1300–1600 (London, 2000).

28   James A. Galloway, Derek Keene and Margaret Murphy, 'Fuelling the City: production and distribution of fire wood and fuel in London'sregion, 1290–1400', Economic History Review, NS, 49/3 (Aug. 1996); John T. Wing, 'Keeping Spain Afloat: state forestry and imperial defense inthe sixteenth century', Environmental History, 17/1 (Jan. 2012); Paul Warde, 'Fear of Wood Shortage and the Reality of the Woodland in Europe, c. 1450–1850, History Workshop Journal, 62 (Autumn 2006).

29   Jeffrey K. Wilson, The German Forest: nature, identity, and the contestation of a national symbol, 1871–1914 (Toronto, 2012), pp. 41f, 66; Poling, pp. 67f, 104ff.

30   Wilson, The German Forest, ch.3 passim.

31   NYC Environmental Protection, 'DEP Launches First Ever Watershed Forest Management Plan to Protect Water Quality', Press Release, 22/12/2011, https://www1.nyc.gov/html/dep/html/press_releases/11-109pr.shtml#.YelkqP7P3cs.

32   Yiyuan Qin and Todd Gartner, 'Watersheds Lost Up to 22 per cent of Their Forests in 14 years. Here's How it Affects Your Water Supply', World Resources Institute, 30/8/2016, https://www.wri.org/insights/watersheds-lost-22-their-forests-14-years-heres-how-it-affects-your-water-supply; Suzanne Ozment and Rafael Feltran-Barbieri,'Restoring Rio de Janeiro's Forests Could Save $70 Million in Water Treatment Costs', World Resources Institute, 18/12/2018, https://www.wri.org/insights/restoring-rio-de-janeiros-forests-could-save-79-million-water-treatment-costs; Robert I. McDonald et al, 'Estimating Watershed Degradation Over the Last Century and its Impact on Water-Treatment Costs for the World's Largest Cities', Proceedings of the National Academy of Sciences of the United States of America, 113 (Aug. 2016).

33   Fred Pearce, 'Rivers in the Sky: how deforestation is affecting globalwater cycles', Yale Environment, 360 24/7/2018, https://e360.yale.edu/features/how-deforestation-affecting-global-water-cycles-climate-change; Nigel Dudley and Sue Stolton (eds), Running Pure: theimportance of forest protected areas

to drinking water (2003); Patrick W. Keys et al, 'Megacity Precipitationsheds Reveal Tele-connected Water Security Challenges, PLoS One, 13/3 (March 2018).

5장 생명력

1 Blake Gumprecht, The Los Angeles River: its life, death and possible rebirth (Baltimore, 2001), ch.1 passim.

2 Barbara E. Munday, The Death of Aztec Tenochtitlan, the Life of Mexico City (Austin, 2015), ch.2 passim; Beth Tellman et al, 'Adaptive Pathwaysand Coupled Infrastructure: seven centuries of adaptation to waterrisk and the production of vulnerability in Mexico City', Ecology and Society, 23/1 (March 2018).

3 New York District U.S. Army Corps of Engineers (USACE), Hudson-Raritan Estuary Ecosystem Restoration Feasibility Study (New York, 2020), ch. 5, p. 29.

4 Ibid., ch. 1, p. 12.

5 Steinberg, pp. 138ff.

6 Ibid., pp. 206ff.

7 Ibid., pp. 198ff.

8 'Wetlands Disappearing Three Times Faster than Forests', United Nations Climate Change, 1/10/2018, https://unfccc.int/news/wetlands-disappearing-three-times-faster-than-forests.

9 'Staten Island's Wildlife Periled by Reclamation and New Homes', New York Times, 9/5/1960, 31.

10 USACE, South Shore of Staten Island Coastal Storm Risk Management. Draft environmental impact statement (June 2015); Georgetown Climate Center, Managing the Retreat from Rising Seas. Staten Island, New York: Oakwood Beach buyout committee and program (Georgetown, 2020); Regina F. Graham, 'How Three Staten Island Neighbourhoodsare being Demolished and Returned Back to Nature in New York's First "Managed Retreat" from Rising Sea Levels', Daily Mail, 21/8/2018.

11 'Surveying the Destruction Caused by Hurricane Sandy', New York Times, 20/11/12, news graphic, https://www.nytimes.com/newsgraphics/2012/1120-sandy/survey-of-the-flooding-in-new-york-after-the-hurricane.html.

12 USACE, Hudson-Raritan Estuary Ecosystem, ch. 1, pp. 5–6.

13 Ibid.

14 Rachel K. Gittman et al, 'Marshes With and Without Sills Protect Estuarine Shorelines from Erosion Better than Bulkheads During a Category 1 Hurricane', Ocean & Coastal Management, 102/A (Dec. 2014); Gittman et al, 'Ecological Consequences of Shoreline Hardening: a meta-analysis', Bio Science, 66/9 (Sept. 2016); Ariana E. Sutton- Grieretal, 'Investing in Natural and Nature-Based Infrastructure: building betteralong our coasts', Sustainability, 12/2 (Feb. 2018); Zhenchang Zhu etal, 'Historic Storms and the Hidden Value of Coastal Wetlands for Nature-based Flood Defence', Nature Sustainability, 3 (June 2020); Iris Möller et al, 'Wave Attenuation Over Coastal Salt Marshes Under Storm Surge Conditions', Nature Geoscience, 7 (Sept. 2014).

15 Brian McGrath, 'Bangkok: the architecture of three ecologies', Perspecta, 39 (2007).

16 Copenhagen Cloudburst Plans, https://acwi.gov/climate_wkg/minutes/Copenhagen_Cloudburst_Ramboll_April_20_2016percent20(4).pdf; 'Copenhagen Unveils First City-wide Masterplan for Cloud

burst', Source, 1/3/2016, https://www.thesourcemagazine.org/copenhagen-unveils-first-city-wide-masterplan-for-cloudburst/.

17 Bruce Stutz, 'With a Green Makeover, Philadelphia is Tackling its Stormwater Problem', Yale Environment 360, 29/3/2018, https://e360.yale.edu/features/with-a-green-makeover-philadelphia-tackles-its-stormwater-problem.

18 Chris Courtney, The Nature of Disaster in China: the 1931 Yangzi River flood (Cambridge, 2018), ch.1 passim.

19 'Wuhan Yangtze Riverfront Park', Sasaki, https://www.sasaki.com/projects/wuhan-yangtze-riverfront-park/.

6장 수확

1 E. C. Spary, Feeding France: new sciences of food, 1760–1815 (Cambridge, 2014), ch. 5.

2 Francesco Orsini et al, 'Exploring the Production Capacity of Rooftop Gardens in Urban Agriculture: the potential impact on food and nutritionsecurity, biodiversity and other ecosystem services in the city of Bologna', Food Security, 6 (Dec. 2014).

3 John Weathers, French Market-Gardening: including practical details of 'intensive cultivation' for English growers (London, 1909); William Robinson, The Parks, Promenades and Gardens of Paris (London, 1869), pp. 462ff; Eliot Coleman, The Winter Harvest Handbook (White River Junction, 2009), pp. 13ff.

4 Henry Hopper, 'French Gardening in England', Estate Magazine, Sept. 1908, p. 404.

5 Andrew Morris, '"Fight for Fertilizer!" Excrement, public health, andmobilization in New China', Journal of Unconventional History, 6/3 (Spring, 1995); Joshua Goldstein, Remains of the Everyday: a century ofrecycling in Beijing (Oakland, 2021), pp. 82ff.

6 Kayo Tajima, 'The Marketing of Urban Human Waste in the Early Modern Edo/Tokyo Metropolitan Area', Environnement Urbain/Urban Environment, 1 (2007).

7 Dean T. Ferguson, 'Nightsoil and the "Great Divergence": humanwaste, the urban economy, and economic productivity, 1500–1900', Journal of Global History, 9/3 (2014); Susan B. Hanley, 'Urban Sanitation in Preindustrial Japan', Journal of Interdisciplinary History, 18/1 (Summer1987); Marta E. Szczygiel, 'Cultural Origins of Japan's Premodern Night Soil Collection System', Worldwide Waste: Journal of Interdisciplinary Studies, 3/1 (2020).

8 Catherine McNeur, Taming Manhattan: environmental battles and theantebellum city (Cambridge, Mass., 2014), ch. 3ff; Marc Linder and Lawrence S. Zacharias, Of Cabbages and Kings County: agriculture and theformation of modern Brooklyn (Iowa City, 1999), p. 3.

9 Sellers, p. 148.

10 M. Crippa et al, 'Food Systems are Responsible for a Third of Global Anthropogenic GHG Emissions', Nature Food, 2 (March 2021); United Nations Environment Programme, Global Environment Outlook 2000 (London, 2000).

11 Alan Macfarlane, 'The non-use of night soil in England' (2002), http://www.alanmacfarlane.com/savage/A-NIGHT.PDF; F. H. King, Farmers of Forty Centuries: permanent agriculture in China, Korea and Japan (1911), ch. 9.

12 Christopher W. Smith, 'Sustainable Land Application of Sewer Sludgeas a Biosolid', Nature Resources and Environment, 28/3 (Winter 2014); Steve Spicer, 'Fertilizers, Manure, or Biosolids?', Water, Environment and Technology, 14/7 (July 2002); Maria Cristina Collivignarelli et al,'Legislation for the Reuse of Biosolids on Agricultural Land in Europe: overview', Sustainability, 11 (2019); John C. Radcliffe and Declan Page,'Water Reuse and Recycling in Australia–history, current situation and future perspectives', Water Cycle, 1 (2020).

13 Tracey E. Watts, 'Martial's Farm in the Window', Hermathena, 198 (Summer 2015).

14 'Shantytown', Century Magazine, 20 (May–Oct. 1880).

15 Poling, ch. 4.

16 Ibid., p. 124.

17 Elizabeth Anne Scott, 'Cockney Plots: working class politics and garden allotments in London's East End, 1890–1918', MA Thesis (University of Saskatchewan, 2005), pp. 48–9.

18 Ibid., p. 92.

19 Ibid., p. 81; Willes, p. 298.

20 Barry A. Jackisch, 'The Nature of Berlin: green space and visions of anew German capital, 1900–45', Central European History, 47/2 (June2014), 315.

21 Patrick Mayoyo, 'How to Grow Food in a Slum: lessons from the sack farmers of Kibera', Guardian, 18/5/2015; Sam Ikua, 'Urban Agriculture Thrives in Nairobi During COVID-19 Crisis', RUAF blogs, 11/6/2020, https://ruaf.org/news/urban-agriculture-thrives-in-nairobi-during-covid-19-crisis/; United Nations Environment Programme, Building Urban Resilience: assessing urban and peri-urbanagriculture in Kampala, Uganda (Nairobi, 2014), p. 17; Richard Wetaya, 'Urban Agriculture Thriving in East Africa During COVID-19', Alliance for Science, 3/8/2020, https://allianceforscience.cornell.edu/blog/2020/08/urban26Notesagriculture-thriving-in-east-africa-during-covid-19/;'Urban Farming in Kampala', BBC News, 5/4/2019, https://www.bbc.co.uk/news/av/business-47834804.

22 United Nations Environment Programme, Urban Resilience: assessing urban and peri-urban agriculture in Dar-es-Salaam, Tanzania (Nairobi, 2014); Emily Brownell, 'Growing Hungry: the politics of food distribution and the shifting boundaries between urban and rural in Dar es Salaam', Global Environment, 9/1 (Spring 2016); L. McLees, 'Access to Land for Urban Farming in Dar es Salaam, Tanzania: histories, benefits and insecure tenure', Journal of Modern African Studies, 49/4 (Winter 2011); H. S. Mkwela, 'Urban Agriculture in Dar es Salaam: a dream ora reality?', in C. A. Brebbia (ed.), Sustainable Development and Planning VI (Longhurst, 2013).

7장 주트로폴리스

1 'Cheeky Boar Leaves Nudist Grunting in Laptop Chase', BBC News, 7/8/2020, https://www.bbc.co.uk/news/world-europe-53692475.

2 McNeur, pp. 25ff.

3 Hannah Velten, Beastly London: a history of animals in the city (London, 2013), pp. 28, 72; Alec Forshaw and Theo Bergström, Smithfield: past andpresent (London, 1980), p. 36.

4 Mark Ravinet et al, 'Signatures of Human-commensalism in the House Sparrow Genome', Proceedings of the Royal Society B, 285/1884 (Aug. 2018).

5 Nishant Kumar et al, 'Offspring Defense by an Urban Raptor Responds to Human Subsidies and Ritual Animal-feeding Practices', PLOS ONE, 13/10 (Oct. 2018); Kumar et al, 'The Population of an Urban Raptor is Inextricably Tied to Human Cultural Practices', Proceedings of the Royal Society B, 286/1900 (April 2019); Kumar et al, 'Density, Laying Date, Breeding Success and Diet of Black Kites Milvus migrans govinda in the City of Delhi (India)', Bird Study, 61/1 (2014); Kumar et al, 'GPS-telemetry Unveils the Regular High-Elevation Crossing of the Himalayas by a Migratory Raptor: implications for definition of a "Central Asian Flyway" ', Scientific Reports, 10 (2020).

6 Virna L. Saenz et al, 'Genetic Analysis of Bed Bug Populations', Journal of Medical Entomology, 49/4 (July 2012).

7 Velten, pp. 71ff; McNeur, pp. 17ff.

8 McNeur, pp. 135ff.

9 Sean Kheraj, 'The Great Epizootic of 1872–3: networks of animal disease in North American urban environments', Environmental History, 23/3 (July 2018); McNeur, passim.

10 Michael McCarthy, 'Are Starlings Going the Way of Sparrows?', Independent, 13/11/2000.

11 Fitter, pp. 128–9.

12 Sellers, p. 89.

13 Bob Shaw, 'Deer are Everywhere in the Metro Area– and cities arefighting back, Twin Cities Pioneer Press, 8/1/2011.

14 Christine Dell'Amore, 'City Slickers', Smithsonian Magazine (March 2006).

15 K. J. Parsons et al, 'Skull Morphology Diverges Between Urban and Rural Populations of Red Foxes Mirroring Patterns of Domesticationand Macroevolution', Proceedings of the Royal Society B, 287/1928 (June 2020); Anthony Adducci et al, 'Urban Coyotes are Genetically Distinctfrom Coyotes in Natural Habitats', Journal of Urban Ecology, 6/1 (May2020).

16 Pamela J. Yeh, 'Rapid Evolution of a Sexually Selected Trait Following Population Establishment in a Novel Habitat', Evolution, 58 (Jan. 2004); Trevor D. Price et al, 'Phenotypic Plasticity and the Evolution of a Socially Selected Trait Following Colonization of a Novel Environment', American Naturalist, 172/1 (July 2008).

17 Jonathan W. Atwell et al, 'Boldness Behaviour and Stress Physiology ina Novel Urban Environment Suggest Rapid Correlated Evolutionary Adaptation', Behavioural Ecology, 23/5 (Sept.–Oct. 2012); Killu Timm etal, 'SERT Gene Polymorphisms are Associated with Risk-taking Behaviour and Breeding Parameters in Wild Great Tits', Journal of Experimental Biology, 221/4 (Jan. 2018); Anders Pape Møller et al, 'Urbanized Birds Have Superior Establishment Success in Novel Environments', Oecologia, 178/3 (July 2015).

18 Atwell et al; Stewart W. Breck et al, 'The Intrepid Urban Coyote: a comparison of bold and exploratory behaviour in coyotes from urban andrural environments', Scientific Reports, vol. 9 (Feb. 2019); Emilie C. Snell-Rood and Naomi Wick, 'Anthropogenic Environments Exert Variable Selection on Cranial Capacity in Mammals', Proceedings of the Royal Society B, 280/1769 (Oct. 2013).

19 Kristin M. Winchell, 'Phenotype Shifts in Urban Areas in the Tropical Lizard Anolis cristatellus ', Evolution, 70/5 (May 2016); Charles R. Brown,'Where has all the Road Kill Gone', Current Biology, 23/6 (March 2013); Stephen E. Harris et al, 'Urbanization Shapes the Demographic History of a Native Rodent (the white-footed mouse, Peromyscus leucopus) in New York City', Biology Letters, 12/4

(April 2016); Stephen E. Harris and Jason Munshi-South,'Signatures of Positive Selection and Local Adaptation to Urbanization in White-footed Mice (Peromyscus leucopus)', Molecular Ecology, 26/22 (Oct. 2017).

20 Marc T. J. Johnson and Jason Munshi-South,'Evolution of Life in Urban Environments', Science, 358/6383 (Nov. 2017); Lindsay S. Miles etal, 'Gene Flow and Genetic Drift in Urban Environments', Molecular Ecology, 28/18 (Sept. 2019); Jason Munshi-Southet al, 'Population Genomics of the Anthropocene: urbanization is negatively associated with genome-wide variation in white-footed mouse populations', Evolutionary Applications, 9/4 (April 2016).

21 Pablo Salmón et al, 'Continent-wide Genomic Signatures of Adaptationto Urbanisation in a Songbird Across Europe', Nature Communications, 12 (May 2021).

22 E. McDonald-Maddenet al, 'Factors Affecting Grey-headed Flying-fox (Pteropus poliocephalus: Pteropodidae) foraging in the Melbourne Metropolitan Area, Australia', Austral Ecology, 30 (Aug. 2005).

23 Christopher D. Ives et al, 'Cities are Hotspots for Threatened Species', Global Ecology and Biogeography, 25/1 (Jan. 2016); Australian Conservation Foundation, The Extinction Crisis in Australia's Cities and Towns (Carlton, 2020); Kylie Soanes and Pia E. Lentini, 'When Cities are the Last Chance for Saving Species', Frontiers in Ecology and the Environment, 17/4 (May 2019); Tom A. Waite et al, 'Sanctuary in the City: urban monkeys buffered against catastrophic die-off during ENSO-related drought', Eco Health, 4 (2007); Sharon Baruch-Mordoet al, 'Stochasticity in Natural Forage Production Affects Use of Urban Areas by Black Bears: implications to management of human-bear conflicts', PLOSONE, 9/1 (Jan. 2014).

24 Fernanda Zimmermann Teixeira et al, 'Canopy Bridges as Road Overpassesfor Wildlife in Urban Fragmented Landscapes', Biota Neotropica, 13/1 (March 2013); Sarah Holder, 'How to Design a City for Sloths', Bloomberg City Lab, 30/11/2021, https://www.bloomberg.com/news/articles/2021-11-30/fast-paced-urban-living-can-be-stressful-for-sloths; Leon M. F. Barthel et al, 'Unexpected Gene-flow in Urban Environments: the example of the European hedgehog', Animals, 10/12 (Dec. 2020).

25 Darryl Jones, 'Safe Passage: we can help save koalas through urban design', The Conversation, 4/8/2016, https://theconversation.com/safe-passage-we-can-help-save-koalas-through-urban-design-63123; Stephen J. Trueman et al, 'Designing Food and Habitat Trees for Urban Koalas: tree height, foliage palatability and clonal propagation of Eucalyptuskabiana ', Urban Forestry and Urban Greening, 27 (Oct. 2017); Moreton Bay Regional Council, 'Urban Koala Project', https://www.moretonbay.qld.gov.au/Services/Environment/Research-Partnerships/Urban-Koala-Project.

26 Erica N. Spotswood et al, 'The Biological Desert Fallacy: cities in their landscapes contribute more than we think to regional biodiversity', Bio Science, 71/2 (Feb. 2021).

에필로그

1 Philip Ainsworth Means (ed.), History of the Spanish Conquest of Yucatanand of the Itzas (Cambridge, Mass., 1917), ch. 9.

2 John Lloyd Stephens, Incidents of Travel in Central America, Chiapas and Yucatan, ed. Frederick Catherwood (London, 1854), p. 530. Notes

3   Ibid., pp. 61–2.

4   Dan Penny et al, 'The Demise of Angkor: systemic vulnerability of urban infrastructure to climatic variations', Science Advances, 4/10 (Oct. 2018).

5   Emma Young, 'Biodiversity Wipeout Facing South East Asia', New Scientist, 23/7/2003.

6   Matthew Schneider-Mayerson, 'Some Islands Will Rise: Singapore in the Anthropocene', Resilience: A Journal of the Environmental Humanities, 4/ 2–3 (Spring- Fall2017).

7   Nagendra, Nature in the City, ch. 5.

8   Doughnut Economics Action Lab, The Amsterdam City Doughnut (Amsterdam, March 2020), p. 8.

9   City of Amsterdam, Amsterdam Circular 2020–2050 Strategy (Amsterdam, 2020).

10 Simon Usborne, '47 per cent of London is Green Space: is it time for our capital to become a national park?', Independent 26/9/2014

감사의 글

클레어 컨빌, 베아 헤밍, 알렉스 러셀, 앨리슨 데이비스, 루시 베레스포드-녹스, 클라라 어바인, 크리스틴 푸오폴로, 애나 에스피노자, 앤 자코넷, 살바토레 루지에로, 엘레나 허시, 비르기타 라베, 니콜라스 로즈, 로이신 로보탄-존스의 도움과 노고와 조언에 감사한다. 그리고 친환경 도시를 위한 투쟁에서 중요한 역할을 한 《새로운 정원 윤리A New Garden Ethic》와 《대초원: 자연 정원 디자인 입문Prairie Up: An Introduction to Natural Garden Design》이라는 책을 쓴 벤저민 보이트에게 진심으로 감사한다.

어반 정글

초판 1쇄 2023년 9월 7일

지은이 벤 윌슨
옮긴이 박선령
펴낸이 최경선
편집장 유승현 **편집3팀장** 김민보

책임편집 김민보
마케팅 김성현 한동우 구민지
경영지원 김민화 오나리
디자인 김보현 이은설

펴낸곳 매경출판㈜
등록 2003년 4월 24일(No. 2-3759)
주소 (04557) 서울시 중구 충무로 2(필동1가) 매일경제 별관 2층 매경출판㈜
홈페이지 www.mkpublish.com **스마트스토어** smartstore.naver.com/mkpublish
페이스북 @maekyungpublishing **인스타그램** @mkpublishing
전화 02)2000-2632(기획편집) 02)2000-2646(마케팅) 02)2000-2606(구입 문의)
팩스 02)2000-2609 **이메일** publish@mkpublish.co.kr
인쇄 · 제본 ㈜M-print 031)8071-0961
ISBN 979-11-6484-603-0(03900)